本专著获得上海市自然科学基金面上项目（22ZR1420800）、
国家自然科学基金项目（71703039）、
华东师范大学人文社会科学青年预研究项目（2021ECNU-YYJ014）的资助。

Environmental Regulations
and Green Innovation Development

Spatio-temporal Pattern, Driving Mechanism
and Regional Coordination Path

孙燕铭　著

环境规制
与绿色创新发展

时空格局、驱动机理与区域协同路径

社会科学文献出版社
SOCIAL SCIENCES ACADEMIC PRESS (CHINA)

前　言

随着全球气候变暖、资源约束趋紧、环境污染严重、生态系统退化等问题的日益严峻，世界各国对可持续发展与绿色经济转型的诉求日渐高涨。早在 1992 年，世界环境与发展委员会就在《里约环境与发展宣言》中将"可持续发展"作为基本原则，以可持续发展为主题的长期而深远的技术变革在世界范围内开启。2009 年，在哥本哈根世界气候大会上，"可持续发展"被赋予新的政治经济内涵，创造环境-经济-社会的多赢格局成为世界各国共同的发展目标。OECD 在其《可持续制造与绿色创新：面向绿色经济》报告中指出，唯有加快产业结构调整和技术创新突破，才能真正实现绿色增长。以此为背景，世界各国基于自身资源环境条件和经济发展目标的考虑，已逐步将发展绿色经济作为振兴经济的新引擎。

2015 年 6 月，中国在向《联合国气候变化框架公约》（UNFCCC）秘书处递交的《强化应对气候变化行动——中国国家自主贡献》中明确，中国二氧化碳排放将于 2030 年左右达到峰值并争取尽早达峰、单位国内生产总值二氧化碳排放比 2005 年下降 60%~65%、非化石能源占一次能源消费的比重达到 20% 左右。2015 年 12 月通过的《巴黎气候变化协定》确立了把全球平均气温较工业化前上升幅度控制在 2℃ 之内，并向 1.5℃ 之内努力的长期目标。越来越严苛的全球气候变化目标的提出，对中国的绿色经济转型提出了更紧迫的要求。同时，发达国家已纷纷开始施行"领跑者"计划、环境能效标识、低碳标识以及节能型产品销售商评价等制度，在国际贸易中设置绿色壁垒，并通过技术创新占据产业竞争力制高点。可再生能源、新材料、节能环保、高端能源装备、云计算等领域的技术突破，引领了绿色技术创新（简称"绿色创新"）的发展趋势。

为了实现可持续发展与经济转型目标，我国已开展了以绿色经济为导向的战略部署和实际行动。当前的创新驱动发展以及环境规制政策路径彰显了我国降低化石能源使用和 CO_2 排放的坚定决心。在碳达峰、碳中和的大背景下，我国不断深化"创新、协调、绿色、开放、共享"五位一体的发展理念。以能源的低消耗、污染废弃物的低排放、生态环境的低污染为特征的绿色创新正在蓬勃兴起。

环境规制与区域绿色创新发展是经济地理学的前沿命题。优化的区域环境规制不仅可以减少污染、降低能源损耗、保护生态环境，还可以最大限度地通过激励区域绿色创新，推动绿色产业价值链的形成与发展。通过厘清绿色创新活动、绿色创新资源、绿色创新产能在空间上的集聚与扩散规律，形成加快绿色产业发展的绿色创新空间和绿色创新集群，不仅是欧美国家绿色发展的成功经验，也将是中国深入实施创新驱动发展战略的必然路径。环境规制作为区域绿色创新发展的重要驱动因素，系统探究其对区域绿色创新发展的影响机理至关重要。

我长期从事区域绿色创新与绿色发展、基于区域协调的环境规制政策评价与优化研究，为本书的撰写做了大量的前期准备工作。多年前我在美国攻读经济学博士，受到了良好的数理经济学、计量经济学研究训练，打下了良好基础。在美读博期间，我就开始关注代表性环境规制政策的效果及政策设计的有效性问题。作为导师 Kevin Currier 教授的主要助手，我参与了"环境规制政策设计与可再生能源发展""电力部门环境规制工具的成本有效性与福利效应"等课题的研究，赴多个城市调研能源生产企业，积累了扎实的数理模型、算例分析经验和丰富的基础数据。我于 2017 年先后申请并主持了国家自然科学基金青年项目"能源转型背景下可再生能源配额的配置优化研究——基于区域协调的环境规制路径选择"、上海市哲学社会科学规划青年项目"政府研发支持、环境规制与绿色创新激励——基于绿色经济转型视角的理论分析与实证研究"。在这两个项目的支持下，我经过不懈努力，带领我的学生聚焦中国的环境规制与区域绿色创新发展理论和实证研究，取得多项与本书研究主题相关的科研成果，以第一作者或通讯作者的身份在 SSCI/CSSCI 期刊上发表研究论文 10 余篇。本书是我对近年来已有研究的凝练和深化。

全书聚焦环境规制与区域绿色创新发展，基于绿色创新的内涵、双重外部性特征、驱动因素及主要政策模式探讨，从时空格局、驱动机理、区域协同路径的角度构建中国环境规制与区域绿色创新发展的基础研究框架。同时，结合当前的长三角一体化发展战略、长江经济带发展战略等，描绘展现绿色创新活动在区域尺度下的时空演化和空间分异，实证检验环境规制对区域绿色创新发展的具体空间作用机理。

全书共十四章。其中，理论与实证篇共七章，遵循理论、格局、过程、机理、效应的研究思路，从"绿色创新的内涵、驱动因素及政策选择""'支持型'与'规制型'：国内外绿色创新的两大政策模式""环境规制与区域绿色创新发展的理论和文献述评""区域环境规制对区域间绿色创新发展的影响路径""中国城市绿色创新投入-产出-绩效的时空演化特征""环境规制对中国城市绿色创新发展时空演化格局的现实影响检验""区域环境规制对中国城市能源类绿色创新发展的影响"七个方面展开探讨。区域篇共六章，分为"以绿色创新发展为导向的区域间环境规制政策优化""长三角区域绿色创新产出与效率的时空演化格局及环境规制驱动机理""区域环境规制对区域绿色协同发展的影响及协同方案设计""区域一体化背景下环境规制对区域绿色发展的空间溢出影响""长江经济带区域绿色创新效率评价及其空间关联性""环境规制与长江经济带区域绿色创新发展"六大主题。第十四章对全书进行总结与展望。具体篇章内容如下。

理论与实证篇包含第一章至第七章。

第一章绿色创新的内涵、驱动因素及政策选择，即厘清绿色创新驱动因素及政策选择的理论阐释。基于创新经济学、环境经济学、环境规制理论等，梳理绿色创新及其驱动因素研究的基本脉络，给出本书对绿色创新的内涵、驱动因素及政策选择的理解。考察环境规制政策与研发支持政策双重影响下的区域绿色创新激励机制，以及政府复合公共政策对企业绿色创新的作用。

第二章"支持型"与"规制型"：国内外绿色创新的两大政策模式，即结合国内外政策实践，展开案例比较研究，进而得出经验借鉴与启示。从政策作用机理的角度将绿色创新政策模式划分为"支持型"和"规制型"两类。其中，"支持型"政策选取了绿色技术的知识产权保护、政府绿色采购以及绿色信贷进行案例比较研究；"规制型"政策主要针对代表性国家的环境税、排污权与碳交易制度、生态规划等的实施及效果展开案例分析。

第三章环境规制与区域绿色创新发展的理论和文献述评，即在经济地理学的视角下，建立环境规制对区域绿色创新时空演化格局影响及驱动机理的理论框架。运用文献分析方法，基于环境规制的"波特假说""污染天堂假说""知识扩散"等理论，系统评述环境规制与绿色创新发展关系的已有文献。结合环境经济地理学、创新地理学、资源环境经济学、发展经济学等相关理论，梳理归纳环境规制的评价方法、绿色创新水平与绩效的测度方法及时空演化的现有研究脉络。

第四章区域环境规制对区域间绿色创新发展的影响路径，即从环境规制的空间溢出效应、产业转移效应、知识扩散效应三个方面出发，系统推演并揭示区域环境规制对区域间绿色创新发展的影响过程。考虑技术创新的空间特征，建立修正的环境规制与绿色创新激励的两区域模型，通过数理演绎方法，归纳区域环境规制对于区域间绿色创新影响的内在逻辑。重点探究环境规制实施对于"本地"与"邻地"绿色创新影响的差异性，探讨环境规制的空间溢出效应、产业转移效应、知识扩散效应对于区域间绿色创新空间格局的驱动过程。

第五章中国城市绿色创新投入-产出-绩效的时空演化特征，即刻画展现中国城市绿色创新投入-产出-绩效的时空演化过程。从创新活动的投入产出角度，建立绿色创新投入-产出-绩效的综合评价指标体系。根据2003~2019年中国285个城市的投入、产出要素数据，研究各投入、产出要素的空间分异特征。构建包含非期望产出的超效率SBM-DEA模型，对各城市绿色创新绩效进行测度和综合评价，描述其时空演化格局。采用全局Moran's I、Theil指数和Gini系数刻画中国市际绿色创新绩效的空间集聚特征和区域差异性，并对其进行分级、分类，为中国区域绿色创新的布局优化提供依据。

第六章环境规制对中国城市绿色创新发展时空演化格局的现实影响检验，即基于中国城市级面板数据，检验并揭示环境规制对绿色创新时空演化格局的具体作用机理与作用程度。借助普通面板回归模型、空间滞后模型和空间杜宾模型，检验环境规制的空间溢出效应、产业转移效应、知识扩散效应三种路径效应在中国城市间的具体体现，揭示三种路径效应对绿色创新时空演化格局的现实影响，基于空间效应分析，系统探讨环境规制及其三种路径效应对"本地"、"邻地"和中国城市绿色创新的影响。

第七章区域环境规制对中国城市能源类绿色创新发展的影响，即以碳排放权交易试点政策为例，探究区域环境规制政策的实施对中国城市能源类绿色技术创新的影响。系统回顾中国碳排放权交易试点政策的发展历程及实施现状，基于2003~2018年中国285个城市的空间面板数据，以城市能源类绿色专利数量作为衡量标准，探究能源行业绿色技术创新的时空演化特征。基于行业异质性和地区异质性，借助双重差分空间杜宾模型，对碳排放权交易试点政策的影响进行多维度实证检验。

区域篇为第八章至第十三章。

第八章以绿色创新发展为导向的区域间环境规制政策优化，即以可交易绿色证书制度为例，探究区域间以绿色创新为导向的环境规制政策优化。在区域间电力市场可再生能源配额标准的制度框架下，通过数理模型推演、比较静态分析、算例研究等方法，分析不同市场竞争情景中区域间可再生能源配额制的优化设计。研究表明，在区域间存在补偿和援助的情况下，完全融合的可交易绿色证书市场和电力市场体系能够达到卡尔多-希克斯福利改进的效果。

第九章长三角区域绿色创新产出与效率的时空演化格局及环境规制驱动机理，即在区域尺度下，以长三角地区为研究区域，揭示长三角绿色创新产出与效率的时空演化特征及环境规制在其中的影响机理。首先以绿色专利数量作为绿色创新产出的主要衡量指标，刻画长三角区域绿色创新产出的时空演化和空间关联特征，并分析其驱动因素；其次构建包含投入、期望产出和非期望产出的绿色创新综合评价指标体系，采用超效率SBM-DEA模型对长三角城市群核心城市的绿色创新效率进行测度，研究其时空演化格局和环境规制的具体空间影响机理。

第十章区域环境规制对区域绿色协同发展的影响及协同方案设计，即在区域尺度下，以大气污染规制强度为例，揭示长三角区域大气污染协同治理的时空演化特征及驱动因素，提出区域大气污染协同治理方案。从环境规制的政策文件、实施过程、治理效果三个维度，构建大气污染规制耦合度评价体系。运用耦合协调模型，探究长三角区域41个城市2003~2019年大气污染规制耦合度的时空演化特征。通过确定治理中心地、划分治理边界等方法，对长三角区域各城市划分区域协同治理小组，并分别测算其大气污染治理协同度，得出相应的方案和政策建议。

第十一章区域一体化背景下环境规制对区域绿色发展的空间溢出影响，即在区域尺度下，探究长三角区域一体化背景下环境规制对污染产业转移和区域绿色发展空间溢出的影响。以"污染避难所效应"为切入点，建立污染产业集聚和绿色发展空间溢出的评价指标，基于长三角区域的工业企业数据，借助三重差分模型，实证检验长三角区域一体化背景下，环境规制对于污染产业集聚程度和区域绿色发展空间溢出的影响，得出相应的政策建议。

第十二章长江经济带区域绿色创新效率评价及其空间关联性，即将研究区域从长三角区域拓展至长江经济带区域，评价区域绿色创新效率，揭示其空间关联特征。长江经济带是我国区域经济发展的重要"增长极"，采用超效率DEA方法对长江经济带区域各省市的绿色创新效率进行测度，同时，着眼于长江经济带区域内部发展不平衡的问题，着重探讨长江经济带各省市绿色创新效率的空间关联特征，进而为不同区域提升绿色创新水平的发展路径提供政策建议。

第十三章环境规制与长江经济带区域绿色创新发展，即以长江经济带为研究区域，以碳排放权交易政策为例，探究该环境规制政策对于区域绿色创新的影响。从绿色全要素生产率的角度考察城市绿色创新发展，基于长江经济带109个城市的面板数据，测度长江经济带区域各城市的绿色全要素生产率及其分解项，揭示其时空演化特征。采用双重差分模型，检验碳排放权交易政策对于长江经济带区域城市绿色全要素生产率的作用效果。

第十四章结论与展望，即系统总结全书主要内容、研究结论、政策启示，思考与展望未来研究方向。

本书主要章节系在我近年来的相关论文和我带领学生完成的相关论文基础上写成的，他们的合作与贡献是十分重要的，在此致以谢意。在本书的成稿过程中，我还得到了多方面的支持。我的区域绿色创新与绿色发展研究小组是一支"小而精"的队伍，他们拥有着活跃的思维和创造力，他们的努力为本书的写作提供了源源不断的动力。感谢华东师范大学硕士谌思邈，她是我指导毕业的第一届硕士生，承担了大量的数据整理、图形绘制、空间可视化、计量回归以及部分章节的整理修订等工作；感谢周传玉、段舒涵、徐斌开等的积极协助，他们承担了部分章节的修订、校对和大量的文献整理工作。我们在此过程中进行了反复的写作研讨和逐字逐句的修改完善，从他们身上，我也看到了在科研领域认真求索的优良品格。此外，我还要特别感谢社会科学文献出版社高雁老师、王红平老师等在本书完成和出版过程中不辞辛苦的推动与帮助。

　　应该特别指出的是，我所在的华东师范大学城市与区域科学学院、全球创新与发展研究院在创新地理学、区域经济学、经济地理学等领域有着优良的研究传统，为研究实施提供了有力保障。感谢华东师范大学杜德斌教授、刘承良教授、孙斌栋教授等给予本书出版的帮助和指导，感谢周傲英教授长期以来的鼓励。作为一名"青椒"，我很幸运，成长路上得到了如此多的支持。同时，还要特别感谢我在美国俄克拉荷马州立大学的博士生导师 Kevin Currier 教授，以及中国人民大学方福前、顾海兵、方竹兰、虞义华等教授，给本书相关研究带来许多激励和启示。本书相关研究先后得到国家自然科学基金青年项目"能源转型背景下可再生能源配额的配置优化研究——基于区域协调的环境规制路径选择"（71703039）、国家社会科学基金一般项目"区域间主要污染物的规制溢出效应与最优联合治理路径研究"（22BJL135）、上海市自然科学基金面上项目"重叠环境规制的溢出效应对区域绿色协同发展的影响机制——以长三角区域为例"（22ZR1420800）、华东师范大学青年预研究项目"重叠环境规制的溢出效应对区域绿色协同发展的影响"（2021ECNU-YYJ014）的资助，对此深表谢意！

　　本书的阶段性成果已在国内外核心期刊发表，具有较好的学术反响，以下五项成果最具代表性。

　　（1）Full Separation or Full Integration？An Investigation of the Optimal Renewables Policy Employing Tradable Green Certificate Systems in Two Countries' Electricity Markets，论文，第一作者，SSCI/SCI 期刊。

　　（2）Cross-Regional Comparative Study on Environmental-Economic Efficiency and Driving Forces behind Efficiency Improvement in China：A Multistage Perspective，论文，通讯作者，SSCI/SCI 期刊。

　　（3）The Optimal Percentage Requirement and Welfare Comparisons in a Two-Country Electricity Market with a Common Tradable Green Certificate System，论文，第一兼通讯作者，SSCI 期刊。

　　（4）《长三角区域绿色技术创新效率的时空演化格局及驱动因素》，论文，第一作者，CSSCI 期刊，地理学权威期刊。

　　（5）《长三角区域大气污染协同治理的时空演化特征及其影响因素》，论文，第一作者，CSSCI 期刊，地理学权威期刊。

目　录

区域篇

理论与实证篇

第一章
绿色创新的内涵、驱动
因素及政策选择

第一节　绿色经济

　　近年来，在资源环境形势日益严峻及能源转型变革的背景下，绿色经济理论研究与实践发展逐渐成为热点问题。绿色经济是对传统经济发展方式深刻反思后提出的新的经济发展方式，源于人们对人与环境和谐发展的深刻体会，最早由大卫·皮尔斯（David Pierce）在 1989 年出版的《绿色经济蓝图》一书中提出。之后，其内涵逐步拓展。2011 年，联合国环境规划署（UNEP）在《绿色经济报告》中将绿色经济定义为一种可以提高社会公平和福利，同时显著降低环境风险与生态稀缺的经济。绿色经济以实现经济效益、环境效益最大化为目标，是一种可持续的经济发展模式，它有利于克服经济高度商品化带来的环境问题和生态危机，促进全球经济的可持续发展。绿色经济将众多有益于环境的绿色技术应用到生产经营活动中，提高绿色生产力，并鼓励对环境友好的生产、经营、消费行为，实现经济的长期稳定发展。

　　绿色经济具有较强的正外部性，发展绿色经济需要从制度、观念、政策、技术、文化等几个方面综合采取系统的方法加以推进。在市场经济运行中，绿色经济的本质是将市场外部性成本内部化，利用科学方法对生态稀缺性进行成本效益分析，运用产权制度将生态与自然资源纳入市场进行研究，探索建立有利于绿色经济发展的财政金融体系。诸大建（2015）认为发展绿色经济首先要改变关于经济与环境此消彼长的认识，以及绿色经济只有发达国家才能做到或者绿色经济是发达国家强加给欠发达国家的认识；其次要转变政府部门与私人部门的传统投资政策模式，建立绿色经济激励机制，政府部门应减少对一些重工业的补贴，加大对绿色经济基础设施的投资力度，为绿色产品提供激励；最后要大力促进绿色创新，绿色创新可以为绿色经济的发展提供不竭动力。

第二节　绿色创新的内涵及其"双重外部性"特征

20世纪90年代起，各国学者开始从生态经济学、环境经济学等角度探讨各类创新活动对企业、产业以及地区、全世界的重要作用。早在1996年，Fussler和James就在其著作《推动生态创新：为创新和可持续发展的突破体系》中指出，绿色创新驱动能够从新的层面解释企业创新活力的缺失。James（1997）进一步将绿色创新定义为"显著减少环境影响并能使个人或企业实现增值的新产品或工艺"。Ramus和Steger（2000）基于企业内部特征，认为绿色创新表现为全体企业员工通过改善企业的环境质量而提高其自身绩效。

进入21世纪，欧盟（EU）与经合组织（OECD）成为"绿色创新"的主要推动者，开展了一系列的理论研究与实践探索。2004年，欧盟开始强调绿色创新对于区域竞争力的重要作用，其"环境技术行动计划"（Environmental Technologies Action Plan，ETAP）旨在加快环境技术和绿色产业的发展。2009年，OECD在《可持续制造与绿色创新》报告中将绿色创新解释为"一种产品、服务、生产工艺、组织结构以及管理或商业模式在生产、采用或开发等方面的创新，这一创新与其他方案相比更能够在其整个生命周期内有效降低环境风险、污染和资源能源使用过程中的负面影响"。Johnstone等（2010）和Rennings（2000）发现环境规制对绿色产品创新具有正向作用。Horbach等（2012）将绿色创新解释为能够显著缓解环境问题的产品、生产工艺、市场方式和组织结构的创新行为，并认为积极的环境效应是这一创新的目标。

国内学者也对绿色创新的概念进行了广泛探讨。诸大建（2008）指出，中国的发展特别需要绿色创新或生态导向的创新，发展循环经济、倡导绿色生活、构建绿色政府可以分别促进绿色导向的经济创新、社会创新、体制创新。聂爱云和何小钢（2012）认为绿色创新是环境绩效能够得到显著改善的创新。与一般创新相比，它更强调应对资源稀缺、气候变化的挑战，并能够在产品或服务的整个生命周期内有效降低环境风险并减少资源使用或环境污染所带来的负面效应。

综上所述，国内外文献目前比较认可 Kemp 和 Pontoglio（2011）的观点，即绿色创新是"因避免或减少环境损害而产生的新的改良的工艺、技术、系统和产品"。从企业层面来说，这一创新使经济效益与生态效益相互协调，通过获得绿色竞争优势，实现企业自身的可持续发展（戴鸿轶、柳卸林，2009）。

此外，与一般创新不同，绿色创新具有典型的"双重外部性"特征，即同时具备与创新知识公共性、知识溢出相关的正外部性和与污染排放相关的环境影响给社会带来的负外部性。首先，当一项新技术创新应用推广时，部分或全部创新知识变成公共知识，公共知识推动新一轮创新，且可能带来新技术的模仿、复制，这将吞噬创新企业的利润。由于创新知识的正外部性以及新技术的知识溢出，研发投资企业不能获取研发的所有收益，研发的私人收益和社会收益不对等。尽管溢出效应产生了正外部性，但绿色创新企业承担了所有创新成本，却未能收获所有创新收益，因此，在没有政策干预时，将出现研发企业创新动力不足的问题。其次，由于缺乏污染排放的市场定价机制，排污成本往往被严重低估，企业或消费者为污染排放支付的成本小于总成本（社会成本），当缺乏将这种外部性内部化的政策干预时，会出现过度排放的问题。相应地，污染排放的环境外部性容易导致减排成本被大大低估，进而使得企业在资源、环境友好型绿色创新方面的激励不足，最终会导致绿色创新比传统创新更少（聂爱云、何小钢，2012）。

绿色创新的"双重外部性"特征表现在市场上亦可称为"双重市场失效"。由于"双重市场失效"的存在，市场力量对绿色创新研发和扩散的激励程度是远远不够的。除了影响绿色创新的研发之外，市场失效同样影响绿色技术应用的推广与扩散，如果不存在政策干预，企业将没有动力引入新的绿色技术。

第三节　绿色创新的驱动因素

关于绿色创新驱动因素的研究，已有文献主要基于市场理论、制度理论等的视角进行探讨。

一　基于市场理论的外部驱动因素

基于市场理论，绿色产品不仅能带来降低环境污染的公共收益，还能为消费者带来私人收益。Cleff 和 Rennings（1999）认为市场是推动绿色创新的重要因素。在制度环境压力下，企业期望利用绿色创新实现产品差异化，进而获得持续的竞争优势。但消费者可能并不情愿以较高的价格购买仅仅是贴有绿色标签的产品，往往抱怨这些绿色产品除了降低环境污染，并没有为消费者带来价值，例如，部分消费者对电动车的认可度并不太高。如果产品除了降低环境污染，还能为消费者创造附加价值，那么消费者就更愿意以较高的价格购买绿色产品，例如绿色食品和婴儿玩具。因此，消费者收益是决定企业进行绿色创新的重要因素。同时，潜在的绿色市场和低成本的能源需求也是导致企业进行绿色创新的重要因素。一些实证研究也分析了消费者需求及利益相关者对绿色创新的推动作用。例如 Qi 等（2010）基于企业样本（大部分为制造企业）的研究认为，消费者的要求会促进绿色产品创新和绿色过程创新。在绿色产品市场逐渐兴起的背景下，与制度环境相比，市场能否对绿色创新产生更强的驱动作用是未来的研究趋势。

二　基于制度理论的外部驱动因素

制度对于企业决策的影响主要通过两种方式来实现，一种是制度对企业产生的制度压力，另一种是制度环境对企业产生的制度支持作用（Guo et al.，2014）。制度支持主要指管理部门为企业提供政策、资金和信息等方面的支持。

基于不同视角，已有文献通过实证研究分析了制度环境对绿色创新的影响。张天悦（2014）指出，绿色创新导向的环境规制是为推进企业乃至全社会的绿色创新活动而采取的一系列与环境规制有关的政策法规集合。Zhu 和 Sarkis（2006）对化工、汽车和电子制造企业样本进行了实证研究，结果表明，制度（规制、规范和认知）压力会促进企业内部绿色管理实践行为（绿色设计、内部环境管理和绿色产品补贴）的产生，规制压力对外部绿色供应链管理（消费者合作）具有负向影响。基于电子行业的数据，Wong（2013）发现法定和非法定的绿色要求对绿色产品创新和绿色过程创新的影响不显著。基于 791 家私营制造企业的分析，Lin 等（2014）的研究表明，环境规制会促进绿色产品和绿色过程创新，供应商的绿色供应会促进绿色产品和绿色过程创新。李怡娜和叶飞（2012）以珠三角地区 148 家制造企业为研究对象，利用结构方程模型对企业绿色环保创新实践的制度压力及其实施效益进行了实证研究，结果表明：强制性的政府环境法律法规和竞争压力对企业绿色环保实践有显著的正向影响，而激励性的政府环境法律法规和社会环保压力对企业绿色环保实践的影响并不显著。张倩和曲世友（2013）研究了排污税、排污许可证、统一的排放标准三种环境规制政策与企业采纳绿色技术程度之间的关系，结果表明，当传统技术和绿色减排技术的边际减排成本（MAC）曲线存在交点时，三种环境规制政策对企业绿色技术创新与扩散的影响模式相同，企业采纳绿色技术的程度与环境规制政策的强度呈现倒"U"形关系。若考虑企业边际减排成本的异质性，则企业采纳绿色技术的程度与环境规制政策的强度之间的关系会呈现更为复杂的非单调关系，可能呈现倒"W"形。曹霞和张路蓬（2015）运用利益相关者理论，构建了政府、企业与公众消费者之间的三方演化博弈模型。结果表明，污染抵制措施在一定程度上能够促进绿色技术创新的扩散，而高强度的污染税收、低强度的公众环保宣传与适度的创新激励补偿对企业绿色创新的促进效果最明显。公众对于绿色技术创新的推广促进其在社会系统中的扩散。政府对于绿色创新技术的过度推广，则会降低绿色创新扩散效率。

现有研究以强调制度压力对绿色创新的推动作用为主，关于制度支持和制度压力对绿色创新驱动的互动优化仍值得深入分析。

三　企业内部因素对绿色创新的影响

基于自然资源观点视角，影响企业绿色创新的内部因素主要包括绿色导向、绿色技术能力等。一般来说，绿色导向即企业对于环境保护管理的认知过程，分为内部绿色导向和外部绿色导向。其中，内部绿色导向是企业对于环境保护承诺的内部价值和伦理标准。外部绿色导向则是满足外部利益相关者环境需求的认知过程。

围绕绿色导向对绿色创新的影响，已有文献展开了一系列实证研究。一些基于制造企业的绿色供应链管理行为的研究指出，内部绿色导向和外部绿色导向会促进企业与供应商、企业与消费者的绿色合作创新。张钢和张小军（2014）的案例研究表明，预期经济收益会正向影响绿色创新，而冗余资源及利益相关者压力会调节二者的关系。绿色技术能力主要包括绿色研发投入、绿色环境管理系统和战略柔性。其中，绿色环境管理系统（Environmental Management Systems，EMS）包括 ISO 140001 体系、绿色体系建立过程中高管的承诺、团队工作、分权、过程相关技术等。绿色 EMS 使得企业能够提高效率，从而降低绿色创新的成本，有助于实现绿色创新（Khanna et al.，2009）。隋俊等（2015）研究了跨国公司技术转移对我国制造业绿色创新系统绿色创新绩效的影响，在这一过程中，企业的绿色社会资本和绿色创新系统的吸收能力均对绿色创新绩效具有积极作用。

四 外部和内部组织要素相结合对绿色创新的驱动作用

关于外部和内部组织要素相结合对绿色创新的驱动作用，雷善玉等（2014）构建了环保企业绿色创新的"技术-情境-创新"动力机制模型，结果表明，技术能力是环保企业绿色技术创新的直接驱动因素，企业文化、市场导向、政府政策与行为是对"技术-创新"关系具有调节作用的情境因素。其中，企业文化是内部情境因素，市场导向、政府政策与行为是外部情境因素，三者共同调节"技术-创新"关系的强度。面对同样的外部环境，不同企业绿色导向、绿色技术能力等内部因素的差异会导致企业选择不同的绿色创新类型。

第四节　绿色创新的政策选择

关于绿色创新的政策选择，已有研究表明，绿色创新的激发需要融合研发支持政策与环境规制政策，以降低绿色创新的"双重外部性"。然而，政策制定者往往容易犯的错误是，使用单一政策处理两个不同的问题。根据丁伯根关于经济政策的"丁伯根准则"（Tinbergen，2005），政策工具数量必须等于政策目标数量。因此，针对研发与创新知识外部性问题，则需相应地采取研发（技术）支持政策；针对环境外部性问题，应采取环境规制政策。这里分别从研发支持政策和环境规制政策两个角度来探讨激励绿色创新的公共政策工具及其政策效应。

一 研发支持政策及其政策效应

根据"丁伯根准则",针对绿色创新中存在的研发与创新知识外部性问题,应采取研发支持政策。一般技术创新与绿色创新均面临研发与创新知识外部性问题,而且绿色创新比一般市场产品技术创新的外部性更加复杂。因此,一个重要的问题是:绿色研发与市场产品研发是否存在系统性差异?Greaker 和 Hoel(2011)通过理论模型研究发现,在承诺技术授权费的前提下,绿色研发激励比一般市场产品研发的激励更大。当创新者不能获取所有创新收益且绿色创新者不能在规制执行前得到技术授权费承诺时,绿色研发的激励小于一般市场产品研发的激励。政府会通过环境政策影响市场对新的减排技术的需求,比如,政府对绿色技术的征用或购买可能导致绿色研发的激励更低。这也为绿色创新应该得到更多政府政策支持提供了证据。

如果说环境规制政策有助于绿色创新的推广应用,那么研发支持政策则更加有利于绿色创新的产生。Dutz 和 Sharma(2012)将绿色创新激励的主要研发支持政策划分为三种类型。第一类为促进前沿创新型,受益对象为有足够技术能力的企业,主要的政策工具包括:政府资助研发(包括公共研发实验室,给予私人企业的配套资金、贷款支持及税收抵免)、专利及其他知识产权、天使投资和早期风投、先期市场承诺等。第二类为促进赶超创新型,受益对象为企业、公共研发实验室、大学、公众,主要的政策工具包括:贸易、外商直接投资、知识产权政策,专利收购和强制许可,专利池与开源机制,公共采购、标准和法规,对早期采用新技术的示范企业给予融资支持,等等。第三类为发展吸收能力型,受益对象为企业、员工、管理者、研发人员、专业人才,主要的政策工具包括:教育和终身学习的政策,员工、管理和创业培训,发展与全球价值链联系的供应链以促进企业间的联系,吸引和留住人才的城市政策,等等。目前,在研发支持政策的绿色创新激励效应研究中,对各种政策工具的效果进行比较与排序的文献较少,已有研究主要考察了政府公共研发、研发补贴、税收抵免和专利保护等的政策效应。

此外,在环境规制政策实施的情况下,企业可能仍然更多地从事市场产品研发而不是绿色研发,因此,绿色研发容易低于社会最优水平,这就需要政府的绿色研发支持。据估计，2008 年全球政府投资的能源研发接近 127 亿美元，其中，美国政府在能源研发领域的投入高达 42 亿美元（IEA，2009）。政府投资绿色研发具有重要意义，首先，政府绿色研发的公共利益性质有助于弥补企业投资绿色研发的不足；其次，政府绿色研发与企业绿色研发所关注的重点不同，前者更加注重那些收益不确定性大、周期长的基础性研发。

二 环境规制政策及其政策效应

早期的研究发现，不同类型的环境规制工具对技术创新效率和创新方向的影响存在显著的不同（Orr，1976）。为了刺激绿色创新，政策制定者有多种环境规制政策可以选择，可以大体归结为两类，即命令控制型环境规制（Command and Control，CAC）和基于市场的环境规制（Market-Based Instruments，MBI）。命令控制型环境规制（CAC）以一定的绩效为导向，分为绩效标准和基于技术的标准，包括许可与配额、产品标准和技术标准等。绩效标准是给污染企业设定统一的排放控制目标，但不管这个目标是如何实现的；基于技术的标准则给污染企业设定一定的技术、方法或提供设备以实现减排。与 CAC 不同，基于市场的环境规制（MBI）通过环境规制政策为污染排放设定一个类似于市场运行的机制，以此来促使污染企业减排，比如污染排放税、排污权交易、环境补贴等。经济学家往往偏爱 MBI 政策，主要是由于在充分竞争的条件下，MBI 政策具有静态成本效率，同时更具灵活性（Requate，2005）。

新古典经济学认为，环境保护与经济增长存在一种隐含的抵消关系，严格的环境规制所产生的社会效益会增加企业的私人成本从而降低其竞争力，并最终影响一国的国际竞争力。迈克尔·波特提出了著名的"波特假说"（Porter Hypothesis），认为通过政府的环境规制激发企业的绿色创新，可以带来经济与环境的双赢（Porter and Van der Linde，1995），从而反驳了新古典经济学关于环境保护的理论框架。"波特假说"包含两个基本假设：第一，由于缺乏通过技术创新解决环境问题的经验，企业无法获得绿色技术创新所能带来的成本节约等潜在收益的知识，这需要通过政府规制倒逼企业认识绿色创新的收益；第二，企业率先遵守政府规制，可以获得创新的先发优势以及长期的利润。国内外文献基本通过环境规制政策选择与政策设计，探讨这两个假设成立的条件（Rassier and Earnhart，2010；沈能、刘凤朝，2012）。赵细康（2006）认为，"波特假说"的有效与否应针对具体国家或地区的具体情况进行探讨。也有学者基于博弈论和空间经济学理论，提出影响企业对环境规制的反应行为的因素还包括企业规模和政府的规制执行力。

从创新程度来看，绿色技术创新可分为渐进式创新、激进型创新和系统型创新。在创新文献中，渐进式创新、激进型创新和系统型创新是有明显区别的（Kemp，1997）。渐进式创新是对现有技术、生产过程的微小改进；激进型创新意味着跳跃性的技术革新，突破现有能力与技术；系统型创新则是形成一整套创新系统。从具体的创新形式来看，绿色技术创新又可分为终端减排技术创新（End of Pipe，EOP）和过程集成的清洁生产技术创新（Integrated Cleaner Production，ICP）两类。发达国家经过多年的绿色技术发展，绿色技术已经从原来的终端减排技术创新过渡到过程集成的清洁生产技术创新阶段。

针对不同具体形式的绿色技术创新（即 EOP 和 ICP），环境规制政策工具在特定类型绿色创新上的表现不同。环境规制是推动企业终端减排的有效工具（Popp et al.，2010），尤其是命令控制型环境规制（CAC），由于多以强制标准的形式出现，能较好地促使企业根据标准进行终端减排。而基于市场的环境规制（MBI）则由于其灵活的市场化机制，可能更多地促进生产技术创新（即 ICP 或激进型创新）。Pelin 和 Effie（2011）研究了英国的环境规制与环境税在推动终端减排控制技术、清洁生产技术和环境技术研发等绿色创新中的作用，得出外部的政府政策和内部的企业动机在不同绿色创新类型中的技术与环境效应。终端减排控制技术、清洁生产技术主要由基于提高生产效率的机器改造升级来推动，环境规制可以推动终端减排控制技术和环境技术研发，基于成本节约的市场因素对环境技术研发也有一定的驱动力。此外，不同环境规制政策的效应是有区别的。Johnstone 等（2010）研究了 25 个 OECD 国家不同规制政策对可再生能源创新的影响，对价格规制政策（包括税收减免、电价补贴）与数量规制政策（包括可再生能源配额）的效应进行了比较。研究表明，不同规制政策在不同技术上的效应存在明显差异，数量规制政策适合发展风能，价格规制政策则适合太阳能发电技术的推广。

综上所述，研发支持政策与环境规制政策的有效互动，在绿色创新的研发激励、应用推广和扩散过程中有着非同寻常的作用。绿色创新的"双重外部性"是当前政策研究的焦点，优化的政策互动机制不仅能内部化污染排放的外部性，又能内部化知识溢出的外部性。将两者结合使用并形成互补耦合，才能有效地促进绿色技术的产生和市场化应用。Acemoglu 等（2012）的研究表明，碳税和研发补贴政策的重叠配置能够优化绿色研发投资激励，可见研发支持政策与环境规制政策的有效互动十分重要。研发支持政策主要通过将创新知识所导致的外部性内部化，进而增强研发企业对绿色创新的激励。环境规制政策则主要将企业和消费者的环境负外部性内部化，增加企业和消费者对绿色创新的需求。

研发支持政策与环境规制政策存在显著的互动效应。特别地，政府研发支持政策对价格规制型环境规制政策具有显著影响，在给定减排总量的条件下，政府研发支持政策将提升绿色创新水平、增加对污染企业减排的激励。政府研发支持政策能够通过企业的绿色技术创新降低企业减排成本，进而推动污染企业更好地遵循环境规制。

第二章
"支持型"与"规制型"：国内外绿色创新的两大政策模式

　　当前，为了实现可持续发展与经济转型目标，我国正在开展以绿色经济为导向的战略部署和行动。创新驱动发展战略以及环境规制政策路径彰显了我国降低化石能源使用和 CO_2 排放的强烈决心。在碳达峰、碳中和的大背景下，我国不断深化"创新、协调、绿色、开放、共享"五位一体的发展理念。以能源的低消耗、污染废弃物的低排放、生态环境的低污染为特征的绿色经济正在蓬勃兴起。

　　为适应绿色创新的大趋势，纽约、伦敦、东京、巴黎等国际经济中心城市正在向新型的全球绿色城市转型。例如，《纽约城市规划：更绿色更美好的纽约》中提出了碳排放总量减少30%，在建筑、交通、产业等领域大幅度提高碳生产率的目标。伦敦更是提出了成为21世纪世界低碳首都城市的概念。与此同时，我国的许多经济实力雄厚且科技创新水平一流的地区，正面临着资源环境约束趋紧、主要污染物控制种类增加、资源环境生态指标均逼近甚至超过生态承载力等现实挑战。为了更好地应对资源环境等多重挑战，推动以资源环境技术持续进步为目标的绿色创新、构建提升区域绿色创新能力的绿色政策体系，是破解区域发展面临的资源、环境、生态等问题，提升经济社会发展质量，实现经济社会发展与资源环境消耗脱钩的重要路径。

　　与一般创新不同，绿色创新具有典型的"双重外部性"特征，即同时具备与创新知识公共性、知识溢出相关的正外部性和与污染排放相关的环境影响给社会带来的负外部性。由于绿色创新"双重市场失效"的存在，市场力量对绿色创新研发和扩散的激励程度是远远不够的。正如 Jaffe 等（2002）所指出，由于"双重市场失效"经常会相互强化，绿色技术创新投资很有可能长期处于社会最优规模之下，而这恰恰为政府规制和支持绿色创新提供了理由和动力。因此，政策干预对于激励企业引入新的绿色技术至关重要。

在第一章的基础上，本章从绿色创新的"双重外部性"特征出发，进一步结合代表性国家的实践经验，从政策作用机理的角度将主要发达国家的绿色创新政策模式分为"支持型"和"规制型"两类，展开案例研究，进而得出对我国的经验借鉴与启示。

第一节　"支持型"：绿色创新的研发支持政策模式

一　研发支持政策概述

绿色创新在应对资源环境问题中非常重要，但是企业往往不愿意投资研发这些技术，因为绿色创新的公共效益大于这些企业的私人效益。因此，消费者对于这些产品、服务的支付意愿往往较低。与传统创新活动相比，这通常导致回报较低甚至为负（Marin，2014；Soltmann et al.，2015）。研发支持政策的作用机理，正是通过政府手段来弥补这一部分缺失的私人利益，从而引导企业进行绿色创新。该类型政策通常也被认为是"激励型环境规制"，Baumol 和 Oates 认为激励型环境规制通过市场信号为企业提供经济激励，使企业能从发明和采用更低排污成本的污染控制技术中获益（李广培、全佳敏，2015）。

在本书的案例讨论中，主要将国外已有的研发支持政策归纳为以下几类：①绿色技术的知识产权保护；②绿色创新知识普及、人才引进；③政府补贴；④政府绿色采购；⑤绿色信贷。

在绿色技术的知识产权保护方面，很多发达国家对绿色专利快速审批。英国、澳大利亚、韩国于 2009 年分别设立了专利快速申请通道、"绿色技术加速审查专利"项目和"绿色技术超速审查"，日本特许厅自 2009 年 11 月起对低碳技术专利申请适用优先审查和优先复审程序，美国于 2009 年 12 月开始实行绿色技术试点计划，以色列专利局于 2009 年 12 月实施绿色环境专利申请审查高速公路项目，加拿大知识产权局于 2011 年 3 月启动绿色专利加速审查项目。

在绿色创新知识普及、人才引进方面,纽约市从教育培训、增强环境技术创新人才的流动、促进信息共享、改革教育模式、设置环境专业、高校与企业的知识互动、引进国外高端人才等方面配置绿色创新知识普及和人才政策。纽约市政府官网(http://www.nyc.gov)发布了很多环境教育项目,包括针对每个年龄层孩子的各种环境保护科普项目,涉及纽约市的饮用水供应、废水处理、噪声污染、气候变化等方面。

政府补贴,主要指政府对消费者或企业的环境友好行为基于特定方式(对消费者通常为现金、消费券等形式;对企业则为现金、信贷、税收、政府采购等方式)的直接或间接的支持(王昀、孙晓华,2017)。通过社会资源再分配,特别是针对企业的生产性补贴(Schwartz and Clements,1999),促进企业研发投资的增加(樊琦、韩民春,2011)。多国政府采用多种多样为鼓励绿色创新而发放的补贴。英国政府对海上风电项目提供40%的投资补贴,英国政府官网(https://www.gov.uk/)公布了对应的能源企业家基金、BEIS计划等。日本的"新阳光计划"对居民安装光伏发电系统提供补贴。目前,理论界对政府补贴持怀疑态度,认为政府补贴并没有产生预期的激励效果,甚至对企业的研发投入存在挤出效应。此外,由于信息不对称,决策者和计划官员难以了解哪些公司应得到资助(Grossman and Krueger,1991;Stiglitz and Wallsten,2000)。这些补贴也为工业和其他利益集团提供了将大量资源投入非生产性寻租活动(如游说)的动机(Tollison,1997)。

在政府绿色采购方面,美国、英国、德国、日本等国家都早已广泛推行。美国环保署发布了"全面性采购指导意见"及绿色标准认证体系。加拿大的环境管理准则规定了各部门"绿化政府"的实施措施。英国在1990年的政府白皮书中提出了"良好管理实务"规划。德国联邦环境局(UBA)自1978年起即推行环境标志认证制度("蓝色天使"标签),并在1994年《循环经济法》中规定政府机构需采购具有环境标志的产品。日本和韩国分别建立了绿色采购网络联盟(GPN)和生态产品研究院(KOECO),并分别颁布了《绿色采购法》和《绿色产品采购促进法》。

绿色信贷是一种将可持续理念融入金融业的实践,通过使用金融杠杆来实现环保目标，这种基于市场的工具往往作用良好，它代表了政府和金融机构致力于实现可持续发展的社会责任感。德国政府对环保、节能项目一直给予一定额度的贷款贴息，产生了良好的"杠杆效应"，同时以政策性银行为基础开发支持绿色信贷的金融产品，并与环保部门积极联动。在长期实践中，很多国家已形成了经典的绿色信贷产品，例如，花旗银行的结构化节能抵押品，英国联合金融服务社的生态家庭贷款，加拿大 VanCity 银行对清洁空气汽车的贷款，欧洲 Rabobank 的气候信用卡，爱尔兰银行的"转废为能"项目融资，等等。

二 案例研究1：绿色技术的知识产权保护——绿色专利快速审批

（一）绿色专利快速审批政策的背景

绿色技术的知识产权保护政策源于西方现有的知识产权制度，是对现有制度的一种改善。知识产权保护政策符合林德尔的理论，当创新活动的私人利益低于其社会利益时，创新活动投资不足，这样可以通过创造对发明的（临时）垄断，使知识成为一种"商品"（Crespi et al.，2015）。所以在发达国家看来，专利保护对于绿色创新有一定的促进作用。

在气候变化和国际金融危机双重影响下，绿色技术创新将有益于保护环境且有助于各国恢复经济。绿色技术水平代表着一个国家绿色产业的国际竞争力，绿色技术的发展与转移不仅关系到气候变化的缓解问题，而且将决定未来气候变化国际博弈的格局和走向（陈琼娣、余翔，2013）。

在上述背景下，各国力图更快地将绿色技术推向市场化，更快地取得绿色创新的利益回报，纷纷出台了相应的绿色专利快速审批政策。

（二）各国绿色专利快速审批政策对比

在绿色专利领域，2009~2013年，有9个国家陆续推出绿色专利快速审批政策，包括英国、美国、韩国、日本、澳大利亚、以色列、加拿大、巴西和中国。表2-1列出了部分发达国家绿色专利快速审批政策的基本情况。

总体来说，各个国家的绿色专利快速审批政策都大幅度缩短了专利审查所需的时间，且实施时间基本集中在2009年，各国之间有一定的模仿，

表 2-1 部分发达国家绿色专利快速审批政策的基本情况

国家	实施时间	条件	缩短时间
英国	2009 年 5 月 12 日	书面说明申请涉及环保技术；不会很严格地审查技术是否具有环保性，除非声明显然没有根据的情况下才会被驳回	从 2~3 年到 9 个月
美国	2009 年 12 月 9 日	发明的专利分类号必须落入规定的绿色专利分类号中；提交一份请求书，说明发明对规定的绿色技术有实质性贡献	从 2~3 年到 1 年
韩国	2009 年 10 月 1 日	需要提交一份声明，说明请求保护的专利申请发明属于第一或第二类技术；同时需要一份由 KIPO 指定专利服务机构出具的现有技术检索报告	从 17 个月到 1 个月
日本	2009 年 10 月 1 日	需要提交一份为什么申请涉及绿色发明的情况说明；现有技术的检索结果；本发明与现有技术检索中发现的现有技术之间的差别	从 28 个月到 3 个月
澳大利亚	2009 年 9 月	没有明确规定"绿色技术"的确切定义与范围。只需提供一个说明其发明对环境有益的文件即可	从 1 年到 4~8 周
以色列	2009 年 12 月	技术门槛较低，仅需提交一份简要文件以说明其发明对环境有益	约 3 个月
加拿大	2011 年 3 月	对技术范围没有明确要求，需要提交一份说明其发明能够帮助减少负面的环境影响或有助于保护自然环境的声明	从 3 年到 2 个月

资料来源：根据陈琼娣和余翔（2013）、杨宇静（2014）整理。

并且互相竞争。但该政策的国别差异还是很明显的，各个国家对于绿色技术的定义大相径庭，没有统一的标准，制度宽松程度的差别也很大。杨宇静（2014）的研究中将各国的政策分为"宽松型审查"（包括英国、澳大利亚、以色列、加拿大、美国）、"适度型审查"（包括巴西、中国、日本）和"严格型审查"（包括韩国）。在英国、澳大利亚、以色列、加拿大、美国这几个国家，"绿色通道"的适用条件较为宽泛，门槛较低。韩国的审查就相对比较严格，对"绿色技术"有较为明确的定义，必须是来自韩国政府资助、认可的项目，且符合韩国环境法律、法规的相关规定，在现有技术检索、申请人条件上也有要求。虽然韩国的快速审批通道有诸多严格的限制，但韩国KIPO的审批速度是全球最快的，为1个月。可以发现，各国的政策导向各有侧重，有的国家希望宽松审查的优惠条件能够激励绿色创新的数量增加，而有的国家则希望以绿色技术的质量在该行业的国际市场中取胜。

（三）绿色专利快速审批政策的效果评价

关于绿色专利快速审批政策的效果评价，截至2012年底的统计数据显示，美国的绿色专利快速审查的年均授权量最多，英国次之，韩国居第三位（见表2-2）。研究发现，政策宽松与否并不影响专利授权量的多少。根据表2-2中的占比可以发现，通过快速审查而获得授权的绿色专利数量并不是很多，政策的有效性仍待检验（李薇薇、郑友德，2014）。

表2-2 部分发达国家绿色专利快速审查的年均授权量比较

单位：件，%

国家	绿色专利快速审查的年均授权量	绿色专利年均授权量		专利年均授权量	
		数量	占比	数量	占比
澳大利亚	14.3	1896	0.76	29480	0.05
加拿大	44.7	2720	1.64	36949	0.12
英国	258.7	1237	20.91	28638	0.90
以色列	28.4	216	13.13	8004	0.35
日本	203.7	13741	1.48	349193	0.06
韩国	219.6	11680	1.88	168646	0.13
美国	1514.1	18421	8.22	414362	0.36

注：截至2012年底的统计数据。

从优势方面来看，第一，绿色专利快速审查可以使绿色专利商业化加快，促进绿色产业发展（刘政等，2016）。它可以帮助新兴的中小企业更快获得专利，从而获得更多投资，更快向市场推出绿色技术，同时创造就业，刺激经济。第二，它缩短了专利审查期限（李薇薇、郑友德，2014）。第三，绿色专利快速审查有助于绿色技术理念的推广和绿色专利信息平台的建设。第四，它有助于保护环境（刘政等，2016）。

从不足方面来看，第一，绿色推广的效果不明显（刘政等，2016）。绿色专利更多地指向商业利益而非实现技术的传播，会造成社会利益的受损，扼杀潜在的创新和进步（杨宇静，2014）。第二，各国定义和标准不一，各自为政，缺乏统一的标准来界定绿色技术，对于绿色技术的判定较为主观随意，造成绿色技术水平参差不齐，授权质量下滑（李薇薇、郑友德，2014；刘政等，2016）。第三，可能产生绿色"寻租"的隐患。第四，可能对其他专利申请造成延误（刘政等，2016）。

三 案例研究2：政府绿色采购

（一）政策实施背景

"绿色采购"这个概念最先指的是企业行为，企业将环境改善活动集成到其战略计划与日常运营中。美国密歇根州立大学的制造研究协会（MRC）曾进行过一项"环境负责制造"的研究，旨在综合考虑制造业供应链中的环境影响和资源优化利用，并于1996年首次提出了"绿色供应链"（Green Supply Chain，GSC）的概念（刘彬，2008）。在绿色供应链中，绿色采购被认为是一种"源头控制"方法，采购绿色化程度的提高将直接提高企业和整个供应链的环境绩效。

政府采购是政府调控宏观经济的手段之一，而政府绿色采购作为政府采购活动的制度创新，将环境准则纳入其中，是指在政府采购中选择那些符合国家绿色认证标准的产品和服务。政府绿色采购不仅要求末端产品符合环保技术标准，而且要求按照产品生命周期分析理论，选择生产到消费全过程均符合环保要求的产品（路晓非，2008）。由于政府绿色采购范围较广、规模较大，其对宏观经济具有重要的调节作用，具体体现为在一定程度上对资源的优化配置，引导可持续消费和清洁生产方式，实现生产和消费领域环境外部性的内部化。

（二）各国具体政策或法规比较

表2-3对主要发达国家的政府绿色采购政策或法规进行了整理与对比。由表2-3可以看出，国外政府推行绿色采购的手段主要是制定政策、发布政府绿色采购指导手册以及推行计划等，少数国家如德国、日本、韩国制定了专门的"政府绿色采购法"，通过法律来强制公共部门采购环保产品。

其中对于绿色产品的界定标准，一些国家如加拿大、澳大利亚、德国将政府绿色采购与绿色标签的政策联系起来，规定政府优先采购具有环境标志的产品，在一定程度上推动了绿色标签政策的实施，同时也为政府绿色采购划定了比较明确的标准。全球环境标志网络组织的调查表明，由于生态标志具有认可度和可信度高、利益相关方的冲突小、整个认证过程公正性好、产品检测指标量化等特点，在进行政府绿色采购时直接采用生态标志的标准，可使政府采购人员能够方便快捷地识别绿色产品和服务，对政府绿色采购具有很强的示范和推进作用（路晓非，2008）。另一些国家则由政府环保部门编制政府绿色采购的指导手册，通过该手册来说明选取产品的标准。

在推行的具体模式上，各个国家也有所不同。多数国家政府选择"自上而下"的推动模式，由中央政府通过行政命令手段督促下级政府购买绿色产品，政府作为主导者引领全产业链的"绿化"，也引导各个企业选择更加环保的产品。少数国家有两个方向的力量共同作用，如日本、韩国等，由民间组织、协会等"自下而上"地推行绿色采购，同时国家也通过立法强制政府进行绿色采购，效果较好。

表 2-3　主要发达国家的政府绿色采购政策或法规比较

国家	绿色采购政策或法规
美国	1993 年第 13101 号行政命令，即《通过废弃物减量、资源回收和联邦采购来绿化政府行动》；《资源保护与回收法》（RCRA）中第 6002 条款；《联邦采购条例》中关于绿色采购的规定；美国环保署的"全面性采购指导意见"；采购循环产品计划、"能源之星"计划、联邦能源管理计划、环境友好型产品采购计划等一系列绿色采购计划，并建立起了完善的绿色标准认证体系
加拿大	环境管理准则中阐明了各部门"绿化政府"的实施措施，要求采购物品具有"环境标志"，并制定了相关绿色采购指南，指导各部门通过绿色采购达到环境保护目标
英国	1990 年政府白皮书提出"良好管理实务"的规划，其中包括绿色采购、能效管理、废弃物管理等各方面的内容；环境、运输及区域事务部（DETR）推动绿色采购，给采购者与供货商提供绿色采购指导，并制定规格和指南；《政府采购法》中规定，采购单位在综合考虑产品质量、技术优越性与价格等因素时，还应考虑采购绿色产品

续表

国家	绿色采购政策或法规
德国	德国联邦环境局（UBA）自 1978 年起推行环境标志认证制度（"蓝色天使"标签），规定政府机构优先采购带有环境标志的产品。1979 年，德国推广环保标志制度，要求政府机构优先购买和使用带有环保标志的产品。1980 年，UBA 发布了《与环境相关的公共采购》手册，为政府绿色采购奠定了基础。1994 年通过的《循环经济法》对政府采购循环经济产品做出了原则规定，明确规定联邦政府应采购和使用满足绿色采购原则的环境友好型产品和服务
挪威	绿色管理计划，主要通过市场机制，选定重点行业和领域的环境措施来推动绿色采购，并计划优先推出办公室设备、车辆、运输服务等的采购指南。挪威政府通过了将环境准则纳入政府采购政策，并完成了政府采购人员绿色采购指导手册
澳大利亚	基于生命周期的环境标志计划，澳大利亚"优良环境选择"；以绿色采购为主题的传递绿色产品信息的网络和合作社团；各个州政府也在采购指南中设立了适当的参考基准以体现对环境标志产品的选择，许多州政府已正式制订绿色采购计划，并发布具体的环境标志产品采购指南
日本	1994 年订立了绿色采购的方针；1996 年成立了绿色采购网络联盟（GPN），由政府部门、民间企业、社团组织共同组成，通过颁奖活动和举办研讨会等方式推介成功案例，在政府、企业和消费者之间搭建了关于环境商品信息的交流平台；2000 年日本政府颁布了《绿色采购法》，并于 2001 年 4 月 1 日起全面施行，该法规定所有中央政府部门及所属机构都必须制订和实施年度绿色采购计划，并向环境部长提交年度实施报告；2003 年日本政府制定绿色采购共同化协议，建立了日本国内的绿色采购信息咨询和交流体系
韩国	于 2004 年 12 月发布了《绿色产品采购促进法》，强制公共部门采购环保产品，该法案的目的是防止资源使用的浪费和环境污染，通过在国内经济活动中鼓励采购环境友好型产品而为可持续发展做出贡献。韩国还专门成立了生态产品研究院（KOECO），主要职责是支持政府绿色采购工作，制定环保产品标准，提供相关产品信息及开展宣传、教育培训等

资料来源：根据路晓非（2008）、杨发庭（2014）整理。

（三）日本绿色采购的成功案例

日本的绿色采购政策形成的模式为政府主导，民间机构、企业支持配合，取得了良好的效果。其绿色采购模式的运作主要有三个方面的力量支持：政府立法、绿色采购网络联盟以及企业的积极反馈。

1. 政府立法

早在 1994 年，日本政府就提出了第一个"政府操作的绿色行动计划"，政府部门都被要求设定自己的计划。政府希望通过倡议提高地方政府、企业和民众的环保意识。该计划还公布了绿色产品标准和采购商品的建议清单，被认为是转变生产和消费模式，推进社会可持续发展的最为重要的战略性政策手段之一。

在该计划的基础上，2000 年日本通过了《绿色采购法》。2000 年是日本的"资源循环型元年"，通过了 6 部建设资源循环型社会的重要法案，其中就有《绿色采购法》。根据《绿色采购法》的基本方针，国家公务机关要制定每年环境商品的采购方针并及时予以公布，而且要将每年执行绿色采购的详细情况进行汇总和公布，同时还要报送至环境大臣。对于规定范围内的特定采购品种，则要对其开发推广情况进行科学的分析与论证，做出是否进行追加或调整的判断（程永明，2013）。《绿色采购法》要求建立完善的绿色采购信息网络，建立相关的数据库，同时还实行严格的环境保护标识制度，规定施行绿色采购制度的单位、所涉及的环境商品以及与环境商品所对应的具体评判标准，规定各国家机关要将每年的绿色采购情况予以公布。

从《绿色采购法》的执行情况来看，以 2005 年的统计数据为例，日本所有的中央政府部门都实行了绿色采购，47 个地方政府和 12 个制定城市 100%实行了绿色采购，700 个城市中的 68%也都系统地执行了绿色采购，卓有成效（程永明，2013）。法律颁布实施仅 1 年后，就有 74%的供应商增加了绿色产品的销售量，有 75%的供应商推出了新的绿色产品。在消费方面，环保型复印纸消费比例从 2000 年的 11.6%迅速提高到了 2002 年的 26.6%（万秋山，2005）。

2. 绿色采购网络联盟

以 1994 年的"政府操作的绿色行动计划"为基础，日本政府支持设立了绿色采购网络联盟（GPN）这一非营利性组织。该组织在 2004 年举办了国际绿色采购会议，于 2005 年成立了国际性的绿色采购网络组织，可以说日本引领了全世界的绿色采购活动。

GPN 覆盖了日本的所有地方政府、很多大的公司和民间团体，包括松下、富士、日立、丰田等大规模企业。其目的是在日本的消费者、公司和政府组织之中促进绿色采购。GPN 积极推行绿色采购思想并鼓励实践，为各种产品拟定了采购指南，出版了各种产品的环境资料书籍，并负责组织会议、每年一度的论坛和产品展览等。

GPN 的优点有三个方面。第一，通过举办活动，评选奖项来激励绿色采购行为。1998～2012 年，GPN 已连续开展了 14 届"绿色采购大奖"活动，为部分执行绿色采购表现突出的组织颁奖。第二，为会员提供绿色采购信息。这一点高度依赖 GPN 完善的数据库。第三，开展普及知识等活动。GPN 定期向会员发送相关信息、提供杂志、普及知识、开展调查研究活动等。GPN 的运作机制如图 2-1 所示。

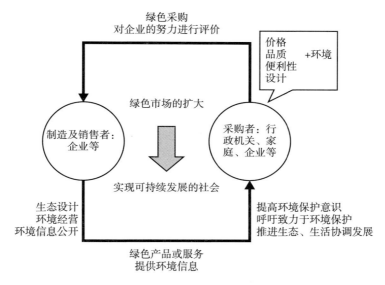

图 2-1　GPN 的运作机制

3. 企业的积极反馈

在绿色供应链理论中，企业是非常重要的主体。在日本，大多数企业将环境保护作为自己的经营理念。例如，东芝集团的环保理念是"在创造所有产品丰富价值的同时，降低产品整个生命周期的环境负荷，实现与地球的共存，为地球的可持续发展作出贡献"，佳能的环保方针是"为了世界繁荣和人类幸福而追求资源的有效利用，为建立实现可持续发展的社会做出贡献。"

不仅在理念层面，日本企业在实际经营中也积极贯彻环保理念。各个企业和行业协会都制定了一系列行动方针，如"环境宪章""环境管理基本方针"等。企业也制定了绿色采购指南，并且积极构建和供应商之间的绿色联系，对自己的合作伙伴也有了"绿色"要求。

从 2005 年日本效率测量调查的数据来看，被调查的 2524 家大型企业中，已经实施绿色采购的企业达到了 57%，考虑引进绿色采购的企业也占到了 25%，可以说取得了较好的成效（程永明，2013）。

四 案例研究 3：绿色信贷

（一）绿色信贷的含义及实践

绿色金融主要指的是使用多样化的金融工具来保护生态环境（安伟，2008），具体是作为一种金融和资本手段来达到鼓励绿色创新、保护生态环境的目的。其中，绿色信贷是绿色金融重要的组成部分，指的是商业银行等金融机构为从事绿色产业的企业或者机构（如新能源的开发与利用、研发和生产治污设施等的企业）提供贷款扶持与优惠利率；对高污染、高能耗的企业的新建项目实行贷款限额及高利率（陈柳钦，2010）。

绿色信贷是当今国际社会为实现绿色发展普遍采用的金融措施之一。1974 年德国成立了"生态银行"，为无法从其他一般银行获得贷款的环境项目提供优惠的贷款。20 世纪 80 年代美国出台法案要求企业为其导致的环境污染负责，自此银行放贷时开始高度关注企业可能存在的由环境污染导致的信贷风险（陈海若，2010）。2003 年，14 家美国银行发布了绿色信贷的"赤道原则"，截至 2008 年，全球共有 63 家金融机构采纳了"赤道原则"，其项目融资额在全球项目融资中占 85% 以上（陈柳钦，2010）。美国、日本、英国等国都有较为完善的绿色信贷体系。

（二）德国的绿色信贷政策

德国是最早开始提供绿色信贷的国家之一，同时也主动参与"赤道原则"的制定与推广。面对 20 世纪五六十年代空前严重的环境污染问题，德国采取了包括绿色信贷在内的诸多措施治理污染，鼓励绿色创新。首先，通过金融立法来保证绿色金融的发展。尽管德国并没有出台绿色信贷法这些针对绿色金融的法律，但德国有相当完善的环境保护的法律体系，其内容涉及废弃物、可再生能源、环境责任险等各方面，责任人的义务明确。其次，德国政府发挥国家政策性银行——德国复兴信贷银行的作用，积极开发绿色信贷产品，运行模式完备。政府、德国复兴信贷银行、各商业银行在体系中各司其职，充分发挥了政府的调控作用以及市场运行机制的作用。德国的绿色信贷运行模式如图 2-2 所示。

图 2-2 德国的绿色信贷运行模式

（三）绿色信贷的城市案例——纽约绿色银行

纽约绿色银行是纽约州能源研究与发展局（NYSERDA）的一个部门，是由美国国家赞助的专业金融实体。纽约绿色银行成立的初衷是给可再生能源和提高能源效率的项目扫清市场障碍并填补融资缺口，其更长远的目标是促进清洁能源市场的增长和创新，推动经济发展，通过与私营部门合作改造融资市场，配合纽约州整体的清洁能源部署。

纽约绿色银行在 2016 年内完成了 13 个融资计划，年度纽约清洁能源项目总投资额约为 9.27 亿美元，为各种各样的清洁能源项目（包括太阳能、燃料电池和其他提高能源效率的项目）提供了融资。这些清洁能源项目通过不断创造新的就业机会，推动整个纽约的经济发展。2016 年完成的融资计划包括能效设备租赁融资、商业太阳能融资标准化、为燃料电池系统提供融资等。

纽约绿色银行 2016 年的总投资额比该年初的目标高出 52%，这表明纽约刺激清洁能源项目的发展速度明显快于预期。在 2016 年之前，纽约绿色银行已经进行了超过 5400 万美元的清洁能源项目融资。纽约绿色银行目前积极投资的组合项目包括：社区太阳能，储能，生物质能，厌氧消化，住宅能源效率，住宅太阳能，商业和工业太阳能，市政、学校、医院的能源效率和微电网。其目前的组合项目预计将减少温室气体排放量 540 万吨，相当于在未来 19 年内让 6 万辆车不再行驶，这可以帮助纽约州实现到 2030 年减排 40% 的目标。

（四）绿色信贷对绿色创新的推动作用

绿色信贷体系的实施能够为从事绿色产业的企业提供更多的资金以推动绿色创新，特别是为起步或发展初期的中小企业提供支持，投资者因绿色信贷能够获得长期的低息贷款，保障企业长期的研发与生产过程，降低绿色产业的风险，也能够增强从业者从事该行业的意愿、投资者投资该行业的信心，大大促进绿色创新。

比起政府补贴（政府需要投入的资金仅为需要贴息的部分，而非所有补贴资金），绿色信贷只需要较少的资金即可调动一大批绿色项目的建设，既减轻了政府财政负担，又大大推动了绿色产业的发展，而政府的财政收入也可进一步用于推动绿色创新。

第二节　"规制型"：绿色创新的环境规制政策模式

一　环境规制政策及效果

一般而言，环境规制指的是政府通过一些政策限制或使对环境有害部分退出，从而为绿色部分提供更多机会（Rodrik，2014），以政府的管辖为主导，同时也包括一些组织内部或组织间的自愿协议等。经济学界一般认为，相较于普通创新，绿色创新存在"双重外部性"，以致市场"双重失效"，绿色技术投资不足，阻碍绿色创新进行。具体表现为，一是研发投资企业投入与个体收益不成正比，个人效益与社会效益不对等；二是环境污染带来严重的负外部性，而污染企业个人成本极低，个人成本与社会成本不对等。环境规制主要包括环境税、排污权和碳排放权交易体系等以市场机制为基础的环境政策，禁令、环境标准等以政府指令为基础的政策以及自愿性环境协议等以信息为基础的手段。

随着环境法的变革，以市场为基础的环境规制政策被越来越多地使用。环境税，即绿色税收，可定义为对环境破坏行为主体征收的税款。环境税成为环境规制的重要手段（张传国、许姣，2012），对于绿色创新而言，它具有创新激励的作用，能够鼓励企业调整产业结构，转变发展方式，可以通过创新补偿机制，实现企业经济效益与环境效益的双赢（徐凤，2016）。英国征收气候变化税（CCL）、垃圾填埋税（LFT）、机场旅客税（APD）等税种繁多的环境税。就污染税而言，瑞典、日本、法国、丹麦、意大利等国征收二氧化硫税（何燕，2010；黄润源、李传轩，2008），瑞典、西班牙、意大利等国在 20 世纪 90 年代先后征收氮氧化物税（黄润源、李传轩，2008），而美国、日本、德国、荷兰均征收水污染税（廖乾，2017）。针对能源的消耗，美国对能源开采者、瑞典对能源生产和销售企业、日本对石油生产企业依据各自标准征收能源税（廖乾，2017），美国一些州政府控制石油资源的不合理开采利用，澳大利亚则建立并完善了资源税体系以实现资源利用清洁化和低碳化，2001 年俄罗斯也建立了新的资源税体系，进一步明确了俄罗斯资源税征收的范围（郭焦锋、白彦锋，2014）。

可再生能源配额制（RPS）是指一个国家或地区政府通过法律规定可再生能源发电的市场份额（王乾坤等，2012）。可再生能源配额制以政策创造对可再生能源的需求（罗承先，2016），是对可再生能源开发与利用的一种有效的激励措施。RPS 并不完全是一项政府的限制措施，通常 RPS 的实行需要依托可再生能源证书、绿色证书交易市场（李家才、陈工，2008；王乾坤等，2012），从而依靠市场机制合理配置资源，推动可再生能源的创新。截至 2015 年，美国已有包括哥伦比亚特区在内的 30 个州实行强制的可再生能源制度，澳大利亚、丹麦、意大利、荷兰、英国也都建立了能源限额与证书交易制度（周少鹏等，2012；李家才、陈工，2008）。比利时通过 TGC 系统鼓励可再生能源发电，荷兰 2011 年使用上网电价代替了可再生能源配额制，意大利也在 2015 年用上网电价代替了绿色证书制度（Sandra and Jurate，2018）。

排污权、碳排放权交易等手段都是通过政府立法将排污权、碳排放权确定为商品并可以进行交易，解决环境友好企业边际成本高于污染企业的问题，以达到促进绿色产业发展、鼓励绿色创新的目的。碳交易已经在多个国家、地区建立，并逐渐发展为主要新兴贸易市场之一（吴恒煜、胡根华，2013）。排污权在市场上的价格是显示环境成本的最有效的信号之一（Rodrik，2014），排污权交易体系被视为最理想的政策手段，能够激励社会生产主体进行技术变革（魏圣香、王慧，2013），包括美国、澳大利亚、加拿大、德国在内的多个国家建立了排污权交易制度（薛瑛，2008）。而美国在治理大气污染的过程中，面对严峻的环境形势，美国国家环保局创新性地提出了排污权交易,通过市场机制解决企业发展经济与环保之间的矛盾。美国从 20 世纪 70 年代起实行排污权交易,具体包括空气污染许可证、汽油含铅量许可证和向水体排放污染物许可证交易(薛瑛,2008)。美国国内既存在多个排污权交易项目,如加州南海岸清洁空气激励市场项目(刘畅,2011),也建立了芝加哥气候期货交易所和纽约商品交易所(李瑾、顾庆平,2009)。在碳交易方面,欧盟碳排放权交易体系(吴恒煜、胡根华,2013)、英国伦敦碳金融中心(张攀红等,2017)、日本碳排放权交易市场(徐双庆、刘滨,2012)、美国加州碳交易体系等都形成了较为成熟的碳交易机制。特别是各国签订《京都议定书》后,为了建立一个良好的全球性的碳交易平台,许多国家的政府(如芬兰、英国、西班牙等)、金融机构(如世界银行、美国银行、汇丰银行等)、企业(如气候变化资本集团 CCC)、个人出资成立了碳基金,碳基金不仅推动了碳市场的快速发展,也促进了新技术的开发(严琼芳,2011)。

发展至今,各国对单纯的政府禁令使用得越来越少,有关绿色创新的法律法规更多的是为保障以市场为基础的环境规制政策的有效实施。就大部分发达国家而言,针对企业污染减排量的法规已由排污权、碳交易制度代替。相对于市场机制而言,政府法规灵活性不足,缺少对市场变化的信息,政策通常存在滞后性的问题。同时,过于严苛的环保政策是绿色壁垒的体现,虽然绿色壁垒在一定程度上对可持续发展起了重要的作用,但也是贸易保护主义与贸易歧视的体现。禁令式的法规有欧盟针对生态纺织品提出的"绿色禁令"、巴西圣保罗塑料袋禁令及罚款等。国家针对国内高污染的企业也会出台禁令以支持绿色企业的发展,加拿大同时出台了使煤退出安大略省衰落工业区核心地带的发电市场和促进可再生能源发展的政策(Rodrik,2014)。

近年来,基于自愿合作与信息的措施在国内外也愈来愈多地被使用。这些措施由企业与政府合作制定,环境规制不再是企业与政府间利益的博弈,降低了政府的制度成本(夏申、俞海,2010)。合作规制的方法中最为有效的是自愿性环境协议(VEA)(生延超,2008),VEA 包括四类,即政府与企业协商的环境协议、企业自愿加入的公共项目(由政府组织或由第三方机构组织)、公开倡议、企业做出的单边协议,其具有多元、包容与灵活等优点。值得注意的是,日本的 VEA 很多是在地方企业间达成的,而其他国家和地区大多是建立在国家层面上，1996 年仅德国、荷兰两国就达成了 200 项自愿性环境协议。在美国，大多数 VEA 被美国环保署所确认并采纳，比如"绿灯伙伴""能源星办公设备""33/50 计划"等（明正东、陈守奎，2001）。

此外，根据 MacKaye 对区域规划的定义——"是在一定区域范围内，为优化人类活动、改善生活条件，重新配置物质基础的过程，包括对区域的生产生活设施、资源、人口及其他可能的各种人类活动的综合安排与排序"（欧阳志云、王如松，1995），可知生态规划是基于生态环境对区域内产业进行合理的规制。生态规划自身就是一种创新，不同的规划方式对城市经济、环境都会产生不同的影响。同时，由生态规划带来的合理的产业集聚，有利于企业间知识溢出、人才流动与信息交流，能够带动绿色产业的发展。国内外著名的生态规划成功的案例不多，丹麦卡伦堡生态工业园区是较为著名的案例（蓝庆新，2006；董阳，2015）。此外，巴西南部的库里蒂巴、澳大利亚怀阿拉生态城市项目、丹麦的哥本哈根、德国的埃尔朗根、日本的九州市等在生态规划方面也取得了不错的成果（沈超，2010）。

本部分进一步对一些国家的环境税、排污权与碳交易制度、生态规划等代表性政策展开案例分析。

二 案例研究 1：环境税

（一）环境税的背景

目前，环境税是政府采取环境规制的重要手段，自芬兰 1990 年征收碳税以来，瑞典、挪威、荷兰、丹麦等国相继征收。

由于 20 世纪五六十年代以来环境不断恶化，工业化水平较高的发达国家出现了许多震惊世界的公害事件，环境污染和生态破坏给社会和人民生活都带来了严重影响。如 1952 年英国伦敦的烟雾事件、1953～1956 年日本水俣病事件、1955～1963 年神东川的骨痛病事件等，这些事件引起各国特别是欧美发达国家对环境问题的重视。同时，Tullock（1967）在理论上提出了环境税的"双重红利"假说，认为征收环境税除了有利于保护环境，也能够促进经济发展及社会福利提高。这一理论部分突破了过去普遍持有的环境税会损害社会福利、减缓经济发展的观点，为环境税的征收奠定了理论基础。

环境税在增加地方税收、控制环境污染、保护生态环境以及推动绿色创新等方面取得了较大的成果。Bosquet（2000）总结出，在短期至中期内，征收环境税可同时实现环境和经济的有效改善，以欧盟 6 个国家为例，这 6 个国家同时实现了超过未征收环境税的同时期 0.5% GDP 的增长与 CO_2 排放量的减少。征收环境税能够推动绿色技术如节能技术、新能源开发使用等技术的研发与应用。在不损害经济发展的前提下，政府财政收入的增加意味着政府拥有更多资金以支持绿色技术创新与绿色产业发展，保障社会福利。

在政策选择上，发展中国家环境税政策远不如发达国家完善，具体表现在，税种数量少，单个税种的实施不合理。以巴西为例，巴西还没有专门的碳税，也没有类似于日本机动车吨位税的税种，而是政府依据机动车的财产价值征税，这样的征税措施并不能鼓励电动汽车的生产与消费。可能的原因包括，发展中国家在环境保护方面起步较晚，多数政策仅为近 10 年推出，在环境税政策方面缺少经验。此外，发展中国家经济发展水平较低，没有先进的技术与充裕的资金推动能源结构的转变，给环境税政策的实施带来困难。

（二）英国环境税的征收

自 1952 年英国伦敦发生了严重的烟雾事件后，伦敦政府及英国政府都对环境污染问题给予了高度重视，现在的英国是世界上环境较好的国家之一，这与英国在实践过程中逐渐建立的环境税征收体系有很大关系。

与其他国家相比，英国的环境税体制完善，税种繁多，包括能源税（气候变化税、燃料税、燃气税等）、交通税（机场旅客税、机动车环境税、铁路特许权溢价等）、污染和资源税（垃圾填埋税、钓鱼许可证持有税、石方税等）三类。气候变化税、机场旅客税、垃圾填埋税、石方税为其中重要的税种，主要针对能源消耗、交通污染、生活污染三个方面。2014 年，英国环境税占总税收的 7.5%，占 GDP 的 2.5%。[①]

对绿色创新起到较大的激励作用的税种主要是针对用来照明、供热、发电等能源（电力、液态石油、天然气、固态的煤等）的供应商征收的气

---

① 数据来源：英国环境署 2017 年发布的数据，https：//www.ons.gov.uk/economy/environmentalaccounts/datasets/ukenvironmentalaccountsenvironmentaltaxes。

候变化税。CCL税制下，非可再生能源的供应商需要缴纳税款，而民用和非营利性慈善机构所用燃料以及新能源与可再生能源的使用免征气候变化税。其中，税率随通货膨胀率的提高而提高，但完成财政部减排目标的企业可减免80%的气候变化税。同时，英国政府对能够被节能设备代替的旧设备采取加速折旧的措施，企业由于使用节能设备而产生的额外费用可以在一年内计提折旧。

三 案例研究2：排污权与碳交易制度

（一）排污权与碳交易制度的背景

排污权交易是在政府为实现地区减排和环境保护目标，确定地区和企业污染物排放总量的前提下，建立污染物排放权，允许排污权作为商品在市场上自由交易。

根据主流的西方经济学观点，市场是配置资源的有效手段。与其他政府针对绿色发展的措施以政府为主导的形式不同，排污权、碳交易制度虽然建立的过程依托政府立法，但它们本质上还是市场方法，在运转过程中主要依靠市场机制的作用。与单纯对污染征收环境税相比，市场机制具有经济效率（Cost-Effectiveness）优势与技术革新（Technological Innovation）优势，社会能够以最低的成本实现减排目标，并推动企业进行技术创新。

与征收环境税类似的是，排污权、碳交易制度同样有利于减少污染排放，推动能源结构优化，从而实现绿色发展。低污染、高技术但可能现阶段规模较小的企业能够向高污染、高产出企业出售排污权与碳排放权，有利于此类企业的成长，也就进一步推动绿色产业发展。高污染企业成本上升，此类企业会进行绿色技术的研发与创新或购买绿色技术，从而促进产业朝着低污染、高能源利用率的方向转换，最终实现绿色发展。

（二）美国加州的区域清洁空气激励市场

美国加州曾是美国空气污染最为严重的区域之一。为了更好地治理大气污染，减少污染排放总量，1994年美国加州南海岸空气质量管理局（SCAQMD）开始实施大气污染物（主要是 NO_x 和 SO_2）的限额和交易制度，即区域清洁空气激励市场（RECLAIM）。

根据RECLAIM，那些每年排放 NO_x 与 SO_2 超过4吨的企业，会得到SCAQMD分配的污染排放额度，这些额度每年递减。具体确定3个时间点的分配额：1994 年确定起始配额，2000 年为中期配额，2003 年为结束配额。其他年份由这 3 个年份的配额连起的直线确定，即每年都需要减少固定量的污染物排放。每家企业的配额由该企业历史上排放污染物最多的一年所排放的污染量决定。

RECLAIM 中，企业间交易的对象为 RECLAIM 回收交易信用（RTC），企业每年可以使用货币买入或卖出 RTC，也可用一种 RTC 交换另一种 RTC，高污染企业可通过这样的方式来满足自身排放污染的需要，低污染企业可在自身没有超出配额的前提下卖出 RTC 以获得收益。政府并不对 RTC 交易市场与 RTC 价格进行直接控制，但会进行必要的监督。超出配额的企业需要在下一年减少排放量，并且缴纳罚金。

通过实施 RECLAIM 项目以及其他政策，加州在绿色创新方面成就显著，2006～2007 年，加州光伏发电能力提高了 41%；而 2002～2007 年，绿色专利申请数量相比于 20 世纪 90 年代增加了 70%；2008 年，其清洁技术也获得了 33 亿美元的风险投资（赵彦云等，2011）。

四 案例研究 3：生态规划

（一）生态规划的背景

在国家和城市追求绿色发展的过程中，各国政府除了采取一定的补助措施支持绿色产业的发展，在生态规划方面也做出了许多有益尝试。在某些情况下，单纯的调控措施并不能从根本上解决污染和能源使用率低的问题，如果希望两家或多家企业实现原料和能源的循环利用，这几家企业间就需要有邻近的区位，若由距离摩擦带来的运输成本（运输过程中能源的消耗）增加部分超过由重复利用带来的能源的节约部分，这样反而得不偿失。

生态规划实践中最早开始也是最成功的工业园区之一的是丹麦卡伦堡生态工业园区。如今其规模、影响力不断提高，是其他国家或地区在进行生态规划的过程中重要的参考对象，本部分以丹麦卡伦堡生态工业园区为例，简要分析生态规划实践中的成效。

（二）丹麦卡伦堡生态工业园区

丹麦卡伦堡生态工业园区主要由四个企业组成，即阿斯内斯火力发电厂、挪威国家石油公司炼油厂、吉普洛克石膏厂、诺和诺德制药厂，同时还有制酸厂、农场等参与到丹麦卡伦堡生态工业园区的循环中。20 世纪 60 年代起卡伦堡主要企业间便开始互相交换蒸汽、不同温度的水以及其他副产品或者对单个产业来说无价值的废料。

　　丹麦卡伦堡生态工业园区中各个企业之间的距离不过数百米，企业之间合作紧密，能源与副产品在企业间能够得以多级重复利用，几个企业之间以及它们与温室、住宅之间能量循环与物质流动循环密切。发电厂向炼油厂和制药厂提供发电过程中产生的蒸汽，通过地下管道将发电余热提供给居民，供应温室大棚中低温的循环热水，使养鱼池获得余热，从而实现热量多级使用；炼油厂产生的火焰气供石膏厂干燥石膏板，燃气则供给发电厂燃烧；发电厂将粉煤灰提供给土壤修复公司用于生产水泥和筑路；发电厂则为石膏厂提供脱硫石膏做原料（蓝庆新，2006）。其具体的运行模式如图 2-3 所示。

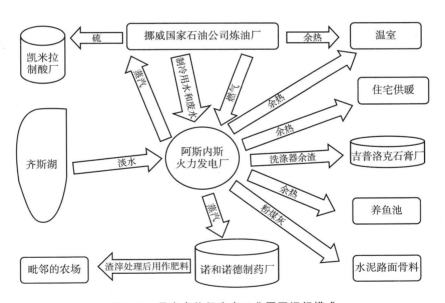

图 2-3　丹麦卡伦堡生态工业园区运行模式

　　发电厂使炼油厂、制药厂获得生产过程中所需要的热能，通过地下管道向周围居民供热，向温室大棚、养鱼池提供热量，使得原本自己被浪费的热量得到了多级的合理利用。据统计，由于丹麦最大的电厂——阿斯内斯火力发电厂的建立，原本镇上给卡伦堡居民供热的 3500 个燃烧油渣的炉子被关闭，也就是说，阿斯内斯火力发电厂提供的余热能够节约 3500 个炉子带来的能源消耗。

炼油厂、制药厂与石膏厂就近获得了燃气、蒸汽、纯净水、水泥等多种价格低廉的原料，炼油厂生产的多余燃气提供给发电厂能够部分替代煤和石油，每年使发电厂节约 3 吨煤、1.9 万吨石油。不仅仅节约了由原料价格带来的成本与运输成本，更实现了资源的重复利用，提高了能源使用效率。

当被布局在一起且有较好的组织形式时，可实现企业间的废物循环使用，这有助于节约资源。当这些可作为另一企业的生产原料的"废物"未实现进一步的利用，而真的被当作废物排放到环境中时，这些废物就成为环境污染物。从这个角度来说，能源的再利用不仅仅是节约，更是减少污染。阿斯内斯火力发电厂一年生产 7 万吨飞灰，如果不加以利用或是处理，直接排放到环境中，会对空气造成严重的污染。考虑到飞灰的价值并不高，运输难度也较大，如果周围没有恰好需要的企业，飞灰并不能被利用。但在丹麦卡伦堡生态工业园区的规划中，水泥厂可将飞灰作为其生产水泥的原料。

第三节　本章小结

本章的案例讨论蕴含着丰富的政策启示，我国在进一步推动绿色创新发展的过程中应注意以下问题。

一　加大绿色创新领域的基础性研发投入，扩大财税政策对研发的支持

在绿色创新政策工具箱中，除了标准和规制等政策之外，研发补贴与财政税收等研发支持政策是核心的政策工具。政府有必要通过研发补贴或税收减免，纠正这种研发具有的正外部性，以提高社会福利水平。例如，可以采取对企业从事的研发活动进行事前补贴和事后征税搭配的政策，以引导企业从事社会预期的研发活动。鉴于长期以来对能源与低碳技术研发的投入规模较小，政府应该在加大能源与低碳研发投入的同时，扩大财税政策的优惠范围，以有效支持企业层面的绿色研发活动。与此同时，政府的绿色研发政策的有效性受到技术背景、制度背景等的影响。因此，政府

在加大绿色研发投入的同时，应针对不同行业特征及绿色技术类型，采取有区别的研发支持政策，提升政府研发支持政策的绿色创新激励效应。

二 重视引进和吸收发达国家绿色创新成果，更加有效地平衡研发、环境规制以及对外开放等政策在促进绿色创新方面的作用

在设计绿色创新激励机制时，应该首先对发展阶段、技术水平和制度背景等转型特征进行分析，综合考虑企业在相应政策激励下可能会采取的一些策略或响应行为集合，以及政府可用的政策集合，来设计科学的绿色技术创新诱发的公共政策组合。

在逐步提升我国自身的前沿绿色创新的同时，从发达国家引进绿色技术也十分重要。我国应更加注重引进国际前沿的绿色技术创新，致力于追赶型创新研发并提升对绿色技术的吸收能力。进一步地，由于当前的绿色创新主要是绿色技术引进与适应性研发，而不是新技术研发，因此，在政策组合方面需要有效地平衡研发支持政策、环境规制政策以及对外开放政策。具体而言，严格的环境规制政策可能有利于本土绿色创新的激励，却也可能会使得绿色技术转让损害自身的社会福利，而宽松的环境政策有利于获取低碳技术和减排。大量文献研究表明，外商直接投资是绿色创新引进的良好载体。然而，有必要在 FDI 政策中更多地强调环境规制与技术创新的政策要求，这对于能否在引进 FDI 的同时引进国外先进技术非常重要。绿色创新激励政策的选择是一个多重目标彼此权衡的过程，应针对各区域自身所处的技术和市场发展阶段，采取相应的技术引进战略（包括研发支持政策和环境规制政策）和 FDI 战略，以更加有效地将前沿的绿色技术引进、吸收并市场化，稳健地推进本土企业绿色技术创新水平的提升。

第三章
环境规制与区域绿色创新发展的
理论和文献述评

第一节　主要概念

一　环境规制

一般来说，环境质量主要取决于两个方面。一是人类生产活动的直接污染排放，像经济发展（Li et al.，2016）、工业化进程（Kai et al.，2018）、能源消耗（Khan et al.，2015）和城市化（Ozge et al.，2017）等都是主要的污染来源，环境库兹涅茨曲线对此提供了较为详细的理论分析（Grossman and Krueger，1991）。二是为提升环境质量而进行的污染治理，包括处理污染物、提高能源利用效率、减少排放和建设环境保护基础设施。如果污染排放量大，而环境治理投资不足，环境就会发生恶化。当然，政府在其中的作用同样不可忽略，环境质量的改善也需要政府制定和实施环境规制对企业进行有效监管，约束其污染行为，并提供一定的资金支持。

通常而言，由于环境的公共品性质，消费者和生产者往往不愿意为环境破坏买单。因此，各国政府部门需要采取外部规制，来限制人类对环境的破坏。环境规制通常被理解为，可持续发展和环境保护战略的具体化措施（Chen and Härdle，2014），涉及一系列旨在实现经济和社会可持续发展的环境保护政策（Liu and Xie，2020）。环境规制为限制和协调环境规制主体的认知、使用和目标提供了指导方针，还可以有效地改善环境质量，同时抵消污染控制产生的监管成本（Ribeiro and Kruglianskas，2015）。

改革开放以来，中国为改善环境质量陆续实施了多种环境治理政策，这些政策措施可分为命令控制型环境规制和市场激励型环境规制。命令控制型环境规制主要依赖直接的政府行政命令控制，例如环保处罚、环境质量标准设定监控等。市场激励型环境规制主要是通过市场手段来实现污染控制和减排，例如对污染排放的征税措施、确定污染物排放的价格等。而当前中国政府更倾向于采取命令控制型环境规制，这就要求各级政府综合考量经济增长和环境保护（沈能、刘凤朝，2012）。

对环境规制的成效进行评价的重难点在于，环境规制的进展以及监管工作执行和实施的程度都很难直接观察、衡量。污染税率和污染减排成本被广泛应用于一些经济较为发达的国家或地区的环境治理实证分析中（Matthew et al.，2005；Henderson and Millimet，2007）。中国目前的污染征税制度也已经较为完善（Bao et al.，2021；Chen et al.，2022）。在污染税收制度下，企业必须将超过法定标准的污水排放量报告至当地环保部门并支付费用。显然，这样制度设计的缺陷在于无法直接观察到污染排放情况和环境规制实施的严格性较强，使评估中国环境规制的政策成效变得较为困难。近年来，一些国外文献采用中国的环境规制政策来检验环境规制的有效性。例如，Hering 和 Poncet（2014）、Cai 等（2016a）利用中国政府1998 年实施的"两控区"政策，来研究环境规制如何影响中国城市的出口和外商直接投资的进入。Liu 等（2017）利用江苏省太湖区域的废水排放标准，来探讨更为严格的排放标准会如何影响当地劳动力的需求。

二　绿色创新及其评价

Braun 和 Wield（1994）首次提出"绿色创新"这一概念，他们将绿色创新定义为，为了降低生产带来的环境污染、能源耗费，在生产中融入技术工艺的创新过程。此后 Mirata 和 Emtairah（2005）扩展了该定义，认为绿色创新应涵盖所有能够改善环境的技术。孙燕铭等（2021）认为，绿色技术创新区别于一般意义上的技术创新，更强调对环境有利或能够改善环境的一种系统性的技术，是少污染、少耗能、高技术且能够改善环境的产品、方法和工艺的总称。

绿色技术创新（简称"绿色创新"）是绿色发展和技术创新的有机结合，其同时具有传统创新的知识溢出外部性特征和节约能源、降低污染的环境外部性特征，在促进经济高质量发展的同时，也强化区域环境协同治理。在当前转变经济增长模式、提高能源效率和遏制环境污染的三重压力下，绿色技术创新似乎是形成可持续发展社会的重要影响因素（Yin et al.，2018）。相对于生态创新（Liobikiene et al.，2019）和循环经济（Kapsalis et al.，2019）等其他可持续发展的概念而言，绿色技术创新更加明确地关注技术创新的关键作用（李旭，2015），且这些可持续发展的概念无一例外都是在绿色技术创新的基础上衍生出来的（Ma et al.，2021；Wicki and Hansen，2019）。绿色技术创新主要是以开拓性的方式生产商品，使得这些商品在使用后可以方便地回收再开发。将绿色技术创新有效地应用到实践中，不仅可以改善经济增长模式，还可以降低排放水平。除此之外，Zhang 等（2020e）还发现，绿色技术创新可以显著克服企业的融资障碍，改善环境质量。

基于对现有文献的梳理和归纳，本书提出对绿色创新的理解：绿色创新实质上是能够通过技术手段来实现可持续发展的创新活动。绿色创新不仅涵盖创新活动的经济效益，即以较少的投入获得较高的经济产出，而且强调创新的知识溢出外部性，更强调减少污染排放、降低资源损耗的环境效益外部性特征。对比现有文献对绿色创新的定义，本书更为全面地考察了创新本身的经济效益、知识溢出效益和环境效益。

基于绿色创新是一个综合的生产过程，不仅包含创新产出，还包括经济产出与环境产出，本书在衡量绿色创新水平的指标选取上，并未拘泥于以往文献中较多采用的绿色专利产出这一单一指标，而是更为综合地衡量绿色技术创新水平的绿色创新绩效。本书从企业生产过程中投入产出的角度，综合考量资本要素、劳动力要素和资源要素等投入要素，以及其产出，包括创新效益、经济效益、环境效益等期望产出和环境污染等非期望产出，以此评价绿色技术创新的资源配置能力，从而更为完整地反映绿色技术创新活动的过程。

第二节　主要研究进展

一　环境规制的研究进展

（一）环境规制与节能减排

环境规制是否能实现环境保护和经济发展的双赢是能否打赢"三大攻

坚战"的重中之重。众多学者就环境规制对污染的影响进行了研究，但由于样本选择和研究视角的不同，得出的结论也不尽相同。其中一些研究发现，环境规制可以减少污染（Ramanathan et al.，2018；Zhou et al.，2019b，2021）。恰当的环境规制可以鼓励企业在技术革新时，进一步优化资源配置，抵消因环境规制实施而增加的生产成本。同时，环境规制的合理设计和有效实施，也有利于区域产业的转型升级，从而从根源减少污染物的排放。更为严格的环境规制也能够通过吸引优质外资，给被投资地区带来先进的生产技术和管理经验，增强技术创新的溢出效应，从而产生减排效果。但另一些研究则认为环境规制是无效的（Yi et al.，2020；Liu et al.，2020b），企业不但可能会被迫承担一部分用于污染防治的附加成本，包括碳排放权交易、缴纳环境税、采购或升级污染控制设备等，同时，由于技术进步的回弹效应，企业也将产生更多新的能源需求，这反而会导致更多的污染排放。

Yang 和 Song（2019）认为，环境规制越严格，就越会使高污染、高耗能跨国企业加速退出，抑制外商直接投资流入。在"污染天堂假说"中，高污染的跨国企业为规避本国较高的环境标准，会向环境规制较弱的国家或地区转移，使东道国成为"污染天堂"（Millimet and Roy，2016；Sun et al.，2017）。同时，污染密集型产业的这种跨国转移，也会增加高耗能、高污染产业在东道国产业结构中的比重，导致环境问题日益严重（Cai et al.，2016a，2016b）。例如，Wu 等（2017a）以"十一五"规划中的化学需氧量（COD）减排要求作为研究对象，研究减排要求对污染转移的影响，结果显示，水污染治理会引致跨界污染，并会向西部转移。王洪庆（2015）以外商直接投资作为研究对象研究企业转移，结果表明企业转移会加剧东道国污染排放，出现"污染天堂效应"。余东华和胡亚男（2016）发现，环境规制对不同污染类型的行业作用效果是不一样的。Pang 等（2019）认为，环境规制的有效性存在一定的门槛效应，只有当人均 GDP 超过 9 万元时，环境规制才会显著减少污染排放。

（二）环境规制与经济增长

关于环境规制是否能够激励经济增长的问题，以往研究大致可总结为三种不同的观点。

一是"遵循成本效应"，即环境规制的实施会对区域经济增长产生一定的负面影响。传统的新古典主义经济学家认为，在政府实施环境规制后，企业治理环境污染的成本投入会因此增加，进而削弱企业的市场竞争力，不利于企业的发展以及地区经济的增长（Yang et al.，2021a）。Chintrakam（2008）在研究技术效率时，以 1982~1994 年美国 48 个州的制造业为研究对象，结果显示环境规制的实施会导致部门技术效率下降。Yang 等（2021b）基于 1998~2007 年中国 15 个污染密集型行业的 184186 家公司的数据发现，环境规制并不利于企业生产率提高，环境规制的强度提高将导致生产率较低企业的退出概率增加，并降低潜在的高污染企业进入的可能性，从而导致行业内资源的重大调整。

二是更严格的环境规制需要增加对环境治理的投资，从而挤出生产资本（Kneller and Manderson，2012）。Tian 等（2020）认为，环保约谈政策对经济发展存在一定的负面影响，这种负面影响主要通过限制工业企业的生产活动产生。Mi 等（2018）通过 1999~2016 年中国省级面板数据研究环境规制与经济增长的关系，研究结果显示环境规制可能会增加成本，对经济发展产生潜在的抑制作用。Tombe 和 Winter（2015）研究发现，严格的环境规制会通过企业和部门之间不当的资源分配降低生产率。Hancevic 和 Ignacio（2016）发现，在 1990 年《清洁空气法修正案》监管下，美国燃煤行业和锅炉行业的生产率分别下降了 1% 和 2.5%。

另一些研究提出，实施环境规制能激励经济增长。Wang 等（2021a）使用两阶段最小二乘法研究环境规制对中国在全球价值链中地位的影响，研究结果显示环境规制的实施显著提升了中国工业部门在全球价值链中的地位，并且这种提升作用对于原本全球价值链地位较低的子行业的效果较为明显。黄金枝和曲文阳（2019）发现我国东北老工业基地实施环境规制能够通过驱动技术创新效率的提升激励区域经济发展。Qin 和 Sun（2019）应用网络数据包络分析模型评估了 2001~2017 年中国 30 个省份的环境-经济效率，基于多阶段过程的环境-经济效率和非期望产出，发现各省份的平均环境-经济效率普遍较低，但在研究期间呈逐渐上升的趋势。

三是环境规制与区域经济增长间无明显的因果关系，即随着环境规制逐渐严格，区域经济并非持续增长或持续下降。如孔祥利和毛毅（2010）通过对我国中部地区的研究发现，环境规制与经济增长之间不存在因果关系。Albrizio 等（2017）在全球层面上，对 1990~2012 年 24 个经合组织国家的数据进行研究，发现环境规制严格程度的提高会使国家的短期行业总生产率提高，但只有生产率最高的企业（占总数的1/5）能够实现生产率提高，而生产率最低的企业则只会持续下降。熊艳（2011）将我国省份作为研究对象，研究结果表明环境规制与经济增长之间的关系为正"U"形。

（三）环境规制与绿色创新

绿色创新作为一种能够有效减少污染物排放、提高资源配置效率的手段，与环境治理有着较为紧密的联系。学术界对于环境规制是否能够激励绿色技术创新这一问题观点不一。关于绿色技术创新的环境规制效应研究可分为两类，一是针对某一具体环境规制政策，研究其对绿色技术创新的影响；二是采用地区环境污染程度，或者地方政府报告中与"绿色""环境""治理"等相关的词频等方式来表征环境规制的成效。

从环境规制的成效来看，一些研究发现环境规制与绿色技术创新之间存在一定线性关系，包括正向促进与负向抑制。在二者呈现正向促进关系的研究（Zhang et al.，2020a）中，最为经典的研究就是 Porter 和 Van der Linde（1995）提出的"波特假说"，他们认为环境规制能够在一定程度上倒逼企业进行技术创新形成"创新补偿"，甚至这种"创新补偿"效益最终可能超过"遵循成本"。随后，Popp（2006）在 Porter 和 Van der Linde（1995）的基础上，对长期样本和短期样本进行对比，完成了对"波特假说"的理论构建。Shao 等（2020）证实，环境规制会影响企业创新，进而影响企业竞争力和区域经济的可持续发展。Ramanathan 等（2017）的研究表明，以创新方式应对环境规制，进而采取积极主动的方法来管理其环境绩效的企业，通常能够从可持续发展中获取更多利益。Wu 等（2021）将4924 家中国私营企业作为研究对象，结果发现，正式和非正式的环境规制都对绿色创新产生了积极影响。Cai 等（2020）根据中国上市公司的数据，发现环境规制对绿色专利有积极影响。在二者之间呈现负向关系的研究中，早期文献主要认为环境规制会带来"遵循成本"，加重企业的生产负担，难以激励企业绿色技术创新。如 Wagner（2007）在研究环境规制与绿色技术生产率的关系时，将制造业作为研究对象，研究结果显示环境规制对同期绿色技术生产率的影响显著为负，但在滞后环境规制变量后观察到了相反的结果，同时，这种效应在更容易受到国际竞争影响的行业子群体中更显著。

还有一些文献研究发现，环境规制与绿色技术创新之间不一定存在线性关系（Jaffe and Palmer，1997；Alpay and Kerkvliet，2002）。也有一些学者发现环境规制与绿色技术创新之间存在"U"形或倒"U"形关系（张成等，2011；沈能、刘凤朝，2012；蒋伏心等，2013；Wang and Shen，2016；Wang et al.，2019；Zhang et al.，2020a；Song et al.，2020）。同时，对于不同类型的环境规制工具的效果的研究也一直备受学者们的关注。蔡乌赶和李青青（2019）在研究环境规制与绿色技术创新的关系时，发现两者之间的关系是由环境规制类型决定的。

本书主要参考目前主流的 OECD（经合组织）的三分类方法，将环境规制划分为三类：命令控制型、市场激励型和公众参与型。以往文献在研究绿色创新的环境规制效应时发现，环境规制的作用效果因规制工具不同而不同（Yang et al.，2016；Zhang et al.，2018b；Zhang and Jiang，2019）。

命令控制型环境规制（CAC）是指一种强制性的环境政策，通过管理生产过程、材料的使用或特定区域内与环境有关的其他企业的活动来限制污染排放。典型的 CAC 工具包括排放标准、许可证、配额和限制使用（Pan et al.，2019）。众多学者探讨了命令控制型环境规制对绿色技术创新的影响，结果主要包括促进和抑制两类。一些学者认为命令控制型环境规制可以有效激励绿色技术创新。比如，Zhou 和 Zhao（2022）利用 2000~2016 年省级面板数据，采用"系统广义矩法"和阈值模型，检测多元化环境规制对我国外商直接投资与绿色经济增长关系的调节作用，研究结果表明，更严格的命令控制型环境规制可以刺激外商直接投资对中国经济绿色增长的溢出效应，而基于市场的非正式法规却未能做到这一点。Luo 等（2021）基于 2003~2017 年中国 30 个省份的面板数据发现，命令控制型环境规制和非正式规制对绿色技术创新都具有显著的"波特效应"，而市场激励型环境规制则对中国的绿色技术创新产生了负面影响。此外，命令控制型环境规制越强，将越会削弱外商直接投资对绿色创新的积极影响；相比之下，市场激励型环境规制越严格，越会促进外商直接投资对绿色技术创新的逆向溢出效应。Chakraborty 和 Chatterjee（2017）以德国在 1994 年对印度皮革和纺织业使用的一种投入品（偶氮染料）禁令为研究对象，发现德国禁令使印度染料制造企业（上游企业）的创新支出显著增加，因为禁令使得技术转移支出的增加额高于研发支出的增加额，而规模较大的染料制造企业更倾向于增加创新支出。Wang 等（2020b）发现，中国政府实施的基于市场和命令控制的环境规制措施，对绿色技术创新都有积极影响，而公众自愿监管的作用微乎其微。

同时，另一些学者发现，命令控制型环境规制在某些情况下也可能抑制绿色技术创新，如 Tang 等（2020）和 Zhang 等（2020a）发现命令控制型环境规制显著阻碍了企业绿色技术创新的增长，且这种负面效应具有滞后性和持续性。

市场激励型环境规制（MIR）是政府通过市场激励来使企业减少污染排放（Cheng et al.，2017；Tang et al.，2016）。更具体地说，政府通过建立一个市场（排放交易）或利用现有市场（污染排放费和环境税）来协调企业与环境相关的行为（Kai et al.，2016；Tang et al.，2018）。众多学者基于交易试点政策、交易许可证、环境税收等措施探讨了绿色技术创新的环境规制效应。以往两者关系的研究通常使用涵盖环境税与排放交易价格信息的能源价格来表征市场激励型环境规制（王班班，2017）。例如，Yang 等（2022）利用 1990~2018 年全球 102 个国家的面板数据，调查了可再生能源政策对可再生能源绿色技术创新的影响及其分布，发现绿色技术创新与国家可再生能源政策呈正相关关系。He 等（2022）基于诱导创新理论，建立了计量经济学模型，在研究油价对新能源汽车技术创新的影响时发现，油价在控制其他因素的影响时刺激了新能源汽车企业的技术创新。

大多数关于能源价格的研究证实，市场激励型环境规制工具在绿色技术创新中起一定的催化作用，但与环境税或交易许可证有关的研究表明，市场激励型环境规制对绿色技术创新的影响甚微（Bergh and Savin，2021）。Cheng 等（2021b）基于分位数回归框架，探讨 1990~2019 年碳税收入与能源创新之间的动态关系，研究结果表明，碳税收入对能源创新的影响可能会在超过一定的阈值限制后失效，并且在能源创新对碳税收入的影响方面也观察到了类似的结果。Yu 等（2021）通过分析单位累进碳税的绿色技术创新诱导效应发现，单位累进碳税可以激励企业参与绿色技术创新，并且累进税率比固定税率更能激励企业的绿色技术创新效应。但随着税率的提高，其影响略有下降。此外，在碳减排量极低时提高税率，会导致企业放弃绿色创新。而 Bergh 和 Savin（2021）却认为碳定价对低碳技术创新只产生了较小的影响。Li 等（2022）基于 2003~2017 年 277 个城市的面板数据以及城市级绿色专利申请数据，采用双重差分模型（DID），评估了中国碳排放权交易试点政策对城市绿色技术创新的影响，发现中国的碳排放权交易试点能够激励城市绿色创新，但这种影响在不同类别的城市结果不同。它显著刺激了包括替代能源生产、交通、节能等在内的与节能减排密切相关的城市绿色技术创新。Sun 和 Zhang（2019）分析了两国电力市场采用可交易绿色证书制度的最优可再生能源政策，所得结论是，在两国电力市场完全分离，且存在跨界污染的情况下，在垄断市场古诺模型的纳什均衡中，一个国家基于其自身福利最大化的最优可再生配额与另一个国家的最优可再生配额具有替代关系。

从参与机制的角度来看，自愿性环境规制通过公众参与，提供了重要的监管手段。这些手段包括信息披露、环境标签、环境信件和访问以及透明的宣传，因此公众参与型环境规制通常被认为是一种"非正式的环境规制"，以往关于公众参与型环境规制的研究主要关注的是相关环境规制措施对环境绩效的影响，而对其与绿色技术创新关系的研究相对较少。以往研究中，大多是借助公众对环境的投诉率、企业之间的环境纠纷案、社区压力等来衡量公众参与型环境规制。并且大多数研究表明，公众参与型环境规制作为一种"非正式的环境规制"，在鼓励绿色技术创新发展方面发挥了显著的积极作用。例如，曹霞和张路蓬（2015）发现公众对污染的抵制措施，以及政府的环保宣传力度，可以激励绿色技术创新的空间溢出。游达明和杨金辉（2017）把公众举报作为监管渠道，发现公众举报率越高，就越能够有效激励企业进行绿色技术创新。

二 区域绿色创新的研究进展

目前与区域绿色创新有关的研究，主要从区域绿色创新绩效评价、绿色创新绩效的时空演化特征和绿色创新绩效的驱动因素三个方面展开。

（一）区域绿色创新绩效评价

从评价体系来看，以往研究在评价绿色创新绩效时，往往会采用诸如新产品销售收入、工业总产值、企业专利申请数或者企业专利授权数等指标对其进行综合评估（陈晓等，2019；刘津汝等，2019）。例如罗良文和梁圣蓉（2016）采用专利申请数、发明专利数、工业总产值和工业新产品产值表征中国区域工业企业绿色技术创新绩效。

从评价对象来看，已有文献大多从工业行业出发，对重污染行业（吴超等，2018）、先进制造业（张峰等，2019）、高技术产业（张峰等，2020）以及更为宽泛的工业（孙燕铭、孙晓琦，2018）进行系统评价。

从评价方法来看，主要分为参数法和非参数法两种方法。参数法主要通过随机前沿分析来确定产出，如肖黎明等（2018）基于随机前沿模型对我国 30 个省份的绿色技术创新绩效及技术创新绩效进行了测度。曹霞和于娟（2015）基于改进的随机前沿模型，测度了中国 30 个省份 2005～2011 年的绿色技术创新绩效。也不乏学者直接利用绿色专利数量来评价绿色技术创新水平（陶锋等，2021；徐佳、崔静波，2020）。非参数法更多地采用投入产出模型对绿色技术创新进行系统评价，如陈斌和李拓（2020）基于两阶段关联网络 DEA 方法，研究 2003～2017 年中国 30 个省份的绿色技术创新绩效。Jiang 等（2021）采用考虑非期望产出的动态 DEA 方法，研究可再生能源企业的绿色技术创新效率。

从评价指标来看，已有文献对绿色技术创新绩效的测算通常仅从资本、劳动力等方面来衡量绿色技术创新投入，从创新技术产出和经济效益等方面来衡量期望产出，仅有较少文献考虑到资源投入和环境效益（孙燕铭、谌思邈，2021）。

（二）绿色创新绩效的时空演化特征

以往对于绿色技术创新绩效评价的研究主要从省级层面展开，如肖黎明和张仙鹏（2019）利用随机前沿模型，在研究 2004～2015 年中国 30 个省份绿色技术创新绩效的空间特征及演进规律时发现，中国绿色技术创新绩效形成了以北京、浙江、广东、陕西为极点的"四边形"架构；闫华飞等（2020）利用超效率 SBM 和 Malmquist 指数模型，研究 2013～2017 年长江经济带沿线 11 个省市的工业绿色技术创新绩效的时空演化特征，发现无论是从长江经济带区域层面还是从 11 个省市层面，绿色技术创新绩效都呈现时空分异特征。在绿色技术创新绩效时空演化特征的研究层级上，以往研究着重从省域层面来展开，而从地级市层面展开研究的文献较为有限。

（三）绿色创新绩效的驱动因素

从驱动因素来看，现有研究着重探讨环境规制的强度、外商实际投资金额、政府财政和税收支持的力度、地区经济发展程度、产业结构、人力资本等与区域绿色技术创新活动息息相关的外部环境变量对绿色技术创新绩效的影响。例如，黄磊和吴传清（2019）在研究绿色技术创新绩效内在驱动机理时，以长江经济带作为研究对象，发现经济发展水平、环境规制强度、政府支持力度、对外开放水平、产业结构和企业利润都是驱动绿色技术创新发展的主要因素。成琼文等（2020）以工业行业作为对象研究绿色技术创新绩效的驱动因素时发现，市场、技术和政策都能够驱动其绩效的增长。孙燕铭和谌思邈（2021）以长三角区域作为对象研究绿色技术创新绩效时空演化格局的驱动因素时，考察了政策、市场两方面因素的影响，研究结果表明，环境规制、创新支持、经济发展、产业结构、对外开放、人力资本和城镇化都对绿色技术创新绩效的时空演化特征产生了驱动作用。

第三节　环境规制影响区域绿色创新的理论基础

一　"波特假说"理论

（一）"波特假说"的提出

根据传统古典经济学的理论，环境规制可能带来"遵循成本"，即由于企业生产负担过重，环境规制将无法有效激励企业进行绿色技术创新（Conrad and Wastl，1995；Gray and Shadbegian，2003）。在此背景下，Porter 和 Van der Linde（1995）通过对长期样本和短期样本的对比发现，短期内环境规制并不能激励企业进行绿色技术创新，而从长期来看环境规制对企业绿色技术创新起到显著的激励作用。因此波特提出，适当的环境规制能够激励企业通过绿色技术创新来提高企业竞争力，这也被称为"波特假说"。随后，董直庆和王辉（2019）提出，考虑到环境保护会增加企业成本，从而降低竞争力，对经济发展产生不利影响，因此绿色技术创新才是从根本上解决环境问题的有效手段。

（二）"波特假说"的分类

Jaffe 和 Palmer（1997）进一步将"波特假说"分为"强波特假说"（Strong Porter Hypothesis）、"弱波特假说"（Weak Porter Hypothesis）和

"狭义波特假说"。

"狭义波特假说"认为相比强制性环境规制，灵活的环境政策工具（如污染收费和排放交易）更能有力地刺激企业进行绿色技术创新。"弱波特假说"认为更严格的环境规制促进了创新，但它们的综合影响是不确定的。"狭义波特假说"强调不同类型的环境规制（包括命令控制型环境规制和市场激励型环境规制）会对绿色技术创新产生不同影响，而"弱波特假说"强调的则是环境规制对创新的影响，它是"强波特假说"的先决条件。"强波特假说"肯定了由环境规制引起的创新抵消效应足以补偿企业的合规成本，从而在一定程度上提高企业生产力（Greenstone et al.，2012；Jaffe and Palmer，1997；Porter and Van der Linde，1995）。

（三）"波特假说"的研究进展

在实证研究方面，对"弱波特假说"的检验大多得到了相对一致的结论，众多学者肯定了环境规制和绿色技术创新之间存在正相关关系（Lanoie et al.，2011；Rubashkina et al.，2015），但也有一部分学者持相反观点，认为两者之间存在"U"形关系（Wang and Shen，2016；Wang et al.，2019；Song et al.，2020）。相对而言，"强波特假说"在学术界仍然存在较大争议。大多数实证研究发现，环境规制导致了企业生产率的下降（Greenstone，2002；Rassier and Earnhart，2010；Zhao and Sun，2016），而另一部分学者则认为两者之间存在显著的正相关关系（Berman and Bui，2001；Jefferson et al.，2013），甚至还有的学者认为环境规制对企业的竞争力没有影响（Anger and Oberndorfer，2008；Lanoie et al.，2011）。

从环境规制对工业影响的角度对"波特假说"进行验证，Cole 等（2010，2005）使用美国和日本的工业数据，发现环境规制会显著影响工业竞争力。Wang 等（2020a）使用 2003~2016 年中国 37 个工业部门的面板数据，探讨了大气环境调控对工业全要素生产率以及资本密集度的可能影响路径，发现大气环境调控总体上对工业全要素生产率有显著的抑制作用，且相较于重污染行业，大气环境调控对轻污染行业的工业全要素生产率的抑制效果更显著。根据"污染天堂假说"，环境规制会使企业面临的外部污染内部化，这在一定程度上会增加企业生产成本并降低企业的出口竞争力（Ollivier，2016）。

与上述研究结论相反，Costantini 和 Mazzanti（2012）认为环境规制并不会对制造业企业的出口竞争力造成显著影响。此外，Albrizio 等（2017）通过对跨国工业企业一级数据的研究发现，环境规制对不同生产力的企业的影响不尽相同，环境规制能够提高生产力排名前 20% 的企业的生产率，但会降低生产力较低的企业的生产率。Peuckert（2014）提出，环境规制导致的合规成本在短期内与竞争力呈负相关关系，而从长期来看，环境规制力度的提高和环境规制的有效实施都有利于企业竞争力的提高。Jin 和 Lin（2014）发现空气污染税税率与企业技术效率呈正相关关系。Naso 等（2020）调查了企业全要素生产率如何随着中国环境规制严格程度的变化而发生变化，并发现环境规制会提高企业生产率较低的城市的生产率，重构城市之间全要素生产率的分布。涂正革和谌仁俊（2015）以 SO_2 排污权交易试点作为准自然实验，探讨该政策实施是否引起了"波特效应"，结果发现无论是从短期的现实角度观察还是从长期预测的角度考察均未发现工业企业的排污权交易机制产生"波特效应"的证据。Rubashkina 等（2015）将 1997~2009 年欧洲国家制造业企业作为研究对象，研究企业创新和生产力的关系，结果表明两者之间存在显著的正相关关系，但他们没有发现任何支持或反对"波特假说"的证据。

较多的文献只是单独探讨了"强波特假说"或"弱波特假说"，鲜有文献能同时将不同假说纳入同一体系进行全面系统的检验。康志勇等（2020）以 2005~2013 年中国工业企业为研究对象，在对环境规制、企业创新和出口行为的关系进行经验分析时发现：三种类型的环境规制都表现出与企业创新的非线性关系，因此他们认为"狭义波特假说"成立；同时，在命令控制型与公众参与型环境规制上"强波特假说"和"弱波特假说"皆成立，但市场激励型环境规制并未发现"弱波特假说"成立的证据。然而，伍格致和游达明（2019）在研究环境规制对技术创新和绿色全要素生产率之间的作用机理时，通过空间杜宾模型对 2014~2015 年中国 30 个省份进行分析，得出结论：在全国层面上"弱波特假说"和"强波特假说"均不成立。叶琴等（2018）在研究命令控制型和市场激励型环境规制对中国节能减排技术创新的影响时，以 2008~2014 年中国 285 个地级市的节能减排技术专利申请量、综合能源价格、污染物排放量为研究对象，以混合回归模型和系统 GMM 方法为研究方法，通过对命令控制型和市场激励型环境规制进行分析，证实了"弱波特假说"在有时间约束的条件下成立，而"狭义波特假说"不成立。

二　"污染天堂假说"理论

（一）"污染天堂假说"的内涵

"污染天堂假说"（Pollution Haven Hypothesis，PHH），又称"污染避难所假说"，由 Walter 和 Ugelow 提出。"污染天堂假说"指出，发达国家和发展中国家之间的环境规制差异可能会加速发达国家制造业的跨国转移，并导致发展中国家专门从事污染密集型产品的生产，从而导致发展中国家环境恶化。

（二）"污染天堂假说"的研究进展

过去几十年里，"污染天堂假说"引起了众多学者的广泛关注，学者们针对不同的研究对象，利用不同的研究方法，基于不同的研究视角来检验该假说的有效性。本章将此研究主要分为三类：全球-国家层面、产业层面和企业层面。

早期"污染天堂效应"的研究多从全球—国家层面展开，主要是识别环境规制相对宽松的发展中国家吸引跨国投资的根本原因究竟是相对较低的环境标准，还是充足的劳动力、丰富的资源等其他因素。过去众多文献对"污染天堂假说"进行了实证检验，但所得结果不一。一些学者的研究支持了"污染天堂效应"的存在，但也有学者发现跨国投资并没有因为相对宽松的环境规制而偏好某一国家或地区（Kolstad and Xing，2002）。如 Khan 等（2020）以 1995～2016 年 58 个共建"一带一路"国家为研究对象，分析了收入、外商直接投资（FDI）、卫生支出和可再生能源消耗对环境污染（用 CO 来衡量）的影响，发现外商直接投资与环境污染呈负相关关系，否定了共建"一带一路"国家存在"污染天堂"现象。然而，Cai 等（2018）以共建"一带一路"国家为例，验证"污染天堂假说"时得到了混合结果，他们发现在 19 个发展中国家已成为中国的"污染天堂"的同时，中国也已成为 22 个发达国家的"污染天堂"，但在中国与其他 22 个国家的贸易中，支持"污染天堂假说"的证据不足。Wu 等（2021）调查了 2003～2016 年中国对 46 个共建"一带一路"国家的对外直接投资，发现中国的对外直接投资显著提升了东亚及太平洋地区、南亚、中亚和欧洲（中东和北非除外）国家的绿色全要素生产率。Gorus 和 Aslan（2019）在研究 1980~2013 年中东和北非国家的人均收入、外商直接投资、能源使用和二氧化碳排放之间的联系和方向时，验证了"污染天堂假说"，结果表明，外商直接投资流入加剧了大多数中东和北非国家的污染。相比之下，对经合组织（Kearsley and Riddel，2010）、洛杉矶（Albulescu et al.，2019）、东南亚（Behera and Dash，2017）、金砖国家（Shao et al.，2019）的研究表明，"污染天堂假说"在这些地区并不成立。上述研究结论不一可能是由于"污染天堂效应"并非适用于所有污染物或所有产业的一般性规律（Eskeland and Harrison，2003），但也有可能是因为对于环境规制强度的测度存在内生性偏误（List et al.，2004）。

目前，关于"污染天堂效应"的研究主要从国家层面展开，重点关注污染产业转移与"污染天堂效应"之间的关系（张少军、刘志彪，2009；沈坤荣、金刚，2018）。严格的环境规制显著增加了当地污染密集型工业的费用，包括更新环境保护设备的直接费用、污染控制支出、培训雇员适应新设备与新工艺的间接费用。出于追求利润最大化的考虑，污染密集型企业为降低环境规制带来的成本上升的压力，要么会选择绿色技术创新，要么会进行产业转移，也就意味着企业需要在绿色技术创新投资和迁移支出之间进行权衡。如果绿色技术创新投入小于迁移支出，企业将选择通过绿色技术创新来降低环境成本。反之，如果绿色技术创新投入大于迁移支出，企业就会选择将生产转移到环境规制相对较弱的地区，以规避环境规制带来的成本增加。由于环境规制的实施，环境规制相对严格地区的企业生产成本不可避免地会高于周边企业，一些高污染排放企业为了节约生产成本，可能将生产过程的部分或全部转移到周边地区，形成跨区域的产业转移效应。

在实体经济中，传统非清洁技术仍占有一定利润优势，且绿色创新存在研发时间长、投入大、市场不明、难以在短期内收回投资的风险，其后发劣势明显，因此，仅仅依赖自由市场经济环境可能难以激发绿色创新，反而更有可能会导致污染产业转移。而污染产业转移容易恶化周边地区的环境质量（Konisky，2010），可能使邻地出现"逐底竞争"（朱平芳等，2011；李胜兰等，2014）与"污染天堂"现象（沈坤荣等，2017）。

产业转移，尤其是污染产业转移存在负外部性特征，可能使区域之间发生产业结构恶性调整，并进一步使迁入地生态环境发生恶性变化，导致迁入地沦为"污染天堂"，阻碍区域经济可持续发展。在中国主要流域经济带中，往往经济发展相对落后的中上游省份由于其劳动力成本、资源成本较低，环境规制较为宽松，就可能出现一些污染产业"逆流而上"的现象，如林伯强和邹楚沅（2014）发现，环境规制会引发一些污染产业从黄河流域下游向上游依次转移的"飞雁"现象。沈坤荣等（2017）利用空间滞后模型，经实证分析后发现环境规制确实引发了污染产业转移。在此基础上，沈坤荣和金刚（2018）研究发现，由于存在"污染避难所效应"，邻近地区的环境规制会影响当地企业的生产率，这种影响是通过影响区域企业创新实现的。

考虑到全球-国家层面和产业层面的宏观分析可能无法捕捉到全貌，如衡量多国企业的污染强度以及衡量东道国的环境政策是否严格并非易事，而从微观企业层面对"污染天堂假说"进行验证能从更为细致的角度观察外商直接投资、产业转移等企业行为给迁入地带来的影响。Smarzynska 和 Wei（2001）在使用 24 个转型经济体的企业层面数据验证"污染天堂假说"时并未发现存在该假说的证据。事实上，资源要素在一个国家内进行重新配置的壁垒要比国家间的壁垒小得多，因此该假说在一国之内的表现会更为显著，而江苏省的一项实证研究也证明了这一观点（Yang et al.，2018）。

同样，Kheder 和 Zugravu（2012）利用企业层面的数据，以 1996~2002 年法国在 74 个国家的 1374 项投资为研究对象验证"污染天堂假说"时发现，更严格的环境规制可以吸引到更多投资，这意味着可能存在其他未考虑到的因素，如税收优惠和外国投资的土地使用权等影响法国企业的对外直接投资行为。Manderson 和 Kneller（2012）发现，对于英国企业而言，国内严格的环境规制并不会显著推动企业在海外投资建厂，这与"污染天堂假说"相矛盾。Rezza（2013）发现位于挪威的母公司会减少对环境规制较为严格的外国子公司的投资，这个案例从另一个角度验证了"污染天堂假说"。Zhou 等（2017）使用中国污染行业的企业级数据，创新性地证实了"污染天堂假说"（PHH）的存在。

（三）基于中国的实证研究

众所周知，中国各地区的经济发展差异比较大，存在一定的"马太效应"。虽然经济增长和环境保护在理论上可以齐头并进，但中国东部沿海地区，特别是一些沿海大城市，即使过去一直致力于产业结构的转型升级，却仍然未能摆脱环境污染的问题。虽然其中不乏长期粗放式经济发展遗留的环境问题，但跨区域污染溢出可能也是原因之一。地方政府在竞争流动性资源时，其激励程度不一，就会导致企业有多种选择。在环境规制背景下，企业可以选择通过多种方式来规避环境规制，如跨界污染以及污染产业转移等行为（郭进，2019），这些措施确实能够减缓当地的环境污染，但会降低污染产业流入地的环境质量，使流入地沦为"污染天堂"，并降低流入地的绿色技术创新绩效。

关于"污染天堂效应"在中国是否成立，最初是通过考察相对于发达国家而言，中国较低的环境规制标准是否吸引了跨国投资（朱平芳等，2011；陆旸，2012）。而随着中国经济的高质量发展以及随之而来的不同地区经济发展分化，国内外较多学者开始关注中国一些主要流域经济带的污染转移现象。其中一类文献研究了行政区域内的污染转移，并发现了污染更容易向行政边界转移的现象，如 Duvivier 和 Xiong（2013）以河北省县级城市作为研究对象，研究污染产业企业的转移，研究结果显示，其更倾向于往行政边界转移。Cai 等（2016b）以中国 24 条流域周边县级城市作为研究对象，发现污染产业相关企业偏向于在省级行政范围内本省边界县区设厂，而水污染企业更倾向于在省级行政区划内河流下游集聚。Wu 等（2017a）发现"十一五"规划首次将 SO_2 和 COD 作为主要污染物约束性指标后，企业更多倾向于将污染产业转移至环境规制较弱的西部地区（林伯强、邹楚沅，2014）。

三 知识扩散

（一）知识扩散的内涵

长期以来，技术创新一直被视为企业生存和发展的关键因素，也是一个国家长期经济增长的重要驱动力。然而，技术创新是一个长期过程，面临研发时间长、投入大、市场不明、难以在短期内收回投资的风险，其后发劣势明显。创新的另一个重要特征就是非排他性，它使创新可以从一个地方或一个组织被另一个地方或另一个组织的主体学习、使用，从而实现创新的空间溢出（张贵杰，2017）。在这个过程中，企业通过学习与技术相关的知识，使知识能够被更多地方或更多组织使用，实现知识扩散

（Tseng，2022）。

知识扩散是指知识从一个地方或一个组织，传播到其他地方或其他组织，从而被更多的地方或组织学习、使用的过程。目前与知识扩散有关的文献主要是基于知识传播、学习以及论文专利引用情况对其进行系统分析（张贵杰，2017）。从知识传播的维度来看，知识扩散实质上是知识在不同主体之间的一种传播行为。从学习的维度来看，知识扩散不仅包括知识在各主体间的传播，它同时也是一种学习活动，既包括对现有知识的学习，还包括在现有知识基础上进行的自主创新。

在知识扩散问题上，林毅夫和张鹏飞（2005）认为，为了抢占知识领先地位，国家或地区只能通过自主创新实现知识进步，但自主创新不仅需要前期大量的资金投入，还伴随较高的风险。与此同时，落后国家或地区却可以通过学习先进知识，在较短的时间内，以较低的投入成本，实现本土知识水平的快速提升，即所谓的"后发优势"。

（二）环境规制与知识扩散的关系

在环境治理中，政府通常期望企业能够使用绿色技术创新来减少环境污染与能源损耗。而现有文献表明，只有少数国家能够做到真正的自主创新，绝大多数无法自主创新的国家或地区只能通过知识扩散来引进先进知识，实现本土知识迭代。因此，对于没有自主创新能力的国家而言，知识扩散是根本性的问题（Hardy and Mccasland，2021）。

现有文献主要关注环境规制对知识扩散的影响，如孙燕铭和谌思邈（2021）在研究中发现，环境规制能够有效促进周边地区绿色技术创新效率的提升，证明环境规制产生了正向的绿色技术创新空间溢出效应。Luo等（2021）在研究环境规制和外商直接投资对中国不同地区绿色创新的影响时，选用2003~2017年中国30个省份作为研究对象，采用系统广义矩估计方法，得出结论：环境规制越严格，外商直接投资就越能促进绿色技术创新的空间溢出。同样选取2003~2017年中国30个省份作为研究对象，Wang等（2021b）利用莫兰指数（Moran's I）和空间计量模型，研究环境规制对创新溢出的影响，研究结果显示，区域创新的溢出效应会影响区域创新产出水平，同时，创新产出、环境规制和内部研发支出是导致创新溢出效应的主要原因。Zhang等（2019）发现，在严格的环境规制背景下，发达国家将生产业务部门转移至国外的这一行为能够显著影响企业的财务业绩、投资决策和绿色技术创新的扩散。Feng 等（2020）提出，当地方政府加大环境规制实施力度时，可能会通过倒逼企业增加绿色技术创新投入的方式，实现进口贸易的技术溢出效应。通过从国外引进先进的产品技术，企业可以在较短时间内获得先进知识，提高企业资源配置效率。同时，在环境规制较强的地区，进口企业也可以通过进口绿色高科技产品，使其绿色创新能力更快达到国际标准，从而使其产品在国际市场上获得竞争力（Bartel et al.，2007；Du and Li，2020）。

（三）知识扩散与区域创新之间的关系

知识扩散能够很好地解释区域之间技术创新的相互作用。Aghion 和 Howitt（2009）提出，跨区域知识扩散能够实现创新资源流动与共享、促进地区技术进步。一方面，周边地区可以通过知识扩散获得先进的技术、管理经验等，促进当地的技术创新发展。同时，知识扩散在一定程度上也可以通过区域创新协同的方式，推动各地因地制宜，发挥自身优势，补足技术短板，进一步促进区域技术创新协同发展。另一方面，通过扩散传播的知识一般是经过实践检验的较为成熟的管理经验、技术成果等，这种形式的知识容易被输入地直接获取，能够节省知识输入地的试错成本，进而形成"扩散—吸收—产出—输出"的动态演进过程。而这种方式在经济相对落后、创新能力稍显不足的地区优势更为明显。林毅夫和张鹏飞（2005）曾提到，落后地区因其自身基础相对薄弱，不能提供足够的研发投入，缺乏进行知识演化的原始资本积累，而通过直接引进先发地区的知识，则可以节省科研投入成本，在较短的时间内提升其发展水平，实现区域知识演化。

同时，知识扩散也存在一定的负外部性特征，比如知识输入地可能出现"搭便车"行为，彻底放弃自身创新，从而削弱输入地自主创新能力（龚勤林等，2022）。知识扩散是区域知识演化的外生动力源泉。知识输入地在前期虽然可以通过学习先进管理经验、引进成熟的技术，利用"后发优势"，实现知识演化，但后续如果不进行自主创新，只是一味吸收，在缩小与知识输出地的知识差距的同时，知识扩散对于输入地的影响也会随之下降。同时，自主创新的成本相对于知识引进要高得多，若不进行自主创新，只贪图知识引进带来的便捷，可能会使本地创新被严重替代，形成"创新毁灭"（李光泗、沈坤荣，2011），从而抑制知识输入地创新能力的提升，阻碍区域发展。张小蒂和李风华（2001）提出，基于技术关联的演化本质上是一种路径依赖式演化，选择强关联领域进行创新研发的不确定性小，产出较为稳定，但是这种依赖式演化路径容易导致地区长期陷入低附加值技术领域而不能自拔，落入"比较优势陷阱"。同时，区域创新活动的边界也会缩小，降低新技术出现的概率，导致区域技术演化难以实现，其结果就是这些区域会与发达地区永远存在一定技术差距（Nelson and Phelps，1966），使欠发达地区陷入"创新毁灭"。龚勤林等（2022）发现，短期内技术关联能够驱动区域实现技术演化，但从长期来看，过度依赖技术关联的作用将阻碍区域技术演化。

四 环境规制的空间溢出效应

政府在环境治理机制中起到了主导作用，地方政府不仅要落实国家或上级对该地区的环境治理政策，还需要结合当地环境现状和经济发展水平，因地制宜具体施策，包括通过政府资金支持或税收支持等行为，激励企业进行绿色技术创新等。地方政府对于自身环境规制的成功探索，具有一定的示范效应，能够为其他地区的环境治理提供一定经验，可能被其他地区竞相学习与模仿。同时，还能够为中央政府的环境决策提供一定参考。

以往的学者对于环境规制的研究主要考虑其对本地的影响，而较少关注区域之间的相互作用。通常假设区域变量彼此独立，而这与实际情况并不相符。根据 Tobler（1970）提出的地理学第一定律，在实体经济中，区域经济具有广泛的联系，并遵循地理邻近性规律。此外，以流动性和扩散性为特征的大气污染和水污染可能会从一个区域向周边地区扩散，因此在调查环境规制的减排效应时，必须考虑空间因素（Case et al.，1993；Zhang et al.，2020c）。在环境监管方面，地区之间可能存在战略互动（Denis et al.，2012；Nauleau，2014；Chen et al.，2017）。例如，增加当地环保投资将使邻近地区受益，从而引起邻近地区的"搭便车"行为（Keller，2005；Konisky and Woods，2015）。此外，在晋升的压力下，如果一个政府提高了当地的环境标准，那么可能对其他地区产生一定的示范效应，使周边地区政府相应提升它们的环境标准（Zhu et al.，2014；Chirinko and Wilson，2017）。在这种竞争性战略互动的推动下，"搭便车"行为、模仿、竞争和外部性溢出效应都可能会改变周边地区政府的战略决策（Zhao and Sun，2016）。因此，环境规制的减排效应会引起战略互动与污染转移的空间溢出效应（Yu et al.，2016）。

地方环境规制的空间溢出效应能检验环境政策是否具有复制性，通过调整，实现在更高等级行政单元和更广范围内的推广（王班班等，2020）。关于环境规制的空间溢出效应的研究，现有文献主要关注地方政策扩散、污染转移等（吴怡频、陆简，2018；李智超，2019）。

在环境规制的空间溢出过程中，主要有"向上溢出"和"平行溢出"两种不同溢出模式。"向上溢出"主要体现为地方政策在成功实施后，被更高等级行政单元采纳，并在更大范围内复制推广，这种情况下环境规制的执行主体是更高等级行政单元政府（Palmer，1997）。这种环境规制多为命令控制型环境规制，即更高等级行政单元政府在吸收采纳地方环境规制创新经验之后，能够通过命令控制的形式自上而下地推广政策。那么，这种环境规制所带来的治理效果就会在很大程度上取决于上级行政单元政府的管控与监督力度，即上级政府给地方执行政府施加多大的考核压力，这种压力包括将环境治理目标与官员晋升相结合等方式（Zheng et al.，2014）。以往研究表明，上级政府监管越严格，就越能够有效提升地方环境治理水平（Kahn et al.，2015；Zhang et al.，2018a；王岭等，2019）。"平行溢出"更多的是同级别政府之间，基于于自身提升环境治理水平诉求的一种主动模仿。一是当地方政府环境规制创新取得较好的治理成果时，可能会引起其他地方政府的竞相模仿（朱旭峰、张友浪，2014）。特别是处于同一个城市群甚至是省域内邻近地区之间可能存在相差无几的生态环境，模仿成本低且成功概率高。二是就当前国家对于环境治理的重视程度来看，官员任期内对于地区环境的治理效果在很大程度上与官员晋升挂钩，由此产生的晋升锦标赛也可能激发地方政府竞相模仿的热潮。在上级政府对地方环境政策的偏好选择与地方政府之间的绩效竞争的双重作用下，就出现了地方政府环境规制"向上溢出"和"平行溢出"两种不同的形式。

第四节　本章小结

本章作为本书的理论支撑，梳理了与环境规制、绿色创新理论相关的文献，明确了本书的主要研究对象，并总结归纳了以往文献中，关于环境规制与绿色技术创新关系研究的主要结论、环境规制驱动绿色技术创新的理论逻辑。

在环境规制与绿色技术创新关系的研究中，学者们普遍认为环境规制会对绿色技术创新产生一定的影响。从环境规制的成效来说，两者之间可能存在正向或负向的线性关系，也可能存在"U"形关系。从不同类型环境规制的成效来说，无法确定某一具体环境规制工具对绿色技术创新的影响。

通过回顾"波特假说""污染天堂假说""知识扩散""环境规制的空间溢出"等相关理论，剖析环境规制对绿色技术创新影响的理论基础，为后续环境规制影响机理研究提供了理论依据。在环境规制驱动绿色技术创新的理论逻辑研究中，对于环境规制能够通过哪些路径综合作用于区域间绿色技术创新主体，最终影响整体的绿色技术创新绩效，已有文献还未过多涉及。通过对已有研究的总结回顾可以发现，环境规制对于区域绿色技术创新的作用路径主要体现为环境规制的空间溢出效应、产业转移效应、知识扩散效应等三类，本书将在第四章、第六章进行深入探讨。

第四章
区域环境规制对区域间绿色
创新发展的影响路径

在众多探讨环境规制和绿色技术创新关系的研究中，可归纳为两种主要的观点。一是环境规制会促进绿色技术创新，即在理想条件下会出现"波特假说"现象。二是企业会想方设法规避环境规制的影响，具体做法包括跨界污染（陆铭、冯皓，2014）或产业转移（沈坤荣等，2017），这些规避措施在缓解本地环境污染的同时会降低产业转入地的环境质量，导致流入地出现"污染天堂"现象，但同时也可能会激发流入地的创新活力，提升当地绿色技术创新绩效。在环境规制对周边地区绿色技术创新的影响机理上，除空间溢出效应和产业转移外，环境规制也可以通过促进本地绿色技术创新产生扩散作用，间接带动邻地绿色技术创新（孙燕铭、谌思邈，2021）。基于上述归纳，本章构建出环境规制影响绿色技术创新的理论模型框架，探究区域环境规制对区域间绿色技术创新发展影响的内在逻辑。

第一节　理论模型构建

本章在 Acemoglu 等（2012）、董直庆和王辉（2019）等所构建的理论框架基础上，建立起一个修正的环境规制与绿色技术创新激励的两区域理论模型，通过数理演绎探究环境规制实施对本地与邻地绿色技术创新的影响，并结合环境规制的污染减排空间溢出效应、产业转移效应、知识扩散效应揭示环境规制对绿色创新的作用机理。

假设一国内存在 a、b 两个地区，这两个地区在产品生产和劳动力上都是同质的，资本要素可以在两地间自由流动，且两个地区生产的中间产品全部投入最终产品的生产中。社会总产出 y 满足固定替代弹性（CES）生产函数形式：

$$y = \left(y_{at}^{\frac{\gamma-1}{\gamma}} + y_{bt}^{\frac{\gamma-1}{\gamma}} \right)^{\frac{\gamma}{\gamma-1}} \qquad (4-1)$$

在式（4-1）中，y_{at} 和 y_{bt} 分别表示 t 时期地区 a、b 的经济产出水平，γ 表示产品替代弹性。

a、b 两个地区都使用高技术资本设备和劳动力进行高技术资本品（此处指机器）的生产，在利润函数中加入研发投入成本，生产函数形式为：

$$y_{zt} = L_{zt}^{1-\delta} \int_0^1 A_{zit}^{1-\delta} m_{zit}^{\delta} \mathrm{d}i \qquad (4-2)$$

$$e(y_{zt}) = [1 - \varphi(A_{zt})] L_{zt}^{1-\delta} \int_0^1 A_{zit}^{1-\delta} m_{zit}^{\delta} \mathrm{d}i \qquad (4-3)$$

在式（4-2）、式（4-3）中，z 为地区角标，包括 a 和 b 两个地区，L_{zt} 表示 t 时期地区 z 的劳动力投入量，则总劳动力投入量 L_t 即等于 $L_{at}+L_{bt}$。m_{zit} 表示 t 时期地区 z 生产部门所使用的第 i 种机器的数量，A_{zit} 表示 t 时期地区 z 生产部门所使用的第 i 种机器的技术含量，也代表该地的技术水平。$\delta \in (0, 1)$。

在生产过程中不可避免地会对环境造成污染，且这种对环境的负外部性效应会随着产出增多相应地增大。$e(y_{zt})$ 表示 t 时期地区 z 在生产过程中对环境造成的污染，$\varphi(A_{zt})$ 代表采用绿色技术后污染的减排效果，其大小受地区绿色技术水平的影响，地区绿色技术水平越高其绿色技术创新能力越强，即 $\dfrac{\partial \varphi(A_{zt})}{\partial A_{zt}} > 0$。绿色技术带来的清洁生产能力和减排能力的提升会缓解当地的环境污染，式（4-3）表明绿色技术水平在提高产出的同时还能够减少当地污染物排放。

第二节　模型推演与主要结论

在两区域理论模型中加入以下假设：假设政府在协调经济发展与生态环境保护的关系中选择后者，为了减少地区生产部门的污染物排放，实施包括征收一定比例的环境税在内的环境政策。以 σ_{zt} 表示政府对 t 时期地区

z 生产部门征收的环境税税率（即环境规制强度），地区 z 的利润最大化是通过投入劳动力和高技术资本品来实现的，满足下式：

$$\max_{[L_{zit} m_{zit}]} p_{zt} L_{zt}^{1-\delta} \int_0^1 A_{zit}^{1-\delta} m_{zit}^{\delta} \mathrm{d}i - w_{zt} L_{zt} - \int_0^z p_{qit}^z m_{zit} \mathrm{d}i - \sigma_{zt} p_{zt} e(y_{zt}) \tag{4-4}$$

式（4-4）中，p_{zt} 和 p_{qit}^z 分别为 y_{zt} 和 m_{zit} 的价格，w_{zt} 为 t 时期地区 z 的工资，依据利润最大化原则，分别求式（4-4）关于 w_{zt} 和 p_{qit}^z 的一阶导数，整理可得：

$$w_{zt} = (1-\delta) p_{zt} \{ 1 - \sigma_{zt} [1 - \varphi(A_{zt})] \} L_{zt}^{-\delta} \int_0^1 A_{zit}^{1-\delta} m_{zit}^{\delta} \mathrm{d}i \tag{4-5}$$

$$p_{qit}^z = \delta p_{zt} \{ 1 - \sigma_{zt} [1 - \varphi(A_{zt})] \} L_{zt}^{1-\delta} A_{zit}^{1-\delta} m_{zit}^{\delta-1} \tag{4-6}$$

假设地区资本设备 m_{zit} 全部由垄断竞争厂商生产，且设备质量同质化，设备使用价格为 p_{qit}^z。考虑到生产机器设备需要投入中间产品，令 λ 为中间产品的数量，总生产成本即为 $\delta^2 \lambda_z$。地区 z 生产商的利润最大化满足下列公式：

$$\max [p_{qit}^z m_{zit} - \delta^2 \lambda_z m_{zit}] \tag{4-7}$$

为求解地区 z 生产厂商的最大化利润，需要分别求式（4-7）关于最优产量与最大化利润的一阶导数：

$$m_{zit} = p_{zt}^{\frac{1}{1-\delta}} \{ 1 - \sigma_{zt} [1 - \varphi(A_{zt})] \}^{\frac{1}{1-\delta}} L_{zt} A_{zit} \lambda_z^{\frac{1}{\delta-1}} \tag{4-8}$$

$$\pi_{zit} = \delta(1-\delta) \lambda_z^{\frac{\delta}{\delta-1}} p_{zt}^{\frac{1}{1-\delta}} \{ 1 - \sigma_{zt} [1 - \varphi(A_{zt})] \}^{\frac{1}{1-\delta}} L_{zt} A_{zit} \tag{4-9}$$

进一步推导可得，地区 z 资本品供应厂商的利润总和 π_{zt} 为：

$$\pi_{zt} = \delta(1-\delta) \lambda_z^{\frac{\delta}{\delta-1}} p_{zt}^{\frac{1}{1-\delta}} \{ 1 - \sigma_{zt} [1 - \varphi(A_{zt})] \}^{\frac{1}{1-\delta}} L_{zt} A_{zt} \tag{4-10}$$

由此可推导两地区资本品生产商的相对利润为：

$$\frac{\pi_{at}}{\pi_{bt}} = \left(\frac{p_{at}}{p_{bt}} \right)^{\frac{1}{1-\delta}} \left(\frac{\lambda_a}{\lambda_b} \right)^{\frac{-\delta}{1-\delta}} \left\{ \frac{1 - \sigma_{at} [1 - \varphi(A_{at})]}{1 - \sigma_{bt} [1 - \varphi(A_{bt})]} \right\}^{\frac{1}{1-\delta}} \frac{A_{at}}{A_{bt}} \frac{L_{at}}{L_{bt}} \tag{4-11}$$

通过式（4-11）可以得出，包括两地区机器设备的相对价格 $\dfrac{p_{at}}{p_{bt}}$、产品相对成本 $\dfrac{\lambda_a}{\lambda_b}$、地区相对绿色技术创新水平 $\dfrac{A_{at}}{A_{bt}}$、区域间环境税税率 σ_{zt} 差异和地区绿色技术创新所带来的减排 $\varphi(A_{zt})$ 差异等 5 个因素共同影响了地区 a、b 间相对利润。

将式（4-8）代入式（4-2）中，可得到地区最优产出为：

$$y_{zt} = \lambda^{\frac{\delta}{\delta-1}} p_t^{\frac{\delta}{1-\delta}} \{ 1 - \sigma_{zt} [1 - \varphi(A_{zt})] \}^{\frac{\delta}{1-\delta}} L_{zt} A_{zt} \tag{4-12}$$

为了进一步剖析影响地区间的绿色技术创新水平的内在机理，本部分引入研发投入函数和研发成功概率函数。首先，假设企业既是技术创新的研发者又是资本品的生产者，记地区 z 第 i 类资本设备 m_{zit} 在 t 时期的技术含量为 A_{zit}，在该时期 m_{zit} 的技术含量有 ρ_{zit} 的概率被提升至 α 水平，其中 $\alpha>1$。相对地，有 $1-\rho_{zit}$ 的概率技术含量提升失败，此时资本设备 m_{zit} 仍将保持原有技术含量。为了规避规模效应的影响，借鉴 Aghion 和 Howitt（2009）、易信和刘凤良（2015）、董直庆和王辉（2019）的设计思路，将研发成功概率设定为人均研发投入的函数：

$$\rho_{zit} = \theta_z \left(\frac{B_{zit}}{L_{zt} A_{zit}} \right)^{\xi} \tag{4-13}$$

式（4-13）中，B_{zit} 代表 t 时期地区 z 的研发投入，θ_z 表示地区 z 的研发效率参数，ξ 为研发投入的产出弹性（$0<\xi<1$）。

在考虑地区 z 生产资本品的技术创新成功概率的情况下，Δt 时期后地区 z 第 i 类资本品的技术含量可表示为：

$$A_{zi(t+\Delta t)} = \rho_{zit} \alpha A_{zit} \Delta t + (1 - \rho_{zit} \Delta t) A_{zit} \tag{4-14}$$

进一步推导可以得到地区 z 第 i 类资本品在 t 时期的技术增量为：

$$\dot{A}_{zit} = \rho_{zit} \alpha A_{zit} - \rho_{zit} A_{zit} = (\alpha - 1) \rho_{zit} A_{zit} \tag{4-15}$$

参照 Barro 和 Sala-i-Martin（1997）、董直庆和王辉（2019）的参数设定，假设研发市场出清时的技术创新产出价格等于单位技术创新产品利润，进而地区 z 第 i 类资本品的价格 $P_{A_{zit}}$ 就满足：

$$P_{A_{zit}} = \frac{\pi_{zit}}{A_{zit}} = \delta(1-\delta)\lambda_z^{\frac{\delta}{\xi-1}}p_{zt}^{\frac{1}{1-\delta}}\{1-\sigma_{zt}[1-\varphi(A_{zt})]\}^{\frac{1}{1-\delta}}L_{zt} \qquad (4-16)$$

由此可得第 i 类资本品的创新收益为：

$$P_{A_{zit}}\dot{A}_{zit} = (\alpha-1)\rho_{zit}\pi_{zit} \qquad (4-17)$$

可知，只有在高技术资本品的研发成本等于技术创新水平的提升所带来的利润时，才能实现创新收益最大化，即：

$$\max[P_{A_{zit}}\dot{A}_{zit} - B_{zit}] \qquad (4-18)$$

通过对该最优问题进行求解，便可得地区 z 第 i 类资本品生产商的最优研发投入 B_{zit} 为：

$$B_{zit} = (\alpha-1)^{\frac{1}{1-\xi}}\theta_z^{\frac{1}{1-\xi}}\xi^{\frac{1}{1-\xi}}\delta^{\frac{1}{1-\xi}}(1-\delta)^{\frac{1}{1-\xi}}\lambda_z^{\frac{\delta}{(\delta-1)(1-\xi)}}p_{zt}^{\frac{1}{(1-\delta)(1-\xi)}}\{1-$$
$$\sigma_{zt}[1-\varphi(A_{zt})]\}^{\frac{1}{(1-\delta)(1-\xi)}}L_{zt}A_{zit} \qquad (4-19)$$

进而得到技术创新水平提升的最优成功率 ρ_{zit} 为：

$$\rho_{zit} = (\alpha-1)^{\frac{\xi}{1-\xi}}\theta_z^{\frac{1}{1-\xi}}\xi^{\frac{\xi}{1-\xi}}\delta^{\frac{\xi}{1-\xi}}(1-\delta)^{\frac{\xi}{1-\xi}}\lambda_z^{\frac{\xi\delta}{(\delta-1)(1-\xi)}}p_{zt}^{\frac{\xi}{(1-\delta)(1-\xi)}}\{1-$$
$$\sigma_{zt}[1-\varphi(A_{zt})]\}^{\frac{\xi}{(1-\delta)(1-\xi)}} \qquad (4-20)$$

由此可知，研发效率 θ 和研发投入的产出弹性 ξ 都会对地区技术创新水平产生影响，因此地区技术创新水平的函数可表示为：

$$A_{zt} = \int_0^1 \alpha A_{zit-1}\rho_{zit}\mathrm{d}i + \int_0^1 A_{zit-1}(1-\rho_{zit})\,\mathrm{d}i = \alpha A_{zt-1}\rho_{zt} +$$
$$A_{zt-1}(1-\rho_{zt}) \qquad (4-21)$$

由式（4-20）推导可得均衡的技术创新水平提升率 g_{zt}^A 为：

$$g_{zt}^A = (\alpha-1)^{\frac{1}{1-\xi}}\theta_z^{\frac{1}{1-\xi}}\xi^{\frac{\xi}{1-\xi}}\delta^{\frac{\xi}{1-\xi}}(1-\delta)^{\frac{\xi}{1-\xi}}\lambda_z^{\frac{\delta\delta}{(\delta-1)(1-\xi)}}p_{zt}^{\frac{\xi}{(1-\delta)(1-\xi)}}\{1-$$
$$\sigma_{zt}[1-\varphi(A_{zt})]\}^{\frac{\xi}{(1-\delta)(1-\xi)}} \qquad (4-22)$$

为表示环境规制对绿色技术创新的影响，对式（4-22）两侧同时求偏导，得：

$$\frac{\partial A_{zt}}{\partial \sigma_{zt}} = A_{zt-1}\frac{\partial g_{zt}^A}{\partial \sigma_{zt}} = \frac{A_{zt-1}D\left[\varphi(A_{zt})-1\right]}{1-A_{zt-1}D\sigma_{zt}\dfrac{\partial \varphi(A_{zt})}{\partial A_{zt}}} \qquad (4-23)$$

其中，$D=\dfrac{\xi}{(1-\delta)(1-\xi)}\{1-\sigma_{zt}[1-\varphi(A_{zt})]\}^{-1}g_{zt}^A$，根据式（4-23）易知 D 与 g_{zt}^A 呈正相关关系，表明 D 可以在一定程度上反映地区绿色技术创新水平的提升程度。

$$\frac{\partial D}{\partial \sigma_{zt}} = -\left[\frac{\xi}{(1-\delta)(1-\xi)}-1\right]D\{1-\sigma_{zt}[1-\varphi(A_{zt})]\}^{-1}\Big\{[1-$$

$$\varphi(A_{zt})]-\sigma_{zt}\frac{\partial \varphi(A_{zt})}{\partial \sigma_{zt}}\Big\}$$

$$(4-24)$$

由式（4-24）可知，环境税税率 σ_{zt} 对 D 的作用同时受到资本品的产出弹性 δ、研发投入的产出弹性 ξ，以及地区绿色技术创新所带来的减排效果 $\varphi(A_{zt})$ 的影响。假设 $\xi>\dfrac{1-\delta}{2-\delta}$，当 $[1-\varphi(A_{zt})]-\sigma_{zt}\dfrac{\partial \varphi(A_{zt})}{\partial \sigma_{zt}}<0$ 时，$\dfrac{\partial D}{\partial \sigma_{zt}}>0$，环境规制与本地绿色技术创新呈正相关关系。反之，当 $\dfrac{\partial D}{\partial \sigma_{zt}}<0$ 时，环境规制与本地绿色技术创新呈负相关关系。结合式（4-23）可知，地区环境规制强度、生产力水平及该地区绿色技术创新水平的提升程度都会影响环境规制对本地绿色技术创新的作用程度。

当初期 $1-A_{zt-1}D\sigma_{zt}\dfrac{\partial \varphi(A_{zt})}{\partial A_{zt}}>0$ 时，$\sigma_{zt}<\dfrac{1}{A_{zt-1}D\dfrac{\partial \varphi(A_{zt})}{\partial A_{zt}}}$，那么 $\dfrac{\partial A_{zt}}{\partial \sigma_{zt}}<0$，即环境规制与本地绿色技术创新呈负相关关系；后期随着环境规制 σ_{zt} 逐渐提升，即 $\dfrac{\partial D}{\partial \sigma_{zt}}>0$，使得满足 $1-A_{zt-1}D\sigma_{zt}\dfrac{\partial \varphi(A_{zt})}{\partial A_{zt}}<0$，此时 $\dfrac{\partial A_{zt}}{\partial \sigma_{zt}}>0$，即环境规制与本地绿色技术创新呈正相关关系。因此环境规制对绿色技术创新的影响会随着时间推移呈现"U"形特征。但若后期 $\dfrac{\partial D}{\partial \sigma_{zt}}$ 仍小于 0，则环境规制与

本地绿色技术创新仍呈负相关关系。当初期 $1-A_{zt-1}D\sigma_{zt}\dfrac{\partial\varphi(A_{zt})}{\partial A_{zt}}<0$，而后期 $1-A_{zt-1}D\sigma_{zt}\dfrac{\partial\varphi(A_{zt})}{\partial A_{zt}}>0$ 时，环境规制对本地绿色技术创新的影响会随时间推移呈现倒 "U" 形的特征。

结论 1：影响环境规制与本地绿色技术创新的关系的因素主要包括：地区环境规制强度 σ_{zt}、初期的绿色技术创新能力 A_{zt-1}、地区绿色技术创新所带来的减排效果 $\varphi(A_{zt})$ 以及地区绿色技术创新水平的提升程度 D。同时，环境规制对本地绿色技术创新的促进作用存在一定的门槛效应。

假设 a、b 两地的劳动力市场是完全竞争的，且劳动力能够在两地间自由流动，在这种情况下两地劳动力的边际产品价值完全等同，即满足：

$$(1-\delta)\,p_{at}L_{at}^{-\delta}\int_0^1 A_{ait}^{1-\delta}m_{ait}^{\delta}\mathrm{d}i=(1-\delta)\,p_{bt}L_{bt}^{-\delta}\int_0^1 A_{bit}^{1-\delta}m_{bit}^{\delta}\mathrm{d}i \qquad (4-25)$$

根据式（4-8），分别将 a、b 两地资本品最优产量 m_{ait} 和 m_{bit} 代入式（4-25），即可得到：

$$\frac{w_{at}}{w_{bt}}=1=\left(\frac{p_{at}}{p_{bt}}\right)^{\frac{1}{1-\delta}}\left(\frac{\lambda_a}{\lambda_b}\right)^{\frac{-\delta}{1-\delta}}\left\{\frac{1-\sigma_{at}[1-\varphi(A_{at})]}{1-\sigma_{bt}[1-\varphi(A_{bt})]}\right\}^{\frac{\delta}{1-\delta}}\frac{A_{at}}{A_{bt}} \qquad (4-26)$$

由式（4-26）可知，a、b 两地产品的相对价格与绿色技术创新之间的关系满足：

$$\frac{p_{at}}{p_{bt}}=\left(\frac{\lambda_a}{\lambda_b}\right)^{\delta}\left(\frac{A_{at}}{A_{bt}}\right)^{\delta-1}\left\{\frac{1-\sigma_{at}[1-\varphi(A_{at})]}{1-\sigma_{bt}[1-\varphi(A_{bt})]}\right\}^{-\delta} \qquad (4-27)$$

由 CES 生产函数特征可知，各地区最终产品的边际产出价值与产品价格相等，进而可知，两地的相对经济产出为：

$$\frac{y_{at}}{y_{bt}}=\left(\frac{p_{at}}{p_{bt}}\right)^{\gamma} \qquad (4-28)$$

进一步，可推知两地绿色技术创新的相对利润为：

$$f(\sigma_{at},\sigma_{bt})=\frac{\pi_{at}}{\pi_{bt}}=\left(\frac{\lambda_a}{\lambda_b}\right)^{\delta}\left(\frac{A_{at}}{A_{bt}}\right)^{\delta-1}\left\{\frac{1-\sigma_{at}[1-\varphi(A_{at})]}{1-\sigma_{bt}[1-\varphi(A_{bt})]}\right\}^{1-\delta}\frac{y_{at}}{y_{bt}} \qquad (4-29)$$

其中，$y_{at} = \sum_{i=1}^{n} k_{ai} y_{ai}$，$y_{bt} = \sum_{j=1}^{m} k_{bj} y_{bj}$，$k_{ai}$、$k_{bj}$分别代表$a$、$b$两地的产业结构。

同时，两地最优经济产出分别满足：

$$y_{at} = \lambda_a^{\frac{\delta}{\delta-1}} p_{at}^{\frac{\delta}{1-\delta}} \{1 - \sigma_{at}[1 - \varphi(A_{at})]\}^{\frac{\delta}{1-\delta}} L_{at} A_{at} \tag{4-30}$$

$$y_{bt} = \lambda_b^{\frac{\delta}{\delta-1}} p_{bt}^{\frac{\delta}{1-\delta}} \{1 - \sigma_{bt}[1 - \varphi(A_{bt})]\}^{\frac{\delta}{1-\delta}} L_{bt} A_{bt} \tag{4-31}$$

由此可得以下结论。

（1）地区最优经济产出与本地的环境规制密切相关，环境规制会引起两地区产业规模和利润发生不对称、不平衡的变化，这种地区间的差异会引发地区间的产业转移和产业结构调整，进而影响两地区的经济产出。

（2）当一个地区环境规制发生变化时，那么很有可能导致该地区生产规模发生扩张或收缩，进而使得其他地区随之进行生产规模的调整。当一个地区的环境规制强度提高时，本地污染密集型企业为规避环境规制成本会向环境规制强度相对较弱的周边地区转移，使得周边地区的产业结构发生改变，进而影响地区间绿色技术创新的方向和利润。因此，环境规制可以通过产业转移影响区域间绿色技术创新水平。

（3）当欠发达地区的环境规制强度提高时，由于较低经济发展水平和创新水平等现实条件的制约，相较于自主研发，其更有可能选择引进先发地区的知识和技术，在短时间内提升其技术水平，从而提升当地的经济产出。也就是说，环境规制可以通过知识扩散的方式影响区域间绿色技术创新格局。

将a、b两地的最优社会总产出代入式（4-29）可得：

$$f(\sigma_{at}, \sigma_{bt}) = \frac{\pi_{at}}{\pi_{bt}} = \left(\frac{\lambda_a}{\lambda_b}\right)^{-\delta(\gamma-1)} \left(\frac{A_{at}}{A_{bt}}\right)^{(1-\delta)(\gamma-1)} \left\{\frac{1 - \sigma_{at}[1 - \varphi(A_{at})]}{1 - \sigma_{bt}[1 - \varphi(A_{bt})]}\right\}^{1-\delta+\delta\gamma} \tag{4-32}$$

地区间产品的相对利润决定了研发人员选择哪个地区的产品进行技术研发。

基于式（4-32）和式（4-29），假设$f(\sigma_{at}, \sigma_{bt}) < 1$，在保持$b$地区现有环境规制强度$\sigma_{bt}$不变的情况下，对$a$地区的环境规制强度$\sigma_{at}$求偏导可得：

$$\frac{\partial f(\sigma_{at},\sigma_{bt})}{\partial \sigma_{at}} = -f\{O + R\} \tag{4-33}$$

其中，$O = (1-\delta)(\gamma-1)A_{at}^{-1}\frac{\partial A_{at}}{\partial \sigma_{at}}$，表示环境规制对邻地绿色技术创新水平的影响。$R = \frac{\delta(1-\delta+\delta\gamma)}{1-\sigma_{at}[1-\varphi(A_{at})]}\left[\varphi(A_{at})+\sigma_{at}\frac{\partial \varphi(A_{at})}{\partial \sigma_{at}}-1\right]$，表示环境规制的区域污染减排水平。

由式（4-33）可知，环境规制对区域间绿色技术创新的影响由环境规制的本地绿色技术创新效应$\frac{\partial A_{at}}{\partial \sigma_{at}}$、环境规制对本地的减排效果$\frac{\partial \varphi(A_{at})}{\partial \sigma_{at}}$以及地区间替代弹性$\gamma$三个值共同决定。如果两地的产品相互间可以替代，即$\gamma>1$，当地区环境规制强度$\sigma_{at}<\frac{1}{A_{at-1}D\frac{\partial \varphi(A_{at})}{\partial A_{at}}}$，$1-A_{at-1}D\sigma_{at}\frac{\partial \varphi(A_{at})}{\partial A_{at}}>0$时，若$\frac{\partial A_{at}}{\partial \sigma_{at}}<$

0，则$\frac{\partial f(\sigma_{at},\sigma_{bt})}{\partial \sigma_{at}}>0$，这表明$a$地区环境规制强度的提高会使得$b$地区在技术创新中获得更高的利润。当地区环境规制强度$\sigma_{at}<\frac{1}{A_{at-1}D\frac{\partial \varphi(A_{at})}{\partial A_{at}}}$，$1-$

$A_{at-1}D\sigma_{at}\frac{\partial \varphi(A_{at})}{\partial A_{at}}>0$时，若$\frac{\partial A_{at}}{\partial \sigma_{at}}>0$，则$a$地区环境规制对区域间绿色技术创新方向和程度的影响取决于$O+R$变化时的净效应，即式（4-3）中提及的"最终污染水平取决于绿色技术增产能力与减排能力的净效应"，当

$\varphi(A_{at})+\sigma_{at}\frac{\partial \varphi(A_{at})}{\partial \sigma_{at}}-1>0$，$O+R>0$时，$\frac{\partial f(\sigma_{at},\sigma_{bt})}{\partial \sigma_{at}}<0$，$a$地区的环境规制强度与$b$地区绿色技术创新呈负相关关系。

具体而言，当一个地区环境规制发生改变时，在战略互动的驱动下，另一个地区制定的政策或多或少地会改变邻地政府的战略决策，从而影响邻地绿色技术创新。由于绿色技术增产能力与减排能力的净效应都会影响最终污染水平，因此，在竞争性战略互动下，环境规制导致的污染减排空间溢出会对区域整体的绿色技术创新产生影响。

结论 2：环境规制对邻地绿色技术创新的作用取决于环境规制的本地绿色技术创新效应 $\dfrac{\partial A_{at}}{\partial \sigma_{at}}$、环境规制对本地的减排效果 $\dfrac{\partial \varphi(A_{at})}{\partial \sigma_{at}}$ 以及地区间替代弹性 γ，而由于环境规制与本地绿色技术创新之间的非线性关系，环境规制对邻地绿色技术创新的影响方向在不同情况下也不一致。

基于以上推导，环境规制在影响区域间产业规模和利润的基础上，进一步影响区域间绿色技术创新的方向和创新投入强度。除区域间的产业转移外，环境规制也可以通过知识扩散、污染减排的空间溢出等渠道影响区域间绿色技术创新。总体而言，环境规制可以通过知识扩散效应、产业转移效应和空间溢出效应三种路径效应影响区域间绿色技术创新水平，但这三种路径效应的作用方向不能确定。

第三节　本章小结

本章通过理论模型推演，详细剖析了环境规制对区域间绿色技术创新的影响机理，得到以下结论。①环境规制与本地绿色技术创新的关系主要受地区环境规制强度、初期的绿色技术创新能力、地区绿色技术创新所带来的减排效果以及地区绿色技术创新水平的提升程度等因素的影响。此外，这种影响通常存在一定的门槛效应。②环境规制的本地绿色技术创新效应、环境规制对本地的减排效果以及地区间替代弹性是决定环境规制对邻地绿色技术创新作用的重要因素，但受到环境规制与本地绿色技术创新之间的非线性关系的影响，这种作用的方向并不能确定。③知识扩散效应、产业转移效应、空间溢出效应是环境规制作用于区域绿色技术创新主体的三种路径效应，但这三种路径效应的作用方向不能确定。

第五章
中国城市绿色创新投入 - 产出 -
绩效的时空演化特征

本章根据 2003～2019 年中国 285 个城市的投入、产出要素，基于自然断裂法，使用 ArcGIS 软件进行空间可视化操作，对区域绿色创新的过程进行分解。研究中国城市绿色创新过程中，各投入、产出要素的空间分异特征，从而深入探究中国各城市绿色创新投入、产出的时空演化特征。进一步基于第三章对绿色创新及其评价的研究进展和理论基础，对中国城市绿色创新绩效进行测度，研究其时空演化格局及空间关联特征，以期从时空演化格局上整体把握当前中国城市绿色创新绩效水平，为实证检验环境规制对区域绿色创新发展的现实影响奠定基础。

第一节　中国城市绿色创新投入的时空演化特征[①]

资本和劳动力是内生增长理论中最基本的创新投入要素，在创新投入相关研究中被广泛应用，然而仅有少数学者在绿色技术创新绩效综合评价中考虑到绿色技术创新活动生产过程中的资源需求。本节主要借鉴孙燕铭和谌思邈（2021）的研究，从财力、人力、物力三个维度，探讨基于资本要素、劳动力要素、资源要素的绿色创新投入。

一　资本要素[②]

2003～2019 年，中国城市绿色技术创新资本要素投入的空间分布始终高度集中在京津、长三角、珠三角等地区（排名分先后），特别是北京、

---

① 本节数据来源于 2004～2020 年《中国城市统计年鉴》。
② 用科学技术支出衡量。

上海、深圳三个城市。2003~2019 年，北京、上海均为城市绿色技术创新的资本要素投入高地；2012~2019 年，深圳紧随其后，逐渐加大其资本要素投入，加快绿色技术创新步伐。

2003~2007 年，上海市以年均 333617 万元的资本要素投入排在第一位，北京市（299656 万元）、深圳市（112219 万元）、天津市（65351 万元）、广州市（61524 万元）分别列第二位至第五位。在位列前十的城市中，仅重庆市为西部地区城市，以年均 30237 万元的资本要素投入列第九位。

2008~2011 年，上海市仍以年均 1890288 万元的资本要素投入排在第一位，北京市（1501214 万元）、深圳市（760425 万元）、天津市（415184 万元）仍列第二位至第四位，苏州市由上一阶段的第七位上升至第五位。值得注意的是，大连市由上一阶段的第十二位上升至第八位，在排名前十位的城市中，大连市是唯一一个东北地区城市。

2012~2019 年，仍是上海市（3230932 万元）、北京市（3139889 万元）、深圳市（2974724 万元）的资本要素投入位列前三，广州市以年均 1178900 万元的资本要素投入上升至第四位，与此同时，天津市由上一阶段的第四位降至第六位。在排名前十位的城市中，武汉市作为中部地区的代表性城市，以年均 859472 万元的资本要素投入列第七位。

二　劳动力要素[①]

2003~2019 年，中国城市绿色技术创新劳动力要素投入的空间分布始终高度集中在京津、长三角、成渝、珠三角等地区（排名分先后），尤其是北京、上海、成都、广州四个城市。值得注意的是，西安市的劳动力要素投入在三个阶段中均位列前五。

2003~2007 年，北京市以年均 333617 人的劳动力要素投入排在第一位，上海市（129100 人）、西安市（79040 人）、成都市（57720 人）、重庆市（54020 人）分别列第二位至第五位。在排名前十位的城市中，仅上海市位于长三角地区，仅武汉市位于中部地区。

2008~2011 年，北京市继续以年均 450450 人的劳动力要素投入排在第

---

① 用科研综合技术服务业从业人员数衡量。

一位，上海市（186612人）、西安市（91175人）仍列第二、第三位，广州市以年均70500人的劳动力要素投入由上一阶段的第七位上升至第四位。杭州市在此阶段上升显著，以年均69125人的劳动力要素投入上升至第五位。与此同时，成都市、重庆市由上一阶段的第四、第五位分别下降至第六位和第九位。

2012~2019年，北京市继续以年均569834人的劳动力要素投入居第一位，上海市（209064人）列第二位，成都市（126516人）、广州市（113372人）和西安市（111056人）分别列第三位至第五位。这一阶段，武汉市的劳动力要素投入涨幅较小，退出前十，而深圳市以年均80707人的劳动力要素投入重回前十。

三　资源要素①

2003~2019年，中国城市绿色技术创新资源要素投入的空间分布始终高度集中在京津、成渝、长三角、珠三角等地区（排名分先后），尤其是北京、上海、重庆、广州四个城市。

2003~2007年，北京市以年均0.942的资源要素投入列第一位，上海市（0.887）、深圳市（0.864）、天津市（0.855）、南京市（0.817）分别列第二位至第五位。在排名前十位的城市中，仅重庆市位于西部地区，仅唐山市不属于一、二线大城市。

2008~2011年，北京市、上海市继续分别以年均0.933、0.917的资源要素投入列第一、第二位，广州市（0.893）由上一阶段的第七位上升至第三位，同时深圳市（0.882）降至第四位。成都市（0.746）在此阶段增幅显著，位列前十。在排名前十位的城市中，中部地区以武汉市（0.783）为代表首次位列前十。

2012~2019年，重庆市涨势迅猛，以年均0.958的资源要素投入居第一位，北京市（0.939）、上海市（0.938）、广州市（0.928）以较小差距紧随其后，分别列第二位至第四位。在此阶段，苏州市（0.826）、东莞市（0.817）的资源要素投入有了较大提升，皆首次位列前十，而武汉市则跌至第十二位。

---

① 用工业用电量、城市建成区面积衡量。

第二节　中国城市绿色创新产出的时空演化特征

对绿色创新的度量，不仅要考虑创新绩效，还要综合考虑创新生产过程中的"绿色"属性。因此，在创新生产过程中，产出不仅涵盖创新产出和经济产出，还涉及与环境状况相关的产出，如与综合环境污染改善状况相关的环境效益，以及环境污染。本节主要借鉴孙燕铭和谌思邈（2021）的研究，从绿色环保的角度出发，探讨基于经济效益、创新效益、环境效益等期望产出和环境污染等非期望产出的绿色技术创新产出。

一　期望产出[①]

（一）经济效益[②]

2003~2019 年，中国城市绿色技术创新经济效益的空间分布始终高度集中在长三角、珠三角等地区（排名分先后），尤其是上海、苏州、深圳三个城市。在此期间，经济效益在空间分布上逐渐由"上海-苏州"与深圳的两核，变成"上海-苏州"、深圳、天津"三足鼎立"的格局。

2003~2007 年，上海市以年均 159638550 万元的经济效益列第一位，苏州市（101280134 万元）、深圳市（94166402 万元）、天津市（69603142 万元）、北京市（66991689 万元）分别列第二位至第五位，排名前十位的城市主要位于长三角、珠三角、京津等地区。

2008~2011 年，上海市仍以年均 279430027 万元的经济效益排在第一位，苏州市（228361955 万元）、深圳市（175584805 万元）、天津市（157067111 万元）仍分别列第二位至第四位，北京市（124164222 万元）由上一阶段的第五位降至第七位，青岛市在此阶段经济发展迅速，首次列第十位。

2012~2019 年，上海市、苏州市分别以 347675626 万元、335588991 万元的经济效益继续居第一、第二位，天津市（296274807 万元）、深圳市（209749988 万元）分别列第三、第四位。列第五位的重庆市（195160453

---

① 数据来源于 2004~2020 年《中国城市统计年鉴》。

② 用工业总产值衡量。

万元）在此阶段经济发展迅猛，首次登榜前十。与此同时，佛山市（145960260 万元）由上一阶段的第六位降至前十以外。

（二）创新效益[①]

2003～2019 年，中国城市绿色技术创新效益的空间分布始终高度集中在京津、长三角、珠三角等地区（排名分先后），尤其是北京、上海、深圳三个城市。与此同时，成都市和武汉市分别作为西部、中部地区的代表性城市，同样是绿色技术创新的极点。

2003～2007 年，北京市以年均 1804 个的创新效益排在第一位，上海市（1215 个）、深圳市（611 个）、天津市（403 个）、南京市（359 个）分别列第二位至第五位，排名前十的城市主要位于京津地区、长三角地区、长江中游地区、珠三角地区。

2008～2011 年，全国绿色发明专利申请量显著提升，北京市、上海市、深圳市分别以年均 5974 个、3374 个、2079 个的创新效益继续位居前三，杭州市（1059 个）由上一阶段的第七位上升至第五位，西安市（923 个）、苏州市（880 个）的绿色技术创新能力迅速提升，首次冲入前十，与之相反的是长沙市，掉出前十之列。

2012～2019 年，北京市以 17744 个的创新效益远超其他城市，继续居第一位，上海市（7852 个）列第二位，但仅为北京市的 44.25%。深圳市（7053 个）、南京市（5957 个）和广州市（5151 个）分别列第三位至第五位。在此阶段，青岛市的绿色技术创新能力有了较大程度的提升，首次位列前十。

（三）环境效益[②]

2003～2019 年，中国城市绿色技术创新环境效益的空间分布始终高度集中在长三角、华北等地区（排名分先后）。在此期间，全国整体环境质量有了较大程度的改善，尤其是第三阶段。

2003～2007 年，苏州市以年均 0.883 的环境效益列第一位，杭州市（0.858）、常州市（0.844）、泰州市（0.842）、桂林市（0.841）分别列第二位至第五位。在排名前十位的城市中，位于江苏省的城市就占据了一

---

① 用绿色发明专利申请量衡量。
② 用一般工业固体废物综合利用率、污水处理厂集中处理率、生活垃圾无害化处理率衡量。

半，位于山东省的城市有 3 个。

2008～2011 年，环境效益的空间布局发生了较大程度的改变。宜春市以年均 0.813 的环境效益排在第一位，南昌市（0.803）、青岛市（0.712）分别列第二、第三位。在排名前十位的城市中，仅青岛市、无锡市、杭州市位于上一阶段的前十之列。宜春市、南昌市、新乡市、厦门市、济宁市、莱芜市、南通市的环境效益在此阶段均有较大程度的提升。

2012～2019 年，天津市以年均 0.922 的环境效益居第一位，枣庄市（0.908）、惠州市（0.907）、湖州市（0.905）、威海市（0.904）分别列第二位至第五位。排名前十位的城市均为之前未曾上榜的城市，它们大多位于东南部地区。

二　非期望产出①

2003～2019 年，中国城市绿色技术创新非期望产出的空间分布始终高度集中在成渝、长三角、华北等地区（排名分先后），尤其是重庆、唐山、苏州三个城市。值得注意的是，在此阶段，长三角地区各城市改善环境质量的措施取得了一定成效。

2003～2007 年，重庆市以年均 0.922 的非期望产出排在第一位，苏州市（0.887）、上海市（0.874）、杭州市（0.869）、无锡市（0.859）分别列第二位至第五位。在排名前十位的城市中，除唐山市外均为一、二线大城市，且多为长三角地区核心城市。在此阶段，东南部地区环境污染情况较为严重，迫切需要改善生态环境。

2008～2011 年，重庆市继续以 0.941 的非期望产出居第一位，唐山市（0.887）由上一阶段的第六位上升至第二位，苏州市（0.887）仍列第二位，上海市（0.867）、杭州市（0.855）、无锡市（0.838）位次均下降一位。在此阶段，天津市（0.836）、淄博市（0.822）环境问题日益严重，首次位列前十。

2012～2019 年，重庆市、唐山市、苏州市分别以 0.850、0.847、0.814 的非期望产出继续位列前三，上海市（0.763）的情况略有好转，而临汾市（0.805）、潍坊市（0.787）的环境污染日益严重，首次位列前十。

---

① 非期望产出主要考虑环境污染状况，以工业二氧化硫排放量、工业废水排放量、工业烟尘粉尘排放量作为衡量指标。数据为笔者根据中国城市非期望产出结果统计得出。

第三节 绿色创新绩效的评价体系

一 评价体系构建

有别于传统创新绩效的评价，绿色技术创新是一个开放的生态系统，包罗万象，且系统各要素之间紧密联系，因此，为更客观地反映中国各城市绿色技术创新绩效的真实情况，对绿色技术创新绩效的度量需要在科学考察创新绩效的同时，考虑其"绿色"属性，将环境污染和能源消耗纳入评价体系。这意味着仅从企业生产过程中的投入产出角度考虑创新投入要素的转化利用率是远远不够的，还要兼顾"绿色发展"的理念，在投入产出分析框架中，充分考虑能源消耗及环境污染等对绿色技术创新活动全过程的影响。本章试图从人地关系地域系统入手，借鉴孙燕铭和谌思邈（2021）提出的长三角区域绿色技术创新效率综合评价指标体系，在传统创新投入、产出指标基础上加入环境效益和非期望产出，构建中国城市绿色技术创新绩效评价体系，系统全面量化多因素作用下的中国各城市绿色技术创新绩效。

投入指标：资本和劳动力是内生增长理论中最基本的创新投入要素，在创新投入相关研究中被广泛采用。然而仅有少数学者在绿色技术创新绩效综合评价中考虑到绿色技术创新活动生产过程中的资源需求，如孙燕铭和谌思邈（2021）以研发经费和研发从业人数来衡量绿色技术创新生产过程中的经费投入和人员投入，在此基础上，以工业用水量、工业用电量、城市建成区面积作为资源投入的替代变量；谢依玲（2020）将 R&D 资本存量和 R&D 从业人数作为传统投入要素，在此基础上，以各省份能源投入总量作为能源投入要素的替代变量。在此，本章主要借鉴孙燕铭和谌思邈（2021）的研究，用传统创新投入代替绿色技术创新人员投入和资本投入。这主要是由于数据限制，很难将传统创新投入与绿色技术创新投入完全区分开来，同时很多技术创新也能够有效地促进经济效益与环境效益的共增（成琼文等，2020）。并且考虑到实施绿色技术创新的主体不是只有 R&D 部门，以及本章从微观城市尺度综合评价绿色技术创新绩效，使用各城市科学技术支出作为绿色技术创新活动的资本要素投入变量，将各城市科研综合技术服务业从业人员数作为劳动力要素投入变量。进一步考虑到绿色技术创新行业的能源消耗，结合数据的可得性，采用工业用电量、城市建成区面积作为资源要素投入变量。

期望产出指标：绿色技术创新活动的产出过程，不仅包含绿色技术创新的经济效益与创新效益，还与绿色技术创新带来的污染改善等环境效益息息相关。现有研究认为，专利作为创新的一种表现形式，能够在一定程度上客观地表现出地区创新能力，在创新活动研究中应用较为普遍。考虑到专利授权时间相对较长，而专利申请本身也具备一定创新性，同时专利申请量又能反映一个区域的创新活跃程度（段德忠等，2015），因此本部分选择绿色发明专利申请量作为绿色技术创新的期望产出，即创新效益指标。绿色技术创新本质上是企业为遵循政府环境规制、适应市场发展、满足消费者需求所做出的创新行为，而经济效益是决定企业是否进行绿色技术创新的关键要素，考虑到企业产值在一定程度上能够反映企业的经济效益，因此，本部分将工业总产值作为衡量各城市绿色技术创新的经济效益指标。绿色技术创新所带来的环境效益主要与工业企业减少环境污染的程度和公众日益增强的环保意识相关（孙燕铭、谌思邈，2021），故本部分使用一般工业固体废物综合利用率、污水处理厂集中处理率、生活垃圾无害化处理率来表征绿色技术创新的环境效益指标。

非期望产出指标：为区别于传统创新，绿色技术创新指标的选取主要考虑环境污染状况，借鉴孙燕铭和谌思邈（2021）的研究，以工业二氧化硫排放量、工业废水排放量、工业烟尘粉尘排放量作为绿色技术创新的非期望产出。

城市绿色创新绩效评价体系如表 5-1 所示。

表 5-1　城市绿色创新绩效评价体系

类型	一级指标	二级指标	三级指标
投入	资本要素	研发经费	科学技术支出
	劳动力要素	研发从业人数	科研综合技术服务业从业人员数
	资源要素	能源消耗	工业用电量 城市建成区面积
产出	期望产出	创新效益	绿色发明专利申请量
		经济效益	工业总产值

类型	一级指标	二级指标	三级指标
产出	期望产出	环境效益	一般工业固体废物综合利用率 污水处理厂集中处理率 生活垃圾无害化处理率
	非期望产出	环境污染	工业二氧化硫排放量 工业废水排放量 工业烟尘粉尘排放量

二 研究方法：超效率 SBM-DEA 模型

由于 DEA 能够解决绿色技术创新绩效综合评价指标中"创新要素影响""环境影响"等多种资源投入和环境污染产出单位不一致的问题，且不用考虑具体的生产函数，无须预先估计权重和参数（孙燕铭、谌思邈，2021），故本书在研究方法上主要借鉴 Tone（2002）提出的超效率 SBM-DEA 模型作为中国城市绿色技术创新绩效的综合评价模型。为体现绿色技术创新的"绿色"属性，本章在超效率 SBM-DEA 模型中引入非期望产出，以期真实反映中国城市绿色技术创新绩效的事实。模型中假定存在 n 个决策单元（DMU），每一个决策单元都包含投入、期望产出和非期望产出，具体计算公式为：

$$\min\rho^* = \frac{1 + \dfrac{1}{m}\sum_{m=1}^{M} s_m^x / x_{jm}^t}{1 - \dfrac{1}{l+h}\left(\sum_{l=1}^{L} s_l^y / y_{jl}^t + \sum_{h=1}^{H} s_h^b / b_{jh}^t\right)}$$

$$\text{s.t.}\begin{cases} x_{jm}^t \geq \sum_{j=1}^{n} \lambda_j^t x_{jm}^t + s_m^x \\ y_{jl}^t \geq \sum_{j=1}^{n} \lambda_j^t y_{jl}^t - s_l^y \\ b_{jh}^t \geq \sum_{j=1}^{n} \lambda_j^t b_{jh}^t + s_h^b \\ \lambda_j^t \geq 0, s_m^x \geq 0, s_l^y \geq 0, j = 1, \cdots, n \end{cases} \quad (5-1)$$

式（5-1）中，ρ^* 为绿色技术创新绩效；m、l、h 分别表示投入、期望产出和非期望产出要素个数；x_j^t、y_j^t、b_j^t 分别表示 DMU_j 在 t 时期的投入、期望产出和非期望产出，s_m^x、s_l^y 和 s_h^b 分别是投入、期望产出、非期望产出的松弛变量；λ 是决策单元的权重向量。

三　数据来源

本章选用 2003~2019 年中国 285 个城市绿色专利数据和城市层面的社会经济数据。城市层面数据的出处是《中国城市统计年鉴》（2004~2020年）以及 2004~2020 年 285 个城市的统计年鉴。部分缺失值采用线性插值法予以补充。

对于绿色技术创新的衡量，本书依据 2010 年世界知识产权组织（WIPO）发布的"国际专利分类绿色清单"，结合国际专利分类号甄别各城市绿色专利。

本章的研究视角是通过城市级绿色创新活动来考察中国绿色创新绩效，因此，将城市绿色发明专利申请量作为绿色创新绩效的主要产出指标。原因有三：一是绿色专利能直观反映城市绿色技术创新活动的产出，具有可量化性和行业内的溢出性；二是考虑到专利授权时间相对较长，而专利申请本身也具备一定创新性，因此采用专利申请量更具时效性（徐佳、崔静波，2020）；三是一般认为发明型专利比实用新型专利的创新性更高（齐绍洲等，2018）。

第四节　中国城市绿色创新绩效的时空演化特征

科学解释中国绿色创新绩效的分布特征及其时空演化规律，对于厘清区域绿色创新的时空发展过程、把握绿色发展政策实施情况有着重要意义。

一　绿色创新绩效的时序发展特征

基于中国城市绿色创新绩效综合评价指标体系，本章利用包含非期望产出的超效率 SBM-DEA 模型，测算了 2003~2019 年中国 285 个城市的绿色技术创新绩效，通过对比反映各城市绿色技术创新绩效水平的差异，如图 5-1 所示。

从整体来看，2003~2019 年中国城市绿色技术创新绩效均值总体呈现

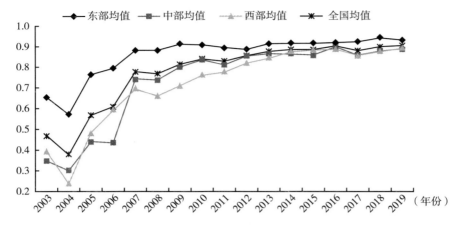

图 5-1　2003～2019 年中国城市绿色技术创新绩效的时序发展特征

资料来源：笔者根据中国绿色技术创新绩效样本数据计算得出。

"骤降—飞升—波动—平稳"的"$\sqrt{}$"形上升态势。第一阶段（2003～2007 年），中国城市绿色技术创新绩效均值经历骤降后飞速上升，先是由2003 年的 0.471 降至该时期内的最低值 0.378，后由 2004 年的 0.378 上升至 2007 年的 0.778。在此阶段，我国已建立起较为成熟的节能减排体系，对未来能源的发展做出了长远规划。短时期内，对能源的管控与排污费的征收可能给企业带来较大压力，企业不得不将部分资金用于减少排污，这在一定程度上减少了其资源投入，从而减少了企业的绿色技术创新资金投入和经济效益。第二阶段（2007～2012 年），中国城市绿色技术创新绩效均值在经历飞升后处于"W"形波动上升的态势，由 2007 年的 0.778 上升至 2012 年的 0.830，上升幅度为 6.7%。在此阶段，中国城市绿色技术创新绩效的提升，是中国践行低碳政策，走绿色发展道路的体现。政府通过制定各种节能减排的约束性目标政策，以及将环境质量与官员晋升挂钩的形式，加强属地环境管理责任。在政策引领下，中国各城市纷纷通过绿色技术创新来实现产业转型升级与节能减排，使得城市绿色技术创新绩效得到了一定程度的提升。第三阶段（2012～2019 年），中国城市绿色技术创新绩效进入平稳发展的时期，此时城市绿色技术创新绩效在经历了前期调整造成的飞速提升后，也逐渐趋于缓和。

2003～2019 年中国东部、中部、西部三大地区绿色技术创新绩效均值均呈现"骤降—飞升—波动—平稳"的"$\sqrt{}$"形上升态势，绿色技术创新绩效均值分别为 0.860、0.731、0.720，展现为"东部—中部—西部"阶梯状递减的态势。具体来看，东部、中部、西部地区绿色技术创新绩效整体上皆呈现上升态势，增幅分别为 42.1%、155.5%、125.6%，变化幅度较大，大幅增长主要集中于第一阶段。东部地区城市绿色技术创新绩效均值在经历第一阶段迅速增长后，在第二阶段进入"疲乏期"，增速稍有下降，成为最先进入平缓期的地区。多年来东部地区绿色技术创新绩效均值一直保持在较高水平，是三大地区中绿色技术创新绩效均值最高的地区。中部地区是增长最为迅猛的地区。2003 年，中部、西部绿色技术创新绩效均值分别为 0.349、0.395，中部稍低于西部，而在 2007 年，中部绿色技术创新绩效均值反超西部地区，中部、西部上升幅度分别为 112.9%和 75.7%。前期，东部率先迈出城市发展与产业转型的步伐，而东部相关发展战略和具体政策的实施可能会给中部城市带来一定的产业转移。因此，前期中部与东部不仅存在较大的经济差距，还可能使得中部地区不得不承受部分来自东部地区的环境负外部性，成为东部的"污染天堂"，在一定程度上降低了中部的绿色技术创新绩效。但伴随对国家政策的响应，中部地区逐渐重视绿色转型升级、资源的合理配置以及环境损害的治理，政策的引导与实施推动了中部地区的绿色技术创新，使其绩效得到极大提升，反超西部地区。中部和西部在第二阶段的上升幅度分别为 9.1%和 11.8%，西部在第二阶段的提升速度较快，甚至在研究期末与中部地区的绿色技术创新绩效均值不相上下。由于西部地区发展主要是靠内向型经济，受政策影响较大，且随着西部大开发战略的实施，西部地区正逐步摆脱其经济模式单一、市场机制不完善的困扰，虽然其绿色技术创新绩效均值整体低于东部和中部，但在较为完善的政策体系与政策实施过程中已有较大程度的提升，逐步缩小了与东部和中部地区的差距。

二　绿色创新绩效的空间演化特征[①]

根据中国 285 个城市 2003~2019 年的绿色创新绩效评价结果，基于自

---

① 绿色创新绩效划分为五个等级，即低绩效、较低绩效、中等绩效、较高绩效、高绩效。数据为笔者根据中国绿色技术创新绩效样本数据统计得出。

然断裂法，借助 ArcGIS 软件进行空间可视化操作，进一步研究中国城市绿色创新绩效的空间演化特征。

考虑到城市绿色技术创新绩效在不同时间节点存在偶然性和不确定性，结合前文绿色技术创新绩效的时序发展特征，分三个阶段更准确地刻画中国城市绿色技术创新绩效的阶段性特征。

2003～2019 年，中国城市绿色技术创新绩效格局整体表现为东部沿海地区主导，东部、中部、西部"小俱乐部"集聚化连片发展的态势。在这一过程中，东部、中部、西部地区的行政中心在绿色技术创新绩效提升方面先行，从而形成以点带面的扩散发展趋势，并在提升绿色技术创新绩效的同时，逐步缩小其地区差异，使之趋于平衡。

2003～2007 年，中国城市绿色技术创新无论是在绩效，还是在区域均衡发展方面，都有了较大幅度的提升。高绩效地区由原来的主要省市、城市群内部"块状"发展模式转变为东部沿海少数地区、西部内陆地区（如珠三角地区、宁夏地区）的"点状"发展模式。较高绩效的城市显著增多，主要集聚在长三角、京津、川渝和东北等地区，并在东部沿海部分省市形成连片发展的较高绩效块。而中等绩效城市主要集聚于长江上游、中游。同时，长江中游城市群由原来的高绩效地区转变为较低绩效地区。中部地区、西北部地区显著存在的低绩效集聚区也有了较大程度的改善，此阶段仅西北部地区还存在较小的低绩效集聚区。

2008～2011 年，高绩效地区由原来的"点状"分布转变为南部"带状"、北部"块状"的发展趋势。中部地区以长三角为龙头，以 G60 沪昆高速为创新走廊，连线发展。较高绩效地区主要集聚在高绩效地区周边，尤其是京津冀地区、长三角地区附近，说明两地创新资源空间溢出现象显著。中部地区前一阶段的较低绩效城市在此阶段转化为中等绩效城市，同时中等绩效城市还集聚于东北部地区。较低绩效城市主要散落在西南部地区和东北部地区。在此阶段，低绩效城市仅包含巴彦淖尔市、乌兰察布市、固原市、安康市、河池市和鹤岗市等 6 市，此 6 市多为创新能力相对较低的城市。

2012～2019 年，高绩效城市急速减少，包括创新水平相对较高的深圳和一些环境质量相对较高的工业后发城市，如常德、张家界等。较高绩效城市在此阶段占有较大比例，北部地区变化相对较小，只有东北部地区的高绩效城市在此阶段转化为了较高绩效城市，而南部地区较高绩效城市主要集聚在东南沿海，如浙江、福建等地。中部地区的中等绩效城市稍有增加，并主要集聚于 G50 沪渝高速和 G56 杭瑞高速的周边城市，如岳阳、安庆等。较低绩效城市的数量在此阶段迅速上升，主要集聚于两广地区、云贵地区。低绩效城市较上一阶段数量稍有增多，主要分布在内蒙古、甘肃等地。

三　绿色创新绩效的空间关联特征

本章基于全局莫兰指数（Moran's I）从整体上反映中国城市绿色创新绩效的空间集聚特征，进一步综合使用泰尔（Theil）指数和 Gini 系数刻画中国城市绿色创新绩效的区域差异。

由表 5-2 中的空间关联特征可知，2003～2019 年，中国城市绿色技术创新绩效的全局 Moran's I 整体呈上升态势，且指数都大于 0，说明中国各城市绿色技术创新绩效存在显著的空间相关性，且其空间相关性总体在增强。从图 5-2 可见，中国城市绿色技术创新绩效的全局 Moran's I 体现为三个增长阶段，2003～2006 年的缓慢增长阶段，2006～2010 年的飞速增长阶段与 2010～2019 年的波动增长阶段。全局 Moran's I 与绿色技术创新绩效增长趋势较为相似，同时也说明地理邻近的城市，其绿色技术创新绩效也相近，这在一定程度上表明，中国各城市绿色技术创新绩效之间存在空间关联性与空间依赖性。

表 5-2　2003～2019 年中国城市绿色技术创新绩效的空间关联特征

指标	2003 年	2004 年	2005 年	2006 年	2007 年	2008 年
全局 Moran's I	0.264***	0.277***	0.351***	0.390***	0.602***	0.626***
Theil 指数	0.537	0.577	0.366	0.316	0.122	0.110
Gini 系数	0.503	0.545	0.399	0.365	0.203	0.199
指标	2009 年	2010 年	2011 年	2012 年	2013 年	2014 年
全局 Moran's I	0.746***	0.818***	0.826***	0.871***	0.875***	0.897***
Theil 指数	0.060	0.040	0.035	0.022	0.022	0.014
Gini 系数	0.149	0.122	0.117	0.097	0.091	0.083
指标	2015 年	2016 年	2017 年	2018 年	2019 年	—
全局 Moran's I	0.921***	0.936***	0.903***	0.930***	0.922***	—
Theil 指数	0.012	0.008	0.014	0.010	0.011	—
Gini 系数	0.075	0.068	0.084	0.073	0.071	—

注：***表示在 1%的水平下显著。

资料来源：笔者根据中国绿色技术创新绩效样本数据计算得出。

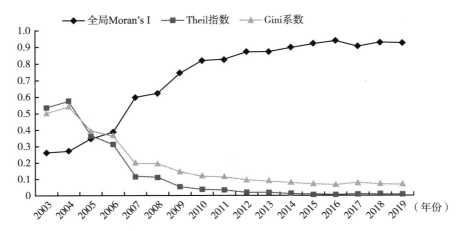

图 5-2　2003~2019 年中国城市绿色技术创新绩效的空间关联特征

资料来源：笔者根据中国绿色技术创新绩效样本数据计算得出。

2003~2019 年，中国城市绿色技术创新绩效的 Theil 指数和 Gini 系数整体表现为与全局 Moran's I 相反的"小山坡"形变化特征。2003~2007年，Theil 指数由 0.537 下降至 0.122，Gini 系数由 0.503 下降至 0.203，分别下降 77.3% 与 59.6%。这说明在此阶段中国城市绿色技术创新绩效的区域差异越来越小，区域协调发展初见成效。2007~2011 年，Theil 指数和 Gini 系数持续下降，Theil 指数由 0.122 下降至 0.035，Gini 系数由 0.203下降至 0.117，分别下降 71.3% 和 42.4%，Theil 指数和 Gini 系数降速均有减缓趋势。这说明在此阶段，中国城市绿色技术创新绩效的区域差异持续减小，趋于平衡发展。2011~2019 年，Theil 指数和 Gini 系数缓慢下降，接近 0，Theil 指数由 0.035 下降至 0.011，Gini 系数由 0.117 下降至 0.071，分别下降 68.6% 和 39.3%。在此阶段，国家和地方政府逐渐重视绿色发展与区域协调发展，中国城市绿色技术创新绩效的区域差异在经历研究初期的调整动荡后逐渐趋于平稳下降。

四　绿色创新投入-产出-绩效类型划分

绿色创新绩效是综合考虑环境效益和环境污染后，对绿色产业相关技术创新发展水平的综合评价，着重从企业生产过程的投入产出角度，综合度量投入要素的使用率。不同城市由于其不同的绿色发展水平，处于不同的绿色发展阶段，其绿色技术创新水平大有不同。因此从投入产出角度探讨各城市绿色技术创新发展受限的主要原因，对于提升各城市绿色技术创新绩效至关重要。为探索各城市绿色技术创新在企业生产过程中的路径差异，基于前文综合测度的中国城市绿色技术创新投入水平、产出能力和绩效，本章采用熵值法对其投入、产出均值进行综合度量。在此基础上联合绩效均值将各城市划分为 8 种类型：高投入-高产出-高绩效（高高高）、高投入-高产出-低绩效（高高低）、高投入-低产出-高绩效（高低高）、高投入-低产出-低绩效（高低低）、低投入-低产出-低绩效（低低低）、低投入-低产出-高绩效（低低高）、低投入-高产出-高绩效（低高高）和低投入-高产出-低绩效（低高低）。

如表 5-3 所示，"高高高"型城市有北京市、广州市、杭州市、南京市、上海市、天津市等 89 个城市，该类型城市大多数为地区行政中心，且多位于东部沿海地区，"高高高"型城市主要得益于其较高的城市发展水平，有足够的经济能力作为支撑。因此，"高高高"型城市能够提供足够多的绿色技术创新研发投入，并拥有能及时孵化技术创新的能力，使其能够更快实现经济效益与环境效益均衡发展。

"高高低"型城市主要有安庆市、桂林市、遵义市等 14 个城市，其中有经济高度发达的深圳市，处于新一线城市的长沙市，同时也有一些西部城市，如银川市，但该类型城市主要位于东部地区。与"高高高"型城市相似的是，该类型城市提供了充足的绿色技术创新所需的人力、物力、财力。但不同的是，虽然"高高低"型城市的绿色技术创新产出相对较高，但可能由于较高的时间成本或未能拥有足够的设施设备、较高的技术水平，技术创新成果未能进行有效转化，所以使得该类型城市的绿色技术创新绩效相对较低。

"高低高"型城市包括张家口市、大同市、衡阳市、韶关市等 9 个城市，相对来说，该类型城市多为资源型城市，创新成果相对较少。但得益于现有的良好环境效益和较低的非期望产出，该类型城市绿色技术创新绩效仍保持在较高的水平。

"高低低"型城市主要有齐齐哈尔市、信阳市、驻马店市、宝鸡市等 4 个城市，同时也是占比最小的城市类型。该类型城市投入相对较高，但创新成果相对较少，非期望产出相对较高，因此使得该类型城市的绿色技术创新绩效相对较低。

"低低低"型城市主要有亳州市、拉萨市、丽江市、六安市等103个城市，同时也是占比最大的城市类型，占城市数量的36.1%。该类型城市大多为工业后发城市，产业结构相对单一，如以旅游业为主的景德镇市、丽江市、三亚市、张家界市等城市，因此"低低低"型城市相对缺乏对绿色技术创新的投入，以及产出的能力。

"低低高"型城市主要有常德市、呼伦贝尔市、怀化市、晋中市、上饶市等50个城市，该类型城市同样主要为工业后发城市，但由于非期望产出相对较低，弥补了绿色技术创新期望产出较低的劣势。因此，即使绿色技术创新产出相对较低，在综合环境效率相对较高的情况下，仍然实现了较高的绿色技术创新绩效。

"低高高"型城市主要有营口市、衢州市、商丘市、咸阳市等10个城市，该类型城市对外开放程度相对较高，同时，该类型城市并没有成为污染转移地，反而很可能成为绿色技术创新成果转化地。

"低高低"型城市主要有盘锦市、淮北市、北海市、海口市等6个城市，该类型城市普遍存在产业结构不完善的问题，大多为旅游城市，工业产业不发达，但环境效益相对较高，由此使得该类型城市绿色技术创新绩效相对较低。

表5-3　城市类型划分

类型	城市
高高高	安阳市、鞍山市、包头市、保定市、北京市、滨州市、沧州市、常州市、成都市、大连市、大庆市、德州市、东莞市、东营市、佛山市、福州市、广州市、贵阳市、哈尔滨市、邯郸市、杭州市、合肥市、菏泽市、呼和浩特市、湖州市、淮安市、吉林市、济南市、济宁市、嘉兴市、江门市、焦作市、金华市、锦州市、昆明市、兰州市、廊坊市、连云港市、临沂市、柳州市、洛阳市、马鞍山市、绵阳市、南昌市、南京市、南宁市、南通市、南阳市、宁波市、平顶山市、秦皇岛市、青岛市、泉州市、上海市、绍兴市、沈阳市、石家庄市、苏州市、台州市、太原市、泰安市、泰州市、唐山市、天津市、潍坊市、温州市、乌鲁木齐市、无锡市、芜湖市、武汉市、西安市、西宁市、湘潭市、襄阳市、新乡市、徐州市、烟台市、盐城市、扬州市、宜昌市、岳阳市、枣庄市、湛江市、长春市、镇江市、郑州市、重庆市、株洲市、淄博市
高高低	安庆市、蚌埠市、桂林市、惠州市、开封市、厦门市、汕头市、深圳市、威海市、银川市、长沙市、中山市、珠海市、遵义市
高低高	邢台市、张家口市、大同市、抚顺市、九江市、赣州市、衡阳市、韶关市、肇庆市

续表

类型	城市
高低低	齐齐哈尔市、信阳市、驻马店市、宝鸡市
低低低	安康市、安顺市、巴彦淖尔市、巴中市、白城市、白山市、白银市、保山市、亳州市、朝阳市、潮州市、池州市、崇左市、滁州市、达州市、丹东市、德阳市、定西市、鄂州市、防城港市、阜新市、阜阳市、固原市、广安市、广元市、汉中市、河源市、贺州市、鹤壁市、鹤岗市、黑河市、衡水市、葫芦岛市、黄冈市、黄山市、鸡西市、佳木斯市、嘉峪关市、揭阳市、金昌市、荆州市、景德镇市、酒泉市、克拉玛依市、拉萨市、丽江市、丽水市、辽阳市、辽源市、临沧市、六安市、陇南市、漯河市、牡丹江市、南充市、宁德市、平凉市、萍乡市、莆田市、七台河市、钦州市、庆阳市、三亚市、汕尾市、商洛市、邵阳市、十堰市、双鸭山市、朔州市、四平市、松原市、宿迁市、宿州市、绥化市、随州市、遂宁市、天水市、铁岭市、铜川市、乌海市、乌兰察布市、吴忠市、梧州市、武威市、咸宁市、宣城市、雅安市、延安市、阳江市、阳泉市、伊春市、鹰潭市、永州市、玉林市、玉溪市、云浮市、张家界市、张掖市、昭通市、舟山市、周口市、资阳市、自贡市
低低高	百色市、本溪市、常德市、郴州市、承德市、赤峰市、鄂尔多斯市、抚州市、贵港市、河池市、呼伦贝尔市、怀化市、淮南市、黄石市、吉安市、晋城市、晋中市、荆门市、来宾市、乐山市、临汾市、六盘水市、娄底市、泸州市、吕梁市、眉山市、梅州市、南平市、内江市、攀枝花市、清远市、曲靖市、三门峡市、三明市、上饶市、石嘴山市、通化市、通辽市、铜陵市、渭南市、孝感市、忻州市、新余市、宜宾市、宜春市、益阳市、榆林市、运城市、长治市、中卫市
低高高	营口市、衢州市、漳州市、龙岩市、日照市、莱芜市、聊城市、商丘市、茂名市、咸阳市
低高低	盘锦市、淮北市、濮阳市、许昌市、北海市、海口市

资料来源：笔者根据中国绿色技术创新投入、产出、绩效结果统计得出。

第五节　本章小结

本章对绿色技术创新投入-产出-绩效的时空演化特征进行了重点分析，研究结果如下所示。

第一，2003～2019 年，中国城市绿色技术创新投入的空间分布始终高度集中在京津、长三角、珠三角、成渝等地区，但各投入要素的时空分布有所不同。资本要素投入的空间分布始终高度集中在京津、长三角、珠三角等地区（排名分先后）。劳动力要素投入的空间分布始终高度集中在京津、长三角、成渝、珠三角等地区（排名分先后）。资源要素投入的空间分布始终高度集中在京津、成渝、长三角、珠三角等地区（排名分先后），尤其是北京、上海、重庆、广州四个城市。

第二，2003~2019 年，中国城市绿色技术创新产出的空间分布始终高度集中在长三角、珠三角、华北等地区，但各产出要素的空间布局略有不同。经济效益的空间分布始终高度集中在长三角、珠三角等地区（排名分先后），尤其是上海、苏州、深圳三个城市。创新效益的空间分布始终高度集中在京津、长三角、珠三角等地区（排名分先后），尤其是北京、上海、深圳三个城市。环境效益的空间分布始终高度集中在长三角、华北等地区（排名分先后）。非期望产出的空间分布始终高度集中在成渝、长三角、华北等地区（排名分先后），尤其是重庆、唐山、苏州三个城市。

进一步地，基于 2003~2019 年中国 285 个城市的空间面板数据，利用包含非期望产出的超效率 SBM-DEA 模型综合测度各城市的绿色创新绩效，探讨中国城市绿色创新绩效的时空演化特征，并综合各城市的绿色创新投入、产出、绩效，探讨各城市绿色创新的发展水平差异。结果如下所示。

第一，在时序发展上，2003~2019 年中国城市绿色技术创新绩效均值总体呈现"骤降—飞升—波动—平稳"的"$\sqrt{}$"形上升态势。

第二，在空间演化上，2003~2019 年中国城市绿色技术创新绩效格局整体表现为东部沿海地区主导，东部、中部、西部"小俱乐部"集聚化连片发展的态势。在此过程中，东部、中部、西部地区的行政中心在绿色技术创新绩效提升方面先行，从而形成以点带面的扩散发展趋势，并在提升绿色技术创新绩效的同时，逐步缩小其地区差异，使之趋于平衡。

第三，在空间关联上，中国城市绿色技术创新绩效的全局 Moran's I 整体上呈现上升的态势，且其区域空间相关性总体在增强。与此同时，中国城市绿色技术创新绩效的 Theil 指数和 Gini 系数整体表现为与全局 Moran's I 相反的"小山坡"形变化特征。

第四，本章基于中国各城市绿色技术创新要素投入、产出及绩效综合评价结果，将 285 个城市划分为高高高、高高低、高低高、高低低、低低低、低低高、低高高、低高低等 8 种类型，并在此基础上，进一步揭示中国各城市绿色技术创新的发展路径差异，为各城市提升其绿色技术创新绩效提供政策依据。

第六章
环境规制对中国城市绿色创新发展
时空演化格局的现实影响检验

基于环境规制对绿色创新绩效时空演化格局影响机理的理论研究框架和区域绿色创新投入–产出–绩效的空间关联性分析，本章通过构建普通面板回归模型、空间滞后模型和空间杜宾模型，实证检验环境规制的空间溢出效应、产业转移效应、知识扩散效应三种路径效应在中国城市间的具体体现，深入探究三种路径效应对中国城市绿色技术创新绩效时空演化格局的驱动作用，基于空间杜宾模型的空间效应分析，系统探讨环境规制及其三种路径效应对"本地"、"邻地"和中国城市绿色技术创新绩效的影响。

第一节　模型构建

为考察环境规制的三种路径效应，本章基于第四章的影响路径分析，构建基准（普通）面板回归模型，如下所示：

$$ep_{it} = \beta_0 + \beta_1 er_{it} + \sum_{k=2}^{n} \beta_k X_{it} + \varepsilon_{it} \qquad (6-1)$$

$$im_{it} = \beta_0 + \beta_1 er_{it} + \sum_{k=2}^{n} \beta_k X_{it} + \varepsilon_{it} \qquad (6-2)$$

$$kn_{it} = \beta_0 + \beta_1 er_{it} + \sum_{k=2}^{n} \beta_k X_{it} + \varepsilon_{it} \qquad (6-3)$$

其中，下脚标 i 和 t 分别代表城市和年份；ep_{it}、im_{it}、kn_{it} 分别表示空间溢出效应（以污染集聚度变化率表示）、产业转移效应（以产业转移集聚度变化率表示）、知识扩散效应（以绿色技术创新集聚度变化率表示）；β_0 为常数项；er_{it} 为环境规制强度（用各城市历年政府工作报告中的环保词频来表示）；X 表示驱动中国城市绿色技术创新绩效的控制变量矩阵，包括经济发展水平（ec）、产业结构（is）、对外开放程度（fc）、人力资本（hc）；β_k 表示影响变量的系数；ε_{it} 为随机误差项。

区域经济学普遍使用的区位商以产值、就业等为基础，倾向于体现区域产业的竞争力和发展程度，而不能有效反映出新兴企业以及企业转移初期短时间内高投资、低收入的动态过程，但是在衡量产业相对规模的指标构造上较为经典。同时，考虑到集聚度的变化能在一定程度上反映其空间效应，因此，本章在基于区位商计算污染集聚度、产业转移集聚度和绿色技术创新集聚度的基础上，分别计算这三种集聚度的变化率，来表征环境规制的空间溢出效应、产业转移效应和知识扩散效应。

考虑到污染物的溢出性质，用标准化处理后的工业二氧化硫排放量衡量污染程度，计算其与工业二氧化硫、工业废水和工业烟尘粉尘（即"三废"）综合排放量的相对差异，来表征污染集聚度，计算公式为：

$$QG_{it} = \frac{C_{it} \sum_{i=1}^{n} K_{it}}{K_{it} \sum_{i=1}^{n} C_{it}} \tag{6-4}$$

$$QG_{C_{it}} = \frac{QG_{it}}{QG_{i(t-1)}} \tag{6-5}$$

其中，i 表示城市，t 表示年份。C_{it} 表示 i 城市 t 年工业二氧化硫排放量，K_{it} 表示 i 城市 t 年"三废"综合排放量，$\sum_{i=1}^{n} K_{it}$ 表示 t 年全国"三废"综合排放量，$\sum_{i=1}^{n} C_{it}$ 表示 t 年全国工业二氧化硫排放量。QG_{it} 代表 i 城市 t 年污染集聚度。$QG_{C_{it}}$ 代表 i 城市 t 年污染集聚度相对前一年的变化率，用以衡量环境规制的空间溢出效应。

用城市工业总产值衡量产业总体规模，计算当年各城市工业总产值与地区生产总值的相对差异，来表征产业转移集聚度，计算公式为：

$$QI_{it} = \frac{P_{it} \sum_{i=1}^{n} E_{it}}{E_{it} \sum_{i=1}^{n} P_{it}} \tag{6-6}$$

$$QI_{P_{it}} = \frac{QI_{it}}{QI_{i(t-1)}} \tag{6-7}$$

其中，i 表示城市，t 表示年份。P_{it} 表示 i 城市 t 年工业总产值，E_{it} 表示 i 城市 t 年的地区生产总值，$\sum_{i=1}^{n} E_{it}$ 表示 t 年的全国生产总值，$\sum_{i=1}^{n} P_{it}$ 表示 t 年全国工业总产值。QI_{it} 代表 i 城市 t 年产业转移集聚度，$QI_{P_{it}}$ 代表 i 城市 t 年产业转移集聚度相对前一年的变化率，用以衡量环境规制的产业转移效应。

用绿色发明专利申请量衡量知识规模，计算当年各城市绿色发明专利申请量与发明专利申请量的相对差异，来表征绿色技术创新集聚度，计算公式为：

$$QK_{it} = \frac{G_{it} \sum_{i=1}^{n} PA_{it}}{PA_{it} \sum_{i=1}^{n} G_{it}} \qquad (6-8)$$

$$QK_{G_{it}} = \frac{QK_{it}}{QK_{i(t-1)}} \qquad (6-9)$$

其中，i 表示城市，t 表示年份。G_{it} 表示 i 城市 t 年绿色发明专利申请量，PA_{it} 表示 i 城市 t 年的发明专利申请量，$\sum_{i=1}^{n} PA_{it}$ 表示 t 年全国发明专利申请量，$\sum_{i=1}^{n} G_{it}$ 表示 t 年全国绿色发明专利申请量。QK_{it} 代表 i 城市 t 年绿色技术创新集聚度，$QK_{G_{it}}$ 代表 i 城市 t 年绿色技术创新集聚度相对前一年的变化率，用以衡量环境规制的知识扩散效应。

在分别验证环境规制对空间溢出效应、产业转移效应、知识扩散效应三种路径效应的影响后，进一步实证检验三种路径效应对中国城市绿色创新绩效的影响。基准回归模型如下所示：

$$gtip_{it} = \beta_0 + \beta_1 ep_{it} + \beta_2 im_{it} + \beta_3 kn_{it} + \sum_{k=4}^{n} \beta_k X_{it} + \varepsilon_{it} \qquad (6-10)$$

其中，i 表示城市，t 表示年份，$gtip_{it}$ 为各城市绿色技术创新绩效，β_0 为常数项，β_1、β_2、β_3 分别为环境规制的空间溢出效应、产业转移效应、知识扩散效应三种路径效应对中国城市绿色技术创新绩效的驱动系数，同时也是我们的关注点。X 表示驱动中国城市绿色技术创新绩效的控制变量矩阵，包括经济发展水平、产业结构、对外开放程度、人力资本。ε_{it} 为随机误差项。

考虑到被解释变量中国城市绿色技术创新绩效本身存在的空间集聚特征，传统回归模型可能并不适用的问题，在式（6-10）右侧加入被解释变量的空间滞后项，构成空间滞后模型（SLM），计量公式如下所示：

$$gtip_{it} = \beta_0 + \beta_1 ep_{it} + \beta_2 im_{it} + \beta_3 kn_{it} + \rho_0 Wgtip_{it} + \sum_{k=4}^{n} \beta_k X_{it} + \varepsilon_{it} \quad (6-11)$$

$$W = \frac{1}{d^2} \quad (6-12)$$

其中，W 为空间权重矩阵；$Wgtip_{it}$ 为被解释变量的空间滞后项；ρ_0 为被解释变量的空间滞后项系数；d 为两地地理距离。

考虑到解释变量可能存在的空间相关性特征，进一步在式（6-11）SLM 模型右侧加入三种路径效应和控制变量的空间滞后项，构成空间杜宾模型（SDM），以检验三种路径效应对中国城市绿色技术创新绩效时空演化格局的驱动机理，计量公式如下所示：

$$gtip_{it} = \beta_0 + \beta_1 ep_{it} + \beta_2 im_{it} + \beta_3 kn_{it} + \rho_0 Wgtip_{it} + \rho_1 Wep_{it} + \rho_2 Wim_{it} +$$
$$\rho_3 Wkn_{it} + \sum_{k=4}^{n} \beta_k X_{it} + \sum_{k=4}^{n} \rho_k W X_{it} + \varepsilon_{it} \quad (6-13)$$

其中，Wep_{it}、Wim_{it}、Wkn_{it} 分别表示解释变量环境规制的空间溢出效应、产业转移效应、知识扩散效应的空间滞后项；ρ_k 为各变量的空间滞后项系数。

变量描述性统计如表 6-1 所示。

表 6-1 变量描述性统计

变量名称	变量符号	均值	标准差	最小值	最大值
绿色技术创新绩效	$gtip$	0.774	0.303	0.003	2.083
环境规制强度	er	0.445	0.284	0	2.027
空间溢出效应	ep	1.051	0.862	0	55.975
产业转移效应	im	1.441	1.328	0.049	43.221
知识扩散效应	kn	1.099	0.804	0.039	13.577
经济发展水平	ec	11.155	0.489	9.764	12.201
产业结构	is	50.542	7.407	26.320	74.730
对外开放程度	fc	0.053	0.033	0.003	0.188
人力资本	hc	14.677	19.408	0.500	84.080

资料来源：2004~2020 年《中国环境统计年鉴》、《中国城市统计年鉴》、各城市政府工作报告、国家知识产权局的绿色发明专利申请量。

第二节　路径效应检验

为验证中国绿色技术创新绩效时空演化格局的环境规制的影响机理，本节基于前文分析，深入探讨环境规制的空间溢出效应、产业转移效应、知识扩散效应三种路径效应在中国城市间的具体体现，并进一步检验三种路径效应对中国城市绿色技术创新绩效的驱动作用。

表 6-2 使用 OLS 回归分别得出了环境规制对空间溢出效应、产业转移效应和知识扩散效应三种路径效应驱动作用的基准回归结果。第（1）~（2）列为环境规制对空间溢出效应的作用结果，第（3）~（4）列为环境规制对产业转移效应的作用结果，第（5）~（6）列为环境规制对知识扩散效应的作用结果。无论是否添加控制变量，环境规制对三种路径效应的估计结果基本一致。第（2）列结果显示，环境规制与空间溢出效应具有显著的负相关关系，即环境规制强度越大，污染集聚度变化率越小，污染转移越少，空间溢出效应越弱。可能的原因包括两个方面，一是严格的环境规制可能会倒逼企业通过绿色技术创新来减少污染排放，降低能源损耗，提高资源的配置效率，这在一定程度上也能够有效缓解污染转移；二是本地环境规制增强，会对邻地产生示范效应，也就不会带来污染的大规模空间转移。第（4）列结果显示，环境规制与产业转移效应具有显著的正相关关系，表明环境规制强度越大，产业转移集聚度变化率越大，越会带来更多产业的转移，也就是说，严格的环境规制在一定程度上能够有效促进产业转移。可能的原因是，由于严格的环境规制政策的实施，本地企业的运营成本高于周边地区企业，一些高污染排放企业为了节约生产成本，可能会将生产过程的部分或全部转移给周边地区企业，形成跨区域的产业转移效应。第（6）列结果显示，环境规制与知识扩散效应具有显著的负相关关系，说明环境规制强度越大，绿色技术创新集聚度变化率越小，即绿色专利越集聚。可能的原因是，政策倾斜和支持能够有效引导各要素资源向政策实施地聚集，使得"虹吸效应"大于"涓滴效应"，从而不断强化政策实施地绿色技术创新的优势，加速本地绿色技术创新集聚。

表 6-3 使用 OLS 回归分别得出了环境规制的空间溢出效应、产业转移

表 6-2　环境规制三种路径效应的基准回归结果

变量	(1) ep	(2) ep	(3) im	(4) im	(5) kn	(6) kn
er	-0.067** (0.044)	-0.048** (0.050)	0.370*** (0.067)	0.593*** (0.075)	-0.240*** (1.91)	-0.162*** (0.047)
ec		0.134* (0.192)		-1.866*** (0.287)		-0.019 (0.178)
is		-3.302*** (0.504)		13.676*** (0.754)		-1.960*** (0.466)
fc		-0.007* (0.010)		-0.032** (0.016)		-0.017* (0.010)
hc		-0.265*** (0.067)		-0.217*** (0.318)		-0.562*** (0.062)
R²	0.001	0.013	0.006	0.070	0.007	0.032
观测值	4845	4845	4845	4845	4845	4845

注：***、**、*分别表示在1%、5%、10%的水平下显著；括号内为标准误。
资料来源：笔者根据中国绿色技术创新绩效与环境规制样本数据计算得出。

效应和知识扩散效应三种路径效应对中国城市绿色技术创新绩效驱动作用的基准回归结果。第（1）列结果显示，中国城市绿色技术创新绩效与环境规制强度存在显著的正相关关系，即严格的环境规制能够有效激励中国城市绿色技术创新绩效的提升。第（5）列结果显示，环境规制的空间溢出效应、产业转移效应和知识扩散效应对中国城市绿色技术创新绩效皆存在显著的正向促进作用，但作用效果不一。相对而言，环境规制通过产业转移效应对城市绿色技术创新绩效产生的影响最大，约是知识扩散效应的1.4倍，而环境规制通过空间溢出效应对绿色技术创新绩效的影响最小，只有产业转移效应的1/3。

考虑到本地环境规制的实施通过示范、学习、要素流动等路径，也会作用于周边地区的绿色技术创新绩效，因此，进一步采用空间计量模型探索环境规制对城市绿色技术创新绩效的影响机理。

普通面板回归模型的城市固定效应和时间固定效应联合非显著性LR检验值均显著，表明本章的基准模型应为个体和时间双固定效应模型。采

表 6-3　环境规制三种路径效应对绿色创新绩效的基准回归结果

变量	（1） gtip	（2） gtip	（3） gtip	（4） gtip	（5） gtip
er	0.117*** （0.015）				
ep		0.011** （0.004）			0.010** （0.004）
im			0.028*** （0.003）		0.030*** （0.003）
kn				0.174*** （0.005）	0.021*** （0.005）
ec	1.669*** （0.057）	1.883*** （0.050）	1.906*** （0.050）	1.889*** （0.050）	1.913*** （0.050）
is	−0.293** （0.149）	−0.441*** （0.149）	−0.834*** （0.151）	−0.445*** （0.148）	−0.782*** （0.151）
fc	0.015*** （0.003）	0.014* （0.003）	0.014*** （0.003）	0.015*** （0.003）	0.014*** （0.003）
hc	0.074*** （0.020）	0.072*** （0.020）	0.064*** （0.020）	0.079*** （0.020）	0.778*** （0.637）
R^2	0.299	0.291	0.305	0.292	0.309
观测值	4845	4845	4845	4845	4845

注：***、**、*分别表示在1%、5%、10%的水平下显著；括号内为标准误。
资料来源：笔者根据中国绿色技术创新绩效与环境规制样本数据计算得出。

用空间计量模型的估计结果进行 Wald 检验和 LR 检验，实证结果表明，不应该将空间杜宾模型分解为空间滞后模型或空间误差模型，因此本章选用空间杜宾模型作为分析中国城市绿色技术创新绩效时空演化格局的环境规制影响机理的最优模型。

表 6-4 显示了空间杜宾模型的检验结果，空间杜宾模型作为本研究的最优模型，其模型整体拟合效果较好，估计结果较为准确。第（1）列结果显示，考虑空间效应后的环境规制依然对绿色技术创新绩效具有显著为正的影响，但其作用效果仅为不考虑空间效应的 60% 左右。值得注意的是，第（2）列结果显示，中国城市绿色技术创新绩效与环境规制的空间

溢出效应存在显著的负相关关系，即从空间上来看，本地环境规制强度越
大，其可能带来的污染转移在一定程度上反而降低了中国绿色技术创新绩
效。第（5）列结果显示，环境规制的空间溢出效应对中国城市绿色技术
创新绩效存在显著的负向抑制作用，而产业转移效应和知识扩散效应对其
皆存在显著的正向促进作用。同时 rho 估计值结果显示，环境规制以及三
种路径效应对绿色技术创新绩效的空间系数都显著为正，说明在环境规制
各路径下，中国各城市绿色技术创新之间存在显著的正向空间溢出，但各
路径影响作用不一。具体而言，环境规制通过知识扩散效应对城市绿色技
术创新绩效产生的影响最大，大约是产业转移效应的 2 倍，与 OLS 回归结
果相似的是，环境规制通过空间溢出效应对绿色技术创新绩效的影响
最小。

表 6-4　环境规制三种路径效应对绿色创新绩效影响的 SDM 模型检验结果

变量	（1） *gtip*	（2） *gtip*	（3） *gtip*	（4） *gtip*	（5） *gtip*
er	0.050 *** (0.016)				
ep		−0.003 * (0.004)			−0.005 ** (0.004)
im			0.018 *** (0.003)		0.018 *** (0.003)
kn				0.037 *** (0.004)	0.037 *** (0.004)
ec	1.080 *** (0.208)	1.145 *** (0.207)	1.168 *** (0.207)	1.152 *** (0.206)	1.188 *** (0.205)
is	1.465 *** (0.314)	1.435 *** (0.314)	1.283 *** (0.315)	1.519 *** (0.312)	1.340 *** (0.313)
fc	0.005 ** (0.003)	0.005 * (0.003)	0.005 ** (0.003)	0.006 ** (0.003)	0.005 ** (0.003)
hc	0.155 *** (0.036)	0.155 *** (0.036)	0.154 *** (0.036)	0.170 *** (0.036)	0.171 *** (0.036)
Wer	0.030 * (0.037)				

续表

变量	（1） *gtip*	（2） *gtip*	（3） *gtip*	（4） *gtip*	（5） *gtip*
Wep		0.097 * （0.071）			0.062 * （0.072）
Wim			0.015 * （0.018）		0.018 * （0.018）
Wkn				−0.130 *** （0.043）	−0.131 *** （0.044）
Wec	−1.041 *** （0.306）	−1.028 *** （0.296）	−1.233 *** （0.304）	−1.097 *** （0.294）	−1.273 *** （0.304）
Wis	−0.922 （0.563）	−0.885 （0.562）	−1.147 * （0.603）	−1.140 ** （0.556）	−1.292 ** （0.610）
Wfc	0.006 （0.014）	0.011 （0.014）	0.009 （0.014）	−0.001 （0.014）	0.004 （0.014）
Whc	0.434 * （0.251）	0.452 * （0.251）	0.555 ** （0.253）	0.367 （0.259）	0.486 * （0.261）
rho	0.788 *** （0.037）	0.783 *** （0.038）	0.785 *** （0.037）	0.778 *** （0.004）	0.768 *** （0.039）
sigma2_e	0.041 *** （0.001）	0.042 *** （0.001）	0.041 *** （0.001）	0.041 *** （0.001）	0.041 *** （0.001）
R^2	0.313	0.313	0.314	0.313	0.314
观测值	4845	4845	4845	4845	4845

注：***、**、* 分别表示在1%、5%、10%的水平下显著；括号内为标准误。
资料来源：笔者根据中国绿色技术创新绩效与环境规制样本数据计算得出。

由于解释变量的空间滞后项结果往往忽略了相邻区域之间的反馈效应，点估计存在偏误，因此本部分进一步通过绿色技术创新绩效的直接效应、间接效应来探讨环境规制各路径作用下绿色技术创新绩效的"本地"与"邻地"效应。表6-5归纳了在环境规制三种路径效应下，中国城市绿色技术创新绩效 SDM 模型的空间效应结果，其中直接效应反映的是环境规制三种路径效应对本地绿色技术创新绩效的影响，间接效应反映的是环境规制三种路径效应对邻地绿色技术创新绩效的影响，总效应主要反映环境规制三种路径效应对中国绿色技术创新绩效时空演化格局的影响。

表 6-5　环境规制三种路径效应对绿色创新绩效的直接效应、间接效应和总效应

	变量	（1） *gtip*	（2） *gtip*	（3） *gtip*	（4） *gtip*	（5） *gtip*
直接效应	*er*	0.051 *** （0.017）				
	ep		−0.003 * （0.004）			−0.005 ** （0.004）
	im			0.018 *** （0.003）		0.018 *** （0.003）
	kn				0.037 *** （0.004）	0.037 *** （0.004）
	ec	1.067 *** （0.200）	1.134 *** （0.199）	1.154 *** （0.198）	1.140 *** （0.198）	1.180 *** （0.199）
	is	1.503 *** （0.300）	1.473 *** （0.301）	1.313 *** （0.301）	1.553 *** （0.298）	1.341 *** （0.297）
	fc	0.006 ** （0.003）	0.006 ** （0.003）	0.006 ** （0.003）	0.006 ** （0.003）	0.006 ** （0.003）
	hc	0.155 *** （0.036）	0.155 *** （0.036）	0.154 *** （0.036）	0.170 *** （0.036）	0.171 *** （0.036）
间接效应	*er*	0.049 * （0.156）				
	ep		0.448 * （0.032）			0.237 * （0.305）
	im			0.145 * （0.087）		0.146 * （0.084）
	kn				−0.450 ** （0.202）	−0.436 ** （0.200）
	ec	−0.936 （1.118）	−0.633 （1.003）	−1.527 （1.105）	−0.946 （0.993）	−1.655 * （0.996）
	is	0.922 （2.084）	0.916 （2.017）	−0.914 （2.351）	0.013 （1.993）	−1.217 （2.357）
	fc	0.055 （0.064）	0.078 （0.064）	0.066 （0.063）	0.021 （0.062）	0.030 （0.060）
	hc	2.664 ** （1.258）	2.677 ** （1.225）	3.197 ** （1.269）	2.317 * （1.251）	2.748 ** （1.146）
总效应	*er*	0.100 * （0.157）				

	变量	（1） gtip	（2） gtip	（3） gtip	（4） gtip	（5） gtip
总效应	ep		0.447 * （0.321）			0.233 * （0.306）
	im			0.164 * （0.088）		0.165 * （0.084）
	kn				−0.414 ** （0.203）	−0.401 ** （0.201）
	ec	0.132 （1.109）	0.501 （0.991）	−0.373 （1.095）	0.193 （0.981）	−0.475 （0.955）
	is	2.425 （2.065）	2.388 （1.995）	0.399 （2.319）	1.566 （1.971）	0.124 （2.321）
	fc	0.060 （0.065）	0.083 （0.064）	0.071 （0.063）	0.027 （0.063）	0.035 （0.061）
	hc	2.829 ** （1.262）	2.843 ** （1.228）	3.364 *** （1.273）	2.495 ** （1.255）	2.930 ** （1.151）

注：***、**、*分别表示在1%、5%、10%的水平下显著；括号内为标准误。
资料来源：笔者根据中国绿色技术创新绩效与环境规制样本数据计算得出。

　　第（1）列结果显示，环境规制的直接效应估计系数为0.051，说明环境规制正向影响本地绿色技术创新绩效。环境规制的间接效应估计系数显著为正，并与直接效应估计系数相差不大，说明本地环境规制强度越大，越能够显著促进周边地区绿色技术创新绩效的提升。环境规制的总效应估计系数为0.100，说明从区域整体来看，环境规制强度越大，在一定程度上越能够有效提升中国城市绿色技术创新绩效，表明环境规制与中国城市绿色技术创新绩效之间存在显著的"波特假说效应"。这在一定程度上说明，随着中国各城市对环境质量的严格监管，短期内企业可能通过减少污染排放来达到政策要求，但就较长的时间跨度来说，环境规制会加速企业的绿色技术创新步伐。

　　第（5）列结果显示，空间溢出效应的直接效应估计系数为−0.005，说明环境规制的空间溢出效应显著抑制了本地绿色技术创新绩效的提升，却产生了较好的空间溢出效果。空间溢出效应的间接效应估计系数为0.237，表明其对邻地绿色技术创新绩效的促进作用是本地抑制作用的

47.4 倍。空间溢出效应的总效应估计系数为 0.233，说明从区域整体来看，环境规制的空间溢出效应能够有效提升中国城市绿色技术创新绩效，可能的原因是本地环境规制引发的污染转移在一定程度上影响了周边地区的环境质量，在政策示范效应的作用下，倒逼周边地区通过绿色技术创新来降低环境污染，从而促进了邻地绿色技术创新绩效的提升。

产业转移效应的直接效应估计系数为 0.018，说明产业转移效应能够有效促进本地绿色技术创新绩效的提升。与此同时，产业转移效应的间接效应估计系数为 0.146，其对周边地区绿色技术创新绩效的促进作用是本地的 8 倍。产业转移效应的总效应估计系数为 0.165，说明从区域整体来看，环境规制的产业转移效应能够有效提升中国城市绿色技术创新绩效，可能的原因是在本地较为严格的环境规制背景下，企业为降低"遵循成本"，使得本地一些产业向环境政策相对灵活的周边地区转移，导致区域产业发生结构性调整，同时也为周边地区带来一定的创新活力，进而促进中国城市绿色技术创新绩效的提升。

知识扩散效应的直接效应估计系数为 0.037，说明知识扩散效应能够有效提升本地绿色技术创新绩效，但知识扩散效应对邻地绿色技术创新绩效的作用显著为负，其间接效应估计系数为 -0.436，对邻地绿色技术创新绩效的抑制作用是本地促进作用的 11.8 倍。知识扩散效应的总效应估计系数为 -0.401，说明从区域整体来看，环境规制的知识扩散效应反而抑制了中国城市绿色技术创新绩效的提升。可能的原因包括：一是政策的实施会导致资源倾斜，这不仅意味着本地内部资源要重新配置，而且会导致周边地区绿色产业相关资源相继流入本地并富集，从而抑制周边地区的绿色技术创新；二是知识扩散也存在一定的负外部性特征，比如知识输入地可能存在"搭便车"行为，使得周边地区减少自身创新，且本地创新被严重替代，出现"创新毁灭"，从而抑制区域绿色技术创新的发展。

第三节　空间异质性分析

不同类型城市绿色技术创新在企业生产过程中存在一定路径差异，环境规制各路径对不同类型城市产生的效果可能存在一定差别。本节基于第五章综合划分的 8 种类型 [高投入-高产出-高绩效（高高高）、高投入-高产出-低绩效（高高低）、高投入-低产出-高绩效（高低高）、高投入-低产出-低绩效（高低低）、低投入-低产出-低绩效（低低低）、低投入-低产出-高绩效（低低高）、低投入-高产出-高绩效（低高高）和低投入-高产出-低绩效（低高低）]，进一步探讨环境规制的空间溢出效应、产业转移效应和知识扩散效应对各类型城市绿色创新绩效的作用，结果如表 6-6、表 6-7 所示。

表 6-6 的第（1）~（8）列表示环境规制的空间溢出效应、产业转移效应和知识扩散效应对各类型城市绿色技术创新绩效的作用结果。第（1）~（4）列为环境规制三种路径效应对高投入型城市绿色技术创新绩效的作用结果，第（5）~（8）列为环境规制三种路径对低投入型城市绿色技术创新绩效的作用结果。

第（1）列结果显示，环境规制的三种路径效应对"高高高"型城市绿色技术创新绩效都存在显著的正向促进作用，但各路径作用程度不一。相对而言，环境规制通过空间溢出效应对"高高高"型城市绿色技术创新绩效产生的影响最大，是知识扩散效应的 2.75 倍，而环境规制通过产业转移效应对"高高高"型城市绿色技术创新绩效的影响最小，只有空间溢出效应的 1/6。同时 rho 估计值结果显示，三种路径效应对"高高高"型城市绿色技术创新绩效的空间系数显著为正，说明在环境规制各路径作用下，中国各城市绿色技术创新之间存在显著的正向空间溢出，但主要通过知识扩散的方式影响周边"高高高"型城市绿色技术创新绩效。第（2）列结果显示，环境规制主要通过产业转移效应对"高高低"型城市绿色技术创新绩效产生影响，其驱动系数为 0.094，在 1% 的水平下显著为正。并且，环境规制的产业转移效应对"高高低"型城市产生的影响是"高高高"型城市的 3.5 倍。第（3）列结果显示，环境规制主要通过空间溢出效应和知识扩散效应影响"高低高"型城市绿色技术创新绩效，具体而言，环境规制通过知识扩散效应对"高低高"型城市绿色技术创新绩效产生了显著的正向促进作用，与此同时，空间溢出效应显著抑制了"高低高"型城市绿色技术创新绩效的提升，且其产生的负向抑制作用是知识扩散效应产生的正向促进作用的 3.16 倍。同时空间溢出效应的空间滞后项系数为 0.558，并在 1% 的水平下显著为正，也就是说，在环境规制的空间溢出效应的作用下，"高低高"型城市绿色技术创新之间存在显著的正向空间溢出。第（4）列结果显示，环境规制主要通过空间溢出效应对"高低低"型城市绿色技术创新绩效产生影响，其驱动系数的绝对值为 0.438，且在 1%的水平下显著为负。值得注意的是，"高低低"型城市的 rho 估计值结果显著为负，表明"高低低"型城市绿色技术创新绩效的"虹吸效应"显著大于"涓滴效应"，并且主要通过环境规制的空间溢出效应对"高低低"型城市绿色技术创新绩效产生负向空间溢出影响。

第（5）列结果显示，环境规制主要通过产业转移效应和知识扩散效应促进"低低低"型城市绿色技术创新绩效的提升，但各路径的激励程度不一。相对而言，环境规制通过知识扩散效应对"低低低"型城市绿色技术创新绩效产生的影响更大，大约是产业转移效应的 2.7 倍。同时，产业转移效应的空间滞后项估计系数显著为正，也就是说，在环境规制的产业转移效应的作用下，"低低低"型城市绿色技术创新之间存在显著的正向空间溢出。第（6）列结果显示，环境规制的三种路径效应对"低低高"型城市绿色技术创新绩效都存在显著的正向促进作用，但各路径影响程度不一。相对而言，环境规制通过空间溢出效应和知识扩散效应对"低低高"型城市绿色技术创新绩效产生的影响程度相当，是产业转移效应的 3.6 倍左右。与此同时，空间溢出效应的空间滞后项系数为 0.327，并在 1%的水平下显著为正，而知识扩散效应的空间滞后项系数显著为负，其抑制作用是空间溢出效应促进作用的 2/3 左右。第（7）列结果显示，环境规制主要通过产业转移效应和知识扩散效应对"低高高"型城市绿色技术创新绩效产生影响，其中，产业转移效应显著抑制了"低高高"型城市绿色技术创新绩效的提升，而知识扩散效应则显著促进了"低高高"型城市绿色技术创新绩效的提升，并且这种促进作用是产业转移效应抑制作用的 3/10。与此同时，知识扩散效应的空间滞后项系数为 -0.028，也就是说，环境规制仅通过知识扩散效应对"低高高"型城市绿色技术创新绩效产生负向空间溢出影响。第（8）列结果显示，空间溢出效应的空间滞后项系数的绝对值为 0.347，并在 1%的水平下显著为负，也就是说，在环境规制的空间溢出效应的作用下，"低高低"型城市绿色技术创新之间存在显著的负向空间溢出。

表 6-6　环境规制三种路径效应对不同类型城市绿色创新绩效影响的 SDM 模型检验结果

变量	（1） 高高高	（2） 高高低	（3） 高低高	（4） 高低低	（5） 低低低	（6） 低低高	（7） 低高高	（8） 低高低
ep	0.168 *** （0.037）	0.157 （0.004）	-0.183 ** （0.102）	-0.438 *** （0.154）	-0.006 （0.004）	0.068 * （0.041）	0.173 （0.156）	0.040 （0.071）
im	0.027 *** （0.007）	0.094 *** （0.023）	0.007 （0.006）	0.029 （0.050）	0.016 *** （0.005）	0.019 * （0.010）	-0.040 * （0.021）	-0.001 （0.019）
kn	0.061 *** （0.008）	0.008 （0.034）	0.058 ** （0.026）	0.047 （0.040）	0.043 *** （0.007）	0.072 *** （0.010）	0.012 * （0.007）	0.039 （0.026）
ec	0.351 （0.231）	-0.879 （0.700）	-0.292 （1.070）	4.921 ** （2.320）	0.717 ** （0.340）	1.517 ** （0.596）	1.492 （1.080）	1.935 （1.360）
is	1.412 *** （0.443）	1.494 （1.385）	2.588 ** （1.303）	-4.738 （2.934）	-0.081 （0.505）	-3.330 *** （0.928）	-1.844 （1.892）	3.322 ** （1.476）
fc	0.025 *** （0.009）	0.096 *** （0.034）	0.027 * （0.016）	0.063 *** （0.024）	-0.002 （0.005）	0.009 ** （0.004）	-0.046 （0.056）	-0.009 （0.049）
hc	0.112 （0.159）	0.069 （0.117）	-0.124 （0.584）	2.780 * （1.450）	0.074 （0.050）	0.241 ** （0.104）	1.613 *** （0.036）	-1.002 （0.639）
Wep	-0.043 （0.119）	-0.091 （0.272）	0.558 *** （0.215）	-0.625 * （0.353）	0.063 （0.063）	0.327 *** （0.112）	-0.064 （0.435）	-0.347 *** （0.099）
Wim	0.011 （0.031）	0.039 （0.085）	-0.007 （0.010）	0.059 （0.054）	0.044 * （0.025）	-0.025 （0.028）	0.064 （0.044）	0.004 （0.036）
Wkn	-0.152 *** （0.057）	-0.099 （0.118）	-0.028 （0.062）	-0.010 （0.046）	-0.071 （0.045）	-0.193 *** （0.055）	-0.028 * （0.015）	0.069 （0.047）
Wec	-0.816 ** （0.387）	1.574 * （0.829）	1.883 （1.260）	-2.889 （2.144）	0.120 （0.469）	-0.420 （0.799）	-2.460 ** （1.227）	-0.048 （1.706）
Wis	-1.439 * （0.030）	0.668 （2.508）	0.357 （1.866）	6.133 （5.714）	0.421 （0.904）	8.015 *** （1.645）	6.780 ** （2.780）	-3.547 ** （1.602）
Wfc	0.030 （0.039）	0.062 （0.073）	0.010 （0.029）	0.034 （0.024）	0.032 * （0.018）	-0.006 （0.016）	-0.140 （0.111）	0.071 （0.097）
Whc	1.802 *** （0.555）	0.306 （0.213）	2.381 * （1.253）	-0.205 （2.117）	0.054 （0.260）	1.959 *** （0.613）	3.186 *** （1.190）	0.487 （0.922）
rho	0.628 *** （0.055）	-0.058 （0.148）	0.305 *** （0.108）	-0.391 *** （0.107）	0.613 *** （0.052）	0.312 *** （0.086）	-0.151 （0.128）	-0.049 （0.118）
sigma2_e	0.116 *** （0.000）	0.022 *** （0.002）	0.021 *** （0.002）	0.020 *** （0.004）	0.058 *** （0.002）	0.042 *** （0.002）	0.018 *** （0.002）	0.015 *** （0.002）
R²	0.351	0.223	0.643	0.612	0.421	0.580	0.454	0.373
观测值	1513	238	153	68	1751	850	170	102

注：***、**、* 分别表示在1%、5%、10%的水平下显著；括号内为标准误。

资料来源：笔者根据中国绿色技术创新绩效与环境规制样本数据计算得出。

表6-7的第（1）～（8）列表示环境规制的空间溢出效应、产业转移效应和知识扩散效应对"本地"、"邻地"和中国各类型城市绿色技术创新绩效的驱动作用。第（1）～（4）列为环境规制三种路径效应对高投入型城市绿色技术创新绩效的空间效应结果，第（5）～（8）列为环境规制三种路径对低投入型城市绿色技术创新绩效的空间效应结果。

第（1）列结果显示，环境规制的三种路径效应对本地"高高高"型城市绿色技术创新绩效都存在显著的正向促进作用，但各路径作用程度不一。具体而言，环境规制通过空间溢出效应对本地"高高高"型城市绿色技术创新绩效产生的影响最大，是知识扩散效应的2.9倍，而环境规制通过产业转移效应对本地"高高高"型城市绿色技术创新绩效的影响最小，只有空间溢出效应的1/6。但仅有知识扩散效应能够显著作用于周边地区，其间接效应估计系数为-0.299，说明知识扩散效应在一定程度上会抑制邻地绿色技术创新绩效的提升，即"高高高"型城市周边地区可能存在"创新毁灭"。第（2）列结果显示，环境规制主要通过产业转移效应对本地"高高低"型城市绿色技术创新绩效产生影响，其驱动系数为0.093，并在1%的水平下显著为正。而且，环境规制的产业转移效应对本地"高高低"型城市产生的影响大约是本地"高高高"型城市的3.3倍。第（3）列结果显示，知识扩散效应的直接效应估计系数为0.061，并在1%的水平下显著为正，说明环境规制主要通过知识扩散效应正向作用于本地"高低高"型城市绿色技术创新绩效。与此同时，空间溢出效应的间接效应估计系数为0.679，并在5%的水平下显著为正，说明环境规制主要通过空间溢出效应促进周边地区绿色技术创新绩效的提升，且其对周边地区的促进作用是知识扩散效应对本地产生的正向促进作用的11倍。从区域整体来看，环境规制主要通过空间溢出效应作用于"高低高"型城市绿色技术创新绩效。第（4）列结果显示，环境规制主要通过空间溢出效应对本地"高低低"型城市绿色技术创新绩效产生影响，其驱动系数为-0.341。从区域整体来看，环境规制主要通过空间溢出效应和产业转移效应作用于"高低低"型城市绿色技术创新绩效。具体而言，环境规制通过产业转移效应显著促进了"高低低"型城市绿色技术创新绩效的提升，与此同时，空间溢出效应对"高低低"型城市绿色技术创新绩效产生了显著的负向抑制作用，且其产生的负向抑制作用是产业转移效应产生的正向促进作用的11.7倍。

第（5）列结果显示，环境规制主要通过产业转移效应和知识扩散效应促进本地"低低低"型城市绿色技术创新绩效的提升，但各路径的作用程度不一。相对而言，环境规制通过知识扩散效应对本地"低低低"型城市绿色技术创新绩效产生的促进作用大约是产业转移效应的2.3倍。同时，产业转移效应的间接效应估计系数为0.144，并在5%的水平下显著为正，也就是说，环境规制的产业转移效应存在显著的正向空间溢出。从区域整体来看，环境规制主要通过产业转移效应显著促进"低低低"型城市绿色技术创新绩效的提升。第（6）列结果显示，环境规制的三种路径效应对本地"低低高"型城市绿色技术创新绩效都存在显著的正向促进作用，但各路径影响程度有所不同。相对而言，环境规制通过空间溢出效应和知识扩散效应对本地"低低高"型城市绿色技术创新绩效产生的影响程度相当，大约是产业转移效应的4倍。与此同时，空间溢出效应的间接效应估计系数为0.501，并在1%的水平下显著为正，而知识扩散效应的间接效应估计系数的绝对值为0.243，并在1%的水平下显著为负，其抑制作用大约是空间溢出效应促进作用的1/2。从区域整体来看，环境规制主要通过空间溢出效应正向促进"低低高"型城市绿色技术创新绩效的提升，通过知识扩散效应显著抑制"低低高"型城市绿色技术创新绩效的提升，并且空间溢出效应的正向促进作用是知识扩散效应负向抑制作用的3.3倍。第（7）列结果显示，环境规制主要通过产业转移效应和知识扩散效应对本地"低高高"型城市绿色技术创新绩效产生影响，其中，产业转移效应的直接效应估计系数为-0.043，并在5%的水平下显著，说明产业转移效应显著抑制了本地"低高高"型城市绿色技术创新绩效的提升，而知识扩散效应的直接效应估计系数为0.013，并在5%的水平下显著为正，说明知识扩散效应显著促进了本地"低高高"型城市绿色技术创新绩效的提升，并且这种促进作用大约是产业转移效应抑制作用的1/3。与此同时，产业转移效应的间接效应估计系数为0.067，知识扩散效应的间接效应估计系数为-0.026，且都在10%的水平下显著，也就是说，环境规制能够通过产业转移效应显著促进周边地区绿色技术创新绩效的提升，却通过知识扩散效应抑制周边地区绿色技术创新绩效的提升。第（8）列结果显示，知识扩散效应的直接效应估计系数为0.041，说明环境规制能够通过知识扩散效应促进本地"低高低"型城市绿色技术创新绩效的提升。同时，空间溢出效应的间接效应估计系数的绝对值为 0.343，并在 1% 的水平下显著为负，也就是说，环境规制的空间溢出效应会抑制周边地区绿色技术创新绩效的提升。从区域整体来看，环境规制主要通过空间溢出效应和知识扩散效应作用于"低高低"型城市绿色技术创新绩效。具体而言，环境规制通过空间溢出效应显著抑制了"低高低"型城市绿色技术创新绩效的提升，与此同时，知识扩散效应对"低高低"型城市绿色技术创新绩效产生了显著的正向促进作用，且其产生的正向促进作用大约是空间溢出效应产生的负向抑制作用的 1/3。

表 6-7　环境规制三种路径效应对不同类型城市绿色创新绩效的
直接效应、间接效应和总效应

	变量	（1）高高高	（2）高高低	（3）高低高	（4）高低低	（5）低低低	（6）低低高	（7）低高高	（8）低高低
直接效应	ep	0.171 *** (0.037)	0.163 (0.108)	−0.143 (0.100)	−0.341 * (0.204)	−0.004 (0.005)	0.075 * (0.041)	0.182 (0.159)	0.049 (0.072)
	im	0.028 *** (0.007)	0.093 *** (0.023)	0.006 (0.006)	0.016 (0.058)	0.018 *** (0.003)	0.019 ** (0.009)	−0.043 ** (0.021)	−0.002 (0.018)
	kn	0.059 *** (0.008)	0.013 (0.033)	0.061 *** (0.025)	0.057 (0.045)	0.042 *** (0.007)	0.071 *** (0.010)	0.013 ** (0.006)	0.041 * (0.025)
	ec	0.333 (0.223)	−0.903 (0.685)	−0.177 (1.000)	5.937 ** (2.834)	0.731 ** (0.328)	1.509 *** (0.570)	1.569 (1.079)	1.939 (1.371)
	is	1.404 *** (0.416)	1.540 (1.324)	2.675 ** (1.224)	−6.360 (3.893)	−0.062 (0.475)	−3.203 *** (0.864)	−2.030 (0.818)	3.442 ** (1.473)
	fc	0.027 *** (0.009)	0.097 *** (0.034)	0.029 * (0.016)	0.063 ** (0.025)	−0.001 (0.005)	0.010 ** (0.004)	−0.040 (0.056)	−0.008 (0.050)
	hc	0.168 (0.166)	0.066 (0.120)	0.041 (0.612)	2.983 * (1.730)	0.078 (0.054)	0.277 ** (0.111)	1.522 *** (0.478)	−1.043 (0.655)
间接效应	ep	0.150 (0.286)	−0.111 (0.251)	0.679 ** (0.100)	−0.420 (0.334)	0.146 (0.157)	0.501 *** (0.165)	−0.095 (0.358)	−0.343 *** (0.094)
	im	0.081 (0.078)	0.037 (0.079)	−0.005 (0.014)	0.049 (0.060)	0.144 ** (0.063)	−0.024 (0.039)	0.067 * (0.040)	0.006 (0.034)
	kn	−0.299 * (0.159)	−0.088 (0.113)	−0.009 (0.087)	−0.028 (0.048)	−0.111 (0.117)	−0.243 *** (0.079)	−0.026 (0.014)	0.067 (0.045)
	ec	−1.611 ** (0.774)	1.556 * (0.799)	2.433 * (1.373)	−4.536 * (0.637)	1.380 (0.845)	0.010 (0.903)	−2.443 ** (1.240)	−0.150 (1.688)

续表

	变量	（1） 高高高	（2） 高高低	（3） 高低高	（4） 高低低	（5） 低低低	（6） 低低高	（7） 低高高	（8） 低高低
间接 效应	is	-1.517 （1.896）	0.573 （2.399）	1.661 （2.379）	7.286 （5.959）	1.007 （2.081）	9.947*** （1.908）	6.354** （2.604）	-3.621** （1.589）
	fc	0.120 （0.104）	0.047 （0.071）	0.023 （0.041）	0.007 （0.022）	0.076* （0.044）	-0.007 （0.023）	-0.124 （0.101）	0.064 （0.097）
	hc	4.996*** （0.203）	0.290 （0.209）	3.250** （1.659）	-1.071 （2.027）	0.293 （0.674）	3.009*** （0.961）	2.687*** （1.012）	0.566 （0.895）
总效 应	ep	0.320 （0.281）	0.051 （0.271）	0.536* （0.296）	-0.761*** （0.242）	0.141 （0.159）	0.576*** （0.155）	0.086 （0.408）	-0.294*** （0.018）
	im	0.109 （0.078）	0.130 （0.081）	0.001 （0.017）	0.065* （0.038）	0.161** （0.064）	-0.005 （0.039）	0.024· （0.038）	0.004 （0.040）
	kn	-0.240 （0.161）	-0.075 （0.119）	0.051 （0.095）	0.029 （0.038）	-0.068 （0.118）	-0.172** （0.080）	-0.012 （0.015）	0.108** （0.053）
	ec	-1.278* （0.716）	0.652* （0.391）	2.256** （1.070）	1.400 （1.134）	2.110*** （0.774）	1.518** （0.686）	-0.875 （0.666）	1.789* （1.055）
	is	-0.113 （1.860）	2.113 （2.117）	4.337* （2.447）	0.926 （3.566）	0.945 （2.000）	6.744*** （1.655）	4.324** （2.130）	-0.179 （1.773）
	fc	0.148 （0.106）	0.145* （0.074）	0.052 （0.050）	0.070*** （0.026）	0.075* （0.045）	0.003 （0.024）	-0.164 （0.112）	0.056 （0.083）
	hc	5.164 （1.219）	0.356 （0.257）	3.289* （1.919）	1.912 （1.606）	0.371 （0.690）	3.286*** （0.998）	4.209*** （1.170）	-0.477 （1.006）

注：***、**、*分别表示在1%、5%、10%的水平下显著；括号内为标准误。
资料来源：笔者根据中国绿色技术创新绩效与环境规制样本数据计算得出。

第四节　稳健性检验

为检验实证结果的稳健性，本节进一步利用基于地区生产总值的经济地理矩阵替换反距离权重矩阵并用空间杜宾模型进行实证检验。表6-8为基于经济地理矩阵的环境规制三种路径效应对绿色创新绩效影响的SDM模型检验结果，表6-9为基于经济地理矩阵的环境规制三种路径效应对绿色创新绩效的直接效应、间接效应和总效应。解释变量系数的显著性和符号与路径效应检验的结果基本一致，表明路径效应检验的实证结果基本稳健。

表 6-8 环境规制三种路径效应对绿色创新绩效影响的 SDM 模型
检验结果（基于经济地理矩阵）

变量	（1） gtip	（2） gtip	（3） gtip	（4） gtip	（5） gtip
er	0.050*** (0.016)				
ep		-0.003* (0.004)			-0.005* (0.004)
im			0.018*** (0.003)		0.016*** (0.003)
kn				0.037*** (0.004)	0.034*** (0.004)
ec	1.080*** (0.208)	1.145*** (0.207)	1.168*** (0.207)	1.152*** (0.206)	1.046*** (0.209)
is	1.465*** (0.314)	1.435*** (0.314)	1.283*** (0.315)	1.519*** (0.312)	1.310 (0.324)
fc	0.005** (0.003)	0.005* (0.003)	0.005** (0.003)	0.006* (0.003)	0.007** (0.003)
hc	0.155*** (0.036)	0.155*** (0.036)	0.154*** (0.036)	0.170*** (0.036)	0.204*** (0.036)
Wer	0.030* (0.037)				
Wep		0.097* (0.071)			0.062* (0.072)
Wim			0.015* (0.018)		0.018* (0.018)
Wkn				-0.130*** (0.043)	-0.131*** (0.044)
Wec	-1.041*** (0.306)	-1.028*** (0.296)	-1.233*** (0.304)	-1.097*** (0.294)	-1.273*** (0.304)
Wis	-0.922 (0.563)	-0.885 (0.562)	-1.147* (0.603)	-1.140** (0.556)	-1.292** (0.610)
Wfc	0.006 (0.014)	0.011 (0.014)	0.009 (0.014)	-0.001 (0.014)	0.004 (0.014)
Whc	0.434* (0.251)	0.452* (0.251)	0.555** (0.253)	0.367 (0.259)	0.486* (0.261)
rho	0.788*** (0.037)	0.783*** (0.038)	0.785*** (0.037)	0.778*** (0.039)	0.295*** (0.039)

续表

变量	（1） *gtip*	（2） *gtip*	（3） *gtip*	（4） *gtip*	（5） *gtip*
sigma2_e	0.041*** （0.001）	0.042*** （0.001）	0.041*** （0.001）	0.041*** （0.001）	0.041*** （0.001）
R^2	0.361	0.363	0.359	0.375	0.369
观测值	4845	4845	4845	4845	4845

注：***、**、* 分别表示在1%、5%、10%的水平下显著；括号内为标准误。
资料来源：笔者根据中国绿色技术创新绩效与环境规制样本数据计算得出。

表 6-9　环境规制三种路径效应对绿色创新绩效的直接效应、
间接效应和总效应（基于经济地理矩阵）

	变量	（1） *gtip*	（2） *gtip*	（3） *gtip*	（4） *gtip*	（5） *gtip*
直接效应	er	0.051*** （0.017）				
	ep		−0.001* （0.004）			−0.004* （0.004）
	im			0.018*** （0.003）		0.018*** （0.003）
	kn				0.036*** （0.004）	0.034*** （0.004）
	ec	1.067*** （0.200）	1.133*** （0.199）	1.154*** （0.198）	1.140*** （0.198）	1.084*** （0.195）
	is	1.503*** （0.300）	1.473*** （0.301）	1.313*** （0.301）	1.553*** （0.298）	0.429 （0.298）
	fc	0.006** （0.003）	0.006** （0.003）	0.006** （0.003）	0.006** （0.003）	0.008*** （0.003）
	hc	0.165*** （0.035）	0.166*** （0.035）	0.167*** （0.035）	0.179*** （0.035）	0.225*** （0.038）
间接效应	er	0.049* （0.156）				
	ep		0.448* （0.320）			0.016* （0.167）
	im			0.145* （0.087）		0.034*** （0.010）

续表

	变量	（1） gtip	（2） gtip	（3） gtip	（4） gtip	（5） gtip
间接效应	kn				−0.449 ** （0.004）	−0.444 * （0.010）
	ec	−0.936 （1.118）	−0.633 （1.003）	−1.527 （1.105）	1.140 *** （0.198）	0.780 *** （0.220）
	is	0.922 （2.084）	0.916 （2.017）	−0.914 （2.351）	1.553 *** （0.298）	2.305 *** （0.472）
	fc	0.055 （0.064）	0.078 （0.064）	0.066 （0.063）	0.006 ** （0.003）	0.014 （0.007）
	hc	2.664 ** （1.258）	2.677 ** （1.225）	3.197 ** （1.269）	0.179 *** （0.035）	0.405 ** （0.106）
总效应	er	0.100 * （0.157）				
	ep		0.447 * （0.321）			0.012 * （0.018）
	im			0.164 * （0.088）		0.052 *** （0.010）
	kn				−0.414 ** （0.203）	−0.410 ** （0.012）
	ec	0.132 （1.109）	0.501 （0.991）	−0.373 （1.095）	0.193 （0.981）	1.864 *** （0.116）
	is	2.425 （2.065）	2.388 （1.995）	0.399 （2.319）	1.566 （1.971）	2.734 *** （0.418）
	fc	0.060 （0.065）	0.083 （0.064）	0.071 （0.063）	0.027 （0.063）	0.022 *** （0.009）
	hc	2.829 ** （1.262）	2.843 ** （1.228）	3.364 *** （1.273）	2.495 ** （1.255）	0.630 *** （1.120）

注：***、**、*分别表示在1%、5%、10%的水平下显著；括号内为标准误。

资料来源：笔者根据中国绿色技术创新绩效与环境规制样本数据计算得出。

第五节　本章小结

　　基于前文的理论和实证分析，本章系统检验了环境规制对区域绿色创新绩效的影响机理，基于 2003~2019 年中国 285 个城市的空间面板数据，运用普通面板回归模型检验了环境规制对空间溢出效应、产业转移效应、知识扩散效应三种路径效应的驱动作用，并运用空间杜宾模型验证了三种路径效应对中国城市绿色创新绩效的驱动作用，进一步基于 SDM 模型的空间效应，系统探讨了环境规制及其三种路径效应对"本地"、"邻地"和中国城市绿色创新绩效的影响。本章所得主要结论如下。

（1）从环境规制对三种路径效应的影响来看，环境规制与空间溢出效应具有显著的负相关关系，也就是说，环境规制强度越大，污染集聚度变化率越小，污染转移越少，空间溢出效应越弱；与产业转移效应具有显著的正相关关系，也就是说，环境规制强度越大，产业转移集聚度变化率越大，越会带来更多产业的转移；与知识扩散效应具有显著的负相关关系，也就是说，环境规制强度越大，绿色技术创新集聚度变化率越小，即绿色专利越集聚。

（2）从环境规制的三种路径效应对绿色创新绩效的影响来看，环境规制的空间溢出效应能够显著促进中国城市绿色创新绩效的提升，虽然环境规制的空间溢出效应显著抑制了本地绿色创新绩效的提升，却促进了邻地绿色创新绩效的提升，且对邻地的促进作用是本地抑制作用的 47.4 倍。环境规制的产业转移效应能够通过有效促进本地和邻地绿色创新绩效的提升，从而显著促进中国城市绿色创新绩效的提升，并且对邻地绿色创新绩效的促进作用更为显著，是本地的 8 倍。但是，环境规制的知识扩散效应却抑制了中国城市绿色创新绩效的提升，虽然知识扩散效应能够有效提升本地绿色创新绩效，但对邻地绿色创新绩效的作用显著为负，其对邻地绿色创新绩效的抑制作用是本地促进作用的 11.8 倍，这证明知识输入地极大可能出现了"创新毁灭"的现象。

（3）进一步从空间异质性来看，环境规制的三种路径效应对本地"高高高"型城市绿色创新绩效都存在显著的正向促进作用，但"高高高"型城市周边地区可能存在"创新毁灭"。环境规制主要通过产业转移效应对本地"高高低"型城市绿色创新绩效产生影响。环境规制主要通过知识扩散效应正向作用于本地"高低高"型城市绿色创新绩效的提升，同时，环境规制主要通过空间溢出效应促进周边地区绿色创新绩效的提升。环境规制能够通过空间溢出效应负向抑制本地"高低低"型城市绿色创新绩效的提升。环境规制主要通过产业转移效应和知识扩散效应促进本地"低低低"型城市绿色创新绩效的提升，同时，产业转移效应还存在显著的正向空间溢出。环境规制的三种路径效应对本地"低低高"型城市绿色创新绩效都存在显著的正向促进作用，同时，知识扩散效应对周边地区的抑制作用是空间溢出效应促进作用的 1/2。产业转移效应显著抑制了本地"低高高"型城市绿色创新绩效的提升，而知识扩散效应显著促进了本地"低高高"型城市绿色创新绩效的提升，同时，环境规制能够通过产业转移效应显著促进周边地区绿色创新绩效的提升，却通过知识扩散效应抑制周边地区绿色创新绩效的提升。环境规制能够通过知识扩散效应促进本地"低高低"型城市绿色创新绩效的提升，同时，环境规制的空间溢出效应会抑制周边地区绿色创新绩效的提升。

第七章
区域环境规制对中国城市能源类
绿色创新发展的影响

为确保控制温室气体排放目标的实现，国家发展和改革委员会于2011年颁布了《关于开展碳排放权交易试点工作的通知》，并逐步扩大试点范围。本章基于2003~2018年中国285个城市能源类绿色专利数量，采用空间双重差分模型（SDID），研究碳排放权交易试点政策的实施对能源类绿色技术创新的影响，并基于行业和地区，进行多维度实证检验。研究表明，试点政策能够在一定程度上促进城市整体层面的能源类绿色技术创新，且经过一系列稳健性检验，结论依然成立。同时，碳排放权交易试点政策对高污染行业能源类绿色技术创新的促进作用更为显著。进一步研究发现，碳排放权交易试点政策促进了本地区能源类绿色技术创新的发展，却抑制了邻地能源类绿色技术创新的发展。本章研究为环境规制政策效应的评估提供了基于城市、行业与区域层面的理论支持和经验证据，并得出相应的政策启示。

第一节　政策背景

自改革开放以来，中国经济迅速腾飞的同时也带来了过量的能源消费和急剧增长的环境污染（Ren et al.，2018）。目前，中国正处在从资本密集型向高质量发展和可持续发展转变的阶段。为应对气候变化，中国做出了庄严的承诺，即"在2030年实现碳达峰，2060年实现碳中和"。在2021年国务院的政府工作报告中，"实现碳达峰和碳中和"是2021年的首要任务之一，其中在2030年实现碳达峰是为优化产业结构和能源结构而制定的目标。在"十四五"规划中也包含加快绿色和低碳发展的内容。

绿色技术创新的概念是由 Braun 和 Wield（1994）首次提出的，将其定义为使用技术减少生产绿色产品时所带来的环境污染、原材料和能源的消耗。绿色技术创新强调"创新"和"环境效益"的双重属性，这是引导中国产业突破环境约束、实现健康可持续发展的一条重要途径（孙燕铭、谌思邈，2021）。同时，这也是促进产业结构优化升级以及加快构建现代经济体系的关键因素（孙燕铭等，2021）。因此，依据世界知识产权组织（WIPO）在 2010 年发布的"国际专利分类绿色清单"，将专利分成七大类，其中绿色能源的专利绿色清单包含三个主要的类别：Alternative Energy Production、Energy Conservation、Nuclear Power Generation。可以看到，推动绿色能源技术创新、发展以可再生能源为主导的现代能源体系成为国际社会的普遍共识。近年来，中国一直努力推进能源体系绿色转型以缓解污染问题（Li et al.，2019）。中国政府针对绿色技术创新出台了一系列的政策和财政支持，例如，以碳排放权交易制度为代表的环境规制政策，旨在迫使企业加快绿色创新以应对气候变化。

对于中国而言，实施碳排放权交易试点政策、加快国家碳排放权交易市场建设，不仅是顺应全球应对气候变化和碳减排的有效途径，而且是在我国国情下实现碳达峰和碳中和的必然要求。中国于 1998 年 5 月签署《京都议定书》，并于 2005 年 2 月正式生效。为确保清洁发展机制（CDM）有序发展，中国政府制定了一系列政策和法规，例如《清洁发展机制项目运行管理暂行办法》。2011 年 10 月，国家发展和改革委员会发布了《关于开展碳排放权交易试点工作的通知》，批准在北京、天津、上海、重庆、湖北、广东（不包括深圳）和深圳 7 个地区开展碳排放权交易试点。在接下来的几年中，7 个试点地区相继启动。目前，这些地区在碳排放权交易体系的设计和执行方面积累了丰富的经验，在试点过程中对不同制度设计的可行性进行了比较和验证，为建立全国统一的碳市场奠定了基础。2021 年 7 月，全国碳排放权交易市场正式启动，这将会成为全球覆盖温室气体排放量规模最大的碳市场，同时也将带领中国从"工业文明"走向"生态文明"。深入研究碳排放权交易试点政策对能源类绿色技术创新的促进作用是十分必要的。

本章的结构框架如下：第二节为文献综述；第三节介绍中国碳排放权交易试点政策和能源类绿色创新的整体时空演化格局；第四节提出研究假

说，给出计量模型和研究样本；第五节为实证结果；第六节为稳健性检验；第七节对本章研究进行总结，并得出相应的政策启示。

第二节　文献综述

一　碳排放权交易（ETS）及其政策效应

为了将企业的污染成本内部化，美国经济学家 Dales 在 1968 年提出了"排放权交易"（Hu et al.，2020b）。《京都议定书》中把市场机制视为解决以二氧化碳为代表的温室气体减排问题的新途径，即将二氧化碳排放权作为一种商品在市场上进行交易。碳交易的基本原则是确定本区域二氧化碳排放总量，然后确定一定数量的配额，将这些配额分配给排放企业或单位。现行的碳排放权交易政策因国而异。Böhringer 和 Rosendahl（2009）指出，欧盟对能源密集型设施（ETS 部门）的排放实行欧盟范围的总量管制和交易制度，每个欧盟成员国都采取额外措施，涵盖总量管制和交易制度之外的排放源（非 ETS 部门）。Meran 和 Wittmann（2012）指出，许多欧洲国家已经建立了总量管制与交易体系来减少排放。为了促进可再生能源或绿色能源的发展，不同国家选择了不同的措施，如直接补贴上网电价（如德国）或基于配额制度的绿色证书交易市场（如丹麦）。随着成为世界上最大的温室气体排放国，中国加快温室气体减排的步伐对于全球应对气候变化取得成功至关重要（Liu et al.，2015）。一些研究讨论了在中国实施碳污染减排计划试点政策的过程、发展状况、驱动因素和阻碍因素（Tang et al.，2015；Narassimhan et al.，2018）。

目前，碳排放权交易、碳税、可再生能源政策、可再生能源配额等环境规制工具在减少温室气体排放方面发挥着不可或缺的作用。一些研究比较了碳排放权交易和碳税。Chen 等（2020）通过一个静态优化模型比较了碳税和总量管制与交易体系的绿色创新效果，这两种工具都能刺激绿色创新和减排。基于闭环供应链模型，Haites（2018）总结得出，这两种工具都可以帮助减少排放量，但在大多数国家，其他政策可能比碳税更有助于减少排放量。一些研究探讨了可再生能源政策、可再生能源配额。Sun（2016）分析了两个国家的竞争性电力市场，结果表明当环境损害参数值足够小时，完全融合的可交易绿色证书（TGC）市场和电力市场在福利方面优于完全基于化石燃料和最佳排放标准的电力市场。Sun 和 Zhang（2019）还表明，如果两国之间可以进行转移支付，TGC 制度体系下完全融合的电力市场可以改善每个国家的福利。Wu 等（2017b）发现碳污染减排计划和可再生能源政策的结合对减少碳排放有激励作用。

一些研究证实了 ETS 在节能和减排方面的有效性（Zhou et al.，2019a；Zhang et al.，2017；Tang et al.，2015）。例如，Zhang 等（2020d）指出，碳交易政策的实施增加了工业总产值产生的经济红利（13.6%），但在所有 7 个碳污染减排计划试点项目中显著降低了工业二氧化碳的排放量（24.2%）。然而，Zhao 等（2016）发现，尽管 ETS 设计已经取得初步成效，但是 ETS 试点政策的市场绩效并不令人满意。此外，Yan 等（2020）表明，中国的排污权交易制度试点对烟雾污染物确实有显著的"减排效果"，这可能是通过促进企业间绿色技术的应用和转化以及转移重污染产业实现的。ETS 对能源节约也有重要影响，Liu 等（2020a）指出，中国 ETS 试点政策通过产业结构优化和技术创新显著提高了能源效率，并揭示了该试点政策与环境绩效之间的联系。

也有一些关于 ETS 的经济影响的文献。有研究通过对 ETS、企业行为和企业竞争力之间关系的分析，表明 ETS 对企业行为具有积极的影响。但一些研究认为，ETS 对经济发展具有负面影响。Zhang 等（2021）发现，政策的实施具有产业、区域异质性，并会减少企业投资。Han（2020）指出，碳污染减排计划试点省份的绿色投资水平明显低于其他非试点省份，环境保护政策的引入使政府的绿色投资水平降低了约 8%。Li 和 Jia（2016）认为 ETS 的实施将使水泥、采矿、电力、有色金属等行业遭受更大损失，应考虑补贴。Lin 和 Jia（2019）发现建立国家碳排放权交易体系将对 GDP 产生 0.19%～1.44% 的负面影响。国家的 ETS 可以大幅提高电价，但其他商品的价格上涨幅度要小得多。

二　能源类绿色技术创新（GTIES）

绿色技术创新强调"创新"和"环境效益"的双重属性，是实现绿色发展、节能减排、提高能效的创新活动。

一些研究调查了绿色技术创新对碳排放绩效的影响。一般认为，绿色技术创新是减少污染物排放和提高资源配置效率的有效手段（Khan et al.，2021；Xu et al.，2021）。例如，Töbelmann 和 Wendler（2020）研究了1992~2014 年欧盟 27 国环境创新对二氧化碳排放量的影响，发现环境创新确实有助于减少二氧化碳排放量，而一般创新活动不会导致二氧化碳排放量的减少。与此同时，Du 等（2019）估计了绿色技术创新对碳生产率的确切影响，发现绿色技术创新只能对高收入经济体的碳生产率产生影响，而且很难找到重要证据表明绿色技术创新对欠发达经济体的碳生产率产生积极影响。然而，其他研究发现，绿色技术创新并不总能导致碳排放量的减少（Tang et al.，2020；Liang et al.，2019）。例如，Fethi 和 Rahuma（2019）在 2007~2016 年对 20 个最大的成品油出口国进行的调查表明，生态创新（即研究和开发）对碳排放产生了负面和显著的长期影响，这表明扩展的"环境库兹涅茨曲线假说"和"波特假说"在选定的国家得到了验证。值得注意的是，Du 等（2019）指出，对于收入水平低于阈值的经济体而言，绿色技术创新对减少二氧化碳排放量没有显著贡献，而对于收入水平超过阈值的经济体而言，减排效果显著，人均二氧化碳排放量与人均国内生产总值之间的关系呈倒"U"形。同时，Chen 和 Lei（2018）指出，绿色技术创新对二氧化碳排放量影响的决定因素是异质性的，对于高排放量的国家来说，可再生能源消费在减少二氧化碳排放量方面的作用是有限的，因为可再生能源的使用比例较小。

能源消费是二氧化碳排放的主要来源，研究能源技术创新对碳排放的影响具有重要意义（Cheng et al.，2018a）。一些研究表明，GTIES 有效地促进了碳排放量的减少（Luan et al.，2019）。其他研究表明，GTIES 的碳减排效应是异质的（Gu et al.，2019）。例如，Cheng 等（2018a）指出，可再生能源技术创新对低分位数区域的排放系数有显著的正效应，而对高分位数区域产生负效应。GTIES 对节约能源也有重要影响。例如，Kamoun 等（2019）对 13 个经合组织国家1990~2013 年的情况采用修正环境库兹涅茨曲线（MEKC）的面板模型进行研究，结果表明可再生能源技术的创新对调整中的净节约额产生了积极影响。

三 能源部门的 ETS 和绿色技术创新

已有研究认为，环境规制对生产决策有两方面的影响。一些研究发现，环境规制会带来"遵循成本"，增加减排和污染控制的成本，这可能会导致企业在短期内削减研发投资，或转向其他类型的投资（Shi et al.，2017；Chen et al.，2021）。然而，Porter 和 Van der Linde（1995）提出了不同的观点，认为一个设计良好的环境政策可以产生"创新补偿"效益，从而提高企业的生产率，最终获得经济效益。换句话说，环境管制迫使企业进行技术创新，而"创新补偿"效益最终可能超过"遵循成本"（Ma et al.，2021；Zhu et al.，2019）。例如，Liu 等（2020a）指出，中国的试点 ETS 可以显著促进低碳技术创新，并改变窗口期，随着时间的推移中国的试点 ETS 将逐步增加低碳技术创新的效果。此外，从中国试点地区的政策效果来看，Yao（2021）发现，北京、上海和广东三个试点地区的低碳创新更多地回应了国家对绿色低碳技术变革的需求，而不是地方政策冲击，湖北是唯一一个提高低碳创新动力的成功试点地区。

考虑到 GTIES 的供需偏差，基于空间相关性研究 ETS 对广东省高新技术产业带的影响具有重要意义。然而，以往的研究主要集中在 ETS 对 GTIES 的直接影响，只有少数文章考虑了 GTIES 的空间相关性。例如，Verdolini 和 Galeotti（2019）发现，就能源技术的国际知识溢出而言，邻近性也是相关的，虽然这并不一定意味着地理位置同等地决定了这种知识生产的所有结果，但它确实表明，对于技术驱动的区域间供应转移，类似的机制也可能适用。Wang 和 Zhu（2020）指出，能源技术创新对消费行为的影响是跨区域的，经济增长将从低增长省份向高增长省份聚集，中国强制性环境规制将使消费行为从严格规制的省份向宽松规制的省份转移。Yang 和 Liu（2020）指出，中国低碳创新呈现空间相关的网络结构，中国 30 个省份之间的空间相关网络密度高达 0.3483，而且空间溢出效应从中国东部省份向西部省份逐渐减小，中西部不发达制造业省份主要接受东部和中部发达制造业省份的溢出。

上述研究针对已经开展的 ETS 试点政策以及能源绿色创新进行了不同视角的分析与探讨，但仍存在以下局限：①虽然关于 ETS 试点政策影响的实证文献较多，但现有文献主要探索 ETS 试点政策的节能减排效应以及综合创新的能力，而 ETS 试点政策对于能源类绿色技术创新影响的研究还几乎未被关注到；②较少文献涉及 ETS 试点政策对相关高污染行业和低污染行业能源类绿色技术创新的影响，尤其是从细分行业的层面考察 ETS 试点政策对 GTIES 行业效果的研究还未涉及；③在研究尺度上，现有的研究主要从国家和省级尺度来研究能源绿色创新的空间演化和空间溢出，但是从微观城市尺度揭示 ETS 试点政策实施对于 GTIES 空间溢出效应的文献极为有限。针对已有文献的局限性，本章研究的主要边际贡献包括：①首次从能源类绿色技术创新的视角考察 ETS 试点政策的实施效果，对该政策在能源领域的实施效果提供量化科学依据，对该政策实施效果的相关文献进行有益补充；②在基准分析的基础上，进一步区分高污染行业与低污染行业，以探索 ETS 试点政策在行业层面对能源绿色技术创新的政策效果，以及在各细分行业发挥作用的程度；③从更为细致的微观城市尺度研究 ETS 试点政策对于中国城市 GTIES 的空间溢出效应，丰富了区域视角下环境规制政策实施对于中国城市绿色技术创新影响的经济地理学研究。

第三节　中国碳排放权交易试点政策和能源类绿色创新

一　中国碳排放权交易试点政策的发展现状

7 个碳排放权交易试点地区的比较如表 7-1 所示。

图 7-1、图 7-2 展示了 2014~2020 年各试点地区的碳排放权交易总量和平均成交价格。深圳率先开设碳排放权交易市场，总体而言其拥有除广东（不包括深圳）和湖北之外最多的碳排放权交易总量。广东（不包括深圳）和湖北的碳排放权交易市场基本保持较多的交易总量，但它们的平均成交价格有轻微的波动。作为最后开启碳排放权交易市场的试点地区，重庆的平均成交价格和交易总量在 7 个试点地区中总体上是最低的，只有在 2017 年，重庆的交易总量才有明显的上升。北京的碳排放权交易市场的平均成交价格总体上是 7 个试点地区中最高的。北京、上海和天津的碳排放权交易市场保持相对平稳。

表7-1 7个碳排放权交易试点地区的比较

		北京市	上海市	天津市	重庆市	深圳市	广东省（不包括深圳市）	湖北省
总量与覆盖范围	启动时间	2013年11月28日	2013年11月26日	2013年12月26日	2014年6月19日	2013年6月18日	2013年12月19日	2014年4月2日
	配额总量	未公布，约0.6亿吨/年	1.58亿吨（2019年）	未公布，约1.6亿吨/年	未公布，约1.3亿吨/年	未公布，约0.3亿吨/年	4.65亿吨（2019年）	2.70亿吨（2019年）
	覆盖行业	电力、热力、水泥、石化、其他工业和服务业、交通等	电力、钢铁、石化、建材、航空、港口、机场、铁路等	电力、热力、钢铁、化工、石化、油气开采、造纸、航空等	电力、化工、热电联产、水泥、自备电厂等	工业（电力、制造业等）、建筑等	电力、水泥、钢铁、石化、造纸和民航等	电力、热力及热电联产、钢铁、水泥、化工等
	门槛	5000吨CO_2排放量以上	工业2万吨CO_2，非工业1万吨CO_2，水运10万吨CO_2	1万吨CO_2排放量以上	温室气体排放量达到2.6万吨CO_2当量以上	工业：3000吨CO_2排放量以上；建筑：公共建筑2000平方米、机关建筑10000平方米	2万吨CO_2（或年综合能源消费量1万吨标准煤）	综合能耗1万吨标准煤及以上的工业企业
	配额分配方法	历史法和基准线法	基准线法、历史强度法和历史排放法	历史法和基准线法	政府总量控制与企业竞争博弈相结合	竞争博弈（工业）与总量控制（建筑）结合	基准线法、历史法和历史强度下降法和历史排放法	标杆法、历史强度法和历史法

续表

		北京市	上海市	天津市	重庆市	深圳市	广东省（不包括深圳市）	湖北省
交易制度	交易平台	北京环境交易所	上海环境能源交易所	天津排放权交易所	重庆碳排放权交易中心	深圳排放权交易所	广州碳排放权交易所	湖北碳排放权交易中心
	交易主体	控排企业单位、机构、个人	控排企业单位、机构	控排企业单位、个人和机构	控排企业单位、个人和机构	控排企业单位、国内外机构和个人	控排企业单位、个人和机构	控排企业单位、个人和机构
	交易方式	公开交易和协议转让	挂牌交易和协议转让	网络现货交易、协议交易、拍卖	定价交易和协议转让	现货交易、电子竞价、大宗交易	单双向竞价、点选、协议转让	协商议价、定价转让
	交易产品	BEA、CCER、林业碳汇与节能项目碳减排量	SHEA、CCER	TJEA、CCER	CQEA、CCER	SZA、CCER	GDEA、CCER	HBEA、CCER

资料来源：笔者在《中国碳金融市场研究》（2016年）和2020年相关政策文件的基础上总结整理得出。

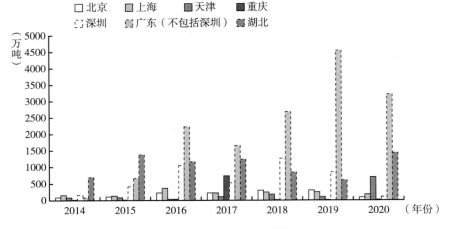

图 7-1 2014~2020 年各试点地区碳排放权交易总量

资料来源：Wind 数据库。

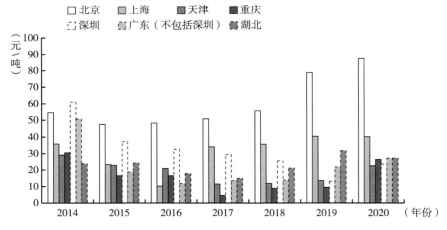

图 7-2 2014~2020 年各试点地区平均成交价格

资料来源：Wind 数据库。

从图 7-3 可以看出，2003~2018 年，试点地区单位国内生产总值的碳排放（碳排放/国内生产总值）始终低于全国和非试点地区。特别是自 2011 年中国实施碳排放权交易试点政策以来，全国、试点地区和非试点地区单位国内生产总值的碳排放增长率都有所放缓。我们还可以看出，2017 年全国、试点地区和非试点地区单位国内生产总值的碳排放都有所上升，这可能是由于 2017 年底中国启动了碳交易，促使大量企业在政策实施前增加了排放量。此外，从图 7-4 可知所有 7 个试点地区的单位国内生产总值的碳排放均在下降，重庆、湖北和天津的数值较高，其次是上海和广东（不包括深圳），北京和深圳的数值较低。

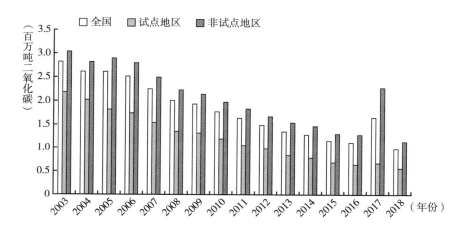

图 7-3　2003~2018 年全国（285 个城市）、试点地区和非试点地区平均碳排放的差异

资料来源：中国碳核算数据库（CEADs）。

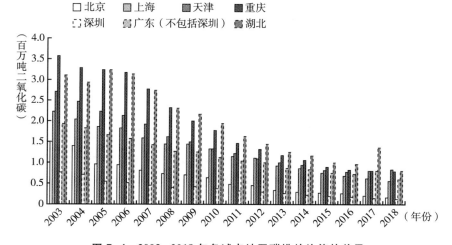

图 7-4　2003~2018 年各试点地区碳排放均值的差异

资料来源：中国碳核算数据库（CEADs）。

二 能源行业绿色技术创新的时空演化特征

根据碳排放权交易试点政策实施前后两个阶段，基于中国 285 个城市的能源行业绿色技术创新数据，可以进一步分析中国城市能源行业绿色技术创新的时空演化特征和区域差异。

由国家知识产权局的数据可知，中国绿色技术创新 2003～2018 年增长迅速，特别是在碳排放权交易试点政策正式宣布之后。绿色技术创新表现出明显的地理集聚特征，中国能源行业绿色技术创新在京津冀、长三角、珠三角和成渝地区较为集聚，可以看出能源行业绿色技术创新主要位于经济较发达的东部沿海地区，这种集聚效应正逐渐加强。同时，中部平原和东部沿海地区的差异正在逐渐缩小。

第四节　研究假说与方法

一　研究假说

（一）碳排放权交易试点政策对能源类绿色技术创新的影响

减少全社会的温室气体排放量是实施碳排放权交易的最终目标。我国碳市场近年来的实践表明，碳排放权交易具有诸多优点，包括：优化能源消费结构、降低碳排放量、获得环境红利等。一方面，中国正面临着严重的环境危机，实施碳排放权交易试点政策已经成为应对气候变化最重要的战略之一。中国经济的快速增长带来了环境污染和资源的过度消耗（Ren et al.，2018）。中国是发展中国家中能源消耗和碳排放量最高的国家（Guo and Chen，2018），政府正在积极采取一系列二氧化碳减排政策，如碳税、支持新能源、碳排放权交易等，以控制二氧化碳和大气污染物的排放量。另一方面，基于"波特假说"（Porter，1991）理论，如果将碳排放权交易试点政策视为一种新的环境规制政策，可以认为该政策也可能具有"波特假说"所提出的创新激励效应。Aghion 等（2016）发现，当国家开始征收更高的资源税时，企业将不得不面临更高的包括燃料税在内的燃料价格，这时企业将倾向于进行更多的绿色技术创新，以提高资源效率并降低自身的能源使用成本。Calel 和 Dechezlepretre（2016）通过研究欧盟的碳排放权交易发现，碳排放权交易促进了企业的低碳领域相关创新，但没有为其他领域的创新提供重要激励。郭蕾和肖有智（2020）研究了中国的碳排放权交易试点政策，发现试点政策的实施将增加企业的运营成本，并鼓励企业开发新产品，从而刺激创新，"波特假说"也得到了初步验证。由此，我们也可以得出这样的结论：政府实施的碳排放权交易试点政策和企业的能源技术创新有着相同的目标，即减少碳排放和降低能源消耗，这也有利于企业在生产过程中通过创新来实现这一目标。

然而，为了实现减排目标，企业不可避免地增加"遵循成本"，产生"资本挤出效应"，挤压创新基金的投资（Leonard，1998；Stoever and Weche，2018）。因此，碳排放权交易试点政策可能会对绿色技术创新产生抑制作用。一些文献也证实了这一观点。Chen 等（2021）发现，"弱波特假说"在中国目前的碳交易市场上还没有实现，试点政策显著降低了绿色专利的比例（约9.26%），企业主要通过减产而不是增加绿色技术创新来实现减排目标；试点政策对于创新的障碍是长期的，并且随着实施时间的推移，壁垒也将会增加，这不利于绿色技术创新（Shi and Feng，2017）。

假说 1：在其他条件相同的情况下，当企业的"遵循成本"低于创新投资时，碳排放权交易试点政策对绿色技术创新有促进作用。相反，"资本挤出效应"将制约绿色技术创新的发展。

（二）碳排放权交易试点政策对高污染行业和低污染行业 GTIES 的异质性影响

参照刘传明等（2019）的做法，我们假设在实施碳排放权交易试点政策后，市场上存在两类行业。一类是缺少碳配额的高污染行业。通常情况下，由于边际碳减排成本高于限额价格，它们会选择多排放而导致碳排放配额的缺失，从而在碳交易市场上充当碳排放权的买方；另一类是碳配额富余的低污染行业，通常是因为其边际碳减排成本低于限额价格，它们会选择减排而拥有富余的碳排放配额，从而在市场上充当碳排放权的卖方。碳排放权交易市场通过价格信号影响两类行业参与者的生产决策行为，并决定处于均衡状态的市场交易价格和交易量。

具体来说，对于碳排放配额严重短缺的高污染行业，首先是面临生产成本的压力。这些企业需要为超过碳排放配额的二氧化碳排放权付费，使企业的生产成本增加。在这种压力下，企业将倾向于减少二氧化碳排放量；其次是技术创新的投资。由于生产成本的增加，企业被迫增加技术创新的投资，并且它们需要在清洁技术的研究和开发方面具有优势。选择能够减少能源消耗和节约能源的绿色创新技术可以直接有助于减少碳排放。对于污染非密集型配额过多的低污染行业，首先是技术创新动机。Goodchild 和 Toy（2018）、Park 等（2017）都发现技术进步可以显著减少二氧化碳排放量。当这些企业的碳排放权出售收益高于技术创新成本时，它们将更加重视清洁技术的研发。徐乐和赵领娣（2019）利用"五年规划"变化引起产业政策支持范围变化的外生自然实验，设计了双重差分模型（DID）来评估重点产业政策的新能源技术创新效果。其次是政府对污染非密集型行业的政策扶持。研究发现，国家实施的重点产业政策能够有效地促进新能源技术创新，但政策效果因制定水平、实施范围和产业特征而异。Yang 等（2019）研究了能源技术创新对化石能源和可再生能源的影响，发现能源技术创新的发展在很大程度上取决于政府的政策支持。一般来说，政府会补贴低碳排放公司，公司也会在这种激励作用下集中精力进行技术研发，这有利于减少二氧化碳排放量。

由此可以看出，一方面由于两个行业的边际减排成本不同，污染密集型行业（高污染行业）的边际减排成本较高，对碳配额的需求大于污染非密集型行业（低污染行业）。因此，在更严格的二氧化碳排放法规下，它所面临的环境成本更高。当绿色技术创新带来的环境成本降低部分超过企业对绿色技术创新的投入部分时，企业就会更加愿意和积极地进行绿色技术创新。另一方面当绿色技术创新的投入成本低于环境成本的增加部分，加上政府更多的政策支持，使企业从事绿色技术创新活动有利可图时，污染非密集型行业也愿意开展绿色技术创新；同时，与污染密集型行业相比，污染非密集型行业在严格的环境法规下环境成本较低，对碳排放配额的要求相对较低。超额的碳排放配额可以出售给污染密集型行业以获得额外收入，从事绿色技术创新的动力相对较弱。从这里我们可以提出所下假说。

假说 2：当绿色技术创新带来的环境成本降低部分超过了企业对绿色技术创新的投入部分时，实施碳排放权交易试点政策可以为污染密集型和污染非密集型行业的绿色技术创新提供激励。然而，由于污染密集型行业面临较高的环境规制成本，与污染非密集型行业相比，碳排放权交易试点政策对其绿色技术创新的激励作用更强。

（三）碳排放权交易试点政策对于本地和邻地 GTIES 的异质性影响

碳排放权交易试点政策的实施不仅会影响试点地区，也会影响周边地区的能源绿色技术创新。这主要体现为两种效应，即"虹吸效应"和"涓滴效应"。政策的实施导致试点地区资源的倾斜，不仅意味着试点地区内部资源的重新配置，而且还会导致替代能源、节能和核电等资源从邻近地区流向试点地区并富集，从而抑制邻近地区与能源相关的绿色技术创新，形成了"虹吸效应"。碳排放权交易试点地区基本是经济发展较好的地区。政策实施后，这些地区将把现有的相对落后的生产能力转移到周边地区，同时转移相关的人才、技术和资金到这些地区。这样也促进了周边地区的发展，形成了所谓的"涓滴效应"。与此相关的还有两种假说，即"污染天堂假说"与"波特假说"。政策的执行增加了当地工业的费用，特别是污染密集型工业的费用，包括更新环境保护设备的直接费用和污染控制支出，以及培训雇员适应新设备和新工艺的间接费用。对于追求利润最大化的工业来说，污染密集型工业将转移到邻近地区，尽可能降低政策带来的成本上升压力。"污染天堂假说"的实证分析主要是在国家层面进行的，但研究结论并不一致。虽然有些研究支持"污染天堂假说"，但也有研究发现，跨国资本对环境规制较松的国家没有明显的偏好（Keller and Levinson，2002；Eskeland and Harrison，2003；Copeland and Taylor，2004）。沈坤荣等（2017）使用空间自滞后模型对环境规制对污染转移的影响进行了实证分析，发现环境规制确实触发了污染转移。在此基础上，沈坤荣和金刚（2018）发现，由于"污染天堂假说"，邻近地区的环境规制通过影响区域企业创新，从而影响当地企业的生产力。然而，从"污染避难所效应"的角度研究环境规制对污染转移和区域绿色创新影响的文献却很少。

"波特假说"（Porter，1991）认为，严格和适当的环境保护或环境法规将鼓励创新。原因在于"创新补偿效应"在一定程度上可以抵消环境规制的"遵循成本"。然而，"波特效应"的早期研究认为，更严格的环境规制将排挤区域投资，不利于区域创新。例如，涂正革和谌仁俊（2015）认为，中国的 SO_2 排污权交易试点政策不能带来"波特效应"。Acemoglu 等（2012）从理论上分析了环境政策激励措施对清洁和非清洁生产部门技术创新的影响，发现将政府环境污染税和研发补贴政策相结合可以促进清洁技术的创新发展。

因此,从环境保护和环境法规的角度来看,试点政策可以被视为一种更严格的环境监管。严格的环境监管将增加企业的运营成本并影响创新。此外,碳排放权交易试点政策的实施为试点地区提供了政策倾斜和支持,引导各要素资源向试点地区积累,使"虹吸效应"大于"涓滴效应",不断强化试点地区绿色技术创新的优势。然而,该政策实施后,试点地区将转移相关要素,这也可能促进周边地区绿色技术创新的发展,因此,"虹吸效应"和"涓滴效应"的大小比较是不确定的。由于试点政策的实施,试点地区企业的运营成本高于周边地区的企业。一些高污染排放企业为了节约生产成本,将其部分或全部生产过程转移到邻近地区,形成区域间"污染转移效应"。在严格的环保法规实施下,企业需要在绿色技术创新投入和迁移支出之间进行权衡。如果绿色技术创新投入小于迁移支出,企业将选择通过绿色技术创新来降低环境成本。反之,如果绿色技术创新投入大于迁移支出,企业就会选择转移到邻近地区,以规避环境规制。由于试点政策的实施,试点地区企业的运营成本高于周边地区的企业,一些高污染排放企业为了节约生产成本,将生产过程的部分或全部转移给周边地区的企业,形成跨区域的"污染转移效应"。可以看出,转移到非试点地区的污染密集型行业短期内几乎不可能投入资金进行绿色技术创新,这阻碍了周边地区绿色技术创新的发展。缺乏绿色技术创新活力的企业迁移,不利于邻地的发展。

假说 3:如果企业的转移成本不高于创新投资,那么碳排放权交易试点政策并不能促进本地绿色技术创新,也不利于周边地区的绿色技术创新。因此,碳排放权交易试点政策将对本地和周边地区的绿色技术创新产生相反的效果。

二 计量模型

(一)碳排放权交易试点政策对能源类绿色技术创新的影响

在假说 1 的基础上,我们采用双重差分法(DID)探讨试点政策在促进 GTIES 方面的政策有效性。通过分析试点政策实施前后的时间趋势差异,以及处理组(实施政策的地区)与控制组(未实施政策的地区)在其他给定因素不能观察到其随时间变化情况下的政策绩效差异,确定试点政策实施的净效果。DID 方法已被广泛应用于政策执行效果评估（Ngo and Melguizo 2016；Luo et al.，2018）。本章从城市能源类绿色技术创新的角度定量评估中国碳排放权交易试点政策对能源类绿色技术创新试点政策的效果，以北京、天津、上海、重庆、湖北、深圳、广东（不包括深圳）等 7 个地区作为处理组，其他城市作为控制组。具体的模型设置如下：

$$Y_{it} = \beta_0 + \beta_1\, treat_i \times time_t + \rho X_{it} + \delta_t + \alpha_i + \varepsilon_{it} \tag{7-1}$$

Y_{it} 表示城市 i 在 t 年申请的能源类绿色专利数量，用来衡量能源类绿色技术创新，即 $GTIES_{it}$。并且，为区分 ETS 试点政策对高污染行业和低污染行业的政策影响差异，我们进一步将因变量区分为高污染行业（indhigh）和低污染行业（indlow），此时，Y_{it} 表示城市 i 在 t 年申请的高污染/低污染行业能源类绿色专利数量。考虑到 ETS 试点政策对各能源行业部门的政策影响，我们将进一步细分每一个能源行业部门，此时，Y_{it} 表示城市 i 某行业在 t 年申请的能源类绿色专利数量。$treat_i$ 表示试点地区的虚拟变量，如果该城市是政策公布的试点地区，取值为 1，否则取值为 0。$time_t$ 为政策试点前后的虚拟变量，在城市试点期间（即 2013 年及以后）取值为 1，在城市非试点期间取值为 0。X_{it} 为控制变量矩阵，包括对外开放程度（fc）、经济发展水平（ec）、产业结构（is）、人力资本（hc）、环境规制强度（er）和能源消耗（ce）。在基准分析中，双重差分项 $treat_i \times time_t$（简写为 tt）的系数 β_1 是本研究的关注点。该系数反映的是在对试点政策实施前后和试点地区及非试点地区之间进行双重差分后，试点政策对城市能源类绿色专利数量的影响。若 β_1 显著为正，表示试点政策有助于促进试点地区能源类绿色技术创新发展。此外，本章模型中还控制了行业不随时间变化的固定效应，表示为 δ_t，以剔除行业层面随时间变化的其他混淆因素。同时，模型中也控制了个体固定效应 α_i。ε_{it} 为随机误差项。

在假说 2 的基础上，本研究进一步探讨 ETS 试点政策对污染密集型行业或污染非密集型行业的影响。为了区分 ETS 试点政策对污染行业的政策效果，我们将进一步对这两类行业的因变量进行区分，即污染密集型行业和非污染密集型行业中与能源技术相关的绿色专利数量。考虑到 ETS 试点政策对各个制造业部门的政策影响，我们进一步细分了每一类行业。此时，它指的是一个城市申请的与能源有关的绿色专利数量。

（二）碳排放权交易试点政策对能源类绿色技术创新的空间效应

在双重差分模型（DID）中，一个经典的假设是个体处理效应稳定性假设（Stable Unit Treatment Value Assumption，SUTVA）。SUTVA 最重要的一点是"处理组个体不会影响控制组个体"（Rubin，1974）。换言之，在SUTVA 框架下，总体中的任何个体并不会受到其他个体接受处理与否的影响（王金杰、盛玉雪，2020）。然而，这个假设在考虑到空间相关性时被打破了，或者说，当不同空间单元之间存在相关性即存在空间溢出效应时，SUTVA 不再成立（Kolak and Anselin，2019）。

事实上，SUTVA 在大多数情况下可能不成立，而现有的 DID 类实证文献很少会考虑到这一点，并且 Ferman（2020）指出忽略空间相关性将导致标准误被低估，从而夸大系数的显著性。

处理组在期初实施了某项政策，控制组没有实施，但并不是说政策实施之后，只会对处理组产生影响。政策通过示范、学习、要素流动等途径，也会作用于控制组，因此，政策的施行在长期将会在一个较广的区域范围内产生普遍（但不一致）的影响。这里有两个问题，一个是政策实施对控制组作用的力度，另一个是作用的方向。

首先，在处理组实施的某项政策不会对全域内所有地区产生相同的影响，可能两地间经济联系越密切，政策的空间溢出效应越强；可能两地共享同一地理边界（邻接），空间溢出效应越明显；可能两地核心城市之间的地理距离或路程距离越短，空间溢出效应越强。总之，政策的施行不会对其他地区产生一致的影响，而会随着某种空间相互关系的趋弱存在衰减效应。考虑到地理邻近性的重要性，本书中的 SDID 模型就是围绕地理距离这种空间相互关系进行研究设计的（空间权重矩阵的设置）。

其次，处理组实施的某项政策对邻近地区的影响有正有负。一方面，政策施行导致资源向先行地区倾斜集聚，这不仅意味着先行地区内部资源要重新配置，而且也将导致邻近地区的资源（如劳动力、资金等）向该地区流动集聚，这样的结果是抑制了邻近控制组的经济发展，形成了"虹吸效应"。另一方面，先行发展的示范区一般是经济发展较好的地区，政策实施后这些地区将已有的、相对落后的产能向周围地区转移，连带着将相关人才、技术与资金向周围地区转移，通过这样的一种方式促进邻近地区的发展，形成了所谓的"涓滴效应"。总之，政策的施行对邻近地区产生正负两方面的影响，而本章就是要更为精准稳健地测度出这种影响，并进一步分析出这种异质性影响背后的形成机理。

因此，为进一步验证假说 3，在传统双重差分模型基础上，本章充分考虑空间多重共线性的规避需求，构造了双重差分空间杜宾模型（SDM-DID）。

$$Y_{it} = \beta_0 + \sum_{it=1}^{NT} \rho_1 SDM(\theta_1 W)_{it,it} Y_{it} + \sum_{k=1}^{K} X_{it,k} \gamma_k +$$

$$\sum_{k=1,it=1}^{K} \sum_{it=1}^{NT} \theta_2 W_{it=1} X_{it,k} \gamma_{K+k} + tt\gamma_{2K+k} + \theta_2 W_{2K+k} + \varepsilon_{it} \qquad (7-2)$$

$$W = \frac{1}{d} \qquad (7-3)$$

在式（7-2）中，ρ_1 是 SDM 的空间自回归系数，即因变量的系数；W 代表一个 285×285 空间权重矩阵的元素，根据式（7-3）计算，其中，d 表示城市之间的地理距离；tt 是组合虚拟变量，即 $treat_i \times time_t$。

三　研究样本与变量选取

（一）研究样本

本章研究选用了 2003~2018 年中国 285 个城市能源类绿色专利数据及对应的行业和城市层面的经济数据。城市层面的数据来自历年《中国城市统计年鉴》。

本章对中国碳排放权交易试点政策的研究包括 2011 年国家发展和改革委员会批准的 7 个地区［包括北京、天津、上海、重庆、湖北、深圳和广东（不包括深圳）］的碳排放权交易试点项目。绿色专利需要经历不同的阶段，如研发投入、技术开发、专利形成和专利申报。此外，以绿色专利数量衡量的城市绿色技术创新可能需要经历一个较长的周期，这使得试点城市在初期阶段的绿色技术创新水平受到影响，试点城市的绿色绩效不能在短时间内得到反映。因此，在接下来的实证分析中，我们以 2013 年的正式实施时间作为试点政策的时间节点来检验试点政策对能源类绿色专利数量的影响。

（二）变量选取

1. 因变量

对于能源类绿色技术创新的筛选，本书依据世界知识产权组织（WIPO）

于 2010 年推出的"国际专利分类绿色清单",结合国际专利分类号甄别并提取城市和行业的能源类绿色专利数据。该绿色清单根据《联合国气候变化框架公约》中对绿色专利的划分标准生成,包括七大类:可替代能源类(Alternative Energy Production)、交通运输类(Transportation)、能源节约类(Energy Conservation)、废弃物处理类(Waste Management)、农林业(Agriculture or Forestry)、行政监管与设计(Administrative Regulatory or Design Aspects)、核能发电(Nuclear Power Generation)。其中,能源类绿色专利占该绿色清单的三大类。进一步地,为体现中国碳排放权交易试点政策对行业结构的影响,本部分依据该绿色清单,结合国际专利分类号甄别并提取能源类绿色专利相关行业共 14 类,包括高污染行业 6 类〔①电力、热力生产和供应业(ehps);②造纸和纸制品业(paper);③黑色金属冶炼和压延加工业(ferr);④石油、煤炭及其他燃料加工业(coal);⑤化学原料和化学制品制造业(chem);⑥非金属矿物制品业(nonme)〕、低污染行业 8 类〔①通用设备制造业(gem);②电气机械和器材制造业(emi);③建筑业(cons);④金属制品业(metal);⑤环境治理业(envi);⑥农业(agri);⑦汽车制造业(auto);⑧铁路、船舶制造业(rail)〕。

2. 控制变量

(1)经济发展水平(ec)。一些研究认为,经济发展水平对绿色技术创新有显著影响(Du and Li,2019)。经济发展正在引领和促进全球能源绿色创新(Baloch et al.,2021)。与 Hu 等(2020b)一致,本章使用城市人均 GDP 作为经济发展水平的衡量指标。

(2)产业结构(is)。污染密集型行业总是消耗过多的资源,产生大量的环境污染物。我们可以通过产业结构升级来促进绿色技术创新,以优化资源配置和改善环境(Wang et al.,2021b)。一般来说,经济的第二产业,特别是能源密集型产业带来了大量与能源相关的污染和创新(Liu et al.,2019)。因此,本章用第二产业增加值占 GDP 的比重来衡量产业结构。

(3)对外开放程度(fc)。关于对外开放程度的绿色技术创新效应,理论分析和实证研究提出了两个假设。第一个假设是根据"污染避难所假说",污染产业可能会迁移到环境规制不那么严格的国家,而不是从事创新活动(Milani,2017)。第二个假设是"污染晕"。从理论上讲,更大程度的开放将使本区域更容易获得国际金融支持和技术溢出,这将有助于提高本区域的绿色技术创新能力，然而，发达国家可能会将其受本国环境规制限制的能源密集型产业和污染密集型产业的生产环节转移到该区域，这可能会降低污染产业所在地的环境质量，使流入地成为"污染天堂"，降低流入地区的绿色技术创新水平。因此，本章用实际外商直接投资在 GDP 中所占的比重作为衡量对外开放程度的变量。

（4）人力资本（hc）。先前的研究已经表明，人力资本是国家创新能力的一个重要决定因素（Suseno et al.，2020）。人力资本是知识和技术的载体，高端技术人才是创新的动力，是推动绿色技术创新不可或缺的因素。因此，本章以普通高校的入学人数来衡量人力资本。

（5）环境规制强度（er）。绿色技术创新作为有效减少污染物排放和提高资源配置效率的手段，与环境治理密切相关。早期的文献认为环境规制会增加企业的生产负担，难以激励绿色技术创新。波特提出了不同的观点，他认为严格的环境规制可能会鼓励企业创新，因为技术进步降低了污染治理的成本（Popp et al.，2010）。考虑到数据的可用性，本章选择 PM2.5 的年平均浓度来表征环境规制强度。

（6）能源消耗（ce）。能源消耗是绿色技术创新的直接驱动力。考虑到数据的可用性，本章用工业用电量的对数来度量能源消耗。

变量描述性统计如表 7-2 所示。

表 7-2　变量描述性统计

变量	观测值	均值	标准差	最小值	最大值
GTIES	4560	62.48399	248.8714	0	5875
indhigh	4560	36.52588	156.6058	0	3596
indlow	4560	25.95811	95.43576	0	2279
gem	4560	3.049123	12.20104	0	199
emi	4560	14.55175	57.19854	0	1491
cons	4560	0.714912	2.917878	0	59
ehps	4560	15.93596	64.23347	0	1557
paper	4560	0.048684	0.275167	0	5
metal	4560	0.273684	1.281111	0	29
ferr	4560	0.044518	0.390152	0	11
coal	4560	8.687061	56.00723	0	1484

续表

变量	观测值	均值	标准差	最小值	最大值
envi	4560	2.079167	8.945724	0	196
agri	4560	4.636623	18.75134	0	331
chem	4560	11.1614	49.70869	0	977
auto	4560	0.353509	1.383491	0	23
rail	4560	0.299342	1.515613	0	30
nonme	4560	0.648246	2.634818	0	56
tt	4560	0.157456	0.36427	0	1
ec	4560	35863.66	30776.79	99	467749
is	4560	48.11311	11.02388	9	90.97
fc	4560	0.396323	1.217613	0	38.087
hc	4560	77487.38	144704.4	0	1100000
er	4560	43.01012	18.97553	3.131409	110.121
ce	4560	609277.4	985122.4	454	12300000

第五节　实证结果

一　平行趋势检验

双重差分模型有效性的核心前提假设是平行趋势假设。对于本研究的设定，平行趋势假设意味着，若没有碳排放权交易试点政策，不同城市能源类绿色技术创新变化趋势基本类似。因此，我们遵循 Jia 等（2021）的研究，采用事件分析法来对此进行验证。可以发现，本章的 DID 模型设定通过了平行趋势检验（见图 7-5）。

$$Y_{it} = \beta_0' + \sum_{it=1}^{NT} \rho_1' SDM(\theta_1 W)_{it,it} Y_{it} + \sum_{k=-10}^{5} \alpha_j E_{it}^k + \sum_{k=1}^{K} X_{it,k} \gamma_k' + \sum_{k=1,it=1}^{K} \sum_{it=1}^{NT} \theta_2 W_{it,it} X_{it,k} \gamma_{K+k}' + \varepsilon_{it} \tag{7-4}$$

在式（7-4）中，E_{it}^k 是一个虚拟变量，与 ETS 试点政策的实施相关联。由于中国的 ETS 试点政策是在 2013 年实施的，样本期包括试点政策实施前 10 年和实施后 5 年的数据。假设 c_i 是我国 ETS 试点政策在 i 城市开始实施的一年，该年的虚拟变量 $t-c_i=k$ 表示是否存在 $k \in [-10, 5]$。

图 7-5 用空间权重矩阵绘制了 E_{it}^k 的直接影响和 95% 的置信区间。横轴是 ETS 试点政策实施前后的年数。如图 7-5 所示，我们可以接受试点城市和非试点城市在政策实施前的能源类绿色专利的持续时变趋势一致的零假设，因此，平行趋势假设是成立的，试点政策可以作为一个准自然实验来研究其对能源类绿色技术创新的影响。我们还发现，自试点政策首次实施以来，能源类绿色技术创新大幅度增加。

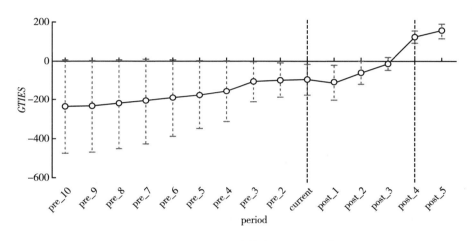

图 7-5　平行趋势检验结果

注：考虑到政策的提前公布可能对结果产生一定影响，平行趋势检验中少一年。

二　基准回归结果

基于假说 1，表 7-3 报告了碳排放权交易试点政策对能源类绿色技术创新影响的基准回归结果。进一步地，基于假设 2，表 7-3 报告了碳排放权交易试点政策对相关高污染行业和低污染行业影响的检验结果。其中，第（1）～（2）列为能源类绿色技术创新的回归结果，第（3）～（4）列为相关高污染行业的回归结果，第（5）～（6）列为相关低污染行业的回归结果。我们可以看到，第（2）列 tt（即 $treat_i \times time_t$）的估计系数为87.797，在 1% 的水平下显著为正，这表明碳排放权交易试点政策显著促进了能源类绿色技术创新，从而验证了假说 1。第（4）列、第（6）列的相关高污染行业与低污染行业 tt（即 $treat_i \times time_t$）的估计系数分别为

54.704 和 33.093，且都通过了 1% 的显著性检验，说明碳排放权交易试点政策可以有效提高相关高污染行业和低污染行业的绿色技术创新能力，且碳排放权交易试点政策对高污染行业的激励作用是低污染行业的 1.7 倍，从而验证了假说 2。

表 7-3　基准回归结果

变量	（1） GTIES	（2） GTIES	（3） indhigh	（4） indhigh	（5） indlow	（6） indlow
tt	37.421** （2.09）	87.797*** （4.64）	24.343** （2.16）	54.704*** （4.31）	13.078* （1.91）	33.093*** （5.05）
控制变量	no	yes	no	yes	no	yes
观测值	4560	4560	4560	4560	4560	4560

注：***、**、* 分别表示在 1%、5%、10% 的水平下显著；括号内为标准误。

三　空间溢出效应检验结果

考虑到政策通过示范、学习、要素流动等渠道，也会作用于控制组，本章采用 SDID 模型进一步探索碳排放权交易试点政策对邻近地区能源类绿色技术创新的影响。

普通面板回归模型城市固定效应和时间固定效应联合非显著性 LR 检验值均通过 1% 的显著性检验，表明本章的基准模型应为个体和时间双固定效应模型。利用空间滞后模型和空间杜宾模型估计结果进行的 Wald 检验和 LR 检验一致显示，可以拒绝空间杜宾模型简化为空间滞后模型或空间误差模型的假设，因此重点关注空间杜宾模型的估计结果。进一步采用 Hausman 检验，得到的 Hausman 检验值为 6.01，通过 1% 的显著性检验，故 SDID 模型选用固定效应的空间杜宾模型作为分析碳排放权交易试点政策对能源类绿色技术创新驱动作用的最优模型。

根据表 7-4 的回归结果，tt 的估计系数均在 1% 的水平下显著为正，SDID 模型的回归结果与基准回归结果基本一致，说明该结果基本稳健，并进一步验证了假说 1 和假说 2。tt 的估计系数均在 1% 的水平下显著为正，而 tt 的空间滞后项估计系数均在 1% 的水平下显著为负，初步说明碳排放权交易试点政策对能源类绿色技术创新存在显著的空间相关性，能够有效促进本地能源类绿色技术创新，而抑制邻地能源类绿色技术创新，验证了假说3。这一结果对高污染行业和低污染行业也同样适用。根据表7-4的结果计算的直接效应、间接效应和总效应报告在表7-5中。

表 7-4　SDID 模型回归结果

变量	（1） GTIES	（2） indhigh	（3） indlow	变量	（4） GTIES	（5） indhigh	（6） indlow
tt	196.598 *** （17.505）	102.641 *** （10.972）	65.734 *** （7.007）	Wtt	−792.799 *** （65.935）	−370.425 *** （41.395）	−266.129 *** （26.396）
ec	0.002 *** （0.000）	0.001 *** （0.000）	0.001 *** （0.000）	Wec	−0.005 *** （0.001）	−0.003 *** （0.000）	−0.002 *** （0.000）
is	−1.830 ** （0.433）	−1.068 *** （0.271）	−0.762 *** （0.173）	Wis	4.899 *** （1.664）	1.940 * （1.046）	2.108 *** （0.662）
fc	0.757 （1.579）	0.455 （0.988）	0.387 （0.632）	Wfc	−18.034 ** （8.617）	−6.618 （5.393）	−8.499 ** （3.451）
hc	0.001 *** （0.000）	0.001 *** （0.000）	0.000 *** （0.000）	Whc	−0.002 *** （0.000）	−0.001 *** （0.000）	−0.001 *** （0.000）
er	−0.621 （0.471）	−0.525 * （0.295）	−0.104 （0.189）	Wer	−1.846 * （1.000）	−0.557 （0.627）	−0.924 ** （0.400）
ce	0.000 *** （0.000）	0.000 *** （0.000）	0.000 *** （0.000）	Wce	0.000 *** （0.000）	0.000 *** （0.000）	0.000 *** （0.000）
sigma2_e	13770.837 *** （288.963）	5395.303 *** （113.595）	2206.183 *** （46.297）	rho	0.595 *** （0.072）	0.561 *** （0.076）	0.609 *** （0.070）
观测值	4560	4560	4560	R^2	0.352	0.313	0.412

注：***、**、* 分别表示在1%、5%、10%的水平下显著；括号内为标准误。

表7-5的结果与表7-4的结果非常相似，表明表7-4的回归结果基本稳健，进一步验证了假说3。并且，碳排放权交易试点政策对邻地能源类绿色技术创新产生的抑制作用是对本地激励作用的9倍左右。这表明碳排放权交易试点政策对能源类绿色技术创新存在显著的"虹吸效应"。可能的原因是，严格的ETS试点政策使得本地企业产生"遵循成本"，通过"一刀切"减少废气排放，降低了严格的环保标准和执行力度，可能给企业生产带来负担，况且，绿色技术创新耗时长、投入大，而试点政策仅在少数城市实施，试点城市亦可通过污染产业转移减少本地污染。第

（2）～（3）列的结果同样支持前文高污染行业受到的影响大于低污染行业所受到影响的假说。虽然碳排放权交易试点政策对相关高污染行业绿色技术创新的驱动作用相对低污染行业更为显著，但是有别于前文高污染行业受到影响是低污染行业受到影响的 1.7 倍，加入空间要素以后，碳排放权交易试点政策对高污染行业的激励作用大约是低污染行业的 1.2 倍。

关于控制变量对能源类绿色技术创新的影响，经济发展水平、人力资本和能源消耗对本地能源类绿色技术创新均存在正向促进作用，而产业结构对本地能源类绿色技术创新存在显著抑制作用。对邻地而言，产业结构、能源消耗对能源类绿色技术创新存在正向空间溢出效应，而经济发展水平、对外开放程度、人力资本等对能源类绿色技术创新均存在显著负向空间溢出效应。

表 7-5　根据表 7-4 的结果计算的直接效应、间接效应和总效应

	变量	（1）GTIES	（2）indhigh	（3）indlow
直接效应	tt	190.184***（17.997）	99.965***（11.277）	63.504***（7.182）
	ec	0.002***（0.000）	0.001***（0.000）	0.001***（0.000）
	is	-1.811***（0.413）	-1.068***（0.259）	-0.752***（0.165）
	fc	0.762（1.508）	0.507（0.944）	0.374（0.604）
	hc	0.001***（0.000）	0.001***（0.000）	0.000***（0.000）
	er	-0.636（0.455）	-0.529*（0.285）	-0.111（0.182）
	ce	0.000***（0.000）	0.000***（0.000）	0.000**（0.000）
间接效应	tt	-1707.729***（329.632）	-726.901***（145.087）	-593.673***（123.931）
	ec	-0.009***（0.002）	-0.005***（0.001）	-0.003***（0.001）
	is	9.704**（4.636）	3.152（2.461）	4.344**（1.951）

续表

	变量	（1） GTIES	（2） indhigh	（3） indlow
间接效应	fc	−43. 133 * （24. 006）	−14. 032 （13. 331）	−21. 140 ** （10. 160）
	hc	−0. 003 *** （0. 001）	−0. 002 *** （0. 001）	−0. 001 *** （0. 000）
	er	−5. 520 ** （2. 330）	−1. 934 （1. 271）	−2. 560 *** （0. 990）
	ce	0. 001 *** （0. 000）	0. 001 *** （0. 000）	0. 000 *** （0. 000）
总效应	tt	−1517. 545 *** （326. 407）	−626. 936 *** （141. 764）	−530. 17 *** （122. 421）
	ec	−0. 006 *** （0. 002）	−0. 004 *** （0. 001）	−0. 002 ** （0. 001）
	is	7. 893 * （4. 561）	2. 084 （2. 406）	3. 592 * （1. 923）
	fc	−42. 371 * （24. 073）	−13. 525 （13. 370）	−20. 766 ** （10. 188）
	hc	−0. 002 * （0. 001）	−0. 001 ** （0. 001）	−0. 001 （0. 000）
	er	−6. 157 *** （2. 152）	−2. 462 ** （1. 148）	−2. 671 *** （0. 921）
	ce	0. 001 *** （0. 000）	0. 001 *** （0. 000）	0. 000 *** （0. 000）

注：***、**、*分别表示在1%、5%、10%的水平下显著；括号内为标准误。

四　异质性分析

尽管本章已经论证了碳排放权交易试点政策对行业间能源类绿色技术创新的有效性，但试点范围内不同行业对政策冲击的响应是否存在一定差异尚需探讨。对于该问题的探讨有助于深入理解碳排放权交易试点政策对能源类绿色技术创新的作用机理和影响路径。因此，我们分别从高污染细分行业和低污染细分行业两方面对碳排放权交易试点政策影响能源类绿色技术创新的行业异质性进行讨论。

（一）高污染细分行业

本章进一步研究试点政策对相关高污染细分行业能源类绿色技术创新的影响是否有所不同。表7-6汇报了6个高污染细分行业的基准回归结果。研究发现，高污染细分行业处理效果总体上保持稳健。然而，有别于其他5个行业，造纸和纸制品业（paper）tt的估计系数为-0.082，在5%的水平下显著为负，且tt的空间滞后项估计系数为正但不显著，表明试点政策抑制了本地造纸和纸制品业能源类绿色技术创新的发展，对邻地造纸和纸制品业能源类绿色技术创新的影响不显著。此结果可能的原因是，在供给侧结构性改革期间，造纸和纸制品业由于污染严重且产能过剩问题突出，在研究期内处于产能收缩阶段，在一定程度上影响了该行业能源类绿色技术创新的发展。

电力、热力生产和供应业（ehps）tt的估计系数为57.659，在1%的水平下显著为正，是高污染行业中受到试点政策影响最大的行业。其次是石油、煤炭及其他燃料加工业（coal），其tt的估计系数为43.445。化学原料和化学制品制造业（chem）tt的估计系数大约是电力、热力生产和供应业的一半。黑色金属冶炼和压延加工业（ferr）和非金属矿物制品业（nonme）受到的正向促进作用较小，但都在1%的水平下显著。

表7-6　高污染细分行业的基准回归结果

变量	（1） ehps	（2） paper	（3） ferr	（4） coal	（5） chem	（6） nonme
tt	57.659***	-0.082**	0.255***	43.445***	25.290***	1.168***
	(5.493)	(0.036)	(0.048)	(3.842)	(3.565)	(0.269)
ec	0.001***	0.000	0.000**	0.000***	0.000***	0.000***
	(0.000)	(0.000)	(0.000)	(0.000)	(0.000)	(0.000)
is	-0.257*	0.002**	-0.002	-0.335***	-0.447***	-0.027***
	(0.136)	(0.001)	(0.001)	(0.095)	(0.088)	(0.007)
fc	0.209	-0.001	0.001	0.079	0.114	-0.010
	(0.496)	(0.003)	(0.004)	(0.347)	(0.321)	(0.024)

续表

变量	（1） ehps	（2） paper	（3） ferr	（4） coal	（5） chem	（6） nonme
hc	0.000 ***	0.000 ***	0.000 ***	0.000 ***	0.000 ***	0.000 ***
	（0.000）	（0.000）	（0.000）	（0.000）	（0.000）	（0.000）
er	-0.217	0.000	0.001	-0.093	-0.226 **	0.003
	（0.148）	（0.001）	（0.001）	（0.104）	（0.096）	（0.007）
ce	0.000 ***	0.000 ***	0.000 **	0.000	0.000 ***	0.000 ***
	（0.000）	（0.000）	（0.000）	（0.000）	（0.000）	（0.000）
Wtt	-248.989 ***	0.217	-1.136 ***	-166.009 ***	-92.506 ***	-7.182 ***
	（20.697）	（0.135）	（0.181）	（14.522）	（13.432）	（1.020）
Wec	-0.002 ***	0.000	0.000	0.000 **	-0.001 ***	0.000 ***
	（0.000）	（0.000）	（0.000）	（0.000）	（0.000）	（0.000）
Wis	1.462 ***	-0.005	0.000	0.021	0.776 **	0.073 ***
	（0.520）	（0.003）	（0.004）	（0.367）	（0.337）	（0.025）
Wfc	-5.144 *	0.024	-0.018	-0.853	-2.350	-0.130
	（2.705）	（0.018）	（0.023）	（1.894）	（1.755）	（0.133）
Whc	-0.001 ***	0.000 **	0.000	0.000	0.000 ***	0.000 ***
	（0.000）	（0.000）	（0.000）	（0.000）	（0.000）	（0.000）
Wer	-0.574 *	-0.002	-0.002	-0.154	-0.074	-0.025
	（0.315）	（0.002）	（0.003）	（0.219）	（0.203）	（0.015）
Wce	0.000 ***	0.000 **	0.000	0.000 ***	0.000 ***	0.000 ***
	（0.000）	（0.000）	（0.000）	（0.000）	（0.000）	（0.000）
rho	0.709 ***	0.343 ***	-0.121	-0.089	0.461 ***	0.609 ***
	（0.057）	（0.086）	（0.116）	（0.122）	（0.085）	（0.071）
sigma2_e	1356.616 ***	0.057 ***	0.102 ***	664.417 ***	570.698 ***	3.254 ***
	（28.487）	（0.001）	（0.002）	（13.915）	（11.976）	（0.068）
观测值	4560	4560	4560	4560	4560	4560
R^2	0.351	0.097	0.051	0.092	0.347	0.223

注：***、**、*分别表示在1%、5%、10%的水平下显著；括号内为标准误。

根据表7-6的结果计算的直接效应、间接效应和总效应报告在表7-7中。

由表7-7可知，电力、热力生产和供应业的直接效应估计系数为

表 7-7 根据表 7-6 的结果计算的直接效应、间接效应和总效应

	变量	(1) ehps	(2) paper	(3) ferr	(4) coal	(5) chem	(6) nonme
直接效应	tt	54.769*** (5.617)	-0.081** (0.037)	0.256*** (0.050)	43.562*** (4.025)	24.776*** (3.677)	1.104*** (0.276)
	ec	0.001*** (0.000)	0.000 (0.000)	0.000** (0.000)	0.000*** (0.000)	0.000*** (0.000)	0.000*** (0.000)
	is	-0.245* (0.129)	0.002** (0.001)	-0.002 (0.001)	-0.339*** (0.092)	-0.447*** (0.084)	-0.027*** (0.006)
	fc	0.194 (0.475)	-0.001 (0.003)	0.001 (0.004)	0.115 (0.332)	0.134 (0.307)	-0.009 (0.023)
	hc	0.000*** (0.000)	0.000*** (0.000)	0.000*** (0.000)	0.000*** (0.000)	0.000*** (0.000)	0.000*** (0.000)
	er	-0.225 (0.142)	0.000 (0.001)	0.001 (0.001)	-0.092 (0.101)	-0.227** (0.093)	0.003 (0.007)
	ce	0.000*** (0.000)	0.000 (0.000)	0.000** (0.000)	0.000 (0.000)	0.000*** (0.000)	0.000*** (0.000)
间接效应	tt	-732.787*** (153.244)	0.294 (0.203)	-1.045*** (0.186)	-157.362*** (18.53)	-152.317*** (32.638)	-16.944*** (3.793)
	ec	-0.004*** (0.001)	0.000 (0.000)	0.000 (0.000)	0.000** (0.000)	-0.001* (0.000)	0.000* (0.000)
	is	4.542** (2.070)	-0.007 (0.005)	0.000 (0.004)	0.045 (0.341)	1.079* (0.648)	0.147** (0.069)

续表

变量		(1) ehps	(2) paper	(3) ferr	(4) coal	(5) chem	(6) nonme
间接效应	fc	-16.939	0.037	-0.015	-0.710	-4.169	-0.333
		(10.423)	(0.028)	(0.022)	(1.869)	(3.561)	(0.367)
	hc	-0.001***	0.000**	0.000	0.000	-0.001***	0.000***
		(0.000)	(0.000)	(0.000)	(0.000)	(0.000)	(0.000)
	er	-2.518**	-0.002	-0.002	-0.130	-0.329	-0.058
		(0.996)	(0.003)	(0.003)	(0.211)	(0.342)	(0.035)
	ce	0.000***	0.000	0.000	0.000***	0.000***	0.000***
		(0.000)	(0.000)	(0.000)	(0.000)	(0.000)	(0.000)
	tt	-678.017***	0.213	-0.790***	-113.800***	-127.542***	-15.841***
		(152.492)	(0.182)	(0.158)	(16.889)	(31.206)	(3.717)
	ec	-0.004***	0.000	0.000	0.000	-0.001*	0.000
		(0.001)	(0.000)	(0.000)	(0.000)	(0.000)	(0.000)
	is	4.297**	-0.005	-0.002	-0.293	0.632	0.120*
		(2.053)	(0.005)	(0.004)	(0.310)	(0.628)	(0.068)
总效应	fc	-16.745	0.037	-0.014	-0.595	-4.035	-0.342
		(10.465)	(0.028)	(0.022)	(1.848)	(3.566)	(0.369)
	hc	-0.001**	0.000	0.000	0.000	0.000***	0.000***
		(0.000)	(0.000)	(0.000)	(0.000)	(0.000)	(0.000)
	er	-2.744***	-0.002	-0.001	-0.222	-0.555*	-0.054*
		(0.946)	(0.002)	(0.002)	(0.152)	(0.299)	(0.033)
	ce	0.001***	0.000	0.000	0.000***	0.000***	0.000***
		(0.000)	(0.000)	(0.000)	(0.000)	(0.000)	(0.000)

注：***、**、* 分别表示在1%、5%、10%的水平下显著；括号内为标准误。

54.769，在1%的水平下显著为正。石油、煤炭及其他燃料加工业的直接效应估计系数为43.562。化学原料和化学制品制造业的直接效应估计系数约为电力、热力生产和供应业的一半。黑色金属冶炼和压延加工业、非金属矿物制品业受到的正向促进作用较小，但都在1%的水平下显著。值得注意的是，造纸和纸制品业的直接效应估计系数显著为负。

电力、热力生产和供应业的间接效应估计系数为-732.787，在1%的水平下显著，其绝对值约为直接效应的13.4倍，从周边环境吸引了最多的资源。黑色金属冶炼和压延加工业的间接效应估计系数为-1.045，其绝对值约为直接效应的4倍。石油、煤炭及其他燃料加工业的间接效应估计系数为-157.362，其绝对值约为直接效应的3.6倍，也是污染强度最小、极化程度最低的子行业。试点政策对本地化学原料和化学制品制造业的正向促进作用大约是石油、煤炭及其他燃料加工业的一半，但对邻地化学原料和化学制品制造业的抑制作用与石油、煤炭及其他燃料加工业相近。非金属矿物制品业的间接效应估计系数的绝对值约为直接效应估计系数的15倍，也是极化程度最高的子行业。这表明，对于这5个污染密集型行业（高污染行业），地方试点政策对周边地区具有显著的"虹吸效应"，吸引人力、物力和财力资源向本地区转移，因此，地方试点政策反而对周边地区的绿色技术创新产生了负面影响。

从区域角度来看，试点政策减少了污染密集型行业的GTIES。石油、煤炭及其他燃料加工业，化学原料和化学制品制造业的总效应估计系数分别占电力、热力生产和供应业的16.8%和18.8%。黑色金属冶炼和压延加工业、非金属矿物制品业的总效应估计系数分别为-0.790和-15.841，表明试点地区每增加1个单位，这两个行业的GTIES分别减少0.790个和15.841个单位。

（二）低污染细分行业

此外，本章还研究了试点政策对相关低污染细分行业GTIES的影响是否有所不同。表7-8报告了8个低污染细分行业的基准回归结果。我们可以看到的是，结果非常相似，表明基准回归结果是稳健的。但是，除金属制品业（metal）外，其他7个行业tt的估计系数均在1%的水平下显著为正，而空间滞后项的估计系数均显著为负。

表 7-8　低污染细分行业的基准回归结果

变量	(1) gem	(2) emi	(3) cons	(4) metal	(5) emi	(6) agri	(7) auto	(8) rail
tt	6.841*** (1.099)	25.517*** (4.56)	1.912*** (0.277)	-0.109 (0.120)	8.160*** (0.818)	7.779*** (1.405)	0.680*** (0.146)	0.956*** (0.160)
ec	0.000*** (0.000)	0.001*** (0.000)	0.000*** (0.000)	0.000*** (0.000)	0.000*** (0.000)	0.000*** (0.000)	0.000*** (0.000)	0.000*** (0.000)
is	-0.084*** (0.027)	-0.512*** (0.112)	-0.021*** (0.007)	-0.010*** (0.003)	-0.056*** (0.020)	-0.058* (0.035)	-0.003 (0.004)	-0.004 (0.004)
fc	0.067 (0.099)	0.194 (0.411)	0.009 (0.025)	-0.004 (0.011)	0.0350 (0.074)	0.107 (0.127)	0.001 (0.013)	0.010 (0.014)
hc	0.000*** (0.000)	0.000*** (0.000)	0.000*** (0.000)	0.000*** (0.000)	0.000*** (0.000)	0.000*** (0.000)	0.000*** (0.000)	0.000*** (0.000)
er	-0.024 (0.030)	-0.084 (0.123)	-0.013* (0.007)	-0.001 (0.003)	-0.033 (0.022)	0.052 (0.038)	-0.002 (0.004)	0.000 (0.004)
ce	0.000*** (0.000)	0.000*** (0.000)	0.000*** (0.000)	0.000*** (0.000)	0.000*** (0.000)	0.000*** (0.000)	0.000*** (0.000)	0.000*** (0.000)
W_{tt}	-11.465*** (4.205)	-103.003*** (17.204)	-6.653*** (1.043)	-0.137 (0.452)	-35.526*** (3.085)	-27.529*** (5.291)	-3.035*** (0.550)	-3.854*** (0.603)
W_{ec}	0.000*** (0.000)	-0.001*** (0.000)	0.000*** (0.000)	0.000 (0.000)	0.000*** (0.000)	0.000** (0.000)	0.000*** (0.000)	0.000*** (0.000)
W_{is}	0.182* (0.103)	0.970** (0.429)	0.032 (0.026)	0.013 (0.011)	0.123 (0.079)	0.238* (0.132)	0.017 (0.014)	0.021 (0.015)

续表

变量	(1) gem	(2) emi	(3) cons	(4) metal	(5) envi	(6) agri	(7) auto	(8) rail
Wfc	-1.079** (0.541)	-3.773* (2.246)	-0.125 (0.136)	-0.101* (0.060)	-0.435 (0.403)	-1.545** (0.691)	-0.002 (0.072)	-0.147* (0.079)
Whc	0.000* (0.000)	0.000*** (0.000)	0.000*** (0.000)	0.000* (0.000)	0.000*** (0.000)	0.000*** (0.000)	0.000*** (0.000)	0.000*** (0.000)
Wer	-0.095 (0.063)	-0.352 (0.260)	-0.004 (0.016)	-0.001 (0.007)	-0.063 (0.047)	-0.245*** (0.080)	-0.006 (0.008)	-0.017* (0.009)
Wce	0.000*** (0.000)	0.000*** (0.000)	0.000*** (0.000)	0.000 (0.000)	0.000*** (0.000)	0.000*** (0.000)	0.000*** (0.000)	0.000*** (0.000)
rho	0.634*** (0.065)	0.576*** (0.075)	0.650*** (0.067)	0.119 (0.105)	0.500*** (0.076)	0.257*** (0.093)	0.118 (0.103)	0.310*** (0.090)
sigma2_e	54.229*** (1.138)	932.617*** (19.629)	3.439*** (0.072)	0.645*** (0.014)	30.107*** (0.631)	88.450*** (1.856)	0.952*** (0.020)	1.149*** (0.024)
观测值	4560	4560	4560	4560	4560	4560	4560	4560
R²	0.346	0.372	0.326	0.297	0.303	0.372	0.225	0.235

注：***、**、*分别表示在1%、5%、10%的水平下显著；括号内为标准误。

第六节　稳健性检验

一　安慰剂检验

安慰剂检验的具体步骤如下：首先，我们在原始数据集中单独剔除城市的样本变量；其次，将剔除掉的城市随机打乱顺序 223 次；再次，将随机化的城市合并至已被处理过的原始数据集中；最后，我们将随机化的 *treat* 和 *time* 的交互项放入回归方程进行回归，并将以上操作重复 1000 次。通过这样做，我们可以判断基准回归的结果是不是试点城市的选择造成的偶然结果。

在经过 1000 次的安慰剂检验以后，我们根据单独提取出的回归结果，即交互项系数与标准误，分别绘制系数、t 值的核密度估计图以及 P 值与系数的散点图。

图 7-6 是随机化处理后 DID 模型交互项回归系数的核密度估计，其中实线是基础回归估计出来的真实系数，虚线是 1000 个虚拟系数的均值；图 7-7 是 t 值的核密度估计，其中实线是真实 t 值，虚线是 t 的均值，两根短虚线分别代表 t=-1.65 和 t=1.65（即大样本在 10% 的显著性水平下所对应的 t 值，t 值的绝对值小于该数说明在 10% 的水平下不显著）；图 7-8 是 P 值与系数的散点图，其中水平虚线是 P=0.1，散点位于该虚线以下说明系数至少在 10% 的水平下显著，反之则不显著。

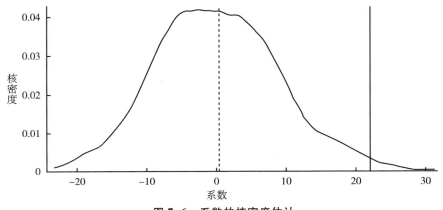

图 7-6　系数的核密度估计

图 7-6 和图 7-7 都说明了绝大多数系数和 t 值集中分布在 0 附近，均值与真实值的距离较远，且绝大多数估计系数并不显著，这意味着试点政策对 GTIES 的作用没有受到其他未被观测因素的影响。与此同时，P 值的散点图（见图 7-8）也验证了这一结论，如散点集中分布在 0 附近，且远离其真实值，多数散点位于虚线以上，同时说明在 10% 的水平下不显著。

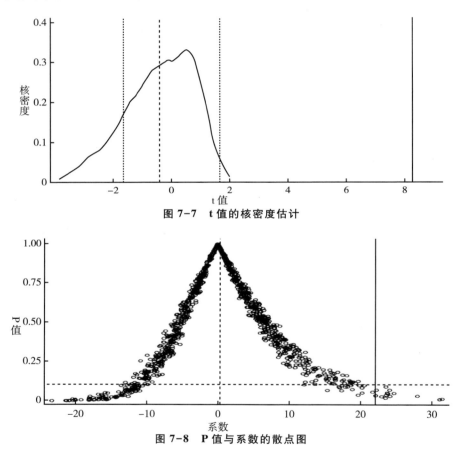

图 7-7　t 值的核密度估计

图 7-8　P 值与系数的散点图

二　使用可替代的空间权重矩阵

我们进一步利用距离平方的逆矩阵对 SDID 模型进行经验检验。有关结果报告于表 7-9 至表 7-14。解释变量系数的显著性和符号与基准回归和异质性检验的结果基本一致，表明基准回归和异质性检验的结果具有基本的稳健性。

表 7-9　基准回归结果（使用可替代的空间权重矩阵）

变量	（1） GTIES	（2） indhigh	（3） indlow	变量	（4） GTIES	（5） indhigh	（6） indlow
tt	192.313 *** （17.506）	102.639 *** （10.972）	50.832 *** （7.025）	Wtt	−769.114 *** （65.938）	−370.41 *** （41.395）	−183.391 *** （26.491）
ec	0.002 *** （0.000）	0.001 *** （0.000）	0.001 *** （0.000）	Wec	−0.005 *** （0.001）	−0.003 *** （0.000）	−0.002 *** （0.000）
is	−1.829 *** （0.433）	−1.068 *** （0.271）	−0.762 *** （0.173）	Wis	4.773 *** （1.665）	1.940 * （1.046）	1.672 ** （0.664）
fc	0.770 （1.579）	0.455 （0.988）	0.430 （0.633）	Wfc	−17.591 ** （8.617）	−6.617 （5.393）	−7.013 ** （3.456）
hc	0.001 *** （0.000）	0.001 *** （0.000）	0.000 *** （0.000）	Whc	−0.002 *** （0.000）	−0.001 *** （0.000）	−0.001 *** （0.000）
er	−0.622 （0.471）	−0.525 * （0.295）	−0.108 （0.189）	Wer	−1.787 * （1.000）	−0.557 （0.627）	−0.731 * （0.401）
ce	0.000 *** （0.000）	0.000 *** （0.000）	0.000 *** （0.000）	Wce	0.000 *** （0.000）	0.000 *** （0.000）	0.000 *** （0.000）
sigma2_e	13771.494 *** （288.987）	5395.307 *** （113.595）	2212.126 *** （46.540）	rho	0.593 *** （0.072）	0.561 *** （0.076）	0.590 *** （0.072）
观测值	4560	4560	4560	R^2	0.353	0.313	0.417

注：*** 、** 、* 分别表示在 1%、5%、10%的水平下显著；括号内为标准误。

表 7-10　根据表 7-9 的结果计算的直接效应、间接效应和总效应

	变量	（1） GTIES	（2） indhigh	（3） indlow
直接效应	tt	186.148 *** （17.985）	99.965 *** （11.280）	49.377 *** （7.208）
	ec	0.002 *** （0.000）	0.001 *** （0.000）	0.001 *** （0.000）
	is	−1.812 *** （0.413）	−1.068 *** （0.259）	−0.758 *** （0.165）
	fc	0.780 （1.508）	0.507 （0.944）	0.436 （0.604）
	hc	0.001 *** （0.000）	0.001 *** （0.000）	0.000 *** （0.000）
	er	−0.637 （0.455）	−0.529 * （0.285）	−0.113 （0.182）
	ce	0.000 *** （0.000）	0.000 *** （0.000）	0.000 ** （0.000）

续表

间接效应	变量	(1) *GTIES*	(2) *indhigh*	(3) *indlow*
间接效应	*tt*	-1648.746 *** (319.301)	-726.694 *** (145.164)	-593.673 *** (123.931)
间接效应	*ec*	-0.009 *** (0.002)	-0.005 *** (0.001)	-0.003 *** (0.001)
间接效应	*is*	9.353 ** (4.584)	3.152 (2.462)	3.076 * (1.752)
间接效应	*fc*	-41.809 * (23.836)	-14.037 (13.327)	-16.359 * (9.420)
间接效应	*hc*	-0.003 *** (0.001)	-0.002 *** (0.001)	-0.001 *** (0.000)
间接效应	*er*	-5.350 ** (2.309)	-1.933 (1.271)	-1.954 *** (0.903)
间接效应	*ce*	0.001 *** (0.000)	0.001 *** (0.000)	0.000 *** (0.000)
总效应	*tt*	-1462.599 *** (315.911)	-626.738 *** (141.836)	-333.849 *** (88.114)
总效应	*ec*	-0.006 *** (0.002)	-0.004 *** (0.001)	-0.002 ** (0.001)
总效应	*is*	7.541 * (4.507)	2.084 (2.406)	2.319 (1.720)
总效应	*fc*	-41.029 * (23.903)	-13.530 (13.366)	-15.923 * (9.445)
总效应	*hc*	-0.002 * (0.001)	-0.001 ** (0.001)	-0.001 (0.000)
总效应	*er*	-5.987 *** (2.129)	-2.462 ** (1.148)	-2.067 ** (0.829)
总效应	*ce*	0.001 *** (0.000)	0.001 *** (0.000)	0.000 *** (0.000)

注：***、**、*分别表示在1%、5%、10%的水平下显著；括号内为标准误。

表7-11　高污染细分行业的基准回归结果（使用可替代的空间权重矩阵）

变量	(1) *ehps*	(2) *paper*	(3) *ferr*	(4) *coal*	(5) *chem*	(6) *nonme*
tt	52.371 *** (5.495)	-0.061 * (0.036)	0.182 *** (0.048)	32.828 *** (3.855)	29.679 *** (3.562)	52.371 *** (5.495)

续表

变量	（1） ehps	（2） paper	（3） ferr	（4） coal	（5） chem	（6） nonme
ec	0.001 *** （0.000）	0.000 （0.000）	0.000 ** （0.000）	0.000 *** （0.000）	0.000 *** （0.000）	0.000 *** （0.000）
is	−0.257 * （0.136）	0.002 ** （0.001）	−0.002 （0.001）	−0.337 *** （0.095）	−0.447 *** （0.088）	−0.027 *** （0.007）
fc	0.225 （0.496）	−0.001 （0.003）	0.001 （0.004）	0.110 （0.347）	0.101 （0.321）	−0.009 （0.024）
hc	0.000 *** （0.000）	0.000 *** （0.000）	0.000 *** （0.000）	0.000 *** （0.000）	0.000 *** （0.000）	0.000 *** （0.000）
er	−0.217 （0.148）	0.000 （0.001）	0.001 （0.001）	−0.096 （0.104）	−0.225 ** （0.096）	0.003 （0.007）
ce	0.000 *** （0.000）	0.000 *** （0.000）	0.000 ** （0.000）	0.000 （0.000）	0.000 *** （0.000）	0.000 *** （0.000）
Wtt	−219.683 *** （20.705）	0.100 （0.135）	−0.734 *** （0.181）	−106.947 *** （14.599）	−116.857 *** （13.417）	−5.933 *** （1.021）
Wec	−0.002 *** （0.000）	0.000 （0.000）	0.000 （0.000）	0.000 *** （0.000）	−0.001 *** （0.000）	0.000 *** （0.000）
Wis	1.315 ** （0.520）	−0.005 （0.003）	−0.002 （0.004）	−0.255 （0.368）	0.905 *** （0.337）	0.067 *** （0.025）
Wfc	−4.619 * （2.706）	0.022 （0.018）	−0.010 （0.024）	0.229 （1.898）	−2.811 （1.755）	−0.107 （0.133）
Whc	−0.001 *** （0.000）	0.000 ** （0.000）	0.000 （0.000）	0.000 （0.000）	0.000 *** （0.000）	0.000 *** （0.000）
Wer	−0.507 （0.315）	−0.002 （0.002）	−0.001 （0.003）	−0.004 （0.219）	−0.133 （0.203）	−0.022 （0.015）
Wce	0.000 *** （0.000）	0.000 ** （0.000）	0.000 （0.000）	0.000 *** （0.000）	0.000 *** （0.000）	0.000 *** （0.000）
rho	0.709 *** （0.057）	0.343 *** （0.086）	−0.121 （0.116）	−0.089 （0.122）	0.461 *** （0.085）	0.609 *** （0.071）
sigma2_e	0.703 *** （0.058）	0.348 *** （0.086）	−0.099 （0.116）	−0.069 （0.121）	0.472 *** （0.084）	0.615 *** （0.070）
观测值	4560	4560	4560	4560	4560	4560
R^2	0.354	0.097	0.059	0.109	0.342	0.229

注：*** 、** 、* 分别表示在 1%、5%、10%的水平下显著；括号内为标准误。

表 7-12　根据表 7-11 的结果计算的直接效应、间接效应和总效应

变量		(1) *ehps*	(2) *paper*	(3) *ferr*	(4) *coal*	(5) *chem*	(6) *nonme*
直接效应	*tt*	49.880 ***	−0.060	0.183 ***	32.868 ***	29.024 ***	0.893 ***
		(5.613)	(0.037)	(0.050)	(4.040)	(3.667)	(0.276)
	ec	0.001 ***	0.000	0.000 **	0.000 ***	0.000 ***	0.000 ***
		(0.000)	(0.000)	(0.000)	(0.000)	(0.000)	(0.000)
	is	−0.247 *	0.002 **	−0.002	−0.341 ***	−0.446 ***	−0.027 ***
		(0.129)	(0.001)	(0.001)	(0.092)	(0.084)	(0.006)
	fc	0.219	−0.001	0.001	0.146	0.117	−0.008
		(0.475)	(0.003)	(0.004)	(0.333)	(0.307)	(0.023)
	hc	0.000 ***	0.000 ***	0.000 ***	0.000 ***	0.000 ***	0.000 ***
		(0.000)	(0.000)	(0.000)	(0.000)	(0.000)	(0.000)
	er	−0.224	0.000	0.001	−0.095	−0.225 **	0.003
		(0.142)	(0.001)	(0.001)	(0.101)	(0.093)	(0.007)
	ce	0.000 ***	0.000	0.000 **	0.000	0.000	0.000
		(0.000)	(0.000)	(0.000)	(0.000)	(0.000)	(0.000)
间接效应	*tt*	−631.472 ***	0.126	−0.684 ***	−102.746 ***	−198.109 ***	−14.236 ***
		(134.811)	(0.205)	(0.180)	(16.177)	(38.064)	(3.455)
	ec	−0.004 ***	0.000	0.000	0.000 **	−0.001 ***	0.000 *
		(0.001)	(0.000)	(0.000)	(0.000)	(0.000)	(0.000)
	is	3.951 **	−0.006	−0.002	−0.222	1.342 **	0.133 *
		(1.975)	(0.005)	(0.004)	(0.345)	(0.678)	(0.069)
	fc	−14.761	0.034	−0.008	0.303	−5.162	−0.275
		(10.113)	(0.029)	(0.023)	(1.896)	(3.676)	(0.372)
	hc	−0.001 ***	0.000 **	0.000	0.000	−0.001 ***	0.000 ***
		(0.000)	(0.000)	(0.000)	(0.000)	(0.000)	(0.000)
	er	−2.235 **	−0.003	−0.001	0.009	−0.454	−0.051
		(0.957)	(0.003)	(0.003)	(0.213)	(0.353)	(0.036)
	ce	0.000 ***	0.000	0.000	0.000 ***	0.000 ***	0.000
		(0.000)	(0.000)	(0.000)	(0.000)	(0.000)	(0.000)
总效应	*tt*	−581.592 ***	0.066	−0.501 ***	−69.878 ***	−169.085 ***	−13.343 ***
		(133.814)	(0.183)	(0.150)	(14.055)	(36.907)	(3.366)
	ec	−0.004 ***	0.000	0.000	0.000	−0.001 *	0.000
		(0.001)	(0.000)	(0.000)	(0.000)	(0.000)	(0.000)
	is	3.704 *	−0.004	−0.003	−0.563 *	0.896	0.106
		(1.956)	(0.005)	(0.004)	(0.314)	(0.659)	(0.067)
	fc	−14.542	0.033	−0.007	0.449	−5.044	−0.283
		(10.153)	(0.029)	(0.023)	(1.877)	(3.682)	(0.374)
	hc	−0.001 **	0.000	0.000	0.000	0.000 ***	0.000 ***
		(0.000)	(0.000)	(0.000)	(0.000)	(0.000)	(0.000)
	er	−2.460 ***	−0.003	0.000	−0.086	−0.679 **	−0.047
		(0.905)	(0.002)	(0.002)	(0.153)	(0.311)	(0.033)
	ce	0.001 ***	0.000	0.000	0.000 ***	0.000 ***	0.000
		(0.000)	(0.000)	(0.000)	(0.000)	(0.000)	(0.000)

注：***、**、* 分别表示在 1%、5%、10%的水平下显著；括号内为标准误。

表7-13　低污染细分行业的基准回归结果（使用可替代的空间权重矩阵）

变量	(1) gem	(2) emi	(3) cons	(4) metal	(5) envi	(6) agri	(7) auto	(8) rail
tt	6.841***	36.602***	1.911***	-0.110	6.014***	10.126***	0.669***	0.956***
	(1.099)	(4.547)	(0.277)	(0.120)	(0.821)	(1.403)	(0.146)	(0.160)
ec	0.000***	0.001***	0.000***	0.000***	0.000***	0.000***	0.000***	0.000***
	(0.000)	(0.000)	(0.000)	(0.000)	(0.000)	(0.000)	(0.000)	(0.000)
is	-0.084***	-0.511***	-0.021***	-0.010***	-0.056***	-0.058*	-0.003	-0.004
	(0.027)	(0.112)	(0.007)	(0.003)	(0.020)	(0.035)	(0.004)	(0.004)
fc	0.067	0.161	0.009	-0.004	0.042	0.100	0.001	0.010
	(0.099)	(0.410)	(0.025)	(0.011)	(0.074)	(0.126)	(0.013)	(0.014)
hc	0.000***	0.000***	0.000***	0.000***	0.000***	0.000***	0.000***	0.000***
	(0.000)	(0.000)	(0.000)	(0.000)	(0.000)	(0.000)	(0.000)	(0.000)
er	-0.024	-0.082	-0.013*	-0.001	-0.033	0.053	-0.002	0.000
	(0.030)	(0.123)	(0.007)	(0.003)	(0.022)	(0.038)	(0.004)	(0.004)
ce	0.000***	0.000***	0.000***	0.000***	0.000***	0.000	0.000***	0.000***
	(0.000)	(0.000)	(0.000)	(0.000)	(0.000)	(0.000)	(0.000)	(0.000)
Wtt	-11.465***	-164.322***	-6.651***	-0.128	-23.643***	-40.553***	-2.969***	-3.854***
	(4.205)	(17.133)	(1.043)	(0.452)	(3.099)	(5.280)	(0.550)	(0.603)
Wec	0.000***	-0.001***	0.000***	00.000	0.000***	0.000**	0.000**	0.000***
	(0.000)	(0.000)	(0.000)	(0.000)	(0.000)	(0.000)	(0.000)	(0.000)
Wis	0.182*	1.280***	0.032	0.013	0.063	0.305**	0.017	0.021
	(0.103)	(0.428)	(0.026)	(0.011)	(0.079)	(0.132)	(0.014)	(0.015)

续表

变量	(1) gem	(2) emi	(3) cons	(4) metal	(5) envi	(6) agri	(7) auto	(8) rail
W_{fc}	-1.079** (0.541)	-4.888** (2.242)	-0.125 (0.136)	-0.101* (0.060)	-0.213 (0.404)	-1.786*** (0.690)	-0.001 (0.072)	-0.147* (0.079)
W_{hc}	0.000* (0.000)	0.000*** (0.000)	0.000*** (0.000)	0.000* (0.000)	0.000*** (0.000)	0.000*** (0.000)	0.000*** (0.000)	0.000*** (0.000)
W_{er}	-0.095 (0.063)	-0.502* (0.259)	-0.004 (0.016)	-0.001 (0.007)	-0.034 (0.047)	-0.277*** (0.080)	-0.006 (0.008)	-0.017* (0.009)
W_{ce}	0.000*** (0.000)	0.000*** (0.000)	0.000*** (0.000)	0.000 (0.000)	0.000*** (0.000)	0.000*** (0.000)	0.000*** (0.000)	0.000*** (0.000)
rho	0.634*** (0.065)	0.590*** (0.073)	0.650*** (0.067)	0.119 (0.105)	0.493*** (0.076)	0.266*** (0.093)	0.118 (0.103)	0.310*** (0.090)
sigma2_e	54.229*** (1.138)	929.694*** (19.508)	3.439*** (0.072)	0.645*** (0.014)	30.209*** (0.636)	88.317*** (1.850)	0.952*** (0.020)	1.149*** (0.024)
观测值	4560	4560	4560	4560	4560	4560	4560	4560
R^2	0.346	0.366	0.326	0.297	0.313	0.368	0.225	0.235

注：***、**、*分别表示在1%、5%、10%的水平下显著；括号内为标准误。

表7-14 根据表7-13的结果计算的直接效应、间接效应和总效应

	变量	(1) gem	(2) emi	(3) cons	(4) metal	(5) envi	(6) agri	(7) auto	(8) rail
直接效应	tt	6.758*** (1.125)	35.259*** (4.675)	1.849*** (0.283)	-0.110 (0.124)	5.870*** (0.846)	10.003*** (1.455)	0.664*** (0.152)	0.943*** (0.166)
	ec	0.000*** (0.000)	0.001*** (0.000)	0.000*** (0.000)	0.000*** (0.000)	0.000*** (0.000)	0.000*** (0.000)	0.000*** (0.000)	0.000*** (0.000)
	is	-0.084*** (0.026)	-0.507*** (0.107)	-0.021** (0.007)	-0.011** (0.003)	-0.057*** (0.019)	-0.058* (0.033)	-0.004 (0.003)	-0.004 (0.004)
	fc	0.067 (0.095)	0.161 (0.392)	0.010 (0.024)	-0.003 (0.010)	0.048 (0.071)	0.108 (0.121)	0.002 (0.013)	0.011 (0.014)
	hc	0.000*** (0.000)	0.000*** (0.000)	0.000*** (0.000)	0.000*** (0.000)	0.000*** (0.000)	0.000*** (0.000)	0.000*** (0.000)	0.000*** (0.000)
	er	-0.025 (0.029)	-0.085 (0.118)	-0.013* (0.007)	-0.001 (0.003)	-0.033 (0.021)	0.052 (0.037)	-0.002 (0.004)	0.000 (0.004)
	ce	0.000*** (0.000)	0.000*** (0.000)	0.000*** (0.000)	0.000 (0.000)	0.000*** (0.000)	0.000 (0.000)	0.000*** (0.000)	0.000*** (0.000)
间接效应	tt	-19.934* (11.856)	-357.009*** (74.548)	-15.800*** (4.021)	-0.146 (0.528)	-41.282*** (7.961)	-52.208*** (9.155)	-3.289*** (0.700)	-5.177*** (1.053)
	ec	-0.001*** (0.000)	-0.002*** (0.001)	0.000*** (0.000)	0.000 (0.000)	0.000*** (0.000)	0.000* (0.000)	0.000*** (0.000)	0.000*** (0.000)
	is	0.359 (0.285)	2.455** (1.167)	0.053 (0.074)	0.013 (0.013)	0.072 (0.153)	0.402** (0.192)	0.019 (0.016)	0.029 (0.022)
	fc	-2.800* (1.654)	-11.622* (6.158)	-0.324 (0.421)	-0.111 (0.072)	-0.337 (0.846)	-2.383** (1.048)	0.003 (0.087)	-0.201* (0.121)

续表

变量		(1) gem	(2) emi	(3) cons	(4) metal	(5) envi	(6) agri	(7) auto	(8) rail
间接效应	hc	0.000 (0.000)	-0.001*** (0.000)	0.000* (0.000)	0.000* (0.000)	0.000*** (0.000)	0.000*** (0.000)	0.000*** (0.000)	0.000*** (0.000)
	er	-0.300** (0.151)	-1.360** (0.606)	-0.034 (0.039)	-0.001 (0.007)	-0.096 (0.081)	-0.359*** (0.105)	-0.007 (0.009)	-0.024* (0.012)
	ce	0.000*** (0.000)	0.000*** (0.000)	0.000*** (0.000)	0.000 (0.000)	0.000*** (0.000)	0.000*** (0.000)	0.000*** (0.000)	0.000*** (0.000)
	tt	-13.176 (11.305)	-321.750*** (73.515)	-13.950*** (3.928)	-0.257 (0.455)	-35.412*** (7.643)	-42.205*** (8.500)	-2.625*** (0.619)	-4.235*** (0.974)
	ec	-0.001*** (0.000)	-0.001** (0.001)	0.000*** (0.000)	0.000*** (0.000)	0.000** (0.000)	0.000 (0.000)	0.000 (0.000)	0.000*** (0.000)
	is	0.275 (0.281)	1.948* (1.147)	0.031 (0.073)	0.002 (0.012)	0.015 (0.149)	0.344* (0.183)	0.015 (0.015)	0.025 (0.021)
	fc	-2.733* (1.659)	-11.462* (6.176)	-0.314 (0.423)	-0.114 (0.072)	-0.289 (0.848)	-2.276** (1.046)	0.005 (0.087)	-0.190 (0.120)
总效应	hc	0.000 (0.000)	0.000* (0.000)	0.000 (0.000)	0.000 (0.000)	0.000*** (0.000)	0.000 (0.000)	0.000 (0.000)	0.000*** (0.000)
	er	-0.325** (0.140)	-1.446*** (0.559)	-0.047 (0.036)	-0.002 (0.006)	-0.130* (0.071)	-0.306*** (0.088)	-0.008 (0.007)	-0.024** (0.010)
	ce	0.000*** (0.000)	0.000*** (0.000)	0.000*** (0.000)	0.000 (0.000)	0.000*** (0.000)	0.000*** (0.000)	0.000*** (0.000)	0.000*** (0.000)

注：***、**、* 分别表示在1%、5%、10%的水平下显著；括号内为标准误差。

第七节　本章小结

能源类绿色技术创新是城市推动碳减排的重要动力。本章基于 2003~2018 年中国 285 个城市的空间面板数据，以城市能源类绿色专利数量作为衡量标准，考察中国碳排放权交易试点政策是否能够有效促进能源类绿色技术创新，进而探讨该试点政策对相关高污染行业和低污染行业能源类绿色技术创新的影响。

我们发现，中国碳排放权交易试点政策能够有效促进能源类绿色技术创新的发展。此外，我们还发现，从行业来看，该试点政策对相关高污染行业和低污染行业 GTIES 影响效果的程度不一，这是因为高污染行业所面临的环境规制成本更高，其相对于低污染行业创新动力更足，导致该试点政策对高污染行业的影响是低污染行业的 1.7 倍。从相关细分行业来看，在高污染行业中，该试点政策抑制了造纸和纸制品业的 GTIES，但促进了其他 5 个细分行业的 GTIES；与此同时，对于低污染行业而言，该试点政策促进了除金属制品业以外的其他 7 个行业 GTIES 的发展。此外，考虑到空间关联性的影响，碳排放权交易试点政策促进了本地能源类绿色技术创新的发展，但抑制了邻地能源类绿色技术创新的发展，说明该试点政策实施以后，试点城市存在明显的"极化效应"，使得周边的人力、物力、财力等资源向本地城市集聚。此结论在进行了平行趋势检验、安慰剂检验以及更换空间权重矩阵等稳健性检验后依然成立。

上述结论对通过促进能源类绿色技术创新从而推动中国绿色低碳事业的发展具有政策启示。碳排放权交易试点政策作为一项城市层面的环境规制政策，允许各个试点城市在结合地区产业结构和发展情况的基础上自行拟定实施方案，是一种具有相对较弱约束力的政策手段，在没有相应法律约束，或者惩罚的力度较小的条件下，碳排放权交易试点政策的效果往往难以得到保障。在目前试点城市中，只有深圳通过了地方人大立法，北京通过了人大决定，对排放单位的约束力相对较强，其他试点城市基本以政府令的规章进行规制，惩罚力度有限，因此法律约束力较弱。本章的研究结果表明，碳排放权交易试点政策对诱发能源类绿色技术创新具有一定作用，符合通过激励绿色技术创新来推动经济高质量发展的目标。因此，各试点城市应建立完善的执法机制，在试点方案的实施过程中对试点城市进行有效监督和指导，以此充分促进能源类绿色技术创新，通过绿色技术创新实现城市碳减排和经济发展的双赢。

本章的研究结果表明，碳排放权交易试点政策的推行使高污染行业的能源类绿色创新动力更足。因此，高污染行业自身的转型升级是城市碳减排的重中之重，尤其是电力、热力生产和供应业。电力、热力生产和供应业由于其具有排放量大、排放强度高、排放核算简易的特点，往往是碳排放权交易试点政策的第一纳入行业。但在我国，电力、热力生产和供应业由于还未完全市场化，如果强制施加碳约束成本，可能导致其成本升高，无法推动其进行减排。同时，高污染行业的转型升级对试点城市的产业结构调整具有极大的助推作用，是实现城市碳减排的重点行业，能够有效地从城市层面为中国"2030年碳达峰，2060年碳中和"的气候行动目标做出巨大贡献。因此，针对高污染细分行业特点及其能源类绿色技术创新潜力制定更加明确有效的碳减排技术转型指导方案迫在眉睫。区域政策制定者应根据本地自身产业结构和经济发展水平制定明确有效的绿色技术转型指导方案，加快淘汰高耗能、高污染、低效益的落后产能，选择可以降低能耗、能源节约型的绿色创新技术，以提高该试点政策实施的有效性。

根据本章的研究结果，从短期来看，碳排放权交易试点政策的"极化效应"大于"涓滴效应"，说明目前我国各地污染产业转移流动性高，而碳市场流动性较差。因此，各地区应注意该试点政策对试点地区与周边地区的异质性影响，通过区域政策协同等方案打破区域间壁垒，让各地区在要素流动、政策制定、政策监管等方面实现更高程度的一体化协同发展。虽然目前碳排放权交易试点政策已推广至全国，但我们仍要注意因地制宜，有针对性地设计政策。一方面，政策制定者应该制定合理的区域碳减排政策，防止污染产业转移至环境规制较宽松的地区。另一方面，各地区（包括非试点地区）可以通过形成典型案例、交流学习试点经验等方法，进一步扩大政策作用的行业和企业范围。

本章初步考察了碳排放权交易试点政策的能源类绿色技术创新效应，本研究依然存在一些局限性有待后续拓展。本章研究结果显示碳排放权交易试点政策对能源类绿色技术创新的发展存在一定激励作用，但该试点政策执行周期短，试点地区数量少，而碳排放权交易试点政策目前已向全国广泛推广，在此背景下，该政策对于能源类绿色技术创新的影响需要更长期的数据样本进行后续的验证。针对 2030 年前实现碳达峰目标和 2035 年基本实现社会主义现代化目标，本研究所得结论还较为有限，还有待相关数据的挖掘和进一步分析。随着更多相关数据的披露，我们将继续在未来跟踪分析碳排放权交易试点政策在区域间产业结构转型升级中的作用，并进一步研究该政策对高污染产业、低污染产业的结构调整效应。

区 域 篇

第八章
以绿色创新发展为导向的区域间
环境规制政策优化

可交易绿色证书（TGC）被越来越多地用于促进可再生能源发电和减少温室气体排放。本章在区域间电力市场完全分离和完全融合的情景下，探究实施 TGC 制度的区域间最优可再生能源配额政策运行效果。研究表明，当区域间电力市场完全分离且存在跨界污染时，垄断市场结构下的古诺-纳什均衡表明，一个地区使其自身社会福利最大化的最优可再生能源配额标准与另一地区的配额标准之间是策略性替代的关系。一个地区往往利用信息优势获取更高的社会福利，从而成为博弈中的"领导者"。采用几何图解方法，本章进一步证明了在地区间存在补偿和援助的情况下，TGC 制度体系下的区域间完全一体化的电力市场可以改善区域社会福利。在政策含义上，区域间在解决跨界污染问题方面的充分合作，对于跨区域可再生能源政策协同及整体社会福利提升具有重要意义。

第一节　研究背景

近年来，随着各国对全球气候变化和环境污染的日益关注，可再生能源发电得到了快速发展。可再生能源发电的发展将降低与化石燃料（特别是石油）相关的潜在能源安全风险，并创造新的经济机会和就业机会。各国政府已经运用一系列政策工具来鼓励其增长（EU，2009a；EIA，2015）。一般来说，旨在促进可再生能源发电和减少温室气体（GHG）排放的政策工具可以划分为三类。一是支持对可再生能源生产的投资，或直接补贴可再生能源发电，例如采用上网电价补贴政策（FIT）。二是通过可交易许可证制度，如欧盟碳排放权交易体系，征收排放税或对排放定价。三是实施可交易绿色证书（TGC）制度。虽然前两个方面在美国和加拿大都仅获得了有限的政策支持，但第三个方面——TGC 制度，已经在美国的一些州以及许多其他的发达国家得到了广泛应用［在美国，TGC 制度被称为"可再生能源证书"（REC）或"可再生能源信用"］，包括澳大利亚、日本以及大多数的欧盟国家（如丹麦、瑞典、荷兰、意大利、比利时和波兰）。

在 TGC 制度体系下，最终用户和配电公司有义务确保其电力消费、生产中的规定百分比是来自可再生能源的。可再生能源发电企业每生产一单位的绿色电力，就会获得一张绿色证书。绿色证书可以独立于电力交易，消费者可以通过购买绿色证书并将证书提交给监管机构以证明其合规履行义务。现有的文献研究已经证明，TGC 制度体系为确保可再生能源在最终电力消费中占有一定的比重提供了一种经济高效的方法（Aune et al.，2008；Helgesen and Tomasgard，2018）。在欧盟国家，曾经具体讨论过一个完全协调的支持系统即 TGC 的泛欧洲配额义务计划，但最终并没有实施（Rowlands，2005；Kitzing et al.，2012）。2009 年，欧盟发布的《可再生能源指令》规定，欧盟成员国可以通过资助其他国家可再生能源生产的方式达到本国可再生能源目标，而这样一种"统计转移"制度可以被视为欧盟向建立完全融合的 TGC 制度体系迈出的第一步（EU，2009a；Aune et al.，2012）。

然而，在跨界污染存在的情况下，以往研究很少关注在实施 TGC 制度体系的电力市场背景下的区域博弈行为。显然，在区域间合作应对跨界污染的背景下，能源市场政策设计面临巨大挑战。在研究视角上，已有文献中的大多数研究将可再生能源配额作为一个既定的目标。与之不同的是，本章将对可再生能源配额比重的要求作为监管机构减少温室气体排放和推动可再生能源发展的主要政策工具。因此，本章的建模框架能够在实施 TGC 制度体系的电力市场背景下得出可再生能源配额的社会最优水平。采用几何图解方法，本章还分析了一个区域在不同竞争市场类型下对于另一个区域配额比重要求的最优反应策略。

本章基于 Currier 和 Rassouli-Currier（2012）的电力市场双寡头垄断框架以及 Currier 和 Sun（2014）的古诺电力市场寡头垄断框架，构建了一个程式化的理论模型，并进行了数值模拟，以分析在电力市场和 TGC 市场完全分离和完全融合的情况下，存在跨界污染的地区间的竞争博弈行为。在市场完全分离的情况下，拥有共同边界的两区域有着各自独立的区域电力市场和可交易绿色证书市场。完全融合的情况被定义为区域间完全融合的电力市场，同时它们拥有共同的可再生能源配额比重要求和共同的可交易绿色证书市场。具体而言，本章从以下几个方面比较在完全融合和完全分离的情况下，最优可再生能源政策的效果，包括每个区域的福利、环境损害、进出口、绿色电力和黑色电力的产出水平。结果表明，只要存在区域间补偿的可能性，通过建立共同的、运作良好的 TGC 制度，每个区域都有可能获得比完全独立的地区市场和独立的 TGC 制度体系情景下更高的社会福利。

研究结果表明，在完全分离的情况下，区域间的最优可再生能源配额比重要求在古诺-纳什均衡中具有策略替代性，并且一个地区总是倾向于利用信息优势成为斯塔克尔伯格领导者。此外，只要存在区域间补偿的可能性，那么在福利水平提高的区域可以补偿福利水平降低区域的情况下，实施 TGC 制度体系的区域间电力市场完全融合将会实现卡尔多-希克斯福利改进，虽然这并不一定会让每个区域都变得更好。

本章的其余部分安排如下。第二节回顾梳理了相关文献，并总结了本研究的贡献。第三节介绍了本研究的理论模型。第四节全面分析了在共同环境损害以及市场完全分离的情况下，每个区域对于两种类型竞争配额标准的反应策略。第五节通过考虑两种情景，试图确定完全融合市场体系影响的一些含义。第六节是本章结论与政策启示。

第二节　文献综述

本章研究与三个类别的文献相关。第一类文献研究调查了区域间应对跨界污染的合作与非合作行为及其相关结果。例如，Hoel（1992）、Carraro 和 Siniscalco（1993）、Barrett（1994）认为，所有地区的总排放量不会比它们处于非合作均衡状态时低很多。根据上述研究，Hoel 和 Schneider（1997）研究了国家间的转移支付制度是否会降低合作激励，其理论分析和数值实例都表明，国际环境协定中向一些国家提供的转移支付足以减少这些国家的合作激励，并可能导致总排放量的升高。Böhringer 和 Rosendahl（2009）研究了欧盟成员国在其贸易和非贸易部门之间排放配额的策略分配。他们在欧盟碳排放权交易体系的背景下，考察了各国策略博弈行为对排放价格和减排成本的潜在影响。Tsakiris 等（2011）在考虑两个大型开放经济体存在跨界污染的模型下，研究了完全合作、部分合作和完全不合作的贸易和环境税收政策。他们还分析了区域间在制定税收政策时的非合作情况，并研究了对于纳什均衡污染税收政策的最优反应。Sun（2016）讨论了实施 TGC 制度的两国电力市场的配额标准优化和福利效应，发现在共同可交易绿色证书市场下，完全融合的电力市场比具有最优排放标准的化石能源电力市场的福利水平更高。Helgesen 和 Tomasgard（2018）通过建立多区域局部均衡模型，研究了 TGC 的市场力量和可再生能源支持计划的福利效应，发现现有企业必须承担政策的大部分损失。已有文献对于区域间在 TGC 制度背景下解决跨界污染的策略博弈行为的关注仍然有限。本章在考虑跨界污染的基础上，深入分析了相邻地区电力市场的最优可再生能源配额政策。

第二类文献聚焦于基于 TGC 制度体系的可再生能源配额制度框架。Bye（2003）提出了一个竞争性电力市场模型，其中消费者须履行持有绿色证书的义务。在自给自足、电力自由贸易以及运行 TGC 市场的情景下，其理论模型和数值模拟得出了较为模糊的关于绿色配额标准下的价格和数量效应。继 Amundsen 和 Mortensen（2001）的理论研究之后，Amundsen 和 Nese（2009）研究了北欧国家的 TGC 制度体系，以瑞典和挪威的一体化为代表，特别分析了该体系如何分别影响源于可再生能源和源于碳排放类能源的电力生产。Widerberg（2011）考察了本国的 TGC 制度体系和国际贸易背景下扩展的 TGC 制度体系。在 TGC 制度体系和排放权交易体系共同实施的情况下，分别讨论了可再生能源配额比重的变化对绿色电力和黑色电力生产的短期与长期影响。

本章通过观察两种类型的竞争——古诺竞争和斯塔克尔伯格竞争，研究每个区域是如何策略性地调整其可再生能源配额比重，以实现自身福利的最大化。通过几何图解，本章清楚地展示每个区域的配额标准反应函数和等福利函数，并证明一个区域在了解另外一个区域的策略行为的情况下，总是希望成为博弈中的斯塔克尔伯格领导者。

第三类文献对一国内部地区间或国家间的可再生能源发电的替代性政策设计的各种建模方法进行了改进。不同于完全竞争市场结构下的做法，Bushnell（2003）研究了古诺竞争型企业的竞争对手如何采取策略行动，以及如何通过将更为灵活的水力发电分配到非高峰时段来增加利润。Böhringer 等（2009）基于需求价格弹性为常数下的古诺寡头垄断市场，研究了在欧盟内部实施的促进可再生能源发电的 FIT 或 TGC 带来的经济影响。Vespucci 等（2010）将电力市场描述为一个非合作博弈情形，并假设发电公司作为古诺竞争参与者以利润最大化为目标制定其战略，但其研究框架不包括可再生能源支持计划。Gabriel 等（2013）在一项电力市场研究中，在分析能源生产博弈的古诺-纳什均衡时，将一些变量限制为离散变量。他们的方法可以进行更为贴近现实的建模，但未能将可再生能源支持措施考虑在内。Nagl（2013）在假设电力需求是非弹性的前提下，研究了在新能源优惠政策和 TGC 制度体系下，气候不确定性对绿色电力企业财务风险的影响。Tamas 等（2010）比较了在寡头垄断市场中可再生能源政策和 TGC 制度的绩效，发现在寡头垄断市场中电力供应商在环境规制下具有策略性行为。利用英国电力市场的数据，他们发现 TGC 制度下的社会福利在各种参数上的数值都高于 FIT。Perez 等（2016）分析了具有需求价格弹性的寡头垄断市场情形，比较了四种可再生能源激励政策。Ciarreta 等（2017）评估了 TGC 和 FIT 作为可再生能源发电的两种替代激励方案。他们用西班牙电力系统的数据进行校准后发现，作为反映市场变化的规制制度，TGC 制度既可以实现 2020 年可再生能源目标，又可以降低监管成本。Helgesen 和 Tomasgard（2018）构建了古诺-纳什竞争下电力市场和 TGC 市场的均衡模型。他们的研究表明，古诺-纳什竞争作为一种较为温和的竞争形式，使得企业能够利用市场的力量。现有企业通常承受 TGC 带来的较大负担，这可能导致福利从现有企业向消费者和新企业大幅重新分配。Feng 等（2018）基于系统动力学模型分析了 TGC 和碳排放权交易对中国电力市场的双重影响，模拟结果表明，可再生能源的系列标准和碳价格对电力供应结构优化会产生有利影响。Aune 等（2012）通过评估完全竞争情形下的不同政策情景，探讨了欧盟成员国之间绿色证书全面交易的影响。研究结果表明，可以通过制定国家间共同的可再生能源目标以及允许绿色证书的自由贸易实现成本有效，而国家间可再生能源目标存在差异的情形则无法确保以成本有效的方式实现总体的可再生能源目标。

已有的大部分文献研究将可再生能源配额视为一个给定参数或要实现的目标，而缺乏对化石能源生产所造成的跨界污染的考虑。这些研究关注了实现可再生能源目标的成本效益，是评估政策方案的一个重要方面。与之相反，本章基于一个区域间 TGC 市场设计的视角，将对可再生能源配额比重的要求作为政策变量，并假设其为监管机构减少温室气体排放和推动可再生能源发展的主要政策工具。因此，我们能够在采用 TGC 制度的电力市场背景下研究社会最优可再生能源配额。此外，在评估福利效应以及分析区域电力市场完全分离条件下每个区域对可再生能源配额比重要求的反应策略的同时，本章还考虑了区域间共同的环境损害。这为分析多种类型的竞争模型提供了更丰富的结构特征。事实上，从政策实施角度分析其福利影响更有研究价值，它广泛评估了消费者的效用、生产者的成本、环境损害等，并更为清晰地说明了驱动主要政策结果的因素。

第三节　方法框架

为使得区域间存在电力贸易的可能，本章主要考虑相邻两区域的情况。假设电力贸易不影响贸易条件。为了简化分析，本章不考虑二氧化碳税以及其他能源税，并且不考虑与第三个区域进行电力贸易。每个区域的能源市场都由两种发电企业供给：生产黑色电力的化石能源发电企业 y_i，生产绿色电力的可再生能源发电企业 x_i，$i = 1，2$。绿色电力和黑色电力的成本函数分别为 $C_{ix}(x_i)$ 和 $C_{iy}(y_i)$，并满足 $C'_{ix}(x_i) > 0$，$C''_{ix}(x_i) > 0$，$C'_{iy}(y_i) > 0$，$C''_{iy}(y_i) > 0$。假设运输成本为零，z_1 和 z_2 分别代表区域 1 和区域 2 的电力消耗。消费者在电力方面的支出不是支出预算中的主要因素，因此需求的收入效应可以忽略不计。$U_i(z_i)$ 代表区域 i 的消费者效用，其在 $U'_{i(z_i)} > 0$ 和 $U''_{i(z_i)} < 0$ 的情况下是二阶连续可微的。

一　两个相邻区域的电力市场完全分离的情况

在区域电力市场完全分离的情况下，两个相邻区域都有其各自独立的电力市场和 TGC 市场。在每个区域的 TGC 市场中，消费者都有义务持有绿色证书，每个电力消费者都有义务为其使用的每单位电力购买 α_i 个单位的绿色证书，α_i

$\in [0, 1]$。因此，消费者实际需要支付的价格是 $p_i + p_{c_i}\alpha_i$，其中 p_i 表示区域 i 的电力价格，p_{c_i} 表示区域 i 绿色证书的单位价格。基于消费者剩余的最大化原则，可以得出该区域电力消费的消费者剩余表达式，其构成为：

$$\max CS_i = U_i(z_i) - (p_i + p_{c_i}\alpha_i) z_i \tag{8-1}$$

区域 i 的绿色发电企业每售出一单位绿色电力，就会被授予一张绿色证书，因此，除了电价，企业还会从每一单位绿色电力的出售中赚取 p_{c_i} 的收益。区域 i 中的绿色发电企业的利润可以表示为：$\pi_{ix} = (p_i + p_{c_i}) x_i - C_{ix}(x_i)$。区域 i 的黑色发电企业的利润可以表示为：$\pi_{iy} = p_i y_i - C_{iy}(y_i)$。当区域内电力市场达到均衡时，$x_i + y_i = z_i$。当区域 i 的 TGC 市场达到均衡时，$x_i = \alpha_i z_i$，此时，可再生能源配额要求就得到满足。我们自始至终都假设限制条件是满足约束条件的，并将之作为等式中的均衡条件。

考虑到这两个区域之间的跨界污染，令 $y = y_1 + y_2$，$D_i(y_1 + y_2)$ 表示由于化石能源生产而对两区域的环境损害，并假设 $D_i'(y_1 + y_2) > 0$ 和 $D_i''(y_1 + y_2) \geq 0$。将区域 i 的社会福利定义为 $w_i = CS_i + \pi_{ix} + \pi_{iy} - D_i(y_1 + y_2)$，即消费者剩余之和减去区域 i 的环境损害后与行业利润的未加权总和。当本区域的电力市场和 TGC 市场都达到均衡时，$w_i = U_i(z_i) - C_{ix}(x_i) - C_{iy}(y_i) - D_i(y_1 + y_2)$。

由于两区域电力市场的竞争性市场结构，具有代表性的可再生能源和化石能源发电企业通过选择其产量水平来实现利润最大化，其满足：

$$C_{ix}'(x_i) - p_{c_i} = p_i \tag{8-2}$$

$$C_{iy}'(y_i) = p_i \tag{8-3}$$

消费者通过选择消费数量来最大化消费者剩余，其满足以下条件：

$$U_i'(z_i) - p_{c_i}\alpha_i = p_i \tag{8-4}$$

通过式（8-2）~式（8-4）可以得出如下关系式：$U_i'(z_i) - p_{c_i}\alpha_i = C_{ix}'(x_i) - p_{c_i} = C_{iy}'(y_i) = p_i$。因此，区域 i 的电力需求函数可以写为 $z_i(p_i + p_{c_i}\alpha_i)$，绿色电力和黑色电力的供给函数分别为 $x_i(p_i + p_{c_i})$ 和 $y_i(p_i)$。对于 α_i 的每个值都存在唯一的竞争均衡（CE）电价 $p_i(\alpha_i)$ 和绿色证书价格 $p_{c_i}(\alpha_i)$，这意味着均衡的电力产出水平分别为 $x_i^{CE}(\alpha_i)$、$y_i^{CE}(\alpha_i)$ 以及均衡的电力消费水平为 $z_i^{CE}(\alpha_i)$。

当区域 TGC 市场和电力市场都出清时，区域 i 的社会福利 w_i 可以表示为：$w_i = U_i(z_i) - C_{ix}(x_i) - C_{iy}(y_i) - D_i(y_1 + y_2)$。在竞争均衡时，对于 α_i 的每个值，$w_i = U_i[z_i(\alpha_i)] - C_{ix}[x_i(\alpha_i)] - C_{iy}[y_i(\alpha_i)] - D_i[y_1(\alpha_i) + y_2(\alpha_i)]$。$w_i$ 是 α_1 和 α_2 的严格凹函数。定义 $S_i(\alpha_i) = U_i[z_i(\alpha_i)] - C_{ix}[x_i(\alpha_i)] - C_{iy}[y_i(\alpha_i)]$，则区域 1 和区域 2 的社会福利分别为 $w_1(\alpha_1, \alpha_2) = S_1(\alpha_1) - D_1[y_1(\alpha_1) + y_2(\alpha_2)]$ 和 $w_2(\alpha_1, \alpha_2) = S_2(\alpha_2) - D_2[y_1(\alpha_1) + y_2(\alpha_2)]$。

二 两个相邻区域的电力市场完全融合的情况

当两个相邻区域的电力市场和 TGC 市场完全融合时，它们有着共同的可再生能源配额比重标准（$\alpha \in [0, 1]$）以及共同的 TGC 市场。假设这两个区域之间进行自由贸易并且运输成本为零，则实际的消费者价格是 $p + p_c \alpha$，其中 p 表示电力的市场价格，p_c 表示绿色证书的单位价格。基于消费者剩余的最大化原则，可以得出消费者剩余的表达式，其构成为：

$$\max CS_i = U_i(z_i) - (p + p_c \alpha) z_i \qquad (8-5)$$

区域 i 的绿色发电企业的利润为 $\pi_{ix} = (p + p_c \alpha) x_i - C_{ix}(x_i)$。区域 i 的黑色发电企业的利润为 $\pi_{iy} = p_i y_i - C_{iy}(y_i)$。当融合的电力市场达到均衡时，$x_1 + x_2 + y_1 + y_2 = z_1 + z_2$。TGC 市场均衡时，等式 $x_1 + x_2 = \alpha(z_1 + z_2)$ 即可满足可再生能源配额比重要求。我们仍然自始至终都假设限制条件是有约束力的，并将之作为等式中的均衡条件。

考虑到这两个区域之间的跨界污染 $D_i(y_1 + y_2)$，区域 i 的社会福利为 $w_i = CS_i + \pi_{ix} + \pi_{iy} - D_i(y_1 + y_2)$。当完全融合的电力市场和 TGC 市场都出清时，$w_i = U_i(z_i) - p(z_i - x_i - y_i) - p_c(\alpha z_i - x_i) - C_{ix}(x_i) - C_{iy}(y_i) - D_i(y_1 + y_2)$。

由于完全竞争电力市场中的生产者都是价格接受者，绿色和黑色发电企业通过选择其产量水平来实现利润最大化，故满足：

$$C'_{ix}(x_i) - p_c = p \qquad (8-6)$$

$$C'_{iy}(y_i) = p \qquad (8-7)$$

消费者通过选择消费量来最大化消费者剩余，故满足以下条件：

$$U'_i(z_i) - p_c \alpha = p \qquad (8-8)$$

通过式（8-6）~式（8-8）可以得出如下关系式：$U_i'(z_i) - p_c\alpha = C_{ix}'(x_i) - p_c = C_{iy}'(y_i) = p$。因此，区域 i 的电力需求函数可以写成 $z_i(p+p_c\alpha)$，绿色电力和黑色电力的供给函数分别为 $x_i(p+p_c)$ 和 $y_i(p)$。

对于 α 的每个值都存在唯一的竞争均衡（CE）电价 $p(\alpha)$ 和绿色证书价格 $p_c(\alpha)$，这意味着均衡的电力产出水平分别为 $x_i^{CE}(\alpha)$、$y_i^{CE}(\alpha)$ 以及均衡的电力消费水平为 $z_i^{CE}(\alpha)$。在竞争均衡条件下，对于 α 的每个值都有：

$$w_i = U_i[z_i(\alpha)] - p[z_i(\alpha) - x_i(\alpha) - y_i(\alpha)] - p_c[\alpha z_i(\alpha) - x_i(\alpha)] - C_{ix}[x_i(\alpha)] - C_{iy}[y_i(\alpha)] - D_i[y_1(\alpha_1) + y_2(\alpha_2)]$$。

第四节 区域间电力市场完全分离下的替代型竞争

传统上，电力市场被认为是相当集中的市场（Nagl，2013）。然而，经过多年的去规制化和能源市场自由化，完全竞争的市场环境可能是最终目标。为了简化分析，本章假设一个理想情况，即每个区域的电力市场都是竞争性的，并允许各区域做出策略决策。

如前所述，本章将充分分析两区域的最优可再生能源政策，假定这两个相邻区域的电力市场和 TGC 市场完全分离。我们特别关注受到环境规制的每个区域如何策略性地调整其可再生能源配额标准，以最大化本地区福利。古诺竞争模型和斯塔克尔伯格竞争模型是理解各区域策略行为的出发点，特别是在分析对一个污染性寡头垄断行业实施规制时，在这个行业中的两区域将作为博弈双方参与其中。因此，本章遵循传统的分析框架，考虑这两种竞争情形，即两区域在配额标准上展开竞争，以深化分析。

一 古诺竞争模型

（一）配额标准反应曲线

在区域间电力市场完全分离的情况下，本章假设对可再生能源配额比重的要求是监管机构为减少温室气体排放和推动可再生能源发展的主要政策工具。因此，每个区域的可再生能源配额都是一个战略选择变量。在这个博弈中，两区域都作为古诺竞争参与者选择本区域可再生能源配额标准。现在，区域 1 的监管机构希望选择 α_1，以最大化其社会福利。推导 w_1 $(\alpha_1,\ \alpha_2)$ 关于 α_1 的一阶条件，我们可以得到：

$$S'_1(\alpha_1) = D'_1[\,y_1(\alpha_1) + y_2(\alpha_2)\,] \times y'_1(\alpha_1) \tag{8-9}$$

$w_1(\alpha_1,\ \alpha_2)$ 关于 α_1 的二阶条件为：

$$S''_1(\alpha_1) - D''_1[\,y_1(\alpha_1) + y_2(\alpha_2)\,] \times [\,y'_1(\alpha_1)\,]^2 - D'_1[\,y_1(\alpha_1) + y_2(\alpha_2)\,] \times y''_1(\alpha_1) < 0 \tag{8-10}$$

由式（8-9）得出了最优配额标准 α_1^*，即最大化 w_1，其中 $\alpha_1^* = \alpha_1^*(\alpha_2)$。所以，当 α_1 取最优值，即等于 α_1^* 时，式（8-9）可以写成 $S'_1[\,\alpha_1^*(\alpha_2)\,] = D'_1\{y_1[\,\alpha_1^*(\alpha_2)\,] + y_2(\alpha_2)\} \times y'_1[\,\alpha_1^*(\alpha_2)\,]$。如果对 α_2 进行微分，求出 $\dfrac{\mathrm{d}\alpha_1^*}{\mathrm{d}\alpha_2}$，我们可以得到：

$$\frac{\mathrm{d}\alpha_1^*}{\mathrm{d}\alpha_2} = \frac{D''_1 \times \dfrac{\partial y_2}{\partial \alpha_2} \times y'_1[\,\alpha_1^*(\alpha_2)\,]}{S''_1(\alpha_1^*) - D''_1 \times \{y'_1[\,\alpha_1^*(\alpha_2)\,]\}^2 - D'_1 \times y''_1[\,\alpha_1^*(\alpha_2)\,]} \tag{8-11}$$

在式（8-11）中，$D''_1 \geqslant 0$，$\dfrac{\partial y_2}{\partial \alpha_2} < 0$ 并且 $y'_1[\,\alpha_1^*(\alpha_2)\,] < 0$，所以分子为正。根据式（8-10），可知 $\dfrac{\mathrm{d}\alpha_1^*}{\mathrm{d}\alpha_2}$ 的分母为负。因此，$\dfrac{\mathrm{d}\alpha_1^*}{\mathrm{d}\alpha_2} \leqslant 0$，且当 $D''_1 = 0$ 时，$\dfrac{\mathrm{d}\alpha_1^*}{\mathrm{d}\alpha_2} = 0$。类似地，$\dfrac{\mathrm{d}\alpha_2^*}{\mathrm{d}\alpha_1} \leqslant 0$，当 $D''_2 = 0$ 时，$\dfrac{\mathrm{d}\alpha_2^*}{\mathrm{d}\alpha_1} = 0$。

推论 1：在古诺竞争中，在市场完全分离情况下选择可再生能源配额标准时，一个区域的最优可再生能源配额比重是另一个区域的反应函数。在古诺-纳什均衡中，$\dfrac{\mathrm{d}\alpha_1^*}{\mathrm{d}\alpha_2} \leqslant 0$，$\dfrac{\mathrm{d}\alpha_2^*}{\mathrm{d}\alpha_1} \leqslant 0$，这意味着考虑到跨界污染，两区域的可再生能源配额比重互为策略替代关系。也就是说，随着一个区域增加其可再生能源配额，另一个区域将策略性地减少其可再生能源配额，以实现自身福利的最大化。

若不考虑 $D''_i = 0$ 时，$\dfrac{\mathrm{d}\alpha_1^*}{\mathrm{d}\alpha_2} = 0$、$\dfrac{\mathrm{d}\alpha_2^*}{\mathrm{d}\alpha_1} = 0$ 的特殊情况。在 $\dfrac{\mathrm{d}\alpha_1^*}{\mathrm{d}\alpha_2} < 0$、$\dfrac{\mathrm{d}\alpha_2^*}{\mathrm{d}\alpha_1} < 0$ 的

情况下，可以在 α_1 和 α_2 的坐标系中画出区域 1 和区域 2 选择的可再生能源配额比重要求的反应曲线。两条反应曲线的交点是古诺－纳什均衡点（CN），这是一个区域对另一个区域的可再生能源配额标准的最优反应点（见图 8-1）。

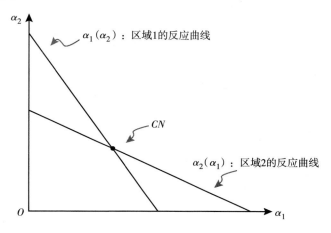

图 8-1　每个区域的反应曲线

（二）每个区域的等福利曲线

若考虑对两区域的可再生能源配额比重要求设置一个特定的约束 $(\alpha_1^0,\ \alpha_2^0)$，使得 $w_1(\alpha_1,\ \alpha_2) = K = w_1\ (\alpha_1^0,\ \alpha_2^0)$，其中 K 为常数。在点 $(\alpha_1^0,\ \alpha_2^0)$ 处求 $w_1(\alpha_1,\ \alpha_2)$ 的全导数，就能得到 $\mathrm{d}K = \mathrm{d}w_1(\alpha_1^0,\alpha_2^0) = \dfrac{\partial w_1}{\partial \alpha_1^0} \times \mathrm{d}\alpha_1 + \dfrac{\partial w_1}{\partial \alpha_2^0} \times \mathrm{d}\alpha_2$，然后得到：

$$\frac{\mathrm{d}K}{\mathrm{d}\alpha_1} = \frac{\mathrm{d}w_1(\alpha_1^0,\alpha_2^0)}{\mathrm{d}\alpha_1} = \frac{\partial w_1}{\partial \alpha_1^0} + \frac{\partial w_1}{\partial \alpha_2^0} \times \frac{\mathrm{d}\alpha_2}{\mathrm{d}\alpha_1} \qquad (8-12)$$

沿着区域 1 的等福利曲线，如果 α_1 的值随 $\mathrm{d}\alpha_1$ 改变，而不偏离等福利曲线 w_1，则 α_2 的值必定随着 $\mathrm{d}\alpha_2$ 改变，以使 w_1 的值不变。所以 $\dfrac{\mathrm{d}K}{\mathrm{d}\alpha_1} = \dfrac{\mathrm{d}w_1(\alpha_1^0,\ \alpha_2^0)}{\mathrm{d}\alpha_1} = 0$。结合式（8-12），可以得到：

$$\frac{\mathrm{d}\alpha_2}{\mathrm{d}\alpha_1} = -\frac{\dfrac{\partial w_1}{\partial \alpha_1^0}}{\dfrac{\partial w_1}{\partial \alpha_2^0}} \tag{8-13}$$

因此，区域 1 的等福利曲线在点 (α_1^0, α_2^0) 处的斜率取决于 w_1 关于 α_1 和 α_2 的比率。已知 $\dfrac{\partial w_1}{\partial \alpha_2} > 0$，因此当 $\alpha_1 \in [0, \alpha_1^*]$ 时，$\dfrac{\partial w_1}{\partial \alpha_1} \geqslant 0$，$\dfrac{\mathrm{d}\alpha_2}{\mathrm{d}\alpha_1} \leqslant 0$；当 $\alpha_1 \in (\alpha_1^*, 1]$ 时，$\dfrac{\partial w_1}{\partial \alpha_1} < 0$，$\dfrac{\mathrm{d}\alpha_2}{\mathrm{d}\alpha_1} > 0$。同样，可以证明当 $\alpha_2 \in [0, \alpha_2^*]$ 时，$\dfrac{\partial w_2}{\partial \alpha_2} \geqslant 0$，$\dfrac{\mathrm{d}\alpha_1}{\mathrm{d}\alpha_2} \leqslant 0$；当 $\alpha_2 \in (\alpha_2^*, 1]$ 时，$\dfrac{\partial w_2}{\partial \alpha_2} < 0$，$\dfrac{\mathrm{d}\alpha_1}{\mathrm{d}\alpha_2} > 0$。在 α_1 和 α_2 坐标系中区域 1 和区域 2 的等福利曲线如图 8-2 所示。在图 8-2 中，较低的等福利曲线 w_1 意味着区域 1 较低的福利水平，所以 $w_1^a > w_1^b > w_1^c$。

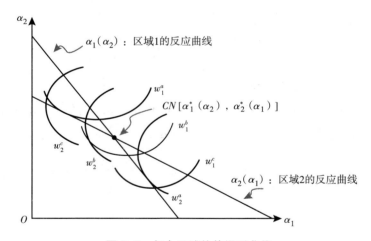

图 8-2　每个区域的等福利曲线

反应曲线的斜率取决于福利关于两个决策变量的偏导数的比值，以及福利相对于 α_2 的偏导数。由 $\dfrac{\mathrm{d}\alpha_1^*}{\mathrm{d}\alpha_2} \leqslant 0$、$\dfrac{\mathrm{d}\alpha_2^*}{\mathrm{d}\alpha_1} \leqslant 0$，可以得到区域间配额比重策略替代的结果。这意味着在古诺-纳什均衡中，如果一个区域严格执行其环境规制并提高其可再生能源配额，另一个区域将策略性地降低其可再生能源配额，以实现其自身福利最大化。

二　斯塔克尔伯格竞争模型

（一）区域间电力市场完全分离下的斯塔克尔伯格均衡

在斯塔克尔伯格竞争中，博弈中存在一个领导者和一个追随者。领导者希望在追随者的反应曲线上选择自己的可再生能源配额，在该点上领导者将获得最高的可能福利。令区域 1 代表领导者，区域 2 代表追随者。假设完全信息博弈，在此基础上用逆向归纳法求解这个博弈：①领导者认为追随者的最优反应是在其观察到领导者选择的可再生能源配额后做出的反应；②领导者通过预测追随者在得知领导者选择的可再生能源配额后的反应选择一个可再生能源配额，以最大化其福利；③追随者实际上观察到了这一点，并在均衡状态下选择预期的可再生能源配额作为回应。它经历了以下步骤。

首先，为了计算完全纳什均衡中的子博弈，就必须计算追随者的最优反应函数。区域 2 的福利为 $w_2 = U_2 [x_2(\alpha_2) + y_2(\alpha_2)] - C_{2x}[x_2(\alpha_2)] - C_{2y}[y_2(\alpha_2)] - D_2[y_1(\alpha_1) + y_2(\alpha_2)]$。给定 α_1，最优反应就是使得 w_2 最大的 α_2 的取值。取 w_2 关于 α_2 的一阶条件：$U_2' \times \left(\dfrac{\partial x_2}{\partial \alpha_2} + \dfrac{\partial y_2}{\partial \alpha_2} \right) - C_{2x}' \times \dfrac{\partial x_2}{\partial \alpha_2} - C_{2y}' \times \dfrac{\partial y_2}{\partial \alpha_2} - D_2' \times \dfrac{\partial y_2}{\partial \alpha_2} = 0$。满足此均衡的 α_2 的取值是区域 2 的最优反应，而 α_2 是领导者 α_1 的函数。

现在，领导者通过将追随者的 α_2 作为其 α_1 的函数，就可以计算出其最优反应函数。通过 $w_1 = U_1 [x_1(\alpha_1) + y_1(\alpha_1)] - C_{1x}[x_1(\alpha_1)] - C_{1y}[y_1(\alpha_1)] - D_1\{y_1(\alpha_1) + y_2[\alpha_2(\alpha_1)]\}$，可以得出区域 1 的福利。

最优反应是使 w_2 最大的 α_1 的值，即 α_1^*，给定 $\alpha_2(\alpha_1)$，该值可以使 w_1 取得最大值，即在给定区域 2 的最优反应函数的情况下，求出使区域 1 的福利最大化的可再生能源配额。取 w_1 关于 α_1 的一阶条件：$U_1' \times \left(\dfrac{\partial x_1}{\partial \alpha_1} + \dfrac{\partial y_1}{\partial \alpha_1} \right) - C_{1x}' \times \dfrac{\partial x_1}{\partial \alpha_1} - C_{1y}' \times \dfrac{\partial y_1}{\partial \alpha_1} - D_1' \times \left(\dfrac{\partial y_1}{\partial \alpha_1} + \dfrac{\partial y_2}{\partial \alpha_2} \times \dfrac{\partial \alpha_2}{\partial \alpha_1} \right) = 0$。因此，满足上述均衡的 α_1 的值，即 α_1^*，是区域 1 的最优反应。在 α_1^* 上，区域 1 的福利最大化，且 $w_1^* = w_1 [\alpha_1^*, \alpha_2(\alpha_1^*)]$。

图 8-3 显示了 α_1 和 α_2 坐标系中的古诺-纳什均衡、当区域 1 居于领导者地位时的斯塔克尔伯格均衡 $[\alpha_1^*, \alpha_2(\alpha_1^*)]$ 以及当区域 2 居于领导者地位时的斯塔克尔伯格均衡 $[\alpha_1(\alpha_2^*), \alpha_2^*]$。当区域 1 居于领导者地位时，斯塔克尔伯格均衡点（SN_1）位于区域 2 的反应曲线上，但位于古诺-纳什均衡点（CN）的左边。当区域 2 居于领导者地位时，斯塔克尔伯格均衡点（SN_2）位于区域 1 的反应曲线上，但在古诺-纳什均衡点（CN）右边。

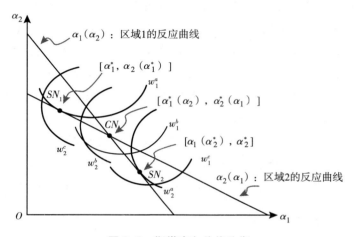

图 8-3　斯塔克尔伯格均衡

（二）区域间电力市场完全分离下的策略行为

在斯塔克尔伯格竞争下，一个区域总是希望利用信息优势成为领导者，这可以通过如下的分析进行证明。令 $(\alpha_1^*, \alpha_2^*) = [\alpha_1^*, \alpha_2(\alpha_1^*)]$ 作为区域 1 居于领导者地位时的斯塔克尔伯格均衡。现在，需要证明 $\alpha_1^* \leqslant \alpha_1(\alpha_2^*)$，其中 α_1^* 表示当区域 1 作为领导者时其最优可再生能源配额比重的选择，$\alpha_1(\alpha_2^*)$ 表示当区域 1 作为追随者时其最优可再生能源配额比重的选择。

假设 $\alpha_1^* > \alpha_1(\alpha_2^*)$，将函数 $\alpha_2(\cdot)$ 应用于不等式的两侧，由于 $\dfrac{\mathrm{d}\alpha_2}{\mathrm{d}\alpha_1} < 0$，可以得出 $\alpha_2(\alpha_1^*) < \alpha_2[\alpha_1(\alpha_2^*)]$ 或 $\alpha_2^* < \alpha_2[\alpha_1(\alpha_2^*)]$。由于 $\dfrac{\partial w_1}{\partial \alpha_2} > 0$，可以进一步得到 $w_1[\alpha_1(\alpha_2^*), \alpha_2^*] < w_1\{\alpha_1(\alpha_2^*), \alpha_2[\alpha_1(\alpha_2^*)]\}$。基于反应函数的定义，可得 $w_1(\alpha_1^*, \alpha_2^*) < w_1[\alpha_1(\alpha_2^*), \alpha_2^*]$。

因此，可以得出结论 $w_1(\alpha_1^*, \alpha_2^*) < w_1[\alpha_1(\alpha_2^*), \alpha_2^*] < w_1\{\alpha_1(\alpha_2^*),$ $\alpha_2[\alpha_1(\alpha_2^*)]\}$。这意味着点$\{\alpha_1(\alpha_2^*), \alpha_2[\alpha_1(\alpha_2^*)]\}$比点$[\alpha_1^*, \alpha_2(\alpha_1^*)]$获得了更高的福利，这与$[\alpha_1^*, \alpha_2(\alpha_1^*)]$是斯塔克尔伯格均衡的说法相矛盾。因此，这个论断确立了 $\alpha_1^* \leqslant \alpha_1(\alpha_2^*)$。根据等福利曲线 w_1 的性质，可知 $w_1[\alpha_1^*, \alpha_2(\alpha_1^*)] > w_1[\alpha_1(\alpha_2^*), \alpha_2^*]$。这意味着区域 1 总是希望在博弈中居于领导者地位。

那么一个区域如何才能成为领导者呢？它需要什么样的信息优势？在斯塔克尔伯格型博弈中，本章用逆向归纳法求解博弈均衡。当区域 1 是领导者时，考虑到区域 2 想要在给定的领导者 α_1 前提下最大化自身的福利。这同古诺竞争情况一致，它给出了区域 2 的反应函数 $[\alpha_2(\alpha_1)]$。回到博弈的第一阶段，区域 1 现在想选择它的 α_1。区域 1 预判区域 2 将会如何应对，并据此在区域 2 的反应曲线上选择最优点 $[\alpha_1^*, \alpha_2(\alpha_1^*)]$。因此，要想成为领导者，一个区域需要根据自己之前的可再生能源配额推断出另一个区域将如何应对。也就是说，一个区域必须识别其他区域的反应函数，才能成为领导者。有了这些信息，它才能够在其他区域的反应曲线上选择最优点。因此，我们得出以下推论。

推论 2：在区域电力市场完全分离的斯塔克尔伯格竞争中，一个区域总是希望利用信息优势成为领导者。为了成为领导者，一个区域必须识别出另一个区域的可再生能源配额比重反应函数，然后才能在另一个区域的反应曲线上选择最优点。

第五节　区域间电力市场完全融合的情景模拟与含义

在已有政策实践中，如果不考虑额外的非环境因素（包括社会规范、公约和其他政治原因等可能在维持国际环境协议方面发挥重要作用的因素）（Hoel and Schneider，1997），对于相邻的两区域来说，区域间的电力市场融合或遵守执行跨区环境协议的一个重要激励因素是，市场融合或签订协议必须对双方都有利。本部分将试图通过考虑两种情景来归纳区域间电力市场完全融合影响的含义——当两区域完全同构（消费者的效用、生产者的成本和环境损害都是对称的）时和当两区域非同构时。

一　两区域完全同构情景

当这两个区域的效用函数、成本函数和环境损害函数都完全对称时，图 8-4 中的 CN 点即古诺-纳什均衡点（$\alpha_1^* = \alpha_2^* = \alpha^*$）。在完全融合的条件下，当 $\alpha_1 = \alpha_2$ 时，$w_1^{FI}(\alpha_1, \alpha_2) + w_2^{FI}(\alpha_1, \alpha_2)$ 最大。由于 α^* 是直线 $\alpha_1 = \alpha_2$ 上的任意一点，且在完全融合的均衡状态，以及 $\widehat{w_2}^{FI} \geq w_2^*$ 和 $\widehat{w_1}^{FI} \geq w_1^*$ 的条件下，在 $\widehat{\alpha}$ 处使得 $w_1^{FI}(\alpha) + w_2^{FI}(\alpha)$ 可以取得最大值。因此，如图 8-4 所示，在区域间完全对称情景下，两区域的电力市场和 TGC 市场完全融合时，两区域的情况都会变好且不需要转移支付。

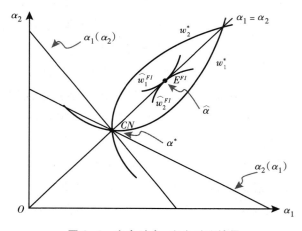

图 8-4　完全融合-完全对称情景

二　两区域非同构情景

当这两个区域的效用函数、成本函数和环境损害函数并非完全对称时，图 8-4 中的 $\alpha_1 = \alpha_2$ 线可能不会与 w_1^* 和 w_2^* 围成的"橄榄球"形状的区域相交。由此，在完全融合的情景下，总福利增加，但其中一个区域的情况会变差。此外，当区域间可以进行转移支付时，在 $\widehat{\alpha}$ 处仍有可能达到完全融合的均衡状态。例如，假设古诺-纳什均衡点（α_1^*，α_2^*）上 $w_1^* = 10$，$w_2^* = 11$，并且假设在完全融合状态下，$\widehat{w_1}^{FI} = 15$，$\widehat{w_2}^{FI} = 9$，此时总的福利增加，但是损害了区域 2 的福利。若区域 1 向区域 2 支付 3

个货币单位，则 $\widehat{w}_1^{FI} = 12 > 10$，$\widehat{w}_2^{FI} = 12 > 11$。因此，当两区域之间存在互相补偿的可能性时，两区域的情况都会变好。

此外，当两区域不对称时，如果不允许区域间进行转移支付，完全融合可能会损害进口绿色电力的一方。事实上，可再生能源政策的全面协调消除了策略行为，提高了可再生能源配额比重的要求，进而推高了绿色电力的价格。因此，绿色电力进口区域的贸易条件将会恶化，这种损害可能超过由市场融合带来的贸易利益和减少污染所带来的收益，从而致使区域利益受损。

因此，我们得出结论，在理想的条件下，如果境况变好的区域能够补偿境况变差的区域，那么借由共同 TGC 制度的区域间电力市场融合将是一个卡尔多-希克斯福利改进。只要存在补偿的可能性，并非一定要使得每个区域的境况都变好。与没有参与者变得更差的帕累托改进不同，卡尔多-希克斯福利改进意味着可以通过让那些境况变好的区域充分补偿那些境况变得更差的区域来实现帕累托改进的结果。在本章的案例中，在完全融合情形下实现的卡尔多-希克斯福利改进可能不是帕累托改进，因为如果不考虑区域间的转移支付，并且在签署方承诺向第三个区域进行转移支付的情况下，总排放量可能会更高，这可能不会使每个区域都获益。

三　算例分析和支持性证据

本章进一步提供一个算例来说明以上的分析。假设 $U_1(z_1) = A_1 z_1 - \dfrac{z_1^2}{2}$，$U_2(z_2) = A_2 z_2 - \dfrac{z_2^2}{2}$，其中，$A_1$、$A_2 > 0$。此外，假设 $C_{1x}(x_1) = \dfrac{a_1 x_1^2}{2}$，$C_{2x}(x_2) = \dfrac{a_2 x_2^2}{2}$，$C_{1y} = \dfrac{b_1 y_1^2}{2}$，$C_{2y} = \dfrac{b_2 y_2^2}{2}$，$D = (\theta_1 y_1 + \theta_2 y_2)^2$，其中，$a_1$、$a_2$、$b_1$、$b_2 > 0$ 且反映区域 1 和区域 2 的排放强度的参数 θ_1、$\theta_2 > 0$。根据 Currier 和 Rassouli-Currier（2012）、Currier 和 Sun（2014）、Currier（2013）的数值例证，首先对参数值做出如下假定：$A_1 = 25$，$A_2 = 32$，$a_1 = 15$，$a_2 = 18$，$b_1 = 9$，$b_2 = 7$ 且 $\theta_1 = \dfrac{7}{11}$，$\theta_2 = \dfrac{8}{11}$。这两个区域的非对称成本函数反映了区域 1 在生产可再生能源方面具有比较优势（绿色电力出口地区），而区域 2 的黑色电力生

产相对便宜（绿色电力进口地区）。此外，绿色电力生产的成本高于黑色电力。

表 8-1 比较了在区域间电力市场完全融合和完全分离两种情景下各区域最优可再生能源配额。比较结果包括计算每种情景下的环境损害、每个区域的福利、绿色电力产出、黑色电力产出、电力消费以及电力进出口情况。

表 8-1　区域间电力市场完全融合和完全分离的比较结果（非对称函数）

变量	完全融合	完全分离
	$\alpha^* = 0.4534$	$(\alpha_1^*, \alpha_2^*)^{CN} = (0.4451, 0.3356)$
w_1	41.6739	31.6214
w_2	71.1656	68.9751
D	10.1703	14.7239
x_1	2.0987	1.6502
x_2	1.7489	1.7554
y_1	2.0294	2.0575
y_2	2.6093	3.4758
z_1	0.7432	3.7076
z_2	7.7432	5.2312
进口/出口	3.3850	0
p	18.2648	$(p_1^{FS}, p_2^{FS}) = (18.5171, 24.3309)$
p_c	13.2159	$(p_{c_1}^{FS}, p_{c_2}^{FS}) = (6.2356, 7.2653)$
$p + p_c$	31.4807	$(p_1^{FS} + p_{c_1}^{FS}, p_2^{FS} + p_{c_2}^{FS}) = (24.7526, 31.5962)$
$p + p_c\alpha$	24.2568	$(p_1^{FS} + p_{c_1}^{FS}\alpha_1, p_2^{FS} + p_{c_2}^{FS}\alpha_2) = (21.2924, 26.7688)$

注："FS"表示完全分离，"CN"表示古诺-纳什均衡。

本章还考虑了两区域的效用函数和成本函数是对称的情况，即 $A_1 = A_2$，$a_1 = a_2$，$b_1 = b_2$。参数值假定为：$A_1 = A_2 = 32$，$a_1 = a_2 = 18$，$b_1 = b_2 = 7$ 且 $\theta_1 = \frac{7}{11}$，$\theta_2 = \frac{8}{11}$。同时也考虑了当两区域的效用函数、成本函数和环境损害函数都是对称的情况，其中 $A_1 = A_2 = 32$，$a_1 = a_2 = 18$，$b_1 = b_2 = 7$ 且 $\theta_1 = \theta_2 = \frac{8}{11}$。在此情况下的对比结果见表 8-2。

从表 8-1 和表 8-2 中，可以发现通过共同的 TGC 制度体系对两区域电力市场进行的全面融合将会得到一个卡尔多-希克斯福利改进的结果，因为如果不考虑区域间的转移支付，并且在签署方承诺向第三个区域进行转移支付的情况下，总排放量可能会更高，这可能不会使每个区域都获益。

事实上，本研究的讨论证明了通过在两个共同拥有正常运行的 TGC 市场的区域之间实施相似的政策实现卡尔多-希克斯福利改进的可能性。在实践中，一个典型的例子是欧盟发布的《可再生能源指令》中提出的"统计转移"制度（EU，2009a），该制度允许其成员国通过资助其他国家的可再生能源生产来实现其自身的可再生能源目标。

表 8-2 区域间电力市场完全融合和完全分离的比较结果（对称函数）

变量	$A_1=A_2,a_1=a_2,b_1=b_2$		$A_1=A_2,a_1=a_2,b_1=b_2,\theta_1=\theta_2$	
	FI	FS	FI	FS
	$\alpha^*=0.4199$	$(\alpha_1^*,\alpha_2^*)^{CN}=$ $(0.3398,0.3516)$	$\alpha^*=0.4385$	$\alpha_1^*=\alpha_2^*=0.3561$
w_1	63.3854	62.0049	61.4217	59.3002
w_2	63.3854	61.4797	61.4217	59.3002
D	15.0281	21.5262	15.3657	23.4849
x_1	2.0580	1.7741	2.1043	1.8424
x_2	2.0580	1.8242	2.1043	1.8424
y_1	2.8429	3.4466	2.6949	3.3317
y_2	2.8429	3.3637	2.6949	3.3317
z_1	4.9009	5.2207	4.7992	5.1741
z_2	4.9009	5.1879	4.7992	5.1741
进口/出口	0	0	0	0
p	19.9	(24.1263,23.546)	18.8646	(23.322,23.322)
p_c	17.1439	(7.8072,9.2889)	19.0124	(9.8405,9.8405)
$p+p_c$	37.0439	(31.9335,32.8348)	37.877	(33.1625,33.1625)
$p+p_c\alpha$	27.0992	(26.7793,26.8121)	27.2008	(26.8259,26.8259)

注："FI"表示完全融合。

第六节 本章结论与政策启示

本章使用一个程式化模型分析了在区域间电力市场完全分离和完全融

合的情况下，在 TGC 制度体系下运行的两区域电力市场的最优可再生能源配额。通过将每个区域的可再生能源配额标准作为战略选择变量来考虑，可以发现，在区域间电力市场完全分离的古诺-纳什均衡中，存在跨界污染的两个区域之间，一个区域自身福利最大化的最优可再生能源配额标准与另一个区域的可再生能源配额标准是策略性替代关系。通过获取另一个区域的反应函数这一信息优势，一个区域总是希望在博弈中成为斯塔克尔伯格领导者。

本研究进一步证明，受 TGC 制度监管的完全融合的电力市场会比完全分离的电力市场带来更高的社会福利。通过考察两区域之间的不对称成本和效用函数，并考虑到两区域在生产绿色、黑色电力方面的比较优势，可以发现，当区域间存在转移支付或补偿的可能性时，在福利、环境损害、能源和传统电力产出水平等方面，市场完全融合情形下的最优可再生能源配额政策通常比市场完全分离情形下表现得更好。尽管区域 2 的绿色电力产出水平变化不大，但这可能是因为其在生产可再生能源电力方面与区域 1 相比处于相对劣势。随后本研究考查了区域间对称的成本和效用函数，发现结果与不对称时的情况一致。因此，只要存在转移支付或补偿的可能性，区域间具有共同的 TGC 制度的电力市场完全融合可能实现卡尔多-希克斯福利改进。这一结果有着重要意义，因为尽管对于可再生能源电力的支持是进行完全协调统一还是完全独立的争论一直存在，欧盟已经注意到了区域间进一步统一可再生能源政策方案的迫切需求（Kitzing et al.，2012），并且欧盟发布的《可再生能源指令》已经通过了"统计转移"制度（EU，2009a）。

近年来，两个或两个以上区域就跨界政策计划进行合作的前景成为讨论的焦点。一些区域之间的早期合作已经逐步实施，例如挪威和瑞典之间的合作（Kitzing et al.，2012；Amundsen and Nese，2009；Widerberg，2011）。文献中的一些研究为本研究的理论结果提供了实证依据。例如，Verhaegen 等（2009）评估了单一欧洲证书制度促进可再生能源利用的可能性。他们将 FIT 和 TGC 与配额义务相结合，证明了扩大实施 TGC 制度范围的必要性。然而，欧盟对全欧洲统一支持计划的渴望与比利时的情况形成了鲜明对比。Wedzik 等（2017）认为，尽管在欧盟的成员国层面上 FIT 优于以 TGC 为基础的系统，但在整个欧盟层面上情况可能正好相反。引入欧盟统一的 FIT 可能非常困难，而 TGC 制度可能受益于广阔的泛欧盟市场，由于地理因素，一些成员国更容易满足可再生能源标准（RES）。Chen 等（2018a）将一种随机稳健优化方法应用于中国的京津冀地区，发现多地区 TGC 制度是应对碳减排的一种具有成本效益的途径，可以极大地缓解政府提供可再生能源补贴的财政压力。此外，Aune 等（2012）的数值模拟表明，允许绿色证书的全面交易，并推行各国共同的可再生能源目标，可以确保在实现可再生能源目标的过程中获得成本降低的可能性。

尽管在可再生能源促进政策上，持完全融合意见和持完全独立意见的双方之间的辩论仍在继续，但欧盟政府已经看到统一国家政策计划的迫切需求。他们指出，"必须寻求在国家支持计划上更强的融合以促进贸易，并朝着更加泛欧洲的道路迈进，以发展可再生能源"（Kitzing et al.，2012；EU，2011）。本研究的模型本质上是静态的，假设电力和 TGC 市场的局部均衡。它强调了电力市场成本和效益研究的重要性，可再生能源的成本是高昂的，有许多额外的可再生能源效益和成本并未被直接计算。事实上，一些可再生能源严重依赖当地天气，例如太阳能和风能，它们是间歇性的且更难控制。这些资源产生的电力需要根据其生产时间进行评估。这种情况下可以通过实验模拟模型对动态 TGC 市场的功能进行研究。Ford 等（2007）在动态环境中对 TGC 市场的功能进行了实验研究。他们认为，由于预期的制定、产能占用的延迟以及存储绿色证书的可能性等原因，TGC 市场的运行可能会变得复杂。这对基于太阳能和风能的电力系统来说尤为如此。因此，基于瑞典-挪威电力证书市场的案例，Hustveit 等（2017）建议应谨慎实施规制行为，以避免增加不确定性和价格波动性。此外，调整发电的市场价值以及与之相关的环境和非环境外部性，将有助于政府实施合理的可再生能源支持计划（Borenstein，2012）。

在实践中，电力市场目前相当集中，由于监管者能够获得的生产者成本和与消费者需求相关的信息有限，因此，确定社会最优可再生能源配额比重仍然是一个巨大的挑战。Currier（2013）设计了一个可再生能源配额优化的算法，并对规制调整过程设定约束条件，从而在古诺竞争的背景下迭代确定最优可再生能源配额。显然，更一般的分析可以探索在区域间多种市场结构下社会最优可再生能源配额的比重。

为了使区域间的共同电力市场发挥作用，适当的互联协议和区域间的输电基础设施连通性是区域间电力市场一体化的基本条件。此外，区域间的 TGC 制度体系需要与之配套的区域支持政策，如新能源补贴政策和投资援助，以使由可再生能源生产的电力在区域间得到协调，从而使其更符合综合电力市场要求（Nielsen and Jeppesen，2003；Sun，2016）。因此，区域间自由贸易下的输电能力限制仍然是个问题。进一步来说，由于福利的激励，各区域可能在协议执行上产生"欺骗"行为，区域间电力市场完全融合情形下的福利最大化可能不可持续。在这种情况下，可以研究区域间电力市场完全融合情形下每个均衡点上的各种成本降低激励因素，还可以研究一个更具有普遍意义的模型，该模型允许电力市场和 TGC 市场中存在一定的市场力量。我们希望在未来的研究中可以解决这些和其他相关的问题。

第九章
长三角区域绿色创新产出与效率的
时空演化格局及环境规制驱动机理

随着我国经济发展进入新常态，处理好发展与环境之间的关系是高质量发展的题中之义。当前，推进长三角区域更高质量一体化发展是理论界研究的热点问题，绿色创新作为绿色发展和创新驱动两大国家战略的结合点，必将成为长三角区域乃至全国绿色转型发展的重要引擎，提升绿色创新水平对于长三角区域具有重要意义。本章首先以长三角区域41个城市为研究对象，基于2008~2019年绿色专利数据，刻画长三角区域绿色创新产出的时空演化和空间关联特征，进而使用负二项回归模型分析其驱动因素。研究结果表明：总体上，长三角区域的绿色创新产出呈现空间集聚特征，显著的集聚效应主要体现在东南部城市，且存在扩散的趋势；局部上，空间演化格局具有稳定性，但联系较弱的城市数量具有增加的趋势；影响因素上，对长三角区域绿色创新具有促进作用的因素主要为城镇居民可支配收入、科研经费投入等，而作用不明显的因素为外商直接投资。

在此基础上，本章将进一步剖析绿色创新活动的投入、产出过程，通过构建包含非期望产出的超效率SBM-DEA模型，以长三角城市群26个核心城市为研究对象，测度其在2010~2017年的绿色创新效率，并据此深入研究长三角城市群绿色创新效率的时空演化格局及环境规制影响机理。结果显示：①在研究期间，长三角城市群的绿色创新效率总体上处于高水平状态；②随着时间的推移，长三角城市群的绿色创新效率总体呈现波动态势，且城市间的效率水平差距逐渐缩小，尽管城市间的异质性仍然存在，但空间上的均质化趋势明显；③在影响城市绿色创新效率的因素中，经济发展水平、产业结构、创新支持力度、对外开放程度、人力资本和环境规制强度等均会对城市的绿色创新效率产生显著的影响。除上述因素外，由于绿色创新具有接续发展的特征，当期绿色创新效率还受到往期绿色创新效率的影响。

第一节　长三角区域绿色创新产出的时空演化格局及驱动因素

一　研究背景

近年来，随着我国经济总量的不断提高，环境污染、资源短缺和生态退化已成为我国经济可持续发展的主要障碍。许多企业试图通过加大研发投入实现创新驱动发展和产业结构升级，从而减少环境污染，提高资源配置效率。《2018 年全球环境绩效指数报告》显示，2018 年，中国的环境绩效指数在全球 180 个国家中排名第 120 位，中国的空气质量排名倒数第 4 位。中国要实现持续繁荣，必须改变要素驱动型经济发展的模式。面对当前环境质量所面临的严峻形势，在环境污染和资源紧张的制约下，中国在党的历次会议上提出要发展绿色经济，推进绿色发展，加快生态文明建设。党的十六届五中全会提出建设资源节约型、环境友好型的"两型社会"。党的十八大把"生态文明"建设纳入"五位一体"建设的总体布局。党的十八届五中全会鲜明提出"创新、协调、绿色、开放、共享"的发展理念，也是国家长期发展的思路、方向和重点。党的十九大报告再次强调，要坚持绿色发展，促进人民富强，国家富强、美丽，制定基于全局历史的生态文明建设战略规划。因此，我们应该改变经济发展方式，综合治理环境污染，恢复自然生态保护，集约利用资源，完善生态文明体系，全方位保护生态环境。同时也要提高我国企业的技术创新水平，尤其是与"绿色"发展理念息息相关的绿色技术创新水平。

在工业生产过程中，绿色创新是科学和技术研究的核心，目的是节约资源和投入成本，减少废气的排放，改善生态环境，实现环境和经济发展，改革绿色产品的研究开发过程。绿色创新与传统创新的不同主要在于绿色创新的"双重外部性"，其不仅存在传统创新的空间溢出效应，同时还存在减少生产或改善环境成本的外部效应。也就是说，绿色创新不仅是一个技术概念，而且是一个强调创新的"绿色概念"。绿色产品和绿色工艺的研发和应用，可以使产品的整个生命周期绿色化，同时实现经济效益和环境效益最大化。创新作为引领发展的第一驱动力，在构建社会资源体系与环境体系协同治理方面起到了重要作用，而其中的绿色创新作为"绿色"和"创新"两大发展理念的结合点，为降低污染能耗、提高资源配置效率、实现可持续发展提供了解决方案，同时也是目前促进产业结构的优化和改善、加速建设现代化经济体系的重要路径。

长三角区域作为中国经济发展最活跃的地区之一，是国家区域发展战略的重要策源地。目前，长三角区域对长江经济带乃至全国发展起到模范带头的作用，但在高强度开发过程中仍面临严重的生态破坏与环境污染问题。而绿色创新作为引领经济发展的动力支持，能起到强化区域环境协同治理和保护、推动生态文明建设的作用，同时为打造可持续发展的"绿色美丽长三角"，实现经济高质量发展提供了重要支撑。与此同时，"2020年度长三角县域绿色发展峰会"的召开，更加明确了绿色创新作为长三角区域强劲增长动力源的地位。在此背景下，研究长三角区域绿色创新产出的时空演化特征和驱动因素，为进一步提升长三角区域绿色创新水平，实现长三角区域更高质量一体化发展具有重要意义。

二　绿色创新的内涵及国内外研究综述

近年来，生态环境问题逐渐受到公众的重视，进而对于绿色技术创新（简称"绿色创新"）的研究也逐渐兴起。绿色技术创新的概念表述最早可以追溯到《推动生态创新：为创新和可持续发展的突破体系》一书中，由 Fussler 和 James（1996）提出，他们认为绿色技术创新既能够为企业和消费者提供价值，又可以降低环境污染、提高生产效率、研发新兴产品或工艺等。关于绿色技术创新的概念，目前国内外尚未得出同一界定标准，较为权威的概念有以下几种。IEA（2009）的定义是绿色技术创新与其他替代方案相比较而言，可以在有形或无形中对生产流程、新产品、经营方法、组织结构和制度配置等显著改善。Bernauer 等（2007）提出绿色技术创新是有利于环境的各种环保创新，包括绿色组织创新、绿色产品创新和绿色工艺创新等，不管这种有利于环境的改善是不是创新的主要目的。

国内学者也对绿色技术创新提出了很多界定方法。杨发明等（1997）

认为绿色技术创新是一种能够降低生产和消费过程中产生的一些由生态环境传递的外部非经济性的技术，这是从企业经济性角度进行界定的。也有学者从产品生命周期角度出发，即从短期和长期两个视角来分析。许庆瑞和王毅（1999）认为从短期来看，最大限度地降低由产品生命周期产生的外部成本是绿色技术创新的最终目的；而从长期来看，最大限度地降低由产品生命周期产生的总成本是绿色技术创新需要达到的。内部、外部成本最小化的总和是绿色技术的最终目标。戴鸿铁和柳卸林（2009）的研究中梳理了国外学者运用的相关术语，其中"绿色技术创新""环境技术创新"等术语是国外学者更倾向使用的，而先进技术本身的作用及其对环境的影响是这些术语更想要强调的。肖黎明和肖沁霖（2018）通过检索文献进行了对比分析，具体做法是运用 CiteSpace 软件，研究期间为 1998~2017 年，从 WOS（Web of Science）和 CNKI（中国知网）中筛选出了 443 篇中文文献和 1808 篇外文文献，将其作为研究对象对国内外有关该研究领域的作者、机构、年代等进行了分析，结果表明自 2012 年以来，该研究领域的文献呈大幅度增长的趋势，且机构合作现象多出现在同一国家或区域，协同创新、绿色治理可能是未来研究的热点问题。

相较于技术创新，绿色技术创新有着不同于一般意义的概念，它既是一种系统性的能够有利于改善环境的技术，也是能够减少污染、降低能耗、提高技术的一系列新产品、新方法或者新工艺等的总称。进一步而言，绿色技术创新的范围不仅仅存在于技术层面，还扩展到社会和制度等层面，这是由中国环境与发展国际合作委员会提出的。这意味着绿色技术创新不仅是一种"绿色观念"，而且是一种在产品的生产经营过程中融入"绿色意识"，从而实现经济、环境、社会三方效益的理念。

在绿色技术创新的影响因素分析中，现有的国外研究主要从多个维度如市场、技术、企业自身和外部环境等，以及从经济学和管理学的视角展开。Rehfeld（2007）研究发现，在企业初期的研发阶段，技术因素是非常重要的因素；而在企业后期的扩散阶段，市场需求则更为重要。环境规制能够诱发企业从事创新活动，从而实现经济增长和环境保护的双赢，这就是著名的"波特假说"。Yalabik 和 Fairchild（2011）也通过计量分析方法得出企业进行绿色技术创新受到消费者、竞争压力和环境规制等因素的正向驱动作用的结论。从公司治理的视角来看，Amore 和 Bennedsen（2016）

研究发现公司治理与其绿色技术创新是正相关的关系，也表明如果企业的公司治理较差则会导致绿色技术创新水平的大幅度降低。

相较于国外学者，国内学者更多从经济地理、区域经济视角进行研究。王文普和陈斌（2013）基于中国 31 个省份 2001~2009 年的环境专利数据，使用非线性设定探讨了环境政策对绿色技术创新的影响，研究结果也证实了环境政策的激励作用。毕克新等（2014）使用了 PLS 统计分析方法，探讨了 FDI 流入对制造业绿色创新系统的影响，研究表明 FDI 流入对制造业绿色创新系统具有促进作用。秦国伟等（2017）基于中国省域层面 2002~2012 年的数据，探讨了中国省域绿色技术创新的主要影响因素，研究表明随着 R&D 资金和人员的投入，大型企业进行绿色技术创新的动力变得更足。彭文斌等（2019）分析了中国 285 个城市 2005~2016 年的面板数据，运用了空间杜宾模型，研究发现促进绿色创新的因素包括环境规制、交通条件、教育水平等，而抑制绿色创新的因素有低层次产业结构，此外，增加 FDI 的投入会促进邻近地区的绿色创新发展，但并不利于本地的绿色创新发展。

目前对于绿色创新的空间分布特征的研究尚处于探索阶段，国内外学者大多发现企业创新能力存在高度的空间集聚特征。周力（2010）运用 DEA-Malmquist 指数方法，使用了中国省际 1999~2006 年的面板数据，测度了省域绿色创新指数，研究发现中国省域绿色创新水平呈现由西至东依次递减的趋势。孟卫东和傅博（2017）通过计算莫兰指数与分析散点图，证实了绿色创新的空间集聚效应及其异质性，进一步引入地理加权回归（GWR）模型，采用 30 个省份 2005~2014 年的数据进行分析，研究发现在差异化空间集聚效应中，H-H 聚集与 L-L 聚集是显著的，造成空间异质性的原因包括环境规制强度、区域开放程度、人才集聚水平等。

综上所述，已有文献多从国家、区域和省级层面探讨区域绿色技术创新能力的问题，从城市层面研究其时空演化特征的文献较少。也有相关文献表明，从省级层面研究区域知识溢出的表现并不明显，需要在更小的空间单元上研究才更具有科学性（牛欣、陈向东，2013）。此外，绿色专利申请或授权数量多为已有文献用来衡量绿色技术创新产出的主要指标，在数据获取的过程中，研究人员多采用关键词进行检索，具有较强的主观性。

基于此，本章在已有文献的基础上，将以减少废弃物排放、节约资源和原材料投入、改善生态环境、实现经济增长与促进环境保护的协调发展而进行的绿色产品的科学技术研发及绿色工艺改造活动定义为绿色技术创新。绿色技术创新与一般技术创新不同，它具有"双重外部性"，一方面体现在具有与创新知识溢出相关的正外部性，另一方面体现在与污染物排放处理等相关的环境影响外部性。因此，本部分采用现有的技术分类标准，将绿色专利数量作为绿色创新产出的主要衡量指标，具体做法是使用技术分类号来甄别绿色专利，在此基础上查重筛选相关专利，进而分析长三角区域绿色创新产出的时空演化特征，并进一步探究驱动其发展的主要因素，以期为长三角区域绿色创新、可持续发展提供相应的政策启示。

三　长三角区域绿色创新产出的时空演化格局

（一）长三角区域绿色创新产出的地理分布特征

长三角区域包括三省一市，即安徽省、江苏省、浙江省和上海市，其2019年经济总量约占全国的1/4（23.7万亿元），地域面积占全国的1/27左右（35.8万平方公里），常住人口占全国常住人口的1/6左右（2.27亿人）。长三角区域由41个城市组成。长三角区域位于长江经济带的中下游，具有重要的"一带一路"倡议地位，包括直辖市上海市，江苏省的南京市、徐州市、常州市、南通市、淮安市、扬州市、泰州市等13个地级市，浙江省的杭州市、温州市、湖州市、金华市、衢州市、台州市等11个地级市，以及安徽省的合肥市、蚌埠市、马鞍山市、铜陵市、黄山市、阜阳市、六安市、池州市等16个地级市。

2010年9月16日，世界知识产权组织（WIPO）推出了"国际专利分类绿色清单"（IPC Green Inventory）。"国际专利分类绿色清单"是由国际专利分类专家委员会制定的，它有利于明确已有的和新出现的绿色技术，约200个与环境友好相关的主题包含在该清单中，进一步基于《联合国气候变化框架公约》，把绿色专利分为替代能源生产类、废弃物管理类、农林类、行政监管与设计类、交通运输类、核电类、能源节约类共七大类。

本部分的具体做法为：基于国家知识产权局数据库，采用200余个绿色专利分类号（由WIPO推出的IPC Green Inventory），检索定位长三角区域41个城市的专利数据，最后选用四年的数据（2008年、2012年、2016

年和 2019 年）为观测样本。这四年的数据具有一定的代表性，具体体现在：首先，我国专利制度改革后的第一年是 2008 年，且 2008 年也是"十一五"规划的重要年份；其次，《"十二五"国家战略性新兴产业发展规划》颁布实施的第一年是 2012 年；再次，"十三五"规划的开局年是 2016 年；最后，"十三五"规划目标完成的年份是 2019 年。

本章运用 ArcGIS 软件绘制长三角区域对应年份的绿色专利数量变化图（见图 9-1），该图展现了 2008 年、2012 年、2016 年及 2019 年绿色专利数量在长三角区域城市层面的表现。总体而言，2008 年，绿色专利数量仅为 1367 件，而到 2019 年，已经达到 16038 件，这体现了绿色专利数量的大幅度增长趋势。具体而言，上海市始终保持着领先水平，且其绿色专利数量远高于其他 40 个地级市；南京市仅次于上海市，在研究期间绿色专利数量也呈现大幅度增长趋势。图 9-2 展示了长三角区域绿色创新产出的时空演化格局，总体表现为空间集聚特征，且存在扩散的趋势。具体而言，在四年的研究期间，其空间分布特征变化不明显，显著的集聚效应主要体现在东南部城市，表现一般的有北部和西南部城市。上海市、南京市、杭州市、合肥市、苏州市及周边地区呈现较高的绿色技术创新水平。这体现了在四年的研究期间，长三角区域绿色技术创新存在路径依赖的特点，且在空间上具有逐步扩散的趋势。

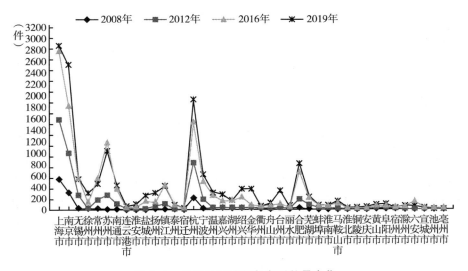

图 9-1　长三角区域绿色专利数量变化

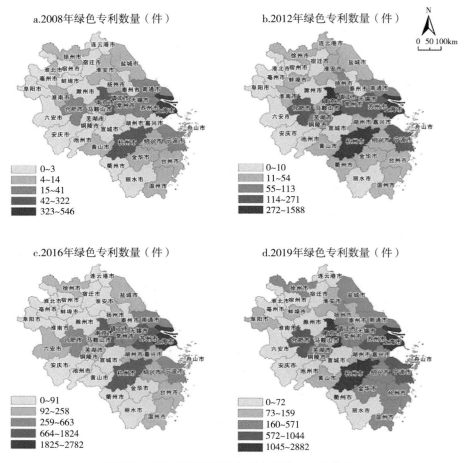

a.2008年绿色专利数量（件）　　　　　b.2012年绿色专利数量（件）

c.2016年绿色专利数量（件）　　　　　d.2019年绿色专利数量（件）

图9-2　长三角区域绿色创新产出的时空演化格局

（二）长三角区域绿色创新产出的空间自相关性和时空演化特征

为了进一步探究长三角区域绿色创新产出的时空演化特征，需要检验其指标变量或者研究对象是否会存在空间依赖性，即进行空间自相关性检验。全局莫兰指数（Moran's I）常被用来检验整体空间模式的显著性，进而测度全局空间自相关性。我们可以从表9-1看出，绿色专利数量的标准差从2008年的100.168，到2012年的305.537，再到2016年的557.925，逐步上升到2019年的634.007；绿色专利数量的极差从2008年的546，到2012年的1588，再到2016年的2782，逐步上升到2019年的2882。由绿色专利数量的标准差和极差的变化可以看出，其差异越发扩大，也反映了长三角区域内的绿色技术创新能力差距的扩大，需要引起我们注意的是，这一现象可能会导致长三角区域内绿色技术创新能力两极分化现象的出现。

全局莫兰指数能够体现长三角区域内绿色技术创新产出的集聚与分散情况。具体而言，2008 年的全局莫兰指数为 0.033，接近于 0，但未通过 5%的显著性检验；2012 年的全局莫兰指数为 0.037，显著为正；2016 年的全局莫兰指数为 0.074，显著为正；2019 年的全局莫兰指数为 0.058，也显著为正。这说明，2008 年长三角区域内绿色技术创新产出的空间分布较为随机，但 2012 年、2016 年和 2019 年长三角区域内绿色技术创新产出具有显著的空间集聚特征。

表 9-1　全局空间自相关性

年份	全局 Moran's I	P 值	均值	标准差	极差
2008	0.033	0.070	32.548	100.168	546
2012	0.037	0.040	131.143	305.537	1588
2016	0.074	0.028	314.357	557.925	2782
2019	0.058	0.048	381.857	634.007	2882

整体上而言，全局莫兰指数呈增长趋势，这表明长三角区域绿色技术创新产出具有显著的空间集聚特征。也可以看出，2008~2019 年，长三角区域绿色技术创新产出的空间关联度和依存度逐渐增强。

为了判断绿色技术创新产出是否在更小的空间单元上存在集聚效应，本研究进一步考察其局部空间自相关性。图 9-3 反映了长三角区域绿色技术创新产出的局部空间自相关性，在四年的研究期间，总体上分布在第一象限和第三象限的长三角城市数量较多，这体现出绿色技术创新具有地理正相关性，空间分布不具有随机性。

图 9-4 反映了长三角区域绿色创新产出的局部空间自相关四分位图，在研究期间长三角区域大部分城市存在空间稳定性，其中处于第一象限（高-高）的城市有宁波、苏州、杭州和无锡，处于第三象限（低-低）的城市有淮北、宿州、亳州、徐州等，而对于处于第二象限（高-低）和第四象限（低-高）盲点区域的城市来说，一般其与周边城市的联系较为薄弱。尤其是处于第二象限（高-低）的城市在研究期间有所增加，这类城

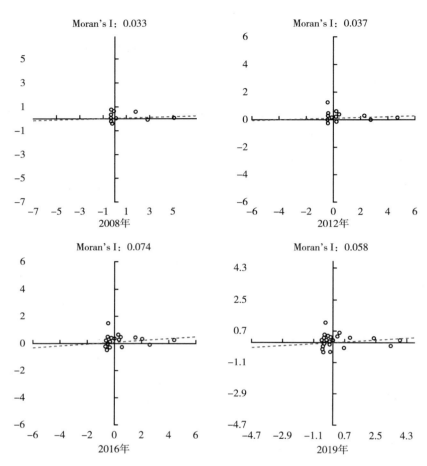

**图 9-3　2008 年、2012 年、2016 年及 2019 年长三角区域
绿色技术创新产出 Moran's I 散点图**

市缺乏绿色技术创新增长极，原因在于其难以与周边城市进行优势互补，形成地区联动效应。国家相关政策的支持使得各地区提高了自身绿色发展意识，不断增加科技资金、人员投入，而各地区的发展水平不一致使部分城市与周边城市的绿色技术创新水平的差距不断扩大。总的来看，2008 ~ 2019 年，长三角区域的绿色创新产出体现出了正相关性。长三角区域内的绿色技术创新能力差距的扩大，可能会导致长三角区域内绿色技术创新能力两极分化现象的出现，需要注重长三角区域内绿色技术创新能力的整体提升和内部差异的缩小。

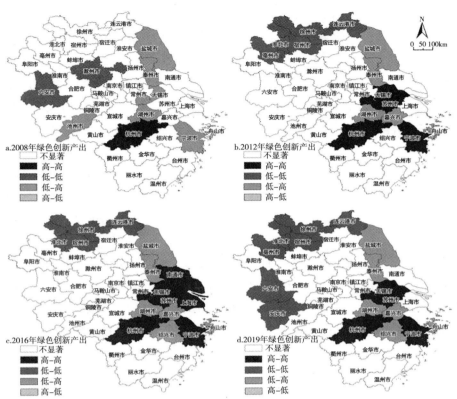

图 9-4　2008 年、2012 年、2016 年及 2019 年长三角区域绿色
创新产出的局部空间自相关四分位图

四　长三角区域绿色创新产出的驱动因素

（一）模型、变量与数据

本部分研究参考毕克新等（2013）的做法，考虑到绿色技术创新水平的提升受到多方面因素的综合影响，从技术角度、市场角度和制度角度三个方面分别探究其对绿色技术创新的影响。

研究数据主要来源于《中国城市统计年鉴》以及各城市统计公报、统计年鉴和国家知识产权局。

考虑到被解释变量为绿色专利数量（GI），故使用适合计数数据分析的负二项回归模型进行实证检验。具体而言，采用绿色专利数量表征绿色技术创新。在选用解释变量的衡量指标时，考虑到技术、市场和制度三个维度：

在技术角度方面，选用大学生在校人数（EL）和科研经费投入（$R\&D$）；在市场角度方面，选用外商直接投资（FDI）、城镇居民可支配收入（DPI）；在制度角度方面，选用市辖区绿化率（$Green$）、工业烟尘粉尘排放量（$Dust$）、工业废水排放量（$Water$）、工业二氧化硫排放量（SO_2）、第二产业增加值占 GDP 的比重（is）。从三个维度（技术、市场及制度）的影响因素分析可以看出以下方面。

首先，从技术角度出发，科技资金投入、教育水平等包括在内。长三角区域内较高的教育水平对绿色技术创新能力的积极影响不言而喻，已有文献证实居民的受教育程度越高，对地区的环境质量要求越严格，将进一步倒逼地区的绿色创新发展（彭文斌等，2019），而大学生作为创新创业的重要主体，选用大学生在校人数（EL）来表征长三角区域内的教育水平具有一定的科学意义。基于柯布-道格拉斯生产函数，创新产出需要考虑到科研资金、科研人员等投入要素。未选用现有文献中使用的研发人员、经费投入等指标的原因在于，本部分的研究单元为长三角区域的 41 个城市，而城市层面的该类数据较难获取，因此，科研经费投入（$R\&D$）由地方财政支出中的科技资金投入来表征。

其次，从市场角度出发，企业进行绿色创新的主要目的是生产适应市场需求的产品（杨朝均等，2018b）。参考毕克新等（2013）的做法，选用城镇居民可支配收入（DPI）来表征市场需求，这是由于城镇居民可支配收入（DPI）与城镇居民消费的关系较为紧密。选用外商直接投资（FDI）来表征市场开放程度是考虑到它可以促进地区的对外开放程度，有利于提高地区的绿色创新水平。

最后，从制度视角出发，第二产业增加值占 GDP 的比重以及环境规制强度包括在内。产业结构对绿色技术创新的影响不言而喻，即合理的产业结构可以促进绿色技术创新，由此选用第二产业增加值占 GDP 的比重（is）来表征产业结构；选择工业二氧化硫排放量（SO_2）、工业烟尘粉尘排放量（$Dust$）、工业废水排放量（$Water$）以及市辖区绿化率（$Green$）来反映区域环境质量和污染排放标准，进而表征环境规制强度，这是考虑到著名的"波特假说"认为适当的环境规制强度能够诱发技术创新。在环境规制的要求下，企业不得不改良生产工艺，在此过程中更有可能诱发绿色技术创新，从而提升绿色技术创新的能力。

表 9-2 为变量的描述性统计。

表 9-2　变量的描述性统计

变量	样本数量	均值	标准差	最大值	最小值
GI	164	219.061	459.07	2782	0
DPI	164	31538.45	13290.89	68034	10958.5
$R\&D$	164	224061.3	506733.6	4263655	1261
EL	164	105037.7	150894.2	827773	3500
FDI	164	16.19	27.14647	185.1378	0.1
is	164	48.32	7.810426	73.44	29.78
SO_2	164	38686.03	43444.09	298000	1393
$Water$	164	11155.73	12872.55	75585	528
$Dust$	164	20411.19	16724.84	87100	1053
$Green$	164	41.36	4.01	61.02	21.24

（二）实证结果及讨论

表 9-3 展示了负二项回归模型的估计结果，由于 delta 的 95% 置信区间为（16.62，29.70），表明需要拒绝"delta = 0"的原假设（对应于泊松回归），也证明了使用负二项回归模型的合理性。

表 9-3　负二项回归模型的估计结果

变量	系数
城镇居民可支配收入（DPI）	1.75 *** （0.171）
科研经费投入（$R\&D$）	0.23 *** （0.055）
大学生在校人数（EL）	0.63 *** （0.049）
外商直接投资（FDI）	0.02 （0.049）
第二产业增加值占 GDP 的比重（is）	-0.43 *** （0.165）
工业二氧化硫排放量（SO_2）	0.115 * （0.062）
工业废水排放量（$Water$）	-0.07 （0.096）
工业烟尘粉尘排放量（$Dust$）	-0.10 （0.077）

变量	系数
市辖区绿化率（Green）	0.99 * （0.537）
常数项	−26.12 *** （2.367）
观测值	164
Pseudo R^2	0.1942
delta	22.216 （3.292）

delta 的 95% 置信区间：（16.62, 29.70）

注：＊、＊＊＊ 分别表示在 10%、1% 的水平下显著；括号内为标准误。

从技术角度来看，大学生在校人数（EL）的系数显著为正，说明其对绿色技术创新具有促进作用，这也与葛尧（2018）的研究结论相一致。一方面，地区教育水平的提高可以产生知识扩散效应，提高本地的技术创新能力；另一方面，地区教育水平越高，说明居民的受教育程度越高，对地区环境质量的要求就越严格，这会在一定程度上倒逼企业从事绿色技术创新活动，从而促进地区的绿色技术创新。科研经费投入（R&D）的系数显著为正，说明其对绿色技术创新具有促进作用。随着科研经费投入的增多，企业用于绿色工艺和绿色产品的资金增多，有利于降低风险和不确定性，缩短产品研发周期，从而更加有利于企业绿色技术创新的发展，与周边的学校、高新产业联系更为紧密，产生相应的知识扩散效应。

从市场角度来看，城镇居民可支配收入（DPI）的系数为正且显著，说明其对绿色技术创新具有促进作用。进一步而言，城镇居民可支配收入能够体现地区的经济发展水平，也能体现国内市场需求。而绿色技术创新最根本的动力就是市场需求。人均收入与环境污染之间呈倒"U"形关系，即在初期两者呈正相关关系，只有当人均收入达到某个临界点时，后期两者才会呈负相关关系，这也就代表此时环境污染会随着人均收入的增加而降低（Hayton，2005）。城镇居民可支配收入对绿色技术创新具有促进作用，说明长三角区域人均收入还未越过临界点，能在一定程度上对经济增长和环境保护两方面都保持高度的重视，以实现经济和环境的双赢。外商直接投资（*FDI*）的系数为正但不显著，说明其在一定程度上对绿色技术创新具有促进作用。原因可能在于引进并使用国外技术是目前我国大多数外商直接投资企业的首选之策，其与当地的生产企业等联系较少。我国的引资战略是"以市场换技术"，通过不断吸引国外企业进入国内投资建厂来促进国内的技术进步，但国外的生产技术和管理体制与国内有较大差异，会对国内原有市场产生较大冲击，甚至会存在"替代效应"或者"挤出效应"，陈信伟和姚佐文（2011）的研究也证实了这一观点。

从制度角度来看，工业废水排放量（*Water*）和工业烟尘粉尘排放量（*Dust*）的系数均为负但不显著，也能在一定程度上说明环境规制对绿色技术创新产生抑制作用；而工业二氧化硫排放量（SO_2）的系数显著为正，说明企业在面对更为严格的环境规制时，会加快其从事绿色技术创新活动的速度；市辖区绿化率（*Green*）的系数显著为正，这也验证了较高的区域环境质量和较严格的环境标准能够激励绿色技术创新。总的来看，绿色技术创新相较于传统创新，需要投入更高的成本以及更长的时间周期，这对企业从事绿色技术创新活动是不利的；但政府制定的一系列环境规制政策，如污染税等，会逐步倒逼企业进行绿色技术创新，降低污染排放的成本。第二产业增加值占 GDP 的比重（*is*）的系数显著为负，说明其对绿色技术创新具有抑制作用。考虑到长三角区域的第二产业多为高污染、高耗能产业，如电气机械和器材制造业、纺织业、电子信息设备制造业等，这些行业是降低温室气体排放的关键领域，因此需要这些行业进一步优化产业结构，加快清洁技术的研发，从而实现带动长三角区域产业绿色转型的目标。

五　结论与政策启示

本节基于 2008~2019 年长三角区域三省一市（包括 41 个城市）的空间面板数据，运用探索性空间数据分析方法，探讨长三角区域绿色技术创新产出的时空演化特征，并基于此，利用全局 Moran's I 检验长三角区域绿色技术创新产出的空间关联度，并进一步运用负二项回归模型检验各驱动因素对长三角区域绿色技术创新的影响。主要结论如下。

（1）本节以长三角各城市绿色专利数量表征绿色技术创新，经测算发现，长三角区域整体的绿色技术创新水平在 2008~2019 年有了较大程度的提高，尤其是上海市、南京市、无锡市、苏州市、杭州市以及合肥市，并形成以上海市为绿色技术创新增长极，带动周边地区协同发展的模式。

（2）2008~2019 年，长三角区域绿色技术创新活动的空间关联效应显著，且随着时间推移，集聚现象愈演愈烈，在地理空间上的连续性也逐渐增强，且受绿色技术创新资源"极化效应"的影响，长三角区域绿色技术创新产出空间关联效应整体呈现强内聚、弱耦合的趋势。

（3）从长三角区域绿色技术创新活动的主要驱动因素来看，城镇居民可支配收入、科研经费投入、大学生在校人数、工业二氧化硫排放量、市辖区绿化率都显著提高了长三角区域绿色技术创新水平，但第二产业增加值占 GDP 的比重反而抑制了长三角区域绿色技术创新活动的发展，而外商直接投资、工业废水排放量、工业烟尘粉尘排放量无显著影响。也就是说，城镇居民可支配收入的提高也就意味着长三角区域经济发展水平的提高，因此，为长三角区域绿色技术创新提供的创新资金以及人才也就越多，从而越能有效促进绿色技术创新活动的进行。而政府部门对创新的投入增多以及教育水平的提高都能在一定程度上显著提升绿色技术创新在人力、财力方面的投入，从而提升长三角区域绿色技术创新水平。严格的环境规制在一定程度上倒逼企业加快通过绿色技术创新研发来满足环境规制标准。此外，长三角区域绿色技术创新的产业结构转型升级需求迫在眉睫，尤其是引导长三角区域各部门向绿色技术研发、成果转化方面进行优化。

长三角区域作为建设"美丽中国"的排头兵，构建区域绿色技术创新体系是必然选择，也是必然要求。针对当前长三角区域绿色技术创新的"极化-涓滴效应"，长三角区域绿色技术创新发展不能简单延续"核心-边缘"的发展模式，未来的优化思路是要做好以下几方面。

（1）要加强区域内绿色技术创新的空间联系。针对当前长三角区域绿色技术创新强内聚、弱耦合的发展态势，可以进一步加强长三角区域各城市之间的绿色技术创新资源共享，促进人力、物力、财力、技术等要素的跨区域流动，打破区域行政壁垒造成的"弱联系"局面，实现区域间绿色技术创新的协同多元化。习近平总书记在扎实推进长三角一体化发展座谈会上强调了"一体化"和"高质量",增长极应该利用自身的示范作用,向整个长三角区域辐射,带动周边地区绿色技术创新的发展。

(2)要充分发挥高科技人才知识交流所带来的知识溢出作用。我们发现,居民受教育程度越高,就越能够显著提高长三角区域绿色技术创新的产出。先进的教育发展能力有利于区域内知识交流,提高区域内创新能力。而绿色技术创新具有"强关联"效应,因此,应该加强绿色技术创新产学研之间的深入合作,充分利用高校与科研机构的研发能力以及相关企业的成果转化能力,加快绿色技术创新活动的研发,使绿色技术创新能够切实有效地造福人民。

(3)要适当扩大对外开放的程度,以市场为导向,积极引导市场健康发展。长三角区域经济发展水平是区域绿色技术创新发展的根基,因此,积极引导市场需求向稳定市场发展,增加市场活力、加快技术转型和工业化进程以及改善市场竞争机制是重中之重。长三角区域居民的消费理念和人口消费模式是企业采用环境友好技术的直接动力。此外,本节研究结果表明,外部市场开放程度的提高并未显著提高绿色技术创新水平。2020年8月,习近平总书记在合肥主持召开扎实推进长三角一体化发展座谈会时强调,"在当前全球市场萎缩的外部环境下,我们必须集中力量办好自己的事,发挥国内超大规模市场优势,加快形成以国内大循环为主体、国内国际双循环相互促进的新发展格局"。因此,长三角区域在扩大对外开放和加强区域间联系的过程中可能导致更高程度的污染和能源消耗,长三角区域城市应在区域优势方面发挥积极作用,特别注重选择高科技产业和吸引高新技术人才,以避免进一步恶化市场。

(4)要加强政府的监管以及采取相关政策鼓励措施。环境保护政策可以为绿色技术创新创造有利环境,并在引导国内外市场和促进绿色技术创新方面发挥重要作用。要利用各种监管手段促进市场稳定、市场转型和市场控制,就必须扩大环境监管渠道,从而迫使公司采用绿色技术创新来满足政策标准。同时,政府必须加大力度,鼓励企业进行自主绿色技术创新,逐步将高污染和高能耗行业转变为高科技行业,提高资源配置效率以及资源使用率,最大限度地减少污染物排放,实现整治环境污染和发展绿色技术创新的双重目标。

第二节　长三角城市群绿色创新效率的时空演化格局及环境规制影响机理[①]

一　关于区域绿色创新效率的探讨

中国历经 40 余年的经济高速增长，在提高中国人民生活水平和国际竞争力的同时，也产生了诸如环境污染和资源枯竭等问题，这些问题给我国步入新时代后的经济发展带来了巨大挑战。如何协调经济与环境间的关系，是实施可持续发展战略的关键。2005 年，时任浙江省委书记的习近平在浙江安吉考察时首次提出了"绿水青山就是金山银山"的论断。在党的十九届五中全会上，我国进一步提出"推动绿色发展，促进人与自然和谐共生"。"十三五"是我国产业转型升级、经济结构调整的关键时期，绿色发展和创新发展已成为引领全局的重要发展理念。绿色创新以绿色为目标，创新为手段，减少自然资源消耗、降低对环境的损害、提高资源配置效率，助力我国经济向高质量发展转变。

长三角城市群作为我国区域发展战略的重要策源地，是"一带一路"与长江经济带的重要交会地带，对长江流域甚至是全国都具有一定的辐射带动作用。但同时，长三角城市群在高强度开发过程中出现了严重的生态破坏与环境污染问题，发展和环境的矛盾日益尖锐，这就要求我们必须协调好经济与环境之间的关系。2018 年，在首届中国国际进口博览会上，习近平总书记宣布将支持长江三角洲区域一体化发展并上升为国家战略。次年，《长江三角洲区域一体化发展规划纲要》公布，其中提出了长三角一体化发展的目标，即到 2035 年，长三角一体化发展达到较高水平，整体达到全国领先水平，成为最具影响力和带动力的强劲活跃增长极。在当前长三角一体化发展的国家战略实践中，要牢牢把握住"高质量"这一关键词，这就要求我们坚持"创新"和"绿色"发展的理念，走"生态优先、绿色发展"的道路。

"创新"是促进中国经济社会发展、提高综合国力的决定性力量（方

[①] 鉴于数据的可获得性，本节用长三角城市群的数据进行实证研究，以反映长三角区域的绿色创新能力。

创琳等，2014），"绿色"强调经济、社会和环境的可持续发展（周亮等，2019），绿色创新（Green Innovation）作为绿色发展和创新驱动的有机结合，兼具传统创新的知识溢出外部性特征和节约资源、降低污染损害的环境外部性特征，在强化区域环境协同治理保护的同时，实现经济的绿色高质量发展。与绿色创新相关的概念有很多，如生态创新（Ecological Innovation）、环境创新（Environmental Innovation）、环境技术创新（Environment Technology Innovation）、可持续创新（Sustainable Innovation）等（李旭，2015），但无一例外，这些概念都建立在绿色创新的基础之上（Karakaya et al.，2014；Schiederig et al.，2012；Villegas-Palacio and Coria，2010）。最早提出"绿色技术创新"概念的是 Braun 和 Wield（1994），他们认为，绿色技术创新是通过采用技术工艺，在减少环境污染、原材料和能源消耗的基础上生产绿色产品的过程。随后 Fussler 和 James（1996）在其专著《推动生态创新：为创新和可持续发展的突破体系》中指出，绿色技术创新是那些能大大降低环境影响的新技术。Mirata 和 Emtairah（2005）认为绿色技术创新是能够改善环境的技术创新。本书认为，绿色创新强调"创新"与"环境效益"的双重属性，是以实现绿色发展为核心目标，注重通过创新来提供新的产品、工艺、服务和市场方案，减少自然资源消耗、降低生态环境损害、提高资源配置效率的活动。

随着评价方法和数据的丰富，目前国内外对于绿色创新的研究逐渐由理论研究转向定量研究，关于绿色创新的研究主要集中在评价测度和驱动因素两个方面。

在绿色创新的评价测度方面，现有的研究主要采用综合评价和效率评价。其中，在综合评价方面，黄跃和李琳（2017）以中国城市群为研究对象，构建绿色发展综合评价体系，综合分析中国城市群绿色发展的时空演化特征及异质性；程钰等（2019）采用投影寻踪评价模型分析了中国 30 个省区市绿色发展的时空演变轨迹与影响机理。在效率评价方面，肖黎明和张仙鹏（2019）基于 SFA 模型，测度了中国 2004~2015 年 30 个省份的绿色创新效率，分析了中国绿色创新效率的空间特征及演进规律；孙燕铭和孙晓琦（2018）基于 DEA 方法中的 Malmquist 模型，测算了 2006~2016 年长三角 16 个重要城市的工业绿色全要素生产率及其分解指标，并研究了其空间分异特征。从研究方法来看，以往研究中多采用数据包络分析

（DEA）和空间计量模型两种方法。对于 DEA，大部分学者将注意力集中在如何将环境因素纳入分析框架。Fare 等（1989）最早关注到环境变量的处理，但由于其方法的不方便性，在应用过程中受到了很大的限制。Hailu 等（2001）和 Scheel（2001）将非期望产出变量视为投入、对期望产出进行处理，但是这些方法都显然与实际的生产过程不相符。还有一些学者通过寻找适当的转换变量将期望产出由负转正（Seiford and Zhu，2002），诚然通过变换在一定程度上解决了非期望产出在效率评价上的问题，但由于其中存在较强的约束条件，使得其适用场景被局限在规模报酬可变的条件下。借助超效率 SBM 方法，Zhou 等（2006）衡量了 30 个经合组织国家在 1998~2002 年的二氧化碳排放以及环境规制的影响；王兆峰和杜瑶瑶（2019）综合运用超效率 SBM-DEA 模型与 Malmquist 指数，对湖南省 14 个地级市在 2010~2016 年的碳排放效率和环境效率进行了测度，研究发现环境变量的引入使得中国区域的环境效率显著下降。通过对以往研究的梳理，我们发现利用纳入环境因素的 SBM 模型探讨区域创新效率的研究尚未被关注到，本节旨在对此进行有益补充。

在绿色创新的驱动因素方面，大量研究表明，政策驱动因素和市场驱动因素对绿色创新同样有效（张彦博等，2015；Ghisetti，2017；孙燕铭等，2021；范斐等，2013）。众多学者通过实证研究分析了政策环境对绿色创新的影响，特别是环境规制政策与绿色创新的关系（张娟等，2019；王晓祺等，2020），在已有文献中主要有"遵循成本""波特假说"等理论之争。早期文献认为环境规制会带来"遵循成本"，加重企业的生产负担，难以激励企业进行绿色创新，而 Porter 和 Van der Linde（1995）提出了不同的看法，认为环境规制倒逼企业进行绿色技术创新形成的"创新补偿"效益最终可能超过"遵循成本"。Popp（2006）在验证"波特假说"时，发现环境规制在短期内确实压缩了企业的利润空间，无法有效激励企业创新，但从长期来看，环境规制能使企业通过提高生产效率或绿色创新等方式弥补其负面影响。在环境规制与绿色创新的关系中，"波特假说"似乎是最理想的一种结果，企业在面临环境规制时有多种规避策略，比如陆铭和冯皓（2014）提到的跨界污染，以及沈坤荣等（2017）发现的污染产业转移，这些策略在一定时期内都可能带来环境污染程度的降低，但从跨区域角度来看是一种"零和游戏"，有可能降低污染产业流入地的环境质量，使流入地出现"污染天堂"现象（Copeland and Taylor，2004；林伯强、邹楚沅，2014；Wu et al.，2017a）。此外，Cleff 和 Rennings（1999）指出，市场环境也是绿色技术创新的重要驱动因素，现有研究主要关注经济发展、对外开放、产业结构、人才储备等与区域绿色技术创新相关的市场环境对绿色创新的影响（曹霞、于娟，2015；邝嫦娥等，2019）。

在已有文献研究的基础上，本节通过借鉴并进一步改进现有的绿色技术创新效率测算方法，基于 2010～2017 年长三角城市群核心城市的空间面板数据，充分考虑非期望产出特性，运用包含非期望产出的超效率 SBM-DEA 模型测度绿色技术创新效率，进而深入探究其时空演化格局及驱动机理，得出相应的政策启示，以期为进一步提升长三角区域的绿色技术创新水平以及长三角更高质量一体化发展提供借鉴和参考。

本节通过分析长三角城市群 26 个城市的面板数据，运用超效率 SBM-DEA 模型测度绿色技术创新效率的时空差异，并分析其影响因素。研究的主要贡献在于：①在研究尺度上，已有研究主要从省级尺度来研究绿色创新，而从更细致的城市尺度研究国家重大战略区域绿色技术创新效率及其时空演化格局的文献较为有限，本研究从更为细致的微观城市尺度揭示长三角区域绿色技术创新效率的时空演化特征，在一定程度上丰富了微观尺度上绿色创新的研究；②由于绿色创新活动不仅涉及能够降低能源消耗的新技术研发，还包含能够改善环境质量、降低污染的创新活动，本研究在绿色技术创新效率指标体系构建中，将环境效益纳入期望产出，有别于现有文献仅考虑企业生产过程中的经济效益、创新效益、非期望产出等传统产出的组成部分；③本研究同时探讨了环境规制强度与城市开放程度这两个与绿色创新密切相关的重要制度因素对于绿色技术创新效率的驱动作用，实证研究结果表明，长三角区域的绿色技术创新确实存在明显的"波特假说效应"，但没有发现已有文献提到的"污染天堂效应"。

二　评价体系构建与研究方法

（一）评价体系构建

考察绿色技术创新效率，是在传统创新效率测度的基础上将环境污染和能源消耗纳入考察范围。对长三角区域绿色技术创新效率的度量，在准确度量创新效率的同时需要体现出创新的"绿色"属性。这意味着仅从投入产出角度考虑投入要素在生产过程中的利用率是远远不够的，还要在其中加入"绿色""协调""可持续"的理念，在分析框架中加入能源消耗及环境污染。本节从人地关系地域系统入手，在传统创新指标的基础上加入环境指标，并综合考虑指标的科学性和数据的可得性，构建包含投入、产出的绿色技术创新指标体系，系统量化多因素作用下的长三角区域绿色技术创新效率，如表9-4所示。

表9-4　城市绿色技术创新效率指标体系

类型	一级指标	二级指标	三级指标
投入	资本要素	研发经费	研发内部经费支出
	劳动力要素	研发从业人数	研发人员全时当量
	资源要素	能源消耗	工业用水量、工业用电量、城市建成区面积
产出	期望产出	创新效益	绿色发明专利申请量
		经济效益	新产品销售收入
		环境效益	一般工业固体废物综合利用率、生活垃圾无害化处理率
	非期望产出	环境污染	工业二氧化硫排放量、工业废水排放量、工业烟尘粉尘排放量

其中，在绿色技术创新投入上，主要考虑资本要素、劳动力要素、资源要素三方面，以研发经费和研发从业人数分别作为资本要素和劳动力要素的替代变量。在罗默的内生增长理论和新古典框架下的生产函数中，资本和劳动力都是最基本的创新投入要素。现有文献中，劳动力要素通常选取研发人员全时当量来表征，资本要素通常采用研发内部经费支出来表征。资源要素方面，考虑到绿色技术创新行业的资源需求，以工业用水量、工业用电量和城市建成区面积表征。

在期望产出上，主要考虑创新活动产出和环境相关产出，从而更全面反映绿色技术创新活动的特点。既包含新产品销售收入、绿色发明专利申请量等经济要素和创新要素，也包含与综合环境污染改善状况相关的环境要素。绿色技术创新是企业家为适应市场需求、符合政府环境规制而进行的创新行为。本部分借鉴段德忠等（2015）的方法，使用尖点突变法综合计算各地区国内外绿色发明专利申请量，来表征绿色技术创新的创新效益。经济效益是企业家创新的直接动力和目的，新产品销售收入体现的是企业将研发能力转化成经济效益的能力，故作为本部分衡量绿色技术创新经济效益的指标。现阶段，工业企业推行绿色技术创新所带来的环境效益主要与工业企业减少环境污染程度和公众日益增强的环保意识相关，因此本部分使用一般工业固体废物综合利用率、生活垃圾无害化处理率来表征绿色技术创新的环境效益。

在非期望产出上，有别于传统创新，绿色创新主要考虑环境污染状况。根据前人研究，本节以工业二氧化硫排放量、工业废水排放量、工业烟尘粉尘排放量作为绿色技术创新的非期望产出。

本节的研究数据主要来源于《中国科技统计年鉴》（2011~2018 年）、《中国能源统计年鉴》（2011~2018 年）、国家统计局网站和相应城市的统计公报。对于其中部分年份存在的缺失值，本节采用线性插值法进行估计。期望产出指标中的绿色发明专利申请量来源于国家知识产权局专利检索系统（SIPO）中的国内专利。工业二氧化硫排放量和工业废水排放量数据从国泰安数据库获得。

（二）研究方法

1. 超效率 SBM-DEA 模型

由于数据包络分析（Data Envelopment Analysis，DEA）方法可解决绿色技术创新效率指标中"创新要素影响""环境影响"中的多种资源投入和环境污染产出单位不一致的问题，且不用考虑具体的生产函数，无须预先估计权重和参数（孙燕铭、谌思邈，2021），故本节在研究方法上借鉴 Tone（2002）提出的 SBM-DEA 模型作为长三角区域绿色技术创新效率评价的模型。为了更贴合实际情况，本节将非期望产出引入超效率 SBM-DEA 模型进行综合测算，更为真实地反映长三角区域绿色技术创新效率的本质。超效率 SBM-DEA 模型假定一个生产系统中共有 n 个决策单元（DMU），其中的每一个决策单元都包含投入、期望产出和非期望产出 3 个投入、产出变量，计算公式如下：

$$\min \rho^{*} = \dfrac{1 + \dfrac{1}{m}\sum\nolimits_{m=1}^{M} s_{m}^{x} / x_{jm}^{t}}{1 - \dfrac{1}{l+h}\left(\sum\nolimits_{l=1}^{L} s_{l}^{y} / y_{jl}^{t} + \sum\nolimits_{h=1}^{H} s_{h}^{b} / b_{jh}^{t}\right)}$$

$$\text{s. t.}\begin{cases} x_{jm}^{t} \geqslant \sum\nolimits_{j=1}^{n} \lambda_{j}^{t} x_{jm}^{t} + s_{m}^{x} \\ y_{jl}^{t} \geqslant \sum\nolimits_{j=1}^{n} \lambda_{j}^{t} y_{jl}^{t} - s_{l}^{y} \\ b_{jh}^{t} \geqslant \sum\nolimits_{j=1}^{n} \lambda_{j}^{t} b_{jh}^{t} + s_{h}^{b} \\ \lambda_{j}^{t} \geqslant 0, s_{m}^{x} \geqslant 0, s_{l}^{y} \geqslant 0, j = 1, \cdots, n \end{cases} \quad (9-1)$$

式（9-1）中，ρ^{*} 为绿色技术创新效率，$\rho^{*} \in [0, 1]$，且只有当 $\rho = 1$、$s_{m}^{x} = 0$、$s_{l}^{y} = 0$、$s_{h}^{b} = 0$ 时评价单元才是有效的；x_{j}^{t}、y_{j}^{t}、b_{j}^{t} 分别表示 DMU$_{j}$ 在 t 时期的投入、期望产出和非期望产出；m、l、h 分别表示投入、期望产出和非期望产出要素个数；s_{m}^{x}、s_{l}^{y} 和 s_{h}^{b} 分别是投入、期望产出、非期望产出的松弛向量；λ 是决策单元的权重向量。

2. 探索性空间数据分析（ESDA）：空间自相关特征

全局空间自相关用于描述现象的整体分布状况，判断此现象在空间上是否有集聚特征存在，本节采用全局莫兰指数（Moran's I）来分析绿色技术创新在空间上的分布特征，公式如下所示：

$$\text{Moran's I} = \frac{n\sum_{i=1}^{n}\sum_{j=1}^{n} w_{ij}(x_{i} - \bar{x})(x_{j} - \bar{x})}{\sum_{i=1}^{n}\sum_{j=1}^{n} w_{ij}(x_{i} - \bar{x})^{2}} \quad (9-2)$$

其中，x_{i}、x_{j} 为城市 i、j 的 PM2.5 年均浓度观测值；w_{ij} 为空间权重矩阵 W 的相应元素，n 为研究区域中的总体城市个数。全局 Moran's I 的取值范围为 $[-1, 1]$，小于 0 表示负相关，等于 0 表示相互独立，大于 0 表示正相关，绝对值体现了自相关强度。

三　长三角区域绿色技术创新效率的时空演化特征

科学识别长三角区域绿色技术创新效率的分布特征及其时空演化规律，对宏观把握绿色创新政策的实施情况以及厘清长三角区域绿色技术创新效率的时空发展过程具有重要意义。

（一）绿色技术创新效率测算结果

基于本研究构建的绿色技术创新效率评价指标体系，对包含非期望产出的超效率 SBM-DEA 模型进行测算，得出 2010~2017 年长三角城市群 26 个城市的绿色技术创新效率（见表 9-5），绿色技术创新效率的高低能够在一定程度上反映长三角区域绿色技术创新水平。

　　长三角区域绿色技术创新效率均值最大的是绍兴市，最小的是马鞍山市。绍兴市、池州市、舟山市、金华市、泰州市、上海市位列前六名，其绿色技术创新效率均值皆超过 1。池州市、舟山市、金华市、泰州市排名靠前，与其工业发展水平密切相关；工业后发优势较大的城市其环境问题相对较少，绿色技术创新效率值相对较高。上海市的绿色技术创新效率相对较高一方面得益于上海集聚了较多高创新水平的高校、科研院所和高科技企业，另一方面上海市政府对环境政策的严格把控，使其绿色技术创新效率在研究期内始终维持在较高水平。马鞍山市、嘉兴市、南京市、盐城市、铜陵市、安庆市的绿色技术创新效率相对较低，研究期间的效率均值皆低于 0.5。马鞍山市、南京市、铜陵市的绿色技术创新效率整体上表现为低水平下降，与此同时，嘉兴市、安庆市表现为低水平上升，研究期间绿色技术创新水平有所提高，而盐城市表现为低水平波动。常州市、镇江市、杭州市、宁波市、嘉兴市、绍兴市、舟山市等城市的绿色技术创新效率增长迅速，扬州市、泰州市、金华市等城市的绿色技术创新效率趋于平稳，而苏州市、无锡市、芜湖市、台州市等城市的绿色技术创新效率近年来总体有所下降，经济增长模式较为粗放可能是原因之一。

表 9-5　2010~2017 年长三角区域绿色技术创新效率的测算结果

城市	2010 年	2011 年	2012 年	2013 年	2014 年	2015 年	2016 年	2017 年	均值排名
上海市	1.527	1.377	1.210	1.015	0.254	1.115	1.006	1.115	6
南京市	0.306	0.203	1.006	0.181	0.273	0.150	0.091	0.075	24
无锡市	1.007	0.284	1.021	0.488	1.006	0.341	0.176	0.073	20
常州市	0.309	0.484	1.100	0.420	1.113	1.072	0.199	1.004	14
苏州市	1.068	1.130	1.108	1.202	1.092	1.027	0.062	0.157	10
南通市	1.140	1.087	0.689	0.563	0.243	0.535	0.444	1.040	13
扬州市	1.237	1.152	1.066	0.321	1.120	1.044	0.537	1.006	9
镇江市	0.689	0.491	1.023	1.088	1.043	1.057	1.193	1.106	8
盐城市	0.420	0.243	0.239	0.379	0.264	0.324	0.201	0.397	23
泰州市	1.007	1.091	1.140	1.208	1.066	1.016	1.085	1.062	5

续表

城市	2010 年	2011 年	2012 年	2013 年	2014 年	2015 年	2016 年	2017 年	均值排名
杭州市	0.162	0.349	0.374	1.044	1.038	1.026	1.387	1.041	11
宁波市	0.525	0.365	0.524	0.394	1.148	1.171	1.033	1.213	12
湖州市	1.103	1.096	1.114	1.082	1.112	1.008	0.313	1.130	7
嘉兴市	0.051	0.074	0.117	0.140	0.129	0.239	0.199	0.299	25
绍兴市	1.072	1.199	1.242	1.124	1.327	1.996	2.001	2.349	1
金华市	1.248	1.260	1.249	1.236	1.183	1.186	1.104	1.036	4
舟山市	1.132	1.048	1.075	1.201	1.221	1.228	1.261	1.510	3
台州市	1.079	0.376	0.550	0.527	0.467	0.530	0.503	0.511	19
合肥市	1.037	0.258	0.225	1.015	0.214	0.215	1.142	1.084	16
芜湖市	1.039	0.234	0.320	1.082	1.024	1.038	0.277	0.156	17
马鞍山市	0.215	0.148	0.176	0.168	0.134	0.086	0.096	0.153	26
铜陵市	0.481	0.242	0.406	0.411	0.353	0.293	0.262	0.196	22
安庆市	0.228	0.128	0.250	0.335	0.303	1.093	1.180	0.252	21
滁州市	0.275	0.225	0.574	1.015	1.005	1.029	0.555	0.349	18
池州市	1.997	1.536	1.248	1.448	1.486	1.301	1.239	0.420	2
宣城市	1.047	0.128	1.019	1.020	1.029	0.605	0.243	0.267	15
长三角	0.823	0.623	0.772	0.773	0.794	0.836	0.684	0.731	—

（二）时序发展特征

从长三角区域整体视角来看，2010~2017 年长三角区域绿色技术创新效率均值稍有下降，总体呈现"先下降—持续上升—短暂下降—后上升"的"W"形波动态势（见图 9-5）。2010~2017 年，长三角区域绿色技术创新效率均值具有三阶段演进特征。2010~2011 年为第一阶段，长三角区域绿色技术创新效率迅速降低，由 0.823 跌至 0.623，2011 年是长三角区域绿色技术创新效率均值在研究期间最低的年份，此时产业结构在"十一五"规划时期向"十二五"规划时期转移的过程中进行的调整转型可能是绿色技术创新效率下降大约 24% 的原因。2011~2015 年为第二阶段，在此阶段，长三角区域绿色技术创新效率稳步提升，并在 2015 年达到本研究观测年份的最高值。此时正值"十二五"规划时期，国家要求"加快建设资源节约型、环境友好型社会……加快建设创新型国家"，同时党的十八大也提出要重视生态文明，实现绿色创新协调发展，长三角区域各地区政府逐渐重视绿色创新与发展、合理有效的资源配置和环境污染的预防与治理，并签署了相应的"目标责任书"，从而推动绿色技术创新产业的发展，促进长三角区域各城市绿色转型升级，使得各城市绿色技术创新效率得到巨大提升。2015~2017 年是第三阶段，该阶段绿色技术创新效率整体呈现"V"形。该阶段，长三角区域绿色技术创新效率只在 2016 年短暂下滑，可能与该年初所确定的"生态优先，绿色发展"战略定位相关，并且国务院提出要将长三角区域培育成更高水平的经济增长极，长三角区域各城市响应国家号召，越来越重视结构性调整和节能减排，并进一步优化产业结构，大力发展节能环保事业和高新技术产业，这可能是该阶段绿色技术创新发展水平不稳定的原因。

图 9-5　2010~2017 年长三角区域绿色技术创新效率均值

（三）空间演化特征

为进一步研究长三角区域绿色技术创新效率的空间演化特征，本节根据 2010~2017 年长三角城市群 26 个城市的绿色技术创新效率测算结果，基于自然断裂法进行空间可视化制图，进一步探索长三角区域绿色技术创新效率的空间演化特征（见图 9-6）。

如图 9-6 所示，长三角区域绿色技术创新效率东南部地区相对稳定，大多保持较高效率的水平，中部地区空间格局变化幅度较大，从整体来看，长三角区域绿色技术创新效率呈现"小俱乐部"集聚发展特征。

2010~2011 年，高效率城市仅上海市、池州市，由北部地区的较高效率城市"U"形链条（合肥市-芜湖市-宣城市-湖州市-无锡市-苏州市-

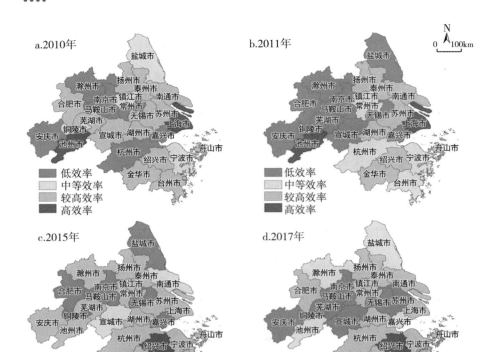

图 9-6 2010~2017 年长三角区域绿色技术创新效率的空间演化特征

南通市-泰州市-扬州市）包围"滁州市-南京市-马鞍山市-常州市"低效率城市格局转变为西北部低效率片区格局，合肥市、芜湖市、宣城市、无锡市由较高效率城市跌至低效率城市，盐城市、铜陵市也由中等效率城市转为低效率城市，说明这些城市亟须加强对环境污染的管制、对创新人才的培养，优先发展绿色创新相关行业，走新型工业化道路。与此同时，杭州市和常州市"逆风翻盘"，由低效率城市上升至中等效率城市。值得一提的是，上海市北部周边城市基本达到较高效率，说明上海市积极推进的绿色发展和生态文明理念、加大对环境保护和绿色创新的投入存在明显空间溢出且遵循地理递减原则。

2011~2015 年，较高效率城市的溢出效应显著，较多低效率城市转化为较高效率城市，形成了长三角区域全片较高效率城市集聚发展的格局。在此阶段，绍兴市成为唯一的高效率城市，这离不开绍兴市积极响应国家政策与号召，系统谋划并统筹兼顾环境治理、节能减排和绿色技术创新。与此同时，池州市、上海市降为较高效率城市。2011 年，池州市获批池州经济技术开发区为国家级经济技术开发区，作为工业后发城市的池州市大力发展经济，主要的工业利润来源不乏大量重污染行业。而上海市作为长三角区域的龙头城市，起示范、引领和辐射作用，同时也是积极响应国家政策的首发城市，绿色技术创新效率降低的原因可能是，本研究使用的投入数据为当年统计数据而非历年累计数据，基础设施建设在早期已完成，后期需要追加的人力、物力、财力相对变少。在此期间，较高效率城市数量迅速增加，安庆市、芜湖市、滁州市、常州市、镇江市、宁波市、杭州市以较快的速度由低效率城市或中等效率城市迅速上升为较高效率城市。

2015~2017 年，长三角区域中部地区绿色技术创新效率显著下降，其中，安庆市、芜湖市、苏州市的绿色技术创新效率急速降低，阻隔了较高效率城市的连片发展。合肥市在此期间从低效率城市跃居为较高效率城市，嘉兴市、南通市、盐城市也有了一定的提升，尤为值得注意的是，杭州市、常州市、扬州市、泰州市、金华市等一直维持在较高效率水平，这些城市在发展过程中充分考虑到经济发展与节能环保之间的关系，一方面通过创新提高绿色技术创新效率，另一方面加强对环境污染等的规制，使其绿色技术创新效率得到了有效提升。

（四）空间关联特征

在空间关联性分析中，一般采用 Moran's I 呈现区域空间联系与差异程度。此外，Theil 指数和 Gini 系数均能够较好地反映区域差异程度。为增强长三角区域绿色创新空间格局探索的准确性与全面性，本研究基于上述绿色技术创新效率的测度结果和时空演化特征分析，运用 GeoDa 和 Stata 15 软件计算长三角区域 2010~2017 年绿色技术创新效率的全局 Moran's I、Theil 指数和 Gini 系数，进而研究长三角区域城市间绿色技术创新效率的空间关联特征及其区域差异，结果如表 9-6 和图 9-7 所示。

如表 9-6 所示，在研究期间，长三角区域绿色技术创新效率的全局 Moran's I 先负后正，并总体在上升。也就是说，在研究期间，长三角区域绿色技术创新效率由"极化效应"转变为"涓滴效应"。2010~2014 年长三角区域绿色技术创新效率显著为负，高效率城市始终被低效率城市包围，形成高效率增长极；2015~2017 年长三角区域绿色技术创新效率显著为正，在地理近邻性作用下，长三角区域绿色技术创新效率相对集聚，在一定程度上说明长三角区域各城市绿色技术创新效率并不是随机分布的，而是存在空间上的相互关联性和依赖性，相邻城市之间的绿色技术创新存在空间溢出。

表 9-6　2010~2017 年长三角区域绿色技术创新效率的空间关联特征

指标	2010 年	2011 年	2012 年	2013 年	2014 年	2015 年	2016 年	2017 年
全局 Moran's I	-0.325**	-0.052**	-0.143**	-0.419**	-0.078**	0.002**	0.241**	0.234**
Theil 指数	0.187	0.290	0.151	0.152	0.177	0.164	0.297	0.284
Gini 系数	0.317	0.413	0.285	0.290	0.297	0.290	0.417	0.399

注：** 表示在 5% 的水平下显著。

　　如图 9-7 所示，在研究期间，长三角区域绿色技术创新效率的 Theil 指数和 Gini 系数呈现为与绿色技术创新效率"W"形变化特征相反的"M"形波动态势。第一阶段，Theil 指数与 Gini 系数显著上升，在一定程度上说明，在此期间，长三角区域绿色技术创新效率的区域差异增大，"马太效应"的遍在性特征显著。第二阶段，Theil 指数和 Gini 系数先下降，之后变动不明显，在一定程度上说明，在此期间，长三角区域绿色技术创新效率区域差异得到了较好的控制。第三阶段，长三角区域绿色技术创新效率的 Theil 指数和 Gini 系数存在较大波动后趋于稳定，2016 年，随着《长江三角洲城市群发展规划》的正式发布，政府在重视经济可持续增长基础上，同时注重生态可持续发展与区域协调发展，长三角区域绿色技术创新效率的区域差异在短暂动荡后逐渐趋于稳定。

（五）投入-产出-效率类型划分

　　绿色技术创新效率是综合考虑"创新"与"环境效益"的高质量创新发展效率测度，从投入产出角度考虑人力、物力、财力等资源要素转化成绿色技术创新成果的利用率。考虑到长三角区域各城市绿色技术创新发展基础存在较大程度的差异，本节从投入产出角度探索长三角区域各城市绿色技术创新发展路径的差别。

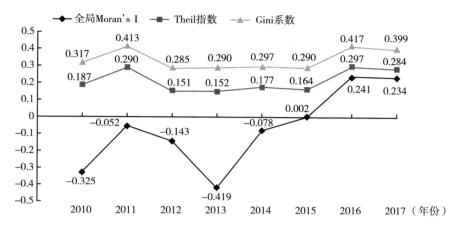

图 9-7 2010~2017 年长三角区域绿色技术创新效率的空间关联特征

首先，本节对长三角区域各城市的绿色技术创新投入指标、产出指标和效率值利用熵值法进行综合评价，并得出标准化后的投入均值为 0.106，产出均值为 0.143（见图 9-8）。其次，本节进一步依据标准化后的投入、产出均值将各城市通过城市的类型进行划分，并绘制投入、产出四象限图。最后，在投入、产出四象限图划分基础上，本节结合绿色技术创新效率均值，将长三角城市群 26 个城市划分为以下 6 个类型：位于第一象限的高投入-高产出-高效率（高高高）城市、位于第一象限的高投入-高产出-低效率（高高低）城市、位于第二象限的低投入-高产出-高效率（低高高）城市、位于第三象限的低投入-低产出-高效率（低低高）城市、位于第三象限的低投入-低产出-低效率（低低低）城市和位于第四象限的高投入-低产出-低效率（高低低）城市。

如图 9-8 所示，只有杭州市、宁波市、上海市、苏州市等 4 个城市为"高高高"型城市，该类型城市皆为经济发展水平相对较高的东南部沿海城市，集聚了大量优质高科技人才与教育资源，并具有更多绿色技术创新研发投入优势，为后续研发成果的转化提供了较好的环境。同时处于第一象限的还有"高高低"型城市，包括常州市、南京市、南通市、无锡市等 4 个城市，该类型城市通常绿色技术创新投入规模较大，研发成果转化环境也较好，但绿色技术创新效率较低。处于第二象限的城市仅有扬州市，该城市的投入要素在生产过程中利用率较高，所以产出和效率值相对较高。处于第三象限的城市相对来说是最多的，说明低投入-低产出是目前长三角区域绿色技术创新发展的瓶颈。值得注意的是，处于"低低高"型的有金华市、绍兴市、池州市等7个城市，该类城市一般为工业后发城市，绿色技术创新发展水平较低，但具有较好的环境效益。处于"低低低"型的有安庆市、滁州市等8个城市，这类城市环境压力较大，其产业结构有待调整。其余如合肥市、盐城市等2个城市为位于第四象限的"高低低"型城市，虽然这2个城市的绿色技术创新投入较高，但未能及时有效地将研发成果转化为绿色创新产出，使得该类型城市的绿色技术创新效率较低。

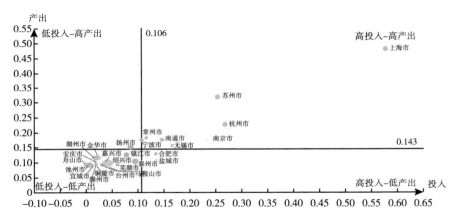

图9-8　2010~2017年长三角区域各城市绿色技术创新效率分类

四　影响机理分析

（一）影响因素分解

长三角区域绿色技术创新效率时空演化特征显著，各城市之间的绿色技术创新效率存在明显的空间依赖和区域差异。大量的以往研究认为，政策驱动因素和市场驱动因素对绿色技术创新的影响重大。因此，借鉴以往研究结果，本节基于政策驱动因素和市场驱动因素两个维度，划分出环境规制强度、创新支持力度、经济发展水平、产业结构、对外开放程度、人力资本和城镇化水平7个方面，系统量化探究长三角区域绿色技术创新效率时空演化格局的影响因素（见图9-9）。

值得注意的是，环境规制对绿色技术创新究竟是促进作用还是抑制作用一直是学术界争论的焦点，在众多研究环境规制与绿色技术创新关系的实证文献中，主要有"遵循成本"和"波特假说"两种理论之争。"波特假说"似乎是解决环境问题最理想的结果，但企业面临环境规制时有多种规避策略，如跨界污染（Porter and Van der Linde，1995）、将污染产业转移（Popp，2006）等手段，这些手段在一定时间内可能会使当地环境污染程度降低，但可能使污染输入地出现"污染避难所"现象（Copeland and Taylor，2004；林伯强、邹楚沅，2014；Wu et al.，2017a）。因此，在系统研究长三角区域绿色技术创新效率驱动因素基础上，将进一步探讨"波特假说效应"和"污染避难所效应"对长三角区域绿色技术创新效率的影响。

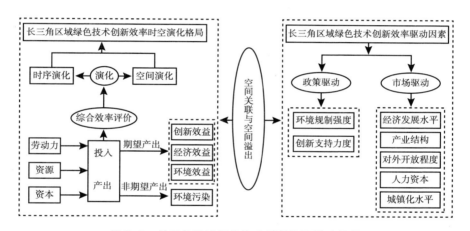

图 9-9　长三角区域绿色技术创新效率影响机理

环境规制强度（*er*）。绿色创新作为能够解决自然资源约束、提高地区经济实力、化解地区环境压力的创新活动，其创新、经济和环境效益不言而喻。目前，环境规制政策对于绿色创新的激励效果，还没有得到较为清晰的结论。新古典经济学认为，环境规制会带来"遵循成本"，增加企业的生产负担，降低企业进行绿色技术创新的动力（陆铭、冯皓，2014）。而在 1995 年，Porter 提出了不同的观点，他认为适当的环境规制可能提高企业的生产力，抵消保护环境所带来的成本，并刺激企业进行技术革新，以提高企业的盈利能力（沈坤荣等，2017）。此后，大量文献对"波特假说"进行了系统验证，其中 Popp（2006）发现虽然环境规制在短期内确实减少了企业的利润空间，但没有刺激企业进行技术创新，而且从长期来看，环境规制使企业能够通过提高生产效率或改善绿色技术等方式减少其负面影响。因此，本节选定 PM2.5 年均浓度的对数表征环境规制强度（er），以验证长三角区域绿色技术创新效率是否存在"波特假说效应"。除此之外，本节还选取节能环保投入金额占 GDP 的比重（gree）作为环境规制强度（er）的替代变量，以增强实证结果的稳健性。

创新支持力度（tech）。绿色技术的创新和变革有较强的外部性，一方面，绿色技术创新成本较高，企业可能难以负担；另一方面，传统的非清洁技术拥有较大市场，企业创新可能并不能适应目前的主流市场，其研发收益有限（林伯强、邹楚沅，2014）。因此，政府需要充分发挥"领头羊"的作用，一方面提高公民的环保意识和创新意识，另一方面制定实施行之有效的绿色技术创新激励政策，并提供相应资金支持，降低企业进行绿色技术创新成本和风险，为企业进行绿色技术创新提供良好的社会环境和经济环境，从而促进绿色技术创新研发与成果转化，使长三角区域能够切实有效地通过绿色技术创新降低污染，提高生产效率。因此，本节选取地方财政一般预算内科学技术支出占 GDP 的比重表征创新支持力度（tech），以验证创新支持力度对长三角区域绿色技术创新效率的影响。

经济发展水平（ec）。绿色创新并不限于纯粹降低生产成本和提高经济效益，而是通过建立经济、资源和环境相协调的管理模式，促使生产者将与环境有关的成本纳入生产成本，并增加对污染治理技术、清洁生产工艺、绿色知识产品等的需求，从而推动相关领域的发展，而绿色创新相较于传统创新门槛更高，这一切都离不开当地资金与资源的支持。一般认为，较高的经济发展水平能够为创新提供相应资金支持和人力资源支持（Wu et al.，2017a）。地区经济发展水平越高，所能提供的人力、物力、财力就越多，就越能够促进地区绿色技术创新的发展（Cleff and Rennings，1999）。因此，本节采用人均 GDP 的对数来衡量地区经济发展水平（ec），以验证地区经济发展水平对长三角区域绿色技术创新效率的影响。

产业结构（is）。区域产业结构给区域资源环境带来了一定的压力，可能在某种程度上阻碍了区域绿色创新的发展。而产业结构转型升级是推动绿色创新发展的重要途径，重点是调整经济结构和能源结构，优化区域产业布局，培育和发展与绿色技术创新有关的节能环保、清洁能源等产业，从而促进区域绿色技术创新的发展（邝嫦娥等，2019）。因此，本节使用第二产业增加值占 GDP 的比重衡量产业结构（is），以检验产业结构对长三角区域绿色技术创新效率的影响。

对外开放程度（fc）。绿色创新是技术密集型活动，在开放经济环境下，产业可以通过参与经济全球化引进国外高新技术、高素质人才等创新因素，强化自身优势。理论上，进一步对外开放将有助于区域获得国际金融支持和技术回报，从而提高区域在绿色技术方面的创新能力，但经济发达地区可能会将其受限的高能源密集型和高污染型生产链转移到该区域（王晓祺等，2020；Porter and Van der Linde，1995），这有可能对污染被转移地的环境质量造成一定冲击，出现"污染避难所"现象（Popp，2006），从而限制被转移地的绿色技术创新效率的提高（曹霞、于娟，2015）。因此，本节使用外商直接投资总额占 GDP 的比重衡量城市对外开放程度（fc），以验证长三角区域绿色技术创新效率是否存在"污染避难所"现象。

人力资本（hc）。人力资本是知识和技术的载体（段德忠等，2015），其中的高端技术人才更是驱动创新发展的重要力量（Charnes et al.，1978），是促进区域绿色技术创新能力提升的重要驱动因素。因此，本节使用各地区高校在校生人数衡量人力资本（hc），以检验人力资本对长三角区域绿色技术创新效率的影响。

城镇化水平（urb）。随着中国新型城镇化战略的实施，城镇化发展开始转型，从追求规模速度转向追求质量发展（Tone，2002），而绿色创新作为高质量发展必不可少的一环，与城镇化联系紧密。因此，本节采用年末城镇人口占年末总人口的比重衡量城镇化水平（urb），以检验城镇化水平对长三角区域绿色技术创新效率的影响。

（二）空间计量模型构建

基于以上分析，本研究的基准模型如下：

$$GTIE_{it} = \beta_0 + \sum_{k=1}^{n} \beta_k X_{it} + \varepsilon_{it} \qquad (9-3)$$

式（9-3）中城市用下角标 i 表示，年份用下角标 t 表示，绿色技术创新效率使用 $GTIE_{it}$ 表示，常数项用 β_0 来表示，驱动因素矩阵由 X 表示，β_k 是该公式中我们重点关注的系数，表示各驱动因素对绿色技术创新效率的影响程度，随机误差项用 ε_{it} 表示。

传统计量模型并不适用于估计存在空间分异现象的长三角区域绿色技术创新效率的驱动因素，因此，结合本章第三部分的分析，考虑绿色技术创新效率的空间自相关性，在式（9-3）右侧加入因变量的空间滞后项，构成如下空间滞后模型（SLM）：

$$GTIE_{it} = \beta_0 + \rho_0 WGTIE_{it} + \sum_{k=1}^{n} \beta_k X_{it} + \varepsilon_{it} \qquad (9-4)$$

$$W = \frac{1}{d^2} \qquad (9-5)$$

式（9-4）、式（9-5）中，空间权重矩阵用 W 来表示；绿色技术创新效率使用 $GTIE_{it}$ 来表示；因变量绿色技术创新效率的空间滞后项用 $WGTIE_{it}$ 来表示，即代表周边城市的绿色技术创新效率；两地地理距离用 d 来表示。

同时考虑到自变量可能存在空间自相关性，在式（9-4）SLM 模型右侧同时考虑自变量的空间滞后项，构成空间杜宾模型（Spatial Dubin Model，SDM），并基于 SDM 模型验证各驱动因素对长三角区域绿色技术创新效率的影响，其计量公式为：

$$GTIE_{it} = \beta_0 + \rho_0 WGTIE_{it} + \sum_{k=1}^{n} \beta_k X_{it} + \sum_{k=1}^{n} \theta_k WX_{it} \varepsilon_{it} \qquad (9-6)$$

式（9-6）中，自变量的空间滞后项使用 WX_{it} 来表示，即代表周边城市各驱动因素；各自变量空间滞后项的系数用 θ_k 来表示。

（三）驱动因素衡量指标与数据来源

本节中，PM2.5 年均浓度来源于 Columbia University 发布的年度世界 PM2.5 密度图，其他驱动因素指标的相关数据主要来源于 CSMAR 数据库、《中国城市统计年鉴》（2011～2018 年）和相应城市的统计年鉴。各变量的定义与说明见表 9-7，各变量的描述性统计见表 9-8。

表 9-7　变量定义与说明

变量名称	变量符号	衡量指标
环境规制强度	er	PM2.5 年均浓度的对数
创新支持力度	tech	地方财政一般预算内科学技术支出占 GDP 的比重(%)
经济发展水平	ec	人均 GDP 的对数
产业结构	is	第二产业增加值占 GDP 的比重(%)
对外开放程度	fc	外商直接投资总额占 GDP 的比重(%)
人力资本	hc	各地区高校在校生人数(万人)
城镇化水平	urb	年末城镇人口占年末总人口的比重(%)

表 9-8　变量描述性统计

变量名称	变量符号	均值	标准差	最小值	最大值
绿色技术创新效率	GTIE	0.754	0.470	0.051	2.349
环境规制强度	er	3.823	0.293	2.978	4.247
创新支持力度	tech	0.797	0.667	0.026	5.179
经济发展水平	ec	11.155	0.489	9.764	12.201
产业结构	is	50.542	7.407	26.320	74.730
对外开放程度	fc	0.053	0.033	0.003	0.188
人力资本	hc	14.677	19.408	0.500	84.080
城镇化水平	urb	0.430	0.225	0.118	1

（四）实证分析结果

表 9-9 报告了区域绿色技术创新效率各驱动因素的基准回归结果和空间计量结果。主要以 PM2.5 年均浓度的对数（$PM2.5$）来表征环境规制强度（er）。除此之外，选取节能环保投入金额占 GDP 的比重（$gree$）作为环境规制强度的替代变量，以增强实证结果的稳健性。根据 Hausman 检验结果，本节采用固定效应模型中的个体、时间双固定效应模型对长三角区域绿色技术创新效率的驱动因素进行探讨。利用空间滞后模型（SLM）和空间杜宾模型（SDM）估计结果进行的 Wald 检验和 LR 检验一致显示，应重点关注空间杜宾模型的估计结果。故而本节在实证检验长三角区域绿色技术创新效率时空演化特征驱动因素时，应该选用双固定效应的 SDM 模型。

表 9-9 中，采用 $PM2.5$ 表征 er 的估计结果列示在第（1）～（4）列，采用 $gree$ 表征 er 的估计结果列示在第（5）～（8）列。第（1）列和第

表 9-9　绿色技术创新效率各驱动因素 SDM 模型回归的直接效应、间接效应和总效应

变量		GTIE							
		（1）	（2）	（3）	（4）	（5）	（6）	（7）	（8）
直接效应	er	1.031* (0.570)	2.039* (1.137)	-0.548 (1.909)	1.138* (0.630)	1.733* (0.914)	0.035 (0.185)	-0.267 (0.228)	-0.205* (0.106)
	tech	-0.744* (0.395)	0.502* (0.236)	0.130 (0.204)	-0.046 (0.082)	-0.474 (0.415)	0.477* (0.256)	0.070 (0.232)	-0.100 (0.086)
	ec	3.090*** (0.729)	-0.208 (0.287)	-0.850 (0.843)	-0.062 (0.235)	3.031*** (0.597)	-0.250 (0.272)	-1.774 (1.413)	0.076 (0.235)
	is	-0.154*** (0.023)	0.041* (0.024)	0.150*** (0.049)	0.007 (0.013)	-0.196*** (0.040)	0.032 (0.024)	0.089 (0.055)	0.005 (0.013)
	fc	10.545 (6.776)	-3.374 (2.514)	10.095** (4.761)	3.478** (1.499)	0.729 (4.151)	-0.837 (2.388)	11.992 (7.407)	4.141*** (1.491)
	hc	0.103** (0.048)	0.019 (0.025)	-0.085* (0.050)	0.033** (0.013)	0.087** (0.041)	0.008 (0.025)	-0.056 (0.066)	0.034*** (0.013)
	urb	-2.377*** (0.531)	-0.205 (0.634)	-5.898*** (2.005)	0.830* (0.437)	-1.843*** (0.552)	-0.081 (0.634)	-4.694 (3.031)	0.994** (0.445)
间接效应	er	3.042* (0.815)	-4.355*** (1.668)	-7.021* (3.766)	-3.438*** (1.177)	7.858** (3.879)	0.873** (0.366)	-2.439 (2.202)	0.597** (0.297)
	tech	-3.475* (0.580)	0.680 (0.531)	-0.646 (0.509)	-0.755*** (0.239)	-4.036* (2.268)	0.584 (0.650)	-2.153 (1.723)	-0.714** (0.280)
	ec	11.711** (0.815)	0.386 (0.525)	0.671 (2.519)	1.312** (0.610)	7.082** (3.394)	-0.013 (0.571)	6.309 (13.990)	0.641 (0.652)
	is	-0.168* (0.036)	0.018 (0.046)	0.266* (0.146)	0.119*** (0.034)	-0.238 (0.146)	0.109* (0.060)	0.371 (0.525)	0.154*** (0.042)
	fc	142.537*** (7.145)	5.327 (4.794)	17.238 (18.830)	13.656*** (4.332)	79.210*** (27.684)	3.886 (5.834)	10.885 (51.132)	12.084** (4.996)
	hc	0.455* (0.052)	-0.045 (0.039)	-0.240 (0.308)	0.034 (0.029)	0.253 (0.158)	-0.063 (0.044)	-0.448 (0.579)	-0.006 (0.033)
	urb	5.670** (0.662)	-1.292 (1.344)	-12.801** (5.835)	1.035 (1.305)	6.950*** (2.198)	-0.482 (1.610)	-5.945 (26.850)	2.174 (1.523)
总效应	er	4.073** (1.789)	-2.316*** (0.687)	-7.569*** (2.473)	-2.300*** (0.729)	9.590** (4.618)	0.907** (0.409)	-2.705 (2.342)	0.392 (0.334)
	tech	-4.219* (0.337)	1.182** (0.582)	-0.517 (0.431)	-0.801*** (0.263)	-4.510* (2.552)	1.061 (0.741)	-2.083 (1.831)	-0.814*** (0.307)
	ec	14.802*** (5.935)	0.178 (0.361)	-0.178 (2.664)	1.251** (0.547)	10.114*** (0.807)	-0.263 (0.445)	4.535 (14.800)	0.718 (0.602)

续表

变量		GTIE							
		（1）	（2）	（3）	（4）	（5）	（6）	（7）	（8）
总效应	is	−0.322 ***	0.059 *	0.416 ***	0.127 ***	−0.436 ***	0.141 ***	0.459	0.159 ***
		（0.103）	（0.034）	（0.131）	（0.030）	（0.155）	（0.050）	（0.539）	（0.039）
	fc	153.082 **	1.953	27.333	17.134 ***	79.939 *	3.049	22.877	16.225 ***
		（60.055）	（4.397）	（20.512）	（4.526）	（6.725）	（5.648）	（56.253）	（5.302）
	hc	0.558 **	−0.026	−0.326	0.068 **	0.339 *	−0.055	−0.504	0.028
		（0.277）	（0.042）	（0.324）	（0.033）	（0.185）	（0.050）	（0.620）	（0.037）
	urb	3.293	−1.497	−18.699 ***	1.865	5.107 **	−0.563	−10.639	3.169 *
		（2.118）	（1.402）	（6.305）	（1.431）	（2.274）	（1.764）	（28.806）	（1.688）
	sigma_2e	0.003	0.035	0.011	0.067	0.004	0.038	0.017	0.068
	rho	−0.655 ***	−1.146 ***	−0.940 ***	−0.554 ***	−0.899 ***	−0.774 ***	−0.209 ***	−0.343 ***

注： *** 、 ** 、 * 分别表示在 1%、5%、10% 的水平下显著；括号内为标准误。

（5）列为第一阶段 SDM 模型回归结果，第（2）列和第（6）列为第二阶段 SDM 模型回归结果，第（3）列和第（7）列为第三阶段 SDM 模型回归结果，第（4）列和第（8）列为研究期间的 SDM 模型回归结果。

表 9-9 表明，绿色技术创新效率的空间系数（rho 估计值）都显著为负，且通过 1% 的显著性水平检验，说明长三角区域各城市绿色技术创新存在显著的负向空间溢出，对邻近城市产生"虹吸效应"。以下仅分析第（1）~（4）列的回归结果。

环境规制强度（er）。从区域整体来看，PM2.5 年均浓度的对数的估计系数在第一阶段对长三角区域绿色技术创新效率的影响显著为正，但在第二阶段和第三阶段显著为负，从整个研究期间来看，仍然显著为负。在一定程度上说明虽然环境规制从一开始未能有效促进长三角区域绿色技术创新效率的提升，但经过区域政府部门的努力，严格的环境规制对绿色技术创新效率的激励作用逐渐超过了前期的抑制作用，验证了在研究期间，长三角区域严格的环境规制与绿色技术创新效率之间"波特假说效应"的存在性，尤其是在第二阶段和第三阶段。也就是说，随着长三角区域各城市决策单位对环境规制的严格程度逐渐加强，短期内企业由于生产成本、环境成本的增加，可能暂时通过减产等手段来满足城市环境要求，但从长期来看，这不是一个行之有效的手段，企业可能会通过加快绿色技术创新的进程来满足政府提出的环境要求。从本地来看，PM2.5年均浓度的对数的估计系数在第一阶段和第二阶段的系数均显著为正，第三阶段为负但不显著，就整个研究期间来看，仍然显著为正，也就是说，在研究期间，严格的环境规制未能有效促进长三角区域各城市本地的绿色技术创新效率提升。但严格的环境规制对长三角区域各城市绿色技术创新效率存在空间溢出效应，在整个研究期间PM2.5年均浓度的对数对周边地区绿色技术创新效率的影响显著为负，而且它对周边地区绿色技术创新效率的影响超过对本地的影响，即严格的环境规制对周边地区的促进作用大约是对本地抑制作用的3倍。可能是因为本地严格的环境规制使得本地区一些传统非清洁产业被迫转向周边环境政策相对宽松的地区，为周边地区带来了一些人力、物力和财力等要素，同时也为周边地区带来了一定的绿色技术创新活力，从而促进了周边地区绿色技术创新效率的提升。

创新支持力度（tech）。从区域整体来看，第一阶段的创新支持力度对长三角区域绿色技术创新效率的影响显著为负，第二阶段显著为正，但就整个研究期间来看，创新支持力度对长三角区域绿色技术创新效率的影响在1%的水平下显著为负。这说明创新支持力度仅在2011~2015年能够有效促进长三角区域绿色技术创新效率提升，但抑制作用显著大于其促进作用，也就是说，创新支持力度抑制了长三角区域绿色技术创新效率的提升。可能是因为政府投入的创新资金和环保补贴具有"公共品"性质，创新资金可能用于其他创新，环保补贴也可能用于企业末端污染处理，也就是说，企业在考虑到自身发展后，不一定会将该部分政府资助资金用于绿色技术创新的研发与成果转化，从而未能直接有效地促进长三角区域绿色技术创新效率的提升。就本地来看，创新支持力度在第一阶段短暂抑制了长三角区域绿色技术创新效率的提升后，于第二阶段促进了长三角区域绿色技术创新效率的提升，但这种提升相对于第一阶段的抑制作用较小，也就是说，从整个研究期间来看创新支持力度对本地绿色技术创新效率并没有显著影响。就周边地区而言，从整个研究期间来看创新支持力度在1%的水平下显著抑制了周边地区的绿色技术创新效率，可能的原因是政府部门对本地绿色技术创新的重视以及优惠政策，让周边地区的人力、物力、财力纷纷将目光投向本地，而这在一定程度上可能会抑制周边地区绿色技术创新效率的提升。

经济发展水平（ec）。从区域整体来看，经济发展水平在研究前期很大程度上提高了长三角区域绿色技术创新效率；随后可能由于前期基础设施等固定资产投入较为充足，后期只需要完善基础设施建设以及修缮相关固定资产，投入资金较少，因此经济发展水平对长三角区域绿色技术创新效率的影响不显著。但从整个研究期间来看，经济发展水平在5%的水平下显著促进了长三角区域绿色技术创新效率的提高。从本地来看，经济发展水平仅在第一阶段在1%的水平下显著提高了本地绿色技术创新效率，但就整个研究期间而言，这种提升作用并不显著。就周边地区而言，经济发展水平对周边地区第一阶段的提升作用是本地第一阶段提升作用的4倍左右。从整个研究期间来看，经济发展水平在5%的水平下显著提高了周边地区绿色技术创新效率。

产业结构（is）。从区域整体来看，产业结构在第一阶段显著抑制了长三角区域绿色技术创新效率的提升，但在第二阶段和第三阶段逐步促进了长三角区域绿色技术创新效率的提升，并且后期的促进作用显著抵消了前期的抑制作用。因此，从整个研究期间来看，产业结构显著促进了长三角区域绿色技术创新效率的提升。这可能是第二阶段和第三阶段地区政府加大了产业结构转型升级力度，通过优化产业结构，减少资源消耗、降低非期望产出、提高资源配置效率，从而提高了长三角区域绿色技术创新的活力。从本地来看，产业结构在第一阶段显著抑制了本地绿色技术创新效率的提升，但是在第二阶段和第三阶段的促进作用超过了第一阶段的抑制作用，所以2010~2017年，产业结构的优化能够提升本地绿色技术创新效率，但不具有统计学意义。从周边地区来看，产业结构对周边地区绿色技术创新效率的影响趋势与本地别无二致，在整个研究期间其对周边地区的促进作用甚至超过了对本地的激励作用，并且影响显著。

对外开放程度（fc）。从区域整体来看，对外开放程度仅在第一阶段显著促进了长三角区域绿色技术创新效率的提高，在第二阶段和第三阶段对其有促进作用但不显著。就整个研究期间而言，对外开放程度越高，在一定程度上就越能有效提升长三角区域绿色技术创新效率，说明在研究期间，长三角区域绿色技术创新效率没有出现"污染避难所"的现象。提高对外开放程度为长三角区域的绿色相关产业带来了丰富的高科技人才、生产技术与管理资源，这些资源在一定程度上能够有效提高长三角区域绿色技术创新能力。从本地来看，对外开放程度在第三阶段的估计系数是10.095，且在5%的水平下显著为正，说明提高对外开放程度在第三阶段有效促进了本地绿色技术创新效率的提升，但在第一阶段和第二阶段的作用不显著。就整个研究期间而言，提高对外开放程度在5%的水平下显著促进了本地绿色技术创新效率的提升。从周边地区来看，对外开放程度仅在第一阶段显著促进了周边地区绿色技术创新效率的提升，其估计系数为142.537，明显大于对本地的驱动作用。就整个研究期间而言，对外开放程度的估计系数为13.656，为本地促进作用的4倍左右，也就是说对外开放程度对周边地区的促进作用更大。

人力资本（hc）。从区域整体来看，人力资本在第一阶段显著促进了长三角区域绿色技术创新效率的提升，其估计系数为0.558，第二阶段和第三阶段的驱动作用并不显著。但就整个研究期间而言，人力资本的估计系数为0.068，在5%的水平下显著提升了长三角区域绿色技术创新效率。这在一定程度上说明，长三角区域各地之间尽管存在较强的人才竞争态势，但是高素质人才对区域整体绿色技术创新效率提升存在路径依赖，人才外流现象并不显著。从本地来看，人力资本在第一阶段显著促进了本地绿色技术创新效率的提升，在第三阶段又稍有抑制，但从整个研究期间来看，第一阶段的促进作用大于第三阶段的抑制作用，所以，人力资本显著促进了本地绿色技术创新效率的提升。从周边地区来看，人力资本仅在第一阶段显著促进了周边地区绿色技术创新效率的提升，且对周边地区的促进作用是对本地第一阶段促进作用的4.4倍。

城镇化水平（urb）。从区域整体来看，城镇化水平仅在第三阶段显著抑制了长三角区域绿色技术创新效率的提升。从本地来看，城镇化水平在第一阶段和第三阶段都在1%的水平下显著抑制了本地绿色技术创新效率的提升。值得注意的是，就整个研究期间而言，城镇化水平却显著提升了本地绿色技术创新效率。从周边地区来看，城镇化水平仅在第一阶段显著促进了周边地区绿色技术创新效率的提升，但在第三阶段又显著抑制了周边地区绿色技术创新效率的提升。

五　结论与政策启示

本节通过构建包含非期望产出的超效率 SBM – DEA 模型，分析了2010~2017 年长三角城市群 26 个城市的面板数据，并运用探索性空间数据分析方法，研究长三角区域绿色技术创新效率的时间、空间演化特征。在此基础上，构建空间杜宾模型，实证检验环境规制强度、创新支持力度、经济发展水平、产业结构、对外开放程度等区域发展因素对绿色技术创新效率的驱动作用。研究结论如下。

（1）在时序发展上，2010~2017 年，长三角区域绿色技术创新效率在整体上呈现"W"形波动的态势，但总体而言，研究期间长三角区域绿色技术创新水平普遍偏高。而长三角区域差异与绿色技术创新效率呈现相反的"M"形变化特征。

（2）在空间演化上，长三角区域绿色技术创新效率在整体上呈现"小俱乐部"集聚发展特征，东南部地区相对稳定，中部、西南部地区变动剧烈。具体而言，其空间演化又可分为三个阶段：①2010~2011 年，由北部地区较高效率城市包围低效率城市的格局转变为低效率城市逐步吞并西北部地区较高效率城市，从而形成低效率片区格局；②2011~2015 年，较高效率城市逐步侵蚀低效率城市，形成长三角区域集聚发展的空间格局；③2015~2017 年，长三角区域中部地区绿色技术创新效率急速降低，形成中部地区低效率连片发展的格局。此外，长三角区域各城市绿色技术创新效率呈现出渐强的空间关联性。

（3）空间计量分析表明，被解释变量绿色技术创新效率与各解释变量都存在空间自相关性。严格的环境规制使本地企业产生"遵循成本"，但对周边地区产生了较高的空间溢出效应，整体上能有效促进长三角区域绿色技术创新效率的提升。

基于以上研究结论，可以从以下三个方面进一步优化长三角区域的绿色创新体系。①深化长三角区域绿色创新协同发展体系建设，以全局性和系统性的战略思维，从区域整体上制定更为合理的绿色创新区域一体化政策。核心城市在"虹吸"邻地资金、高素质劳动力的同时，也要加大对邻地的"反哺"力度，推动资源双向流动，适时释放绿色创新红利，缩小区域差异。②进一步制定环境规制政策的统一标准。各地区之间形成统一的环境监督体系，防止污染产业转移至环境规制较宽松的地区，同时加大对长三角区域环境"放管服"力度，严禁"一刀切"，对区域环境政策的实施做到刚柔并济。③设立专项绿色创新活动资金，建立"绿色创新补偿"制度体系，鼓励企业从事绿色创新研发活动，加快绿色创新成果的市场转化和在生产企业间的扩散与应用。

第十章
区域环境规制对区域绿色协同发展的影响及协同方案设计

环境治理的一体化是推进长三角区域更高质量一体化发展的基础与关键，构建区域间环境协同治理体系是提升长三角区域大气污染深度治理成效的战略要求。本章通过构建大气污染规制耦合度评价体系，探究长三角区域 2003~2019 年大气污染规制耦合度的时空演化特征，并对长三角区域划分协同治理小组，分别测算其大气污染治理协同水平，进而探究影响大气污染协同治理的因素。

第一节　研究背景

改革开放以来，随着中国经济的不断发展，能源消耗持续增加，污染越发严重，给环境治理带来了严峻的挑战。针对大气污染治理问题，中国在 1998 年提出了"两控区"①，之后于 2013 年出台了《大气污染防治行动计划》②，2018 年出台了《打赢蓝天保卫战三年行动计划》③。"十四五"规划提及的大气污染防治目标④，也与 2022 年政府工作报告明确指出的

---

① 《国务院关于两控区酸雨和二氧化硫污染防治"十五"计划的批复》，http：//www. gov. cn/gongbao/content/2002/content_ 61804. htm。

② 《国务院关于印发大气污染防治行动计划的通知》，http：//www. gov. cn/gongbao/content/2013/content_ 2496394. htm。

③ 《国务院关于印发打赢蓝天保卫战三年行动计划的通知》，http：//www. gov. cn/gongbao/content/2018/content_ 5306820. htm。

④ 《国务院关于印发"十四五"节能减排综合工作方案的通知》，http：//www. gov. cn/zhengce/content/2022-01/24/content_ 5670202. htm。

"强化大气多污染物协同控制和区域协同治理"[1] 相一致。2014 年长三角区域大气污染防治协作机制的建立[2]，更加说明为实现建设"世界级城市群"的发展目标，长三角区域需要形成合理有效的治理分工体系，进一步推动区域大气污染协同治理。

已有研究表明，环境治理责任界定模糊的原因主要在于属地治理原则（胡志高等，2019）易导致区域间大气污染治理的低效率现象，如"搭便车"行为，不能充分调动各方主体参与环境治理的积极性。这就意味着各自为政的大气污染治理方式已无法改善区域整体环境状况，需要基于区域联防联控的基本逻辑，探寻多维度的影响路径，构建协同治理体系，这是提升长三角区域乃至全国大气污染治理成效的战略要求。因此，本章在长三角区域环境治理一体化的大背景下，探讨如何实现区域大气污染联防联控及协同治理的优化，以达到协同治理效益最优，具有一定的理论与现实意义。

关于大气污染协同治理问题的研究，已有文献主要从大气污染协同治理的理论基础、大气污染协同治理的效果探讨以及大气污染协同治理的影响因素三个方面展开。

关于大气污染协同治理的理论基础。大气污染协同治理需要基于集体行动理论进行分析，即将大气污染视作公共物品，需要多个主体之间紧密高效的合作（刘华军、刘传明，2016），否则可能会导致"集体行动困境"（刘华军、雷名雨，2018）。2010 年前后，"Collaborative Governance"的概念引入我国，国内学者此后多使用"协同治理""联合治理""合作治理"等名词对大气污染治理问题开展进一步研究（胡志高等，2019；李倩等，2022；锁利铭、李雪，2021）。从理论上来看，集体规模大小对集体行动的影响是不同的，集体内部规模越大越容易产生"搭便车"行为以及较高的交易成本（贺璇、王冰，2016），因此有必要依据各区域主体之间的社会依赖程度，考虑经济联系、多重边界等要素的作用，对区域进行分组治

---

[1] 《政府工作报告——2022 年 3 月 5 日在第十三届全国人民代表大会第五次会议上》，http：//www.gov.cn/gongbao/content/2022/content_ 5679681. htm。

[2] 《长三角区域大气污染防治协作机制 1 月 7 日启动》，http：//www.gov.cn/jrzg/2014-01/07/content_ 2561677. htm。

理（胡志高等，2019；李牧耘等，2020；孟庆国等，2019）。

关于大气污染协同治理的效果探讨。已有研究大多探讨了大气污染协同治理低效的原因。贺璇和王冰（2016）通过对京津冀地区大气污染治理模式的研究得出，各区域由于对大气污染的需求和承载力存在差异性，容易引起寻租、"搭便车"等一系列低效率现象；地方政府之间有效的横向沟通易受到"位势差异"、属地管理模式等因素的影响（李牧耘等，2020）；在制度环境及治理资源的双重约束下，"被动式回应型协同"在短期内能够产生立竿见影的效果，但从长期来看京津冀地区政府应更加积极主动向"主动式常态型协同"转变（孟庆国等，2019）。李倩等（2022）研究发现，长三角区域大气污染防治协作机制的实施有效促进了区域大气污染协同治理。胡志高等（2019）为中国大气污染联合治理设计了最优治理方案，研究发现中国已经产生了大气环境分区治理的萌芽，但区域内治理的协同演进缓慢且波动性较大。

关于大气污染协同治理的影响因素。现有研究主要关注经济发展水平、产业结构、失业率、人力资本、FDI等因素对区域大气污染协同治理的影响。王红梅等（2021）探讨了京津冀及周边地区大气污染演化问题，研究发现经济增长、对外开放、产业结构、人口密度、城镇化率等要素均对大气污染协同治理具有显著影响。胡志高等（2019）为探讨大气污染规制协同度的影响因素，综合选取了经济发展、对外开放、产业结构、人力资本等要素进行实证分析。此外，李胜兰等（2014）、王泽宇和程帆（2021）、程钰等（2016）、张华（2016）也指出影响环境规制强度的因素包含FDI、产业结构、人力资本、经济发展等要素。

在已有研究的基础上，本章基于长三角区域2003~2019年41个城市的面板数据，从政策文件、实施过程以及治理效果三个维度选取大气污染规制强度指标，探究长三角区域41个城市2003~2019年大气污染规制耦合度的时空演化特征，并进一步通过划分治理边界，构建引力模型，确定治理中心地，规划及校正长三角区域大气污染协同治理的方案，划分区域协同治理小组，测算各治理小组的大气污染治理协同度，以此探究影响大气污染协同治理的因素，得出相应的结论及政策建议，以期为长三角区域大气污染协同治理的优化提供依据和参考。

第二节 评价体系构建与研究方法

一 城市大气污染规制耦合度评价体系构建

（一）指标选取

基于已有文献研究，为考察区域间大气污染规制强度，本章从政策文件、实施过程及治理效果三个维度进行指标选取。①政策文件维度。借鉴陈诗一和陈登科（2018）的做法，基于长三角区域 41 个城市 2004~2020年的政府工作报告，通过计算环境相关词语占报告全文词频总数的比例来衡量地方政府环境治理力度。②实施过程维度。综合借鉴胡志高等（2019）、林婷（2022）的做法，通过选取各城市工业企业废气治理设施数占总废气治理设施数的比例来衡量大气污染治理的实施过程。③治理效果维度。通过计算各城市二氧化硫和烟尘粉尘排放量的综合指数来衡量大气污染治理成效。借鉴赵霄伟（2014）的做法，计算公式如下：

$$DE_{ijt} = (P_{ijt} / Y_{it}) / \left(\frac{1}{n} \sum_{i=1}^{n} P_{ijt} / Y_{it} \right) \qquad (10-1)$$

$$DE_{it} = \frac{1}{2} / (DE_{i1t} + DE_{i2t}) \qquad (10-2)$$

$$ERS_{it} = 1 / DE_{it} \qquad (10-3)$$

式（10-1）~式（10-3）中，i 为城市，j 为污染物，t 为年份，n 为研究单元数量；DE_{ijt} 表示污染物排放相对强度；DE_{it} 表示污染物排放相对强度的综合指数；P_{ijt} 表示污染物排放量；Y_{it} 表示工业总产值；ERS_{it} 表示环境规制强度指数。

（二）测算方法

本部分对数据进行预处理。首先，构建原始数据矩阵 $X = (X_{ij})_{mn}$。其中 X_{ij} 为第 j（$j=1，\cdots，n$）个指标在第 i（$i=1，\cdots，m$）年的观测值。其次，对原始数据进行无量纲化和区间化处理。最后，借鉴丛晓男（2019）、王玉娟等（2021）的做法，构建耦合协调模型，评价大气污染规制强度的三个维度指标的协同发展程度。计算公式如下：

$$C = 3 \times \left[\frac{ERS_g \times ERS_p \times ERS_e}{(ERS_g + ERS_p + ERS_e)^3} \right]^{\frac{1}{3}} \qquad (10-4)$$

$$CD = \sqrt{C \times (\alpha\, ERS_g + \beta\, ERS_p + \gamma\, ERS_e)} \qquad (10-5)$$

式（10-4）~式（10-5）中，C 表示耦合度，$0 \leq C \leq 1$；ERS_g、ERS_p、ERS_e 分别表示政策文件、实施过程、治理效果三个维度大气污染规制强度指标；CD 表示大气污染规制耦合度；α、β、γ 表示调和系数，且 $\alpha+\beta+\gamma=1$，本研究将 α、β、γ 均赋值为 1/3。

二　区域大气污染协同治理方案设计的步骤

已有文献指出，集体规模大小对于集体行动的影响是不同的，具体而言，规模较小的集体内部的"搭便车"行为、交易成本等要素的影响均低于规模较大的集体，因此有必要依据各区域主体之间的社会依赖程度对区域进行分组治理。考虑到数据的可得性，方案设计如下。

（一）多重边界要素

在多重边界要素方面，大气污染的外溢性使城市之间需要开展跨区域协同治理，考虑从"单一边界"转向"多重边界"的问题。已有研究多从地理边界、行政边界、功能边界等视角分析区域边界问题。①地理边界。若两个城市地理邻接则取值为 1，否则为 0。②行政边界。若两个城市属于同一省份则取值为 1，否则为 0。③功能边界。若两个城市属于长三角区域重点控制区[①]则取值为 1，否则为 0。

（二）经济联系度要素

两地之间的经济联系度通常使用引力模型进行测算（Taaffe，1962）。本章使用 $R_{ij} = \sqrt{P_i V_i} \sqrt{P_j V_j} / D_{ij}^2$（两地的经济联系度与它们的人口 P 和经济总量 V 成正比，与两地地理距离 D 的平方成反比）衡量城市间的经济联系度。

---

① 本研究选用《环境保护部　发展改革委　财政部关于印发〈重点区域大气污染防治"十二五"规划〉的通知》作为政策文本参考，该规划中，长三角区域重点控制区为上海、南京、无锡、常州、苏州、南通、扬州、镇江、泰州、杭州、宁波、嘉兴、湖州、绍兴 14 个城市，http：//www.gov.cn/gongbao/content/2013/content_ 2344559.htm。

（三）治理中心地要素

由于本章的研究区域为长三角区域三省一市，在长三角区域更高质量一体化发展的战略背景下，区域各城市的大气污染排放量存在差异但较为相近，本章将大气污染规制耦合度较高的城市视为大气污染治理水平较高地区具有一定的现实基础。

将长三角区域城市间的经济联系度矩阵与多重边界矩阵相乘，获得协同治理备选矩阵，并以各城市大气污染规制耦合度作为切入点，选择治理中心地及有效邻接城市，确定长三角区域大气污染协同治理分组方案。

三　研究区域与数据来源

本章研究区域为长三角区域三省一市，包含安徽省、江苏省、浙江省和上海市，共计 41 个城市。[①] 本章数据主要来自《中国城市统计年鉴》《中国环境统计年鉴》《中国区域经济统计年鉴》《中国人口和就业统计年鉴》《中国城市建设统计年鉴》《中国能源统计年鉴》。此外，从各省市、各城市的政府工作报告获取环保词频数据，从 Harvard Dataverse 获取夜间灯光数据，从 CNRDS 数据库获取发明专利数据，从 Wind 数据库获取 GDP指数，缺失数据使用线性插值法补齐。具体而言，以 2003 年作为本研究的起点，主要原因是党中央在 2003 年提出了科学发展观，强调加快转变经济增长方式，树立可持续发展的科学发展观，这预示着我国将可持续发展问题摆在了十分重要的位置，同时也是考虑到 2002 年及以前部分环境统计指标口径不一，因此本章研究数据从 2003 年开始截取。最终，本章选取长三角区域 41 个城市作为研究对象，以 2003~2019 年的面板数据为分析样本。

第三节　长三角区域各城市大气污染规制耦合度的时空演化特征

一　时序演化特征

基于前文构建的大气污染规制耦合度指标体系，测算得到长三角区域

---

① 长三角区域范围界定主要依据《中共中央、国务院印发〈长江三角洲区域一体化发展规划纲要〉》，http://www.gov.cn/zhengce/2019-12/01/content_5457442.htm。

2003～2019 年大气污染规制耦合度。2003～2019 年长三角区域大气污染规制耦合度与反映其区域差异程度的泰尔指数如图 10-1 所示。

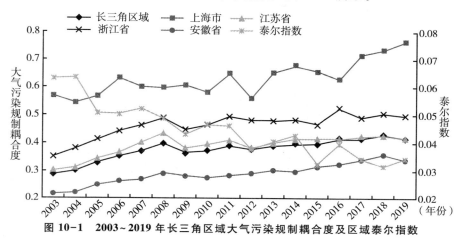

图 10-1　2003～2019 年长三角区域大气污染规制耦合度及区域泰尔指数

2003～2019 年，长三角区域大气污染规制耦合度整体不高，但呈上升趋势且较为平稳，总体上呈"上海市—浙江省—江苏省—安徽省"递减的格局；反映区域差异的泰尔指数波动轨迹则与之相反。长三角区域在 2003～2008 年的大气污染规制耦合度持续上升，在强调树立全面、协调、可持续的科学发展观的背景下，长三角区域能够积极推进大气污染治理。长三角区域在 2008～2013 年的大气污染规制耦合度在波动中缓慢提升，其原因可能在于，在此期间，2010 年《长江三角洲地区区域规划》的发布在对长三角城市群建设产生重要影响的同时，也对长三角区域内环境治理合作产生了较为复杂的效应（郭艺等，2022）。2013～2019 年，长三角区域大气污染规制耦合度水平总体呈上升态势。在此阶段，2014 年长三角区域大气污染防治协作机制的建立代表着政府越发重视区域间大气污染联防联控问题，且此时正值"十三五"规划时期，政府越来越重视结构性调整与节能减排，逐步加大环境综合治理力度，长三角区域进一步响应国家号召，优化产业结构，采取"两减六治三提升"等具体措施（孙燕铭、谌思邈，2021），而政策的转型调整对长三角区域大气污染的改善具有促进作用。

二　空间演化特征

运用 ArcGIS 软件，分别选取大气污染规制耦合度 2003 年、2011 年、

2019 年以及 2003~2019 年均值，使用自然断裂法，进行空间可视化制图
（见图 10-2）。

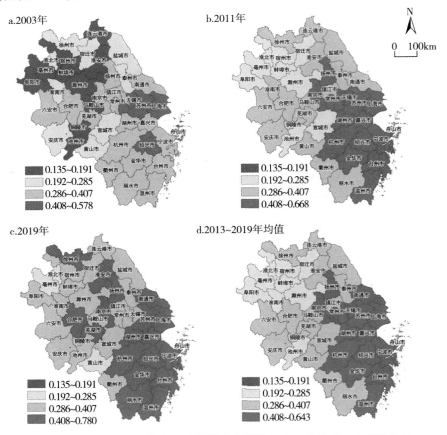

图 10-2　2003~2019 年长三角区域大气污染规制耦合度的空间演化特征

由图 10-2 可以看出，长三角区域大气污染规制耦合度呈现连片集聚
发展特征，其中相对稳定的为东南部地区，而中西部地区变动较大。具体
而言，2003 年，大气污染规制耦合度整体呈现东南向西北递减趋势，且大
气污染规制耦合度较高的城市仅有无锡市、苏州市、上海市、绍兴市 4 个
城市；2011 年，大气污染规制耦合度较高的城市数量增多，呈集中连片态
势，包括江苏省部分城市、浙江省大部分城市及上海市，且大气污染规制
耦合度较低的城市已不存在；2019 年，大气污染规制耦合度中等的城市数
量较往年相比大幅缩减，仅包括安徽省的部分城市。

第四节　长三角区域大气污染协同治理方案的规划与校正

一　方案规划

表 10-1 为长三角区域大气污染协同治理的初步分组方案，显示了治理中心地及其有效邻接城市。限于篇幅，仅展示以大气污染规制耦合度为标的被选择为治理中心地城市的相关测算结果。

表 10-1　长三角区域大气污染协同治理的初步分组方案

治理中心地	大气污染规制耦合度	排序	有效邻接城市				
上海市 (18050.124)	0.643	1	苏州市 (352578.103)	南通市 (109690.164)	嘉兴市 (92744.881)	无锡市 (41367.683)	宁波市 (26633.336)
绍兴市 (6605.711)	0.561	3	宁波市 (87640.662)	杭州市 (52347.029)	嘉兴市 (29565.389)	金华市 (24581.501)	台州市 (19667.542)
			上海市 (14666.995)	苏州市 (7654.245)	湖州市 (7234.476)		
杭州市 (6547.749)	0.554	4	绍兴市 (52347.029)	金华市 (41357.084)	湖州市 (34410.783)	嘉兴市 (23919.339)	宁波市 (18070.177)
			上海市 (15837.393)	苏州市 (11855.307)	衢州市 (9459.351)	无锡市 (8985.409)	宣城市 (7045.946)
南京市 (10548.008)	0.482	8	镇江市 (117052.685)	常州市 (80603.969)	扬州市 (43800.577)	无锡市 (37995.748)	苏州市 (25956.381)
			马鞍山市 (20745.633)	泰州市 (19025.314)	南通市 (13219.973)	上海市 (12294.491)	滁州市 (11165.532)
合肥市 (1880.327)	0.393	17	芜湖市 (13461.088)	六安市 (12342.343)	滁州市 (10713.744)	淮南市 (8967.452)	马鞍山市 (8967.452)
			安庆市 (6470.170)	铜陵市 (4226.941)	蚌埠市 (2308.172)	阜阳市 (2308.172)	
徐州市 (2021.309)	0.367	19	宿州市 (26723.562)	宿迁市 (19130.020)	连云港市 (11448.338)	淮安市 (4762.137)	盐城市 (3391.996)
			南京市 (3324.394)	扬州市 (2489.777)	苏州市 (2027.892)		

　　注：治理中心地括号内的数值表示该治理中心地与其他 40 个城市的经济联系度与多重边界相乘的均值。有效邻接城市括号内的数值表示有效邻接城市与该治理中心地的经济联系度与多重边界相乘的数值。

二　方案校正

图 10-3 为长三角区域大气污染协同治理校正后的方案。在表 10-1 初步分组方案的基础上，本章按照如下步骤进行方案检验和校正：①若一个城市与多个城市有效邻接，那么将该城市优先归属到与之多重边界与经济联系度相乘的均值较大的城市对应的治理组内；②若一个城市属于省份边界城市，且该城市与省内、省外的多重边界与经济联系度相乘的均值相近，那么将该城市归属到省外城市对应的治理组内；③通过逐年比对观测期内的数据，验证大气污染协同治理分组的合理性，得到长三角区域大气污染协同治理的最终方案。

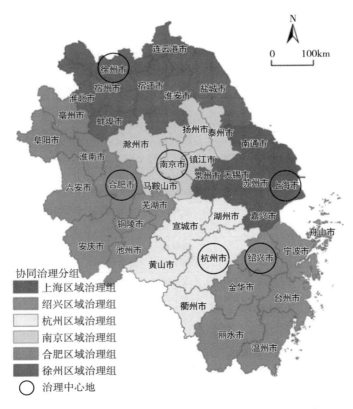

图 10-3　长三角区域大气污染协同治理校正后的方案

三　协同度状况

为测算长三角区域大气污染治理协同度，本章借鉴胡志高等（2019）、徐维祥等（2015）的做法，计算公式如下：

$$SD = \left\{\left[\prod_{i=1}^{n} CD_i \Big/ \left(\frac{1}{n}\sum_{i=1}^{n} CD_i\right)^n\right]^k \left(\sum_{i=1}^{n} \alpha_i CD_i\right)\right\}^{\frac{1}{2}} \quad (10-6)$$

式（10-6）中，SD 表示大气污染治理协同度，n 表示区域内城市个数，k 表示调整系数且 $k \geq 2$，本章取值 $k=2$，i 表示城市，CD 表示大气污染规制耦合度，α_i 表示权重。

图 10-4 显示了划分治理小组后，2003~2019 年长三角区域大气污染治理协同度状况。2003~2010 年，长三角各区域治理组的大气污染治理协同度差异较大，总体而言，上海区域治理组的协同度最高，绍兴、杭州和南京区域治理组的协同度较高，而合肥和徐州区域治理组的协同度较低；但在 2010 年后，长三角各区域治理组的大气污染治理协同度总体趋同，2019 年基本在 0.5~0.7 区间，其原因可能在于 2010 年《长江三角洲地区区域规划》的发布在对推动长三角城市群建设产生了重要影响的同时，也对长三角区域内环境治理合作产生了较为复杂的效应。

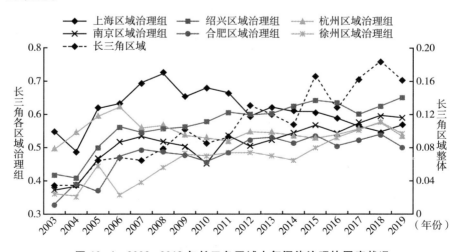

图 10-4　2003~2019 年长三角区域大气污染治理协同度状况

第五节　影响因素分析

一　模型设定

本部分主要分析大气污染规制强度的影响因素，研究这些因素在治理组内的差异对组内大气污染治理协同度的影响（胡志高等，2019），建立如下模型：

$$SD_{it} = \beta_0 + \sum_{k=1}^{n} \beta_k \frac{\sigma_{X_{it}^k}}{\overline{X_{it}^k}} + \mu_i + \varepsilon_{it} \qquad (10-7)$$

式（10-7）中，i 为治理小组，t 为年份；SD_{it} 表示第 i 个治理小组第 t 年的大气污染治理协同度；$\overline{X_{it}^k}$ 表示影响因素在治理组内的均值；$\sigma_{X_{it}^k}$ 表示影响因素在治理组内的标准差；μ_i 表示个体固定效应；ε_{it} 表示随机误差项。本部分主要关注的系数为 β_k，关注其数值的正负以及是否显著。

二　变量选择

本章被解释变量为大气污染治理协同度 SD，采用前文中各城市大气污染规制耦合度 CD 代入式（10-6）进行测算。本章解释变量的选取在综合考虑激励因素和限制因素的基础上（王红梅等，2021；孙燕铭等，2021），将影响因素划分为经济发展［包括对外开放、经济增长、产业结构（胡志高等，2019；王红梅等，2021；李胜兰等，2014；程钰等，2016；张华，2016；王泽宇、程帆，2021）］和社会发展［包括能源消耗（吴健生等，2014；史丹、李少林，2020；滕堂伟等，2021）、技术创新（王红梅等，2021；程钰等，2016；王泽宇、程帆，2021；孙燕铭等，2021）、公共交通（王红梅等，2021；Taaffe，1962）、绿化建设（王红梅等，2021；孙燕铭等，2021；Taaffe，1962）］两大维度，以此对长三角区域大气污染治理协同度的影响因素进行分析。

经济发展维度。①对外开放差异（$vfdi$）。对外开放程度对区域发展的影响具有不确定性。长三角区域外商直接投资约占全国的39%，区域间对外开放差异程度对大气污染协同治理的影响是否存在"污染天堂效应"或"污染光环效应"尚不明确，故难以预期其系数的正负。本章采用实际利用外资规模表征对外开放，使用实际利用外资规模的相对离散程度反映地区间的对外开放差异。②经济增长差异（*vpgdp*）。长三角区域经济总量约占全国的1/4，是引领全国经济发展的重要引擎，经济发展水平的提高会对地区产业结构、消费结构等多方面产生影响，区域间经济增长差异程度对大气污染协同治理的影响是否存在"极化效应"或"涓滴效应"尚不明确，故难以预期其系数的正负。本章采用人均GDP表征经济增长水平，使用人均GDP的相对离散程度反映地区间的经济增长差异。③产业结构差异（*vind*）。长三角区域积极打造"具有国际竞争力的先进制造业基地"，在大力推动产业结构转型升级的同时，落后地区在经济追赶过程中仍会承接污染密集型产业的转移，区域间产业结构差异程度的增大对大气污染协同治理存在负面影响，故预期其系数为负。本章采用第二产业增加值占GDP的比重表征产业结构，使用第二产业增加值占GDP的比重的相对离散程度反映地区间的产业结构差异。

　　社会发展维度。①能源消耗差异（*venergy*）。一般来说，经济发展水平越高，相应的能源消费量也越多，可能产生的大气污染就会越多。为实现大气污染综合防治目标，长三角区域需要控制能源消费总量，淘汰落后产能，区域间能源消耗差异程度的增大对大气污染协同治理存在负面影响，故预期其系数为负。本章采用能源消费量表征能源消耗，使用能源消费量的相对离散程度反映地区间的能源消耗差异。②技术创新差异（*vinnovation*）。长三角区域积极打造创新策源地，其有效发明专利数约占全国的1/3，创新成果的转化能够稳定地为长三角区域大气污染协同治理提供技术支持，区域间技术创新差异程度对大气污染协同治理的影响是否存在"极化效应"或"涓滴效应"尚不明确，故难以预期其系数的正负。本章采用发明专利申请数量表征技术创新，使用发明专利申请数量的相对离散程度反映地区间的技术创新差异。③公共交通差异（*vtransport*）。公共交通出行有利于减少汽车尾气的排放，减轻城市的大气污染。长三角区域公共交通建设不仅有利于完善基础设施，也是优化公共服务的重要体现，区域间公共交通差异程度的增大对大气污染协同治理存在负面影响，故预期其系数为负。本章采用每万人拥有公共交通数量表征公共交通，使用每万人拥有公共交通数量的相对离散程度反映地区间的公共交通差异。④绿化建设差异（vgreen）。绿化覆盖率越高越有利于净化空气，从而达到减缓大气污染的效果。长三角区域需要"确保生态空间面积不减少"，加大生态空间保护力度，区域间绿化建设差异的增大对大气污染协同治理存在负面影响，故预期其系数为负。本章采用建成区绿化覆盖率表征绿化建设，使用建成区绿化覆盖率的相对离散程度反映地区间的绿化建设差异。

变量描述性统计如表 10-2 所示。

表 10-2　变量描述性统计

变量符号	变量名称	观测值	均值	标准差	最小值	最大值
SD	大气污染治理协同度	102	0.531	0.078	0.329	0.721
vfdi	对外开放差异	102	0.773	0.179	0.463	1.018
vpgdp	经济增长差异	102	0.484	0.139	0.294	0.718
vind	产业结构差异	102	0.148	0.055	0.057	0.304
venergy	能源消耗差异	102	0.876	0.317	0.389	1.655
vinnovation	技术创新差异	102	1.237	0.419	0.617	2.081
vtransport	公共交通差异	102	0.863	0.211	0.373	1.281
vgreen	绿化建设差异	102	0.119	0.092	0.018	0.425

三　实证结果分析

经济发展维度（见表 10-3）：对外开放差异的估计系数显著为负，说明实际利用外资规模差异对长三角区域大气污染治理协同度具有抑制作用，虽然长三角区域市场化程度较高，但仍然存在发展中国家（地区）普遍存在的"污染天堂效应"，说明长三角区域的引资质量仍有待提高，对外开放差异总体上不利于区域内大气污染治理协同度的提高；而经济增长差异对长三角区域大气污染治理协同度具有显著的促进作用，说明人均GDP 差异越大越有利于长三角区域大气污染治理协同度的提高，这印证了划分治理小组的必要性，说明地方政府在经济增长和环境保护的双赢目标驱动下，会积极向周边环境治理成效良好的城市学习借鉴，积极参与区域间大气污染协同治理；产业结构差异的估计系数为负但不显著，其原因可能在于产业结构差异的增大易形成"污染天堂效应"，总体上还是不利于长三角区域大气污染协同治理的。

社会发展维度（见表10-3）：能源消耗差异对长三角区域大气污染治理协同度具有抑制作用但不显著，也能在一定程度上反映长三角区域传统能源消费模式对大气污染治理协同度的作用效果不佳的事实；技术创新差异对长三角区域大气污染治理协同度的影响显著为正，这可以在一定程度上说明治理组内的技术创新水平较高的城市能够通过技术扩散和知识溢出等发挥对组内其他城市的辐射带动作用，有效促进长三角区域大气污染治理协同度的提升；公共交通差异对长三角区域大气污染治理协同度的影响显著为负，表明公共交通差异对长三角区域大气污染协同治理具有抑制作用，为达成长三角区域大气污染高效治理合作，需要不断缩小区域内公共交通差异；绿化建设差异对长三角区域大气污染治理协同度的影响显著为负，说明长三角区域绿化建设差异在一定程度上抑制了大气污染治理协同度的提升。

表 10-3　长三角区域大气污染治理协同度的影响因素

变量	(1)	(2)	(3)	(4)	(5)	(6)	(7)
$vfdi$	-0.941***	-1.021***	-0.960***	-0.878***	-1.041***	-0.959***	-0.543***
	(0.138)	(0.167)	(0.197)	(0.130)	(0.149)	(0.153)	(0.178)
$vpgdp$		0.261*	0.260*	0.284*	0.307*	0.264*	0.197*
		(0.137)	(0.134)	(0.159)	(0.154)	(0.139)	(0.098)
$vind$			-0.085	-0.112	-0.039	-0.080	-0.124
			(0.098)	(0.101)	(0.132)	(0.109)	(0.119)
$venergy$				-0.064	-0.106	-0.107	-0.047
				(0.081)	(0.076)	(0.072)	(0.062)
$vinnovation$					0.034**	0.049***	0.040**
					(0.014)	(0.014)	(0.018)
$vtransport$						-0.093***	-0.064**
						(0.018)	(0.023)
$vgreen$							-0.275***
							(0.054)
常数项	0.583***	0.461***	0.471***	0.515***	0.497***	0.581***	0.563***
	(0.005)	(0.061)	(0.063)	(0.075)	(0.080)	(0.069)	(0.055)
N	102	102	102	102	102	102	102
R^2	0.366	0.403	0.405	0.414	0.431	0.463	0.533

注：***、**、*分别代表在1%、5%、10%的水平下显著；括号内为标准误。下同。

四 稳健性检验

（一）自变量滞后一期

鉴于影响大气污染治理协同度的因素具有一定的滞后性，本章将对自变量滞后一期进行估计。由表 10-4 可以看出，大多数变量回归系数的显著性水平及方向基本未发生根本改变，因此认为基准回归结果是稳健的。

表 10-4　基于自变量滞后一期的检验

变量	（1）	（2）	（3）	（4）	（5）	（6）	（7）
L. *vfdi*	-0.752 ***	-0.800 ***	-0.752 ***	-0.683 ***	-0.976 ***	-0.893 ***	-0.932 ***
	(0.126)	(0.126)	(0.176)	(0.187)	(0.210)	(0.208)	(0.221)
L. *vpgdp*		0.207 *	0.209 *	0.227 **	0.244 **	0.194 *	0.190 *
		(0.109)	(0.110)	(0.111)	(0.108)	(0.107)	(0.108)
L. *vind*			-0.071	-0.089	0.057	-0.011	-0.031
			(0.179)	(0.180)	(0.182)	(0.180)	(0.184)
L. *venergy*				-0.060	-0.137 **	-0.141 **	-0.137 ***
				(0.054)	(0.059)	(0.058)	(0.059)
L. *vinnovation*					0.056 ***	0.072 ***	0.072 ***
					(0.021)	(0.021)	(0.021)
L. *vtransport*						-0.093 **	-0.099 **
						(0.040)	(0.042)
L. *vgreen*							-0.001
							(0.002)
常数项	0.581 ***	0.483 ***	0.490 ***	0.532 ***	0.517 ***	0.613 ***	0.666 ***
	(0.009)	(0.053)	(0.056)	(0.068)	(0.065)	(0.076)	(0.123)
N	96	96	96	96	96	96	96
R^2	0.404	0.356	0.367	0.326	0.207	0.239	0.265

（二）动态面板模型

鉴于大气污染治理协同度是一个连续的过程，其上期的累积对当期及今后都有可能产生影响，本章为克服静态面板模型产生的估计误差，建立动态面板模型，如下所示：

$$SD_{it} = \beta_0 + \theta SD_{it-1} + \sum_{k=1}^{n} \beta_k \frac{\sigma_{X_{it}^k}}{\overline{X}_{it}^k} + \varepsilon_{it} \qquad (10-8)$$

式（10-8）中，θ 表示回归系数，SD_{it-1} 表示第 i 个治理小组第 $t-1$ 年的大气污染治理协同度滞后项，其他变量与式（10-7）的定义一致。

由表 10-5 可以看出，无论是基于差分 GMM 模型还是系统 GMM 模型，大气污染治理协同度的滞后一期估计系数均在 1% 的水平下显著为正，表明前期的大气污染治理协同度对当期的大气污染治理协同度具有正向影响。大多数变量回归系数的显著性水平及方向基本未发生根本改变，因此认为基准回归结果是稳健的。

表 10-5 基于动态面板模型的检验

变量	差分 GMM-Arellano-Bond	系统 GMM-Blundell-Bond
L. SD	0.606 *** (0.034)	0.684 *** (0.024)
vfdi	-0.182 * (0.097)	-0.170 (0.125)
vpgdp	0.134 *** (0.039)	0.124 ** (0.053)
vind	-0.030 (0.036)	-0.010 (0.030)
venergy	-0.020 (0.058)	-0.009 (0.071)
vinnovation	0.030 *** (0.003)	0.029 *** (0.007)
vtransport	-0.024 (0.031)	-0.021 (0.039)
vgreen	-0.070 (0.149)	-0.035 (0.163)
N	96	96

第六节 本章结论与政策建议

一 结论

本章通过构建大气污染规制耦合度评价体系，探究长三角区域 2003~

2019 年大气污染规制耦合度的时空演化特征，并对长三角区域划分协同治理小组，分别测算大气污染治理协同度，进而探究影响大气污染协同治理的因素。研究结果表明：①长三角区域大气污染规制耦合度发展态势平稳且呈上升趋势，形成了以上海市、杭州市、绍兴市、南京市、徐州市、合肥市等为治理热点的空间演化格局，而反映区域差异的泰尔指数波动轨迹总体呈现下降趋势；②长三角区域大气污染治理协同度整体呈缓慢上升态势但数值较低，而对长三角区域内城市进行治理分组后，各组大气污染治理协同度基本保持较高水平；③对长三角区域大气污染治理协同度产生显著抑制作用的要素是对外开放差异、公共交通差异及绿化建设差异，能够产生显著促进作用的要素是经济增长差异和技术创新差异。

二 政策建议

（一）突破行政边界束缚，推动协同治理体系进一步完善

虽然我国自 2010 年起就不断强调大气污染防治的区域联防联控，但当前的区域大气污染仍然为行政辖区主导下的地方合作治理模式。本章研究结果表明，黄山市、宣城市、马鞍山市、滁州市等长三角区域省际边界城市，具有跨省开展大气污染合作治理的倾向，但省内其他城市仍更倾向于省内组团发展。因此，需要综合考虑多重治理边界的影响，实行区域组织、地方政府、职能部门间多元化的责任主体分工和问责机制，提升区域环境治理能力和合作绩效。

（二）加强跨区域交流，合理划分区域间分工

本章研究结果表明，耦合度较高且协同度较高的城市，如上海市、绍兴市等，应积极发挥其在经济、社会等领域的核心地位优势，带动周边城市污染治理的积极性，推动资源双向流动，缩小区域间差异；耦合度较高但协同度较低的城市，如合肥市、徐州市等，应积极发挥"涓滴效应"，加强与组内城市的合作交流；耦合度较低但协同度较高的城市，如黄山市、宣城市等，应积极与大气污染规制耦合度较高的城市开展交流合作，学习其先进治理经验和方法；耦合度较低且协同度较低的城市，如阜阳市、亳州市等，应积极提升自身的大气污染规制耦合度，并在此基础上强化与其他城市的交流合作。

（三）缩小区域差异，顺应协同发展

本章研究结果表明，长三角区域大气污染协同治理的推进受到区域间对外开放差异、公共交通差异、绿化建设差异等因素的负面影响较大，需要不断缩小区域间在经济发展、社会发展等方面的差异；经济增长差异、技术创新差异等因素对大气污染治理协同度具有正向影响，治理组内的核心城市在"虹吸"技术、资金等要素的同时，也需要对其他城市进行"反哺"，起到示范引领作用，积极推进区域间在清洁、低碳、环保等技术创新领域的深入合作交流，并进一步优化经济发展、社会发展等多维度的协同路径。

第十一章
区域一体化背景下环境规制对区域绿色发展的空间溢出影响

随着当前我国的经济发展进入新常态，如何协调经济与环境之间的关系，是实施可持续发展战略的关键。这也为我国的区域环境治理提出了更高要求。本章以"污染避难所效应"为切入点，利用三重差分模型（DDD），对 2004~2014 年《中国统计年鉴》数据和中国工业企业数据进行实证分析，主要研究长三角区域一体化背景下环境规制对污染产业转移和区域绿色发展的空间溢出影响。通过构造多个复合指标，有效地分离了由规模效应造成的产业规模与污染排放变化。基于对长三角区域一体化影响的初步分析，本章研究认为，有效的区域一体化合作分工机制将会帮助区域内相对落后的城市规避成为污染产业转移的目的地，从而有助于区域整体环境政策的有效实施。以长三角区域一体化的先进经验为基础，可以进一步在全国范围内推进区域一体化合作分工机制，防止由"污染避难所效应"造成的环境规制政策失灵，形成可持续的区域协作体系。

第一节 研究背景

一 现实背景

随着当前我国的经济发展进入新常态，经济增长模式从粗放到集约、从高速到高质量，产业结构与经济增长的动力等方面发生了质的变化。在此背景下，资源环境对于经济发展的约束日益明显，高污染、高资源消耗的工业企业发展将更加受限。

2019 年，长三角区域居民收入总量约占全国居民收入总量的 1/5，常住人口约为 2.27 亿人，中心区面积约为 22.5 万平方公里，在经济发展活力、城市化水平、对外开放程度、科技创新能力等多个领域全国领先。在长三角区域范围内，1997 年成立的长三角城市经济协调会是长三角地区最早的受法律认可的组织，其成员包括上海市、苏州市、无锡市等 15 个城市，2003 年加入台州市，形成"15＋1"模式。长三角区域的范围在此之后也不断发生变化，在 2010 年国务院批复的《长江三角洲地区区域规划》中将长三角区域范围界定为江浙沪两省一市，而在 2014 年《国务院关于依托黄金水道推动长江经济带发展的指导意见》中，安徽省被纳入长三角区域内，形成了长三角一体化区域三省一市的范围。国务院于 2016 年批准的《长江三角洲城市群发展规划》中，长三角城市群包含 26 个城市，其中较前者新纳入了合肥市、马鞍山市等城市。随后，2019 年，《长江三角洲区域一体化发展规划纲要》确定中心区新增温州市，至此长三角区域一体化发展的中心区共有 27 个城市，且长三角一体化区域扩展至三省一市全部区域。

在产业结构上，长三角区域三次产业结构比例逐渐从"二三一"转为"三二一"，从 2010 年的 5.8∶50.3∶43.9 到 2015 年的 5.2∶44.4∶50.4，第三产业比重快速增加。在生态环境方面，在 2019 年 12 月国务院印发的《长江三角洲区域一体化发展规划纲要》中，长三角区域 333 条地表水国考断面中水质Ⅲ类及以上占 77%，41 个城市细颗粒物（PM2.5）平均浓度较 2015 年下降了 19%，然而，同年太湖流域管理局公布的 2018 年太湖流域水质数据中，太湖 11.4% 为Ⅲ类、77.1% 为Ⅳ类、11.5% 为Ⅴ类水质。虽然长三角区域的环境质量整体有所提高，但在长三角区域更高质量一体化发展的战略背景下，区域环境治理和规制的力度仍需增强。

当前，我国环境形势依然严峻，这不仅仅是由于历史遗留的存量问题，其原因还有企业在面临不断增强的环境规制时，往往会选择搬迁到环境规制较弱的地区，这种空间上的转移呈现为规避环境治理成本的"污染避难所效应"（Pollution Haven Effect）（Becker and Henderson，2000；Keller and Levinson，2002）。

二　文献回顾

国内外学者关于环境规制及其影响的研究主要从两个方向展开：一是长期视角下环境规制对经济发展的作用；二是"污染避难所效应"。关于长期视角下环境规制对经济发展的作用，早期研究一般认为环境规制会导致企业不得不耗费更多成本在污染治理上，使企业研发资金被投入在对生产回报低的部门，这将不利于企业提升其技术竞争力。而后续有学者指出，环境规制将会迫使企业进行创新，从而促进企业竞争力的提升（Porter and Van der Linde，1995；Jaffe et al.，2002）。环境规制对经济发展作用的相关研究主要聚焦在企业生产成本与技术进步、全要素生产率等领域，该领域研究的开始时间相对较早。关于"污染避难所效应"的相关研究则相对较晚，研究所关注的领域并不十分全面。本章主要关注"污染避难所效应"，讨论由环境规制政策导致的产业产生的污染在空间上的转移问题。

当前中外学者对于"污染避难所效应"的相关研究，在研究尺度上主要可以区分为以下6个方面：全球尺度下的环境规制与污染转移、国家尺度下的投资与污染转移、国内发达区域向欠发达区域的污染转移、区域尺度下区域内部及区域间的污染转移、省级尺度下行政边界的污染转移、城市与地方尺度下局部地区的污染转移。其中，关于全球尺度以及国家尺度下相关的研究最为详尽，而关于区域尺度下区域内部及区域间的污染转移则主要是以欧盟国家为背景的相关研究，在我国区域尺度下展开的研究相对较少。全球尺度下相关研究的热点主要集中在企业与跨国资本向环境规制更宽松的欠发达国家或地区的转移，但是在相关实证研究中，普遍存在结论不一致的问题。部分学者的研究结果发现，在其研究样本中，跨国资本在不同环境规制水平的国家与地区的表现并没有显著的差异（Xing and Kolstad，2002；Javorcik and Wei，2004）。在国家尺度下，主要研究指出中国存在污染从东部沿海向西部地区（Wu et al.，2017a）以及从长江下游向长江上游地区（Chen et al.，2018b）的转移。在省级尺度下，Duvivier和Xiong（2013）、Cai等（2016b）等学者发现在中国存在污染企业向省级行政边界（尤其是多省交界处）附近转移的偏好，而Shen等（2017）则验证了污染企业就近转移的现象，这些研究发现污染企业转移距离的峰值约为150千米。

"污染避难所效应"揭示了环境规制政策的实施对周边地区及欠发达地区产生的严重的负外部性效应，即污染产业可能转移到这些地区，而如果这种严重的负外部性效应体现在共同利益主体的规制相对薄弱区域，那么在区域层面，就意味着环境规制的政策失灵。在政策失灵的情况下，环境规制为企业带来的研发高效绿色生产技术的动力较小，一旦超过了企业迁移成本的阈值，环境规制的效用便体现在企业与产业迁移的成本以及污染分布的密度变化上。在邻近区域的多个地方政府同时采取独立环境政策的多方博弈中，这种结果可能会导致环境政策的实施结果与政府环境治理目标的偏离。

三 研究意义与贡献

本章通过对污染产业规模与污染企业迁移数量的实证分析研究长三角区域一体化背景下环境规制对污染产业转移在空间上的影响，并得到以下结论：①长三角区域一体化并不会显著增加在长三角区域内部各城市间污染产业转移；②长三角区域一体化可以显著降低长三角区域外围城市污染产业集聚程度的增加速度。本研究认为，有效的区域一体化合作分工机制将会帮助区域内相对落后的城市规避成为污染产业转移的目的地，从而帮助区域整体环境政策的有效实施。

本研究的主要创新点包括以下方面。①本研究的分析尺度为区域尺度。已有文献关于环境规制对污染产业空间分布的影响在这一尺度下的相关研究相对较少，且研究变量与主要对象存在局限性。②本研究通过实证分析证明了长三角一体化区域边界对污染产业转移的特殊影响，这种影响与省级尺度下的相关研究存在差异，揭示了区域尺度下污染转移机制的特殊性。我国应当以长三角区域一体化的实践经验为基础，进一步在全国范围推进区域一体化合作分工机制，防止由"污染避难所效应"造成的环境规制政策的失灵，形成可持续的区域协作体系。

第二节 研究对象与相关概念

一 污染密集型产业

污染密集型产业（简称"污染产业"）的概念在理论界尚没有形成统一的界定。由于生产技术的变化，各产业的污染治理成本、污染的密集度、单位产值造成的污染排放水平等都不断变化。本章的研究时期为2003~2013年，选取的污染产业主要聚焦于这一期间国家关注的重污染产业，同时应具有普遍性和公认性。因此，本章选取 2006 年国务院印发的《第一次全国污染源普查方案》中的 11 个重污染行业作为污染产业。①

二 长三角一体化区域

在本章中，长三角一体化区域的界定与区域一体化程度的量化将对研究结果造成巨大影响。本章主要以政府文件中的界定为基础，通过构建标准化的虚拟变量量化长三角区域一体化程度。依据政府文件，将长三角区域演变过程划分为以下 5 个阶段，表 11-1 为长三角一体化区域演变过程及其相关依据，变化主要可以分为两类，即城市界定的变化与省市范围的变化。

表 11-1　长三角一体化区域演变过程

年份	相关文件依据	长三角区域范围变化
1997	《长江三角洲城市经济协调会章程》	上海市、苏州市、无锡市等共 16 个城市①
2010	《长江三角洲地区区域规划》	江苏省、浙江省、上海市（两省一市）
2014	《国务院关于依托黄金水道推动长江经济带发展的指导意见》	较 2010 年新增安徽省，覆盖三省一市
2016	《长江三角洲城市群发展规划》	较 1997 年新增盐城市、金华市、合肥市等 10 个城市②，新增后长三角城市群共 26 个城市
2019	《长江三角洲区域一体化发展规划纲要》	较 2016 年新增温州市，共 27 个城市

注：①为避免时间节点划分过细，本章将 2003 年加入的台州市列入这一阶段。长三角城市经济协调会 16 个城市为：上海市、苏州市、无锡市、常州市、南通市、杭州市、嘉兴市、湖州市、宁波市、绍兴市、舟山市、扬州市、南京市、镇江市、泰州市、台州市。②新增的 10 个城市为：盐城市、金华市、合肥市、马鞍山市、芜湖市、铜陵市、安庆市、滁州市、池州市、宣城市。

资料来源：李勇刚和张鹏（2013）、桑瑞聪等（2013）。

虽然政府文件为长三角一体化区域范围提供了依据，但是区域的一体化是长期演变的过程。在 2014 年前，虽然文件中并未将安徽省纳入长三角

---

① 造纸及纸制品业，农副食品加工业，化学原料及化学制品制造业，纺织业，黑色金属冶炼及压延加工业，食品制造业，电力、热力的生产和供应业，皮革毛皮羽毛（绒）及其制造业，石油加工、炼焦及核燃料加工业，非金属矿物制品业，有色金属冶炼及压延加工业。

一体化区域中，但是安徽省在经济、社会、文化等多个领域已经参与到长三角区域的一体化进程中。与此同时，各地区纳入政府文件中的顺序也显示了长三角区域一体化程度的差异，具有一定参考意义。

因此，本章基于上述政府文件将长三角一体化区域内城市划分为两大类：中心城市与其他城市。中心城市即《长江三角洲区域一体化发展规划纲要》中提及的 27 个城市，其他城市为三省一市中除以上 27 个城市外的所有城市。为体现中心城市的一体化程度差异，参考政府文件中长三角一体化区域界定的变化，将中心城市进一步划分为两类：第一类为早期中心城市，即表 11-1 中长三角城市经济协调会所包含的 16 个城市；第二类为后加入的中心城市，即 2016 年和 2019 年新增的合计 11 个城市。

为体现 2010 年与 2014 年政府文件中长三角一体化区域界定的变化，本章将一体化区域中的其他城市分为两省一市的其他城市和安徽省的其他城市，由于本研究的时间节点为 2010 年，故认为安徽省的其他城市一体化程度低于两省一市，但同时存在潜在的一体化趋势。

此外，本章认为区域边界对于邻接城市存在特殊的影响，因此本研究引入一体化区域外围城市的概念。本章主要采用行政边界作为划分依据，将在行政划分上属于三省一市且与其他省份在陆上邻接的城市定义为区域外围城市（即区域内的边界城市），将在行政划分上不属于三省一市且与三省一市在陆上邻接的城市定义为区域邻接城市（即区域外的边界城市）。

三　环境规制强度的衡量

关于环境规制强度的衡量有多种方式，已有研究对环境规制强度的衡量方法主要可以划分为 4 类：①通过赋值法，依据特定的规则将为各地区设置的虚拟变量代表环境规制强度；②以政府的法律法规中规定的指标代表环境规制强度；③以实际经济运行中环境治理的投入、产出指标代表环境规制强度；④以包含上述多种指标的复合指标代表环境规制强度。

通过赋值法，依据特定的规则将为各地区设置的虚拟变量代表环境规制强度存在一些固有缺陷。一方面，赋值法的定义与划分过程具有较强的主观性。基于研究者主观界定的赋值规则将导致研究结果的偏差，不利于研究结果的可再现性，且难以得到公认。另一方面，赋值法不适合研究对象数量多且随时间变化的研究。为不同时间、不同对象进行赋值需要做大量的准备工作，并且由于赋值量较多，无法反映相同赋值下的变化与差异。

以政府的法律法规中规定的指标代表环境规制强度可以直接有效地衡量政府环境规制的强度。但是指标不统一的问题导致这种衡量方法在中小尺度研究过程中难以运用。工业污水重金属含量、汽油含铅量等在国际视角下的研究中具有代表性的环境规制通常是基于国家标准统一控制的，而排污配额等地方性规制则在制定的标准上与普及度上不具备通用性。例如，虽然上海较早引入了碳配额的规制措施，但是在全国范围内大部分地区仍尚未引入这一规制措施。

以实际经济运行中环境治理的投入、产出指标代表环境规制强度。投入指标包括政府治理污染的投入预算、企业治理污染的成本、环保组织的规模等，主要衡量地区为治理污染投入的资源。产出指标包括工业"三废"排放量、关停企业数量等，主要衡量地区在环境规制下的实际效果。其中，采用投入数据的缺陷是无法体现限制性环境规制政策的强度的，而产出指标则无法体现主动的环境治理。本研究的重点是限制性的环境规制，因此构造指标以产出指标为基础。

以包含上述多种指标的复合指标代表环境规制强度，主要通过结合上述多种指标构造综合指标体系。采用复合指标可以综合体现环境规制与多种要素间的关系，但是构造合适的复合指标具有一定难度。本研究选取复合指标作为衡量环境规制强度的依据，基于各城市工业废水排放量和工业SO_2排放量以及各城市居民生产总值，构造相对指标体系来反映环境规制强度，计算单位 GDP 污染排放量的区位商，从而体现在特定年份某一城市环境规制的相对强度。具体数据计算方式见本章第三节。

在污染物的选取上，本章采用工业废水排放量与工业 SO_2 排放量。选用这两种排放物的主要原因是统计口径的一致性与污染物的性质。在工业"三废"中，由于 2011 年我国在工业烟尘的统计项中加入了工业粉尘，对工业废气相关的数据存在统计口径不一致的问题，因此本研究采用工业 SO_2 排放量代替工业废气排放量。由于本章讨论污染产业转移导致的环境规制政策失灵，而固体废弃物导致的污染在空间上的影响较为间接且难以衡量，因此这里不选取固体废弃物作为衡量指标。

第三节　研究方法与数据来源

一　污染产业转移的衡量指标选择

本章主要选定两个尺度的指标以衡量污染产业是否发生转移以及发生转移的规模，分别是宏观尺度各城市污染产业总资产规模的区位商与微观尺度企业所在地的变迁数量。

在指标选取方面，传统的区位商理论（Haggett et al.，1977）以生产总值为依据，Xing 和 Kolstad（2002）在研究跨国产业转移时采用跨国资本投资额的流量指标作为依据，而 Baldwin 和 Okubo（2006）在研究产业转移过程中采用企业总资产规模的存量指标作为衡量产业转移的依据，桑瑞聪等（2013）则采用企业的资金流量替代对外投资额。其中，区位商并不能体现投资增加但尚未得到产出的部分，资本投资额等流量指标在衡量产业原有规模上存在不足。因此，本章最终选取企业总资产规模的存量指标作为构造复合指标的基础。

在指标构造方面，区域经济学普遍使用的区位商以产值或就业为基础，倾向于体现产业的发展程度，而不能体现新兴企业以及企业转移初期短时间内高投资、低收入的动态过程，但是在体现产业的相对规模的指标构造上最为经典。本章基于区位商的计算原理，用企业总资产规模替代传统区位商使用的生产总值以衡量污染产业总资产规模，进而构建体现各城市污染产业集聚程度相对变化的复合指标，来反映污染产业转移，计算公式为：

$$Q_{it} = \frac{P_{it} / Y_{it}}{\sum P_t / \sum Y_t} \qquad (11-1)$$

$$Qc_{it} = Q_{it} / Q_{i(t-1)} \qquad (11-2)$$

其中，i 表示城市，t 表示年份。P_{it} 表示 i 城市 t 年污染产业总资产规模，Y_{it} 表示 i 城市 t 年的居民生产总值，$\sum Y_t$ 表示 t 年全国居民生产总值，$\sum P_t$ 表示 t 年全国污染产业总资产规模。Q_{it} 代表 i 城市 t 年污染产业集聚程度相对于国家层面污染产业集聚程度的变化指数，Qc_{it} 代表该变化指数相对前一年的变化率。

图 11-1、图 11-2 分别为 2003~2009 年与 2010~2013 年长三角区域污染产业集聚程度空间分布，长三角区域的污染产业相对集聚程度在这期间总体呈上升趋势。

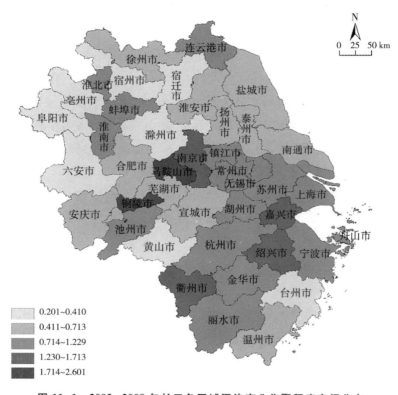

图 11-1　2003~2009 年长三角区域污染产业集聚程度空间分布

在微观尺度企业所在地的变迁方面，本研究通过追踪企业所在地的变化，构造各城市间企业迁移网络，并进行复杂网络分析，结果显示，在研究的时间范围内，与长三角区域相关联的企业转移约占该时期全国企业转

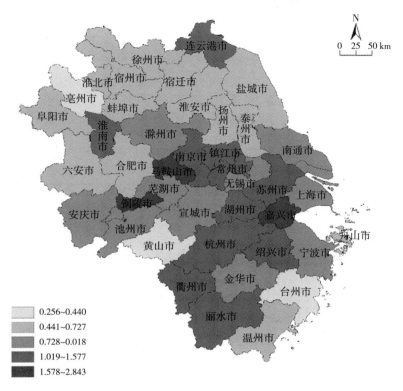

图 11-2　2010~2013 年长三角区域污染产业集聚程度空间分布

移总数的 7.0%，资产规模约占全国的 18.5%，与数据中长三角区域企业总数、企业总资产规模占全国的比例基本吻合。中小企业的转移更多在相同的城市中不同的区县间进行，而大型企业主要通过设立分公司转移部分主要业务，这些转移方式只能通过资产的流通规模进行统计，与前文中衡量宏观尺度转移的指标重叠。

二　长三角区域一体化程度的量化

基于前文长三角区域一体化演进过程，对衡量区域一体化程度虚拟变量的分类标准进行定义。依据本章对长三角一体化区域的界定，设置了 5 个虚拟变量以衡量长三角区域一体化程度及区域边界的影响，最终分类标准见表 11-2。基于这一分类标准，图 11-3 展示了长三角区域一体化程度。

表 11-2　衡量长三角区域一体化程度的分类标准

原始评分	分类标准	标准化后的虚拟变量值
4	1997 年和 2003 年长三角城市经济协调会成员：15 + 1 个城市	1
3	2013 年相较于 1997 年新增的 14 个城市	0.75
2	2016 年长三角城市群规划城市相较于长三角城市经济协调会成员新增的 4 个城市	0.50
1	长三角一体化区域其他 7 个城市	0.25
0	长三角区域外的其他所有城市	0

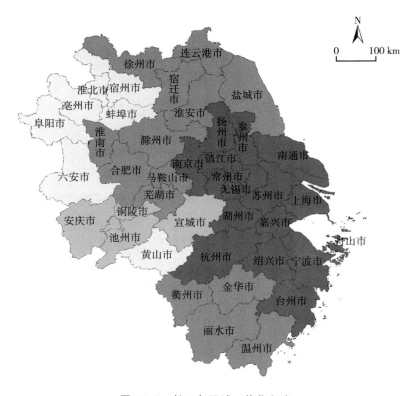

图 11-3　长三角区域一体化程度

　　衡量是否属于边界的变量采用两个 0/1 逻辑变量，分别表示长三角区域内的边界城市和长三角区域外的边界城市，具体定义同样见前文，变量描述见表 11-3。

表 11-3　衡量长三角区域边界影响的虚拟变量

变量	描述	变量类型	变量值
$border_1$	处于长三角区域内的边界城市	逻辑变量	0/1
$border_2$	处于长三角区域外的边界城市	逻辑变量	0/1

三　衡量各城市环境规制强度的指标选择

基于第二节中对各指标的分析，本研究在衡量各城市环境规制强度的指标选取上，基于各城市工业废水排放量与工业 SO_2 排放量分别建立复合的相对指标 Pw_{it}、Pa_{it}。计算公式分别为：

$$Pw_{it} = w_{it} \sum Y_t / Y_{it} \sum w_t \qquad (11-3)$$

$$Pa_{it} = a_{it} \sum Y_t / Y_{it} \sum a_t \qquad (11-4)$$

其中，i 表示城市，t 表示年份。w_{it} 表示 i 城市 t 年工业废水排放量，a_{it} 表示 i 城市 t 年工业 SO_2 排放量，Y_{it} 表示 i 城市 t 年的居民生产总值，$\sum Y_t$ 表示 t 年全国居民生产总值，$\sum w_t$ 表示 t 年全国工业废水排放总量，$\sum a_t$ 表示 t 年全国工业 SO_2 排放总量。

通过建立工业废水排放量和 SO_2 排放量复合的相对指标，可以消除由地方性及全国性的经济增长带来的规模效应，从而更为客观地体现各城市相对的环境规制强度。Pw_{it}、Pa_{it} 的基准值为 1，当指标大于 1 时表示单位 GDP 的污染排放量高于全国平均水平。

四　数据来源及描述

本章采用 2003~2013 年的如下数据：我国各城市居民生产总值、我国各城市环境状况数据、各城市经纬度数据、中国工业企业数据库数据、《中国统计年鉴》中各地区经济与环境数据。经过对空缺值与错误值的筛查和整理后，数据共涵盖了 285 个城市。其中，2010 年长三角区域扩容后的 22 个城市为处理组，其余 263 个城市为控制组。表 11-4 为经过处理后主要变量的描述性统计。

表 11-4　主要变量的描述性统计

变量	定义	观测值	均值	标准差	最小值	最大值
$gdpper$	城市 GDP 占全国的比重	3135	0.365	0.490	0.022	4.795
$polper$	城市污染产业占全国的比重	3135	0.338	0.528	0.000	7.298
$polq$	污染产业集聚程度	3135	0.992	0.902	0.000	19.841
$polqch$	污染产业集聚程度变化率	3135	1.078	1.004	0.026	20.090
$waterper$	工业废水相对排放量	3135	1.252	1.575	0.009	35.376
so_2per	工业 SO_2 相对排放量	3135	1.453	1.677	0.000	15.438
bl	城市参与一体化程度的虚拟变量	3135	0.101	0.267	0	1
$border_1$	处于长三角区域内的边界城市的虚拟变量	3135	0.049	0.216	0	1
$border_2$	处于长三角区域外的边界城市的虚拟变量	3135	0.053	0.223	0	1
is	第二产业增加值占 GDP 的比重	3135	4.910	1.134	0.900	9.097

五　回归模型

为验证长三角区域一体化对污染产业转移的影响，本章采用三重差分模型（DDD）进行回归分析。为了分析自变量对污染产业转移的影响，因变量需体现污染产业随时间迁移的速度差异，因此本部分选择污染产业集聚程度变化率作为因变量，基本回归模型如下：

$$Qc_{it1} = \alpha_0 + \alpha_1 X_{it} + \alpha_2 treat_i + \alpha_3 border_1 + \alpha_4 time_t + \alpha_5 time_t \times treat_i + \alpha_6 time_t \times border_1 + \alpha_7 treat_i \times border_1 + \alpha_8 time_t \times treat_i \times border_1$$

$$(11-5)$$

$$Qc_{it2} = \beta_0 + \beta_1 X_{it} + \beta_2 treat_i + \beta_3 border_2 + \beta_4 time_t + \beta_5 time_t \times treat_i + \beta_6 time_t \times border_2 + \beta_7 treat_i \times border_2 + \beta_8 time_t \times treat_i \times border_2$$

$$(11-6)$$

式中，i 表示城市，t 表示年份。Qc_{it} 为因变量，表示污染产业集聚程度变化率（$polqch$）。为区分长三角区域一体化背景下污染产业转移的方向，本章重点关注了区域边界转移。在这里，我们将转移方向分为长三角区域内边界转移与长三角区域外边界转移两种类型，即 $border_1$ 和 $border_2$。$treat_i$ 表示是否为 2010 年长三角区域扩容后的 22 个城市的虚拟变量，如果该城市是 2010 年扩容后的城市，取值为 1，否则取值为 0。$time_t$ 为 2010 年城市扩容年份前后的虚拟变量，2010 年及以后取值为 1，2010 年前取值为 0。$border_1$ 表示处于长三角区域内的边界城市的虚拟变量，若城市是位于长三角区域内的边界城市，取值为 1，否则为 0。$border_2$ 表示处于长三角区域外的边界城市的虚拟变量，若城市是位于长三角区域外的边界城市，取值为 1，否则为 0。X_{it} 为其他可能影响污染产业转移的控制变量，包括城市 GDP 占全国的比重（$gdpper$）、城市污染产业占全国的比重（$polper$）、第二产业增加值占 GDP 的比重（is）、工业 SO_2 相对排放量（so_2per）、工业废水相对排放量（$waterper$）。本章重点关注交互项系数 α_8 和 β_8 的估计结果。

第四节　实证结果与检验

一　回归结果

表 11-5 中 $d_1 \sim d_4$ 是交互项，其中 d_1 是时间虚拟变量、一体化城市虚拟变量、长三角区域边界城市虚拟变量的三重交互项（$time \times treat \times border$），$d_2$ 为时间虚拟变量和一体化城市虚拟变量的交互项（$time \times treat$），d_3 是时间虚拟变量与长三角区域边界城市虚拟变量的交互项（$time \times border$），d_4 是一体化城市虚拟变量与长三角区域边界城市虚拟变量的交互项（$treat \times border$）。

表 11-5 是长三角区域一体化对各城市污染产业转移影响的回归结果，因变量是污染产业集聚程度变化率 $polqch$。模型（1）、模型（2）是对全部城市进行回归的结果，模型（3）是对全国范围内长三角地区以外城市进行回归的结果，模型（4）是仅对长三角地区城市进行回归的结果，模型（5）是将长三角地区所有城市视作一个整体加入其他城市后的回归结果。

表 11-5　三重差分模型回归结果

变量	（1）全部城市	（2）全部城市	（3）非长三角地区城市	（4）长三角地区城市	（5）长三角地区视作整体
d_1	0.421 ** (0.184)			0.057 (0.069)	
d_2	-0.318 *** (0.116)	-0.227 ** (0.105)		0.092 (0.066)	-5.189 (5.233)

续表

变量	（1） 全部城市	（2） 全部城市	（3） 非长三角 地区城市	（4） 长三角地区 城市	（5） 长三角地区 视作整体
d_3	−0.024 （0.087）	0.861* （0.500）	0.868* （0.499）	0.102** （0.048）	0.918* （0.480）
d_4	−0.947*** （8.71e−13）			0.108* （0.057）	
$border_1$	0.594*** （0.348）			−0.046* （0.024）	
$border_2$		0.234 （0.216）	0.305 （0.235）		−3.488*** （1.127）
$treat$	1.273*** （0.469）	1.204*** （0.454）		−0.200*** （0.037）	138.268*** （38.073）
$time$	0.765*** （0.237）	0.710*** （0.223）	0.743*** （0.250）	−1.681** （0.644）	0.864*** （0.242）
$gdpper$	−0.222*** （0.071）	−0.226*** （0.073）	−0.323*** （0.111）	−0.049 （0.031）	0.088 （0.258）
$polper$	0.287*** （0.087）	0.281*** （0.085）	0.357*** （0.118）	0.103*** （0.036）	0.243* （0.131）
$waterper$	0.002 （0.009）	0.003 （0.019）	0.001 （0.010）	−0.005 （0.013）	0.243 （0.154）
so_2per	0.028 （0.020）	0.027 （0.019）	0.037 （0.022）	−0.059*** （0.009）	0.131** （0.064）
is	−0.220** （0.087）	−0.215** （0.086）	−0.240** （0.094）	0.050*** （0.038）	−0.691*** （0.228）
常数项	1.166*** （0.108）	1.189*** （0.107）	1.210*** （0.112）	0.867*** （0.164）	6.245*** （1.734）
时间固定效应	yes	yes	yes	yes	yes
个体固定效应	yes	yes	yes	yes	yes
观测值	3135	3135	2684	453	2695
R^2	0.137	0.145	0.148	0.375	0.490

注：***、**、*分别表示在1%、5%、10%的水平下显著；括号内为标准误。

从回归结果可以看到，长三角区域一体化对区域内各城市污染产业集聚程度变化率的影响并不显著。模型（4）中，虽然交互项 d_2 与污染产业集聚程度变化率正相关，但是其系数并不显著，因此总体而言，长三角区域内的外围城市的污染产业集聚程度变化率显著低于其他地区，长三角区域一体化将会有利于促进区域内的外围城市污染产业的迁出。

此外，变量 polper 的系数显著为正，意味着污染产业的集聚具有自相关性，污染产业高区位商的地区将会进一步吸引污染产业的投资，而污染产业集聚程度较低的城市则具有减少倾向。虽然长三角区域一体化并不能显著改善区域内所有城市污染产业集聚的问题，但是区域内城市变量 polper 的系数明显低于区域外城市，说明长三角区域一体化在一定程度上可以减缓污染产业进一步集聚的速度。

值得注意的是，模型中因变量采用的是各城市污染产业集聚程度变化率，因此，回归结果中城市 GDP 占全国的比重对于各城市污染产业集聚程度变化率的负向显著影响并不是共线性造成的。城市 GDP 占全国的比重的这种负向影响，是由整体性的"污染避难所效应"造成的，这证明了污染企业在中国各城市间同样表现出由高收入地区向低收入地区转移的现象。

二　稳健性检验

本章采用环境规制的产出作为衡量环境规制强度的指标，可能存在双向因果所导致的内生性问题。因此，为了检验结果的稳健性，参考宋爽（2019）的研究方法，通过构造替代变量作为指标重复回归过程。本章采用三个替代变量进行稳健性检验，表 11-6 是本部分稳健性检验的替代变量的描述。其中，用城市单位 GDP 造成的工业 SO_2 排放量（so_2gdp）与单位 GDP 造成的工业废水排放量（$watergdp$）分别取代工业 SO_2 相对排放量与工业废水相对排放量在同一模型中进行回归，污水处理厂集中处理率作为独立的替代变量进行回归。

表 11-6　稳健性检验的替代变量

变量	定义	观测值	均值	标准差	最小值	最大值
so_2gdp	单位 GDP 造成的工业 SO_2 排放量	3135	1.034	1.396	0.010	28.924
$watergdp$	单位 GDP 造成的工业废水排放量	3135	1.031	1.403	0.000	15.383
$waterre$	污水处理厂集中处理率	3135	58.313	29.539	0	100

稳健性检验结果表明，长三角区域内的边界城市虚拟变量以及其与时间虚拟变量交互项的估计系数的符号、显著性与原始模型基本相同，替代变量检验的结果与原始模型的回归结果在系数大小、显著性等方面也基本一致。由此可以认为，长三角区域内的边界城市对于污染产业转移的影响具有稳健性。

三 实证结果分析

通过对上述回归与检验结果的分析，本章得出以下基本结论。

第一，本章的回归结果证明了污染产业具有显著的规模集聚效应。回归结果显示，城市污染产业占全国的比重与污染产业集聚程度变化率间呈现显著的正相关关系。这意味着城市的污染产业规模相对较大时，污染产业集聚程度将呈现上升趋势。这种现象与李勇刚和张鹏（2013）通过省级面板数据研究污染产业集聚的结论一致。污染产业在城市尺度下的规模效应将导致污染产业向少数地区集聚，但是这种效果是有限的，其影响小于由收入增长导致的产业结构转型。

第二，长三角区域一体化并不会显著地促进区域内污染产业的转移。长三角区域一体化城市虚拟变量与时间虚拟变量的交互项在本章的回归结果中对于污染产业集聚程度变化率并没有表现出显著的影响，仅在将长三角地区视作整体的分析中表现出污染产业整体外移的趋势。这个结果与传统的"污染避难所假说"存在差异。传统的"污染避难所假说"认为企业转移的成本将会影响污染产业转移，较低的转移成本将促使污染企业选择转移而不是治理污染。长三角区域一体化将有效降低企业重新开拓市场的门槛，降低企业转移的门槛，使相同水平的污染规制下企业更倾向于在长三角区域内部转移。造成长三角区域一体化并不会显著地促进区域内污染产业转移的可能原因如下。①在长三角区域一体化的过程中，已经逐步形成了有组织的区域产业分工合作体系。区域产业分工合作将会促进产业资源在区域内的分配，同时也有效地压缩了分工合作体系外产业的生存空间。②长三角区域一体化形成了高效的技术与人才市场共享机制。技术与人才的共享将提高技术密集型产业的发展优势，导致污染产业的机会成本升高。③环境规制对于企业维持与转移的影响存在不对称性。倾向加强环境规制的政府对于新注册污染企业的规制力度通常高于现有企业，这一方面导致既有的污染企业比试图迁入的污染企业更具有竞争优势，另一方面削减了企业转移可以获得的收益，企业短距离转移带来的收益将极为有限，因此不得不选择更远的地区作为其迁入地，而这又会带来更高的市场进入门槛。④长三角区域一体化背景下，地方政府的发展观念进一步改善。一体化使区域内各城市在经济发展上形成利益共同体，这使环境问题造成的外部性在共同体内被内部化，在一体化框架内的协调关系使区域发展更均衡、更长远。这将促使地方政府倾向于为低污染、具有发展前景的产业在土地、贷款、税收等领域提供更多的发展优惠政策。即使这些城市不选择加大污染企业的规制力度，为低污染企业提供的优惠政策仍将降低污染企业的竞争力。

第三，长三角区域一体化边界显著地抑制了污染产业向长三角区域外围城市的转移。长三角区域外围城市的虚拟变量与其交互项在原始模型与稳健性检验中都呈现显著的相关性。这体现了区域一体化显著地减缓了处在长三角区域外围城市的污染产业集聚程度变化率，但是与此同时，这种抑制效应存在随着时间的流逝而逐渐衰减的趋势。一方面，技术与知识的溢出对外围城市环境规制的边际效益更高。对于长三角地区而言，外围城市包括经济发展水平相对落后的城市，这些城市的发展阶段是有利于污染产业聚集的，而在此阶段通过区域一体化获得的技术与知识将有效抑制污染产业的迁入。即使外围城市参与区域一体化的水平相对较低，通过一体化获得的高端领域的生产技术相对较少，但是在中端技术领域的共享仍能促进外围城市技术水平的提升。此外，区域分工也抑制了污染产业向外围城市的转移。在区域一体化分工过程中，长三角地区的市场高度一体化，外围城市在这个市场中担当了门户的作用。这种分工影响了外围城市的区位优势，不利于污染产业的迁入。另一方面，随着经济发展水平的提高，外围城市逐渐脱离了污染产业发展的最优区位，当污染产业迁入的趋势逐渐消减，一体化产生的抑制作用不再重要。

综上所述，本章认为长三角区域一体化对于区域内污染产业转移的影响主要集中在外围城市，且其影响主要是降低了污染产业集聚程度。这证明了通过建立区域内的合作关系，可以在一定程度上防止污染向邻近城市转移而导致的环境规制政策失效的问题。这个结论在一定程度上打破了 Duvivier 和 Xiong（2013）、Cai 等（2016b）在中国发现的污染企业向省级行政边界附近转移的倾向和 Shen 等（2017）所验证的环境规制的就近转移现象。虽然区域一体化会降低各成员间要素配置的门槛，但是通过高度的合作与分工，由于资源配置门槛降低而带来的负外部性是可以规避的，并且通过区域合作，还可以有效抑制由环境规制造成的污染产业向周边地区溢出的问题，这在区域尺度下有利于产业结构的绿色转型发展。

第五节　本章结论与政策启示

本章研究基于 2003～2013 年中国工业企业数据库数据等，对长三角区域一体化背景下环境规制与污染产业转移的关系进行实证分析。研究发现，长三角区域一体化并不会显著地促进区域内污染产业转移，且长三角一体化区域边界显著地抑制了污染产业向长三角区域外围城市的转移。虽然区域一体化可以降低污染产业在区域内转移的成本，但是这种效应对于低污染产业同样存在，而与此同时，区域内产业职能分工、技术与人才流通网络、互惠共赢的合作等因素则为低污染产业提供了更多的优势。

综上所述，本章的研究表明，长三角区域一体化背景下环境规制对污染产业转移的影响对于推进我国可持续发展战略的政策制定具有一定指导意义。基于上述对长三角区域研究的结论，可以得出以下政策启示。

第一，我国应进一步收紧对既有的污染企业经营资格的管控。环境规制对现有企业与新注册企业的不对称性虽然限制了污染企业在长三角区域内部的转移，但是从本质上来讲，这同时也意味着长三角区域大量高污染企业尽管不能满足最新的注册经营条件，却仍能满足维持经营许可的条件。虽然这为企业的转移提供了便利，但是也存在漏洞。一方面，这将导致企业在注册后可以降低环境治理的标准，导致政策的失效。另一方面，这也将导致没有竞争力的污染企业会长期占据社会资源，而这些企业的效益远不如其造成的环境代价。收紧既有的污染企业经营资格的管控将有效地提高环境规制政策的实施效率，防止污染企业长期占用社会资源。

第二，我国应鼓励推动地方政府间形成跨行政界线的区域性分工合作体系。长三角区域的跨行政界线的合作是多领域、多功能、分工明确的一体化合作体系。完善的区域性分工有效地提高了区域内产业与资源的配置水平，这为低污染产业提供了更多的区位优势。长三角区域通过对整体发展的定位确定了产业发展的整体方针，这使长三角区域得以规避污染产业就近转移等造成的环境规制政策失效问题。这种结果对于我国提高环境规制政策效益具有积极的参考意义。区域的一体化将有效地将"污染避难所"的负外部效应通过共同体利益内部化，有助于提高地方政府实施环境规制的积极性。

第三，我国应鼓励技术发展相对落后的地区加入技术创新网络。长三角区域外围城市污染产业的变化证明了在经济发展过程中，重污染产业的发展趋势可以被改变。虽然外围城市并不能对技术创新起到直接的推动作用，但是在参与长三角区域一体化的过程中，外围城市高效地加入了长三角区域的知识与技术合作网络，这极大地提升了外围城市在知识密集型、技术密集型产业上的竞争优势，从而有效地抑制了重污染产业的转移与发展。通过在全国范围鼓励技术发展相对落后的地区加入技术创新网络，将可以有效地提升经济与产业发展的可持续性，抑制污染产业的发展与聚集，促进经济的高质量发展。

第十二章
长江经济带区域绿色创新效率评价及其空间关联性

本章以长江经济带区域 11 个省市作为空间观测单元，构建绿色创新效率评价指标体系，运用超效率 DEA 方法进行测度与评价，并对绿色创新效率值进行全局和局部空间自相关测算与分析。研究表明：长江经济带区域各省市之间的绿色创新效率存在较大的差距，效率值呈现由沿海向内地递减的规律；区域整体绿色创新效率相关性不显著，但区域内部呈现强强集聚和弱弱相关的格局，存在一定的空间相关性。

第一节　研究背景

由于环境污染、资源短缺等现实问题，绿色创新成为国家或地区实现经济发展和资源环境保护相互协调的重要理念，也成为未来创新技术发展的方向。区域创新是区域发展的重要组成部分之一，尤其是在国家新一轮改革开放转型实施的新区域中，还需要进一步激发创新的活力和提升创新的效率。

2016 年 3 月，我国颁布了《长江经济带发展规划纲要》，进一步强调了创新驱动产业转型升级对于长江经济带发展的支撑作用。长江经济带是指沿长江附近的经济圈，包括上海市、江苏省、浙江省、安徽省、江西省、湖北省、湖南省、重庆市、四川省、云南省、贵州省等 11 省市，覆盖面积约为 205 万平方公里，约占中国国土面积的 21%，人口数量和经济总量接近全国的一半。长江经济带具有重要的生态地位和巨大的发展潜力，但是目前，该区域的发展面临着诸多亟须解决的困难和问题，体现在生态环境状况不断恶化、东中西部区域发展不平衡、区域合作机制尚不健全等方面（刘瑞，2014），其中生态环境与经济发展的矛盾尤为突出，尤其是在废气、废水中的污染物对环境产生较大危害。工业以及企业的创新任务不仅仅以提高自身的创新效率为重点，还应该注重加快创新活动的绿色化进程。

同时，长江经济带作为我国综合实力最强的经济区域之一，肩负着区域协同发展的重要使命。目前，长江经济带的发展仍面临着区域间发展不平衡、地区之间的合作联系较为薄弱、经济发展水平的地区差异不断拉大等问题。长江下游地区基于先发优势集聚了大量的人力、资本、技术等资源，并不断吸引长江上游和中游地区的廉价劳动力以及自然资源等向下游地区持续集聚，进一步加剧了省际与省内区域之间的发展不平衡状态。因此，本章对长江经济带区域绿色创新效率进行测度，同时，着眼于其区域发展不平衡的问题，着重探讨长江经济带区域各省市绿色创新效率的空间关联性，进而为不同区域提升绿色创新水平的发展路径提供理论依据。

第二节　文献综述

一　关于绿色技术创新

"绿色技术创新"简称"绿色创新"，20世纪70年代就有外国学者提出了绿色技术创新的重要性，James等提出，真正的可持续发展实际上并不能离开绿色技术创新与时俱进的发展（张江雪、朱磊，2012）。绿色技术创新的内涵由外国学者Braun和Wield（1994）最先进行诠释，他们认为绿色技术包括污染控制、回收利用技术、生态净化技术和检测评价技术等若干方面。传统的技术单方面追求经济利益而忽视对资源利用与环境产生的影响，因此，与传统技术相比，绿色技术更具有可持续发展的意义，需要赋予更多的重视。对绿色创新概念更深入的诠释最早在Fussler和James（1996）的专著《推动生态创新：为创新和可持续发展的突破体系》中体现，主要从受益者的角度出发，是指为企业和消费者提供的在减少环境压力的前提下产生的新技术和生产出的新产品，这是初始阶段对于绿色创新的理解。而Kemp和Arundel（1998）的观点更为全面，从利益相关者的角度出发，认为绿色技术创新是相关人员为了降低对环境的负面影响而采取的有利于促进或完善相对落后的技术、产品以及管理体系的各种措施。进入 21 世纪以来，中国学者对于绿色技术创新的概念与内涵也有不同角度的见解。邵俊峰（2003）认为绿色技术创新是通过技术及管理水平提升、消费领域内的创新，从而使产品的整个生命周期达到四个"最小化"的活动，即成本最小化、生态环境影响最小化、人体健康危害最小化以及耗费能源最小化。李杰中等（2010）认为，企业或者工厂在绿色工艺技术、绿色产品方面的创新以及末端治理技术和整个生产过程中的管理水平四个方面能够在一定程度上体现绿色技术创新水平。近几年我国学者对于绿色创新概念的理解从更多角度出发。李旭（2015）认为绿色创新是一个相对宽泛的概念，只要创新的价值具有新颖性，并且对于环境和资源是有益的，就能够称之为"绿色创新"，这是一个结果导向的理解。总体来说，理论界目前还未对绿色创新进行统一的定义，因此并没有使学者及公众完全认可和理解其含义，但从许多研究中已经能够提炼出绿色创新中的关键词，即"多重创新"和"环境收益"。

二　关于创新效率评价方法

评价某区域的技术创新效率方法一般分为两大类，分别是参数方法与非参数方法。参数方法中常用的是随机前沿分析（SFA），该方法的特点是在实际产出中包含随机因素和生产函数，对于影响因素能够进行整体的、直接的和非细致性的研究。在技术函数、生产效率等概念的影响下，20 世纪 70 年代末，Aigner 等（1977）、Meeusen 和 Broeck（1977）、Battese 和 Corra（1977）等外国学者分别独立地提出了他们所理解的随机前沿生产函数，包括理论框架与计量模型，并应用于实证研究中。20 世纪以来，我国学者也利用随机前沿生产函数法进行了不同的实证研究。何枫和陈荣（2004）基于随机前沿分析模型，分析了我国各省份的技术效率水平及增长状况，并从经济开放度的大角度出发研究其影响因素，得出外商直接投资对于我国各省份技术增长效率的影响是最大的。袁博（2016）使用随机前沿生产超越对数函数对福建省的若干家创新型企业面板数据进行创新效率测算，结果表明，福建省创新型企业的创新效率在研究年份中逐年递增，但各地区之间存在较大的差异。同时，研发经费与人员的投入都能够促进新产出，且前者比后者产生的影响更大。可见，参数方法可以直接研究部分影响因素。非参数方法以 DEA（数据包络分析）方法为代表，DEA 方法根据多项投入和多项产出要素对单位进行有效评价，用来衡量单位之间的效率。国外的学者较早使用非参数方法进行实证研究，Nasierowski 和 Arcelus（2003）选取了 45 个国家进行创新效率的测算。虽然 DEA 方法可以实现多投入与多产出的测算优势，但是不能像随机前沿生产函数那样解决随机误差问题，也无法继续对创新效率的影响因素做细致的分析，所以使用 DEA 方法进行实证研究时需要进行创新或者与其他方法相结合来更全面地解决研究问题。郑坚和丁云龙（2008）基于传统 DEA 方法，将创新活动分为技术开发与转化两个过程，结合主成分分析方法与 BCC 模型测算技术效率。张伟和吴文元（2011）将污染物作为负产出，使用 DEA 方法和 ML 指数（基于环境因素的能源生产函数）对长三角都市圈城市群的全要素能源效率进行研究，结果表明，污染物排放、人均能源使用量等多项因素对能源效率以及能源效率增长有不同程度的影响。任耀等（2014）在 Sueyoshi 等提出的 DEA-RAM 模型的基础上，将绿色发展与创新效率相结合，构建出包含创新效率、绿色效率以及经济效率三种效率的模型，使用此模型测算并分析山西省各地区的绿色创新效率。由此可见，参数方法和非参数方法能够实现效率的分阶段测度与评价，但单独使用仍然存在局限性，需结合其他方法才能对影响因素进行更加细致的研究。

通过梳理大量关于创新效率的研究文献，可以发现，将绿色指标即包括环境与能源方面的指标考虑在内的创新效率研究体系并不成熟，近几年才有相关的研究。结合当前的环境保护与经济发展的矛盾，研究绿色技术创新效率具有必要性。同时，地理位置对于绿色创新也有很大的影响，绿色技术创新的空间关联性在以往的研究中较少有体现，不同地区的自然与社会条件以及经济发展水平提供的基础条件和各方面的环境因素将会影响绿色技术创新效率。一般而言，创新效率水平在空间维度上存在一定的关联性，为进一步研究国家新一轮改革开放转型实施的新区域长江经济带各省市的绿色技术创新效率，本章对地理空间因素给予更多关注。最后，本章采用更为多元化的研究方法，在借鉴已有文献关于绿色技术创新效率测算基本方法的基础上，合理运用数学模型以便能更细致地对空间关联性进行分析。

第三节 长江经济带区域绿色创新效率测度与评价

一 评价方法与数据

（一）模型构建

本章在研究长江经济带区域绿色创新效率时，将选取多个投入与多个产出指标。如前文所述，在创新效率评价方法中，非参数方法中的 DEA 是一种较为适宜的方法。传统的 DEA 方法是以 BCC 或者 CCR 模型为代表的，经过国内外学者的不断探索，DEA 方法逐渐深化成为更科学与更全面的模型，比如 SBM-DEA、DEA-RAM 等模型，虽然这些模型已经进行了优化，但在存在多个有效单元时它们仍有缺陷。决策单元表现为多个有效单元存在时，效率值均为 1，只能区分决策单元有效或无效，无法进一步对比决策单元之间的差异。外国学者 Anderson、Peterson 在 20 世纪 90 年代提出的超效率模型有效地解决了效率值都为 1 的问题，能够对决策单元的效率值进行更为细致的比较。我国也有学者使用超效率模型进行了实证研究，如王惠等（2016）、肖仁桥和于娟（2017）从不同角度进行了相关的绿色创新效率的研究。综合考虑各种基于 DEA 方法的改进模型，结合本研究将使用的数据指标，本章采用超效率 DEA 方法，其模型表达式为：

$$\min \theta$$
$$s.t. \begin{cases} \sum_{b=1}^{n} \lambda_b x_b + S^- = \theta x_0 \\ \sum_{b=1}^{n} \lambda_b y_b - S^+ = y_0 \\ \lambda_b \geq 0; S^- \geq 0; S^+ \geq 0 \end{cases} \qquad (12-1)$$

在式（12-1）中，S^- 和 S^+ 是松弛变量，分别代表投入冗余和产出亏空两个方面；θ 代表决策单元的效率值；x 和 y 分别代表投入和产出指标的集合；n 是决策单元的数量。

（二）指标选取

在以往绿色技术创新效率的相关文献中，学者们普遍认为，绿色创新能力有两个重点，一是降低环境污染，二是减少能源消耗且包括生产出绿色产品的技术或工艺。基于超效率 DEA 方法主要研究多投入、多产出的特点，本章主要从创新投入与创新产出两个方面建立指标体系，并且包含体现绿色创新的指标。

　　工业与企业研究与试验发展（R&D）是创新活动的第一步。创新投入部分一般包括投入的"人"和"物"，即人员与资金，R&D 人员全时当量和 R&D 经费是使用比较多的投入指标。与 R&D 人员相比，R&D 人员全时当量更能够体现出创新活动中人力资本的投入强度，指的是全时人员和非全时人员按照其工作量折算成全时人员数量的总和。R&D 经费指的是工业与企业用于开展内部 R&D 活动的支出，是直接性与基础性的实际支出，不包括生产性活动支出、还贷款支出等外部支出（国家统计局，2013）。本章在考虑 R&D 人员全时当量和 R&D 经费的基础上，增加了 R&D 项目数这一指标，以使创新投入指标更为全面。

　　创新产出一般分为两个阶段，即绿色技术研究与试验阶段和绿色技术成果转化阶段。绿色技术研究与试验阶段作为初始的开发阶段，其产出为中间产出，一般为知识性的产出，比如专利、科技论文等。考虑到数据的可获取性，本章选取各地区每年的专利申请数作为中间产出。绿色技术成果转化阶段是技术研究与开发的延伸阶段，此阶段的产出分为期望产出与非期望产出，简单来说，期望产出就是"好"的产出，如相关产业的产值、利润或者产品收入等；非期望产出就是"坏"的产出，体现了绿色创新与环境及能源紧密联系的重点，表现为污染和能源的利用情况。为了排除农业与生活污染的影响，本章选取的指标以工业为主，分别选取新产品销售收入、工业废气排放量、工业废水排放量和单位工业增加值能耗，其中，单位工业增加值能耗指的是能源消耗总量和工业增加值的比值，用来衡量工业和企业能源经济效益。

　　绿色技术创新效率评价指标体系如表 12-1 所示。

表 12-1　绿色技术创新效率评价指标体系

类别	指标	数据来源
创新投入	R&D 人员全时当量(人年)	《中国统计年鉴》及各省市统计年鉴
	R&D 经费(万元)	
	R&D 项目数(项)	
创新产出	专利申请数(件)	
	新产品销售收入(万元)	
	工业废气排放量(亿标准立方米)	《中国环境统计年鉴》及各省市统计年鉴
	工业废水排放量(万吨)	
	单位工业增加值能耗(吨标准煤/万元)	《中国能源统计年鉴》及各省市统计年鉴

（三）数据来源

从事本领域相关研究的许多学者认为，科学技术从投入转化为产出的过程具有一个时间滞后期，即投入与产出选取的指标数据不应该使用同一年的数据，这一滞后期的存在具有其合理性。综合考虑以往的研究和各项数据的可获得性，本章将投入、产出滞后期定为两年。本章的研究区域是长江经济带11个省市，分别为上海市、江苏省、浙江省、安徽省、江西省、湖北省、湖南省、重庆市、四川省、云南省、贵州省。创新投入年份为2007～2014年，创新产出年份为2009～2016年，各地区的效率值按照创新产出年份记录。本章的数据来源是《中国统计年鉴》（历年）、《中国环境统计年鉴》（历年）、《中国能源统计年鉴》（历年），由于《中国统计年鉴》中某些年份的数据缺失，本章对研究区域即长江经济带11个省市的统计年鉴进行了参考和补充，以保证数据的完整性和准确性。

二 绿色创新效率测算结果及分析

本部分基于超效率DEA方法，对长江经济带11个省市2009～2016年绿色技术创新效率进行测算，效率值保留两位小数，结果如表12-2所示。

表12-2　2009～2016年长江经济带各省市绿色技术创新效率值及排名

省市	2009年	2010年	2011年	2012年	2013年	2014年	2015年	2016年	平均值	排名
上海	4.33	3.37	2.41	2.06	1.86	1.67	1.24	1.35	2.29	1
江苏	1.40	1.46	1.49	1.54	1.36	1.52	1.57	1.82	1.52	3
浙江	3.59	1.43	1.48	1.63	1.65	1.45	1.41	1.41	1.77	2
安徽	0.84	1.06	1.06	1.34	1.47	1.53	1.44	1.68	1.30	5
江西	0.40	0.40	0.40	0.56	0.78	0.86	0.60	1.19	0.65	10
湖北	0.58	0.76	0.67	0.68	0.85	0.84	0.76	0.86	0.75	7
湖南	0.98	1.05	0.98	1.20	1.32	1.24	1.32	1.30	1.17	6
重庆	2.07	1.57	1.33	0.99	1.07	1.24	1.47	0.89	1.33	4
四川	0.49	0.61	0.52	0.66	0.84	0.74	0.79	0.84	0.69	9
云南	0.32	0.55	0.59	0.60	0.53	0.59	0.62	0.73	0.57	11
贵州	0.91	0.82	0.53	0.50	0.66	0.73	0.67	0.76	0.70	8

从时间维度上来看，上海、浙江和重庆的绿色技术创新效率值相对较高，但在 2009~2012 年都有较为明显的跌落，在后面几年趋于平缓（见图12-1），这 3 个省市的经济发展基础较好，在创新发展的同时更容易注重经济效益而忽视对环境的破坏和能源消耗，所以即使投入与期望产出数值很高，非期望产出（如废气与废水）的排放量也在不断增加，因此初期的效率值就会相应地下降。江苏、安徽、江西、湖北等其他 8 个省份的效率值变化不大，整体呈现在波动中缓慢升高的趋势。2012 年以后，长江经济带各省市的绿色技术创新效率为平稳上升趋势，其中政策因素有很大影响，为了落实"十二五"规划中节能减排和生态环境保护的要求，各省市的污染物排放量以及能源消耗总量得到了严格控制。

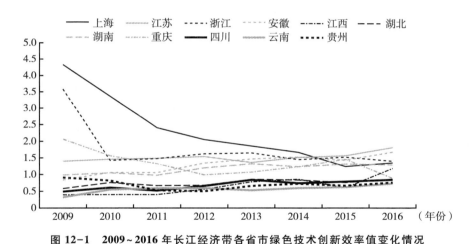

图 12-1　2009~2016 年长江经济带各省市绿色技术创新效率值变化情况

从空间维度上来看，整个长江经济带各省市之间的绿色技术创新效率存在较大的差距，平均效率值总体呈现由沿海向内地递减的规律，基本与各省市的经济发展水平吻合。2010 年之前，经济发展基础较好的省市如上海、江苏、浙江、重庆等，开始进行研究与试验发展的创新活动，尤其是在工业领域，投入大量人员与经费，也获得了一定的成果，比如专利数量增加、新产品销售额增长率上升，但是相应的非期望产出也快速增加，控制污染物的排放以及工业企业能源消耗是这些地区需关注的重点。安徽、湖南、湖北 3 个中部省份在产业转移等政策的影响下，对于技术创新方面也越来越重视，工业企业开始进行创新活动，但是由于经济基础相对薄弱，难以吸纳更多人才，再加上投入的资金相对不足，所以整体的绿色技术创新效率水平不高。由于区域之间存在分工与合作，比如，安徽中部与江苏中部的联系密切，区域之间能够相互带动发展，湖南、湖北和重庆也是如此，总体上绿色技术创新效率值以相对较高的增长率不断增加。贵州、四川、江西和云南4个省份的绿色技术创新效率水平相对较低，存在投入和期望产出均不足的情况。投入人员不足主要体现在缺少高新科技人员，人才向沿海地区流动，经济发展水平也难以支撑研究与试验发展的资金需求。同时，内陆地区市场环境不完善，科技知识转化为经济效益的效率低，因此在投入不足的情况下产出也很难得到保证。

第四节 长江经济带区域绿色创新效率空间关联性分析

一 模型与方法

一般而言，进行空间相关性（即空间关联性）分析需要先创建空间权重矩阵，表达研究对象之间的空间布局关系，通过一个二元对称空间权重矩阵来表示一定区域内若干位置之间的邻近性，其矩阵表达式如下：

$$W = \begin{bmatrix} w_{11} & w_{12} & \cdots & w_{1n} \\ w_{21} & w_{22} & \cdots & w_{2n} \\ \vdots & \vdots & & \vdots \\ w_{n1} & w_{n2} & \cdots & w_{nn} \end{bmatrix} \qquad (12-2)$$

在式（12-2）中 n 表示空间单元的数目，w_{ij} 表示区域 i 与区域 j 的空间权重，即邻近关系。区域 i 和区域 j 相邻时，$w_{ij}=1$；区域 i 和区域 j 不相邻时，$w_{ij}=0$（万勇，2011）。

Global Moran's I 即全局莫兰指数，注重体现整个区域之间的相关性或者异质性的总体特征，其计算公式如下（Cliff and Ord，1973）：

$$\text{Moran's I} = \sum_{i=1}^{n} \sum_{j=1}^{n} w_{ij}(z_i - \bar{z})(z_j - \bar{z}) \Big/ S^2 \sum_{i=1}^{n} \sum_{j=1}^{n} w_{ij} \qquad (12-3)$$

在式（12-3）中 $\bar{z} = \dfrac{1}{n} \sum_{i=1}^{n} z_i$，代表样本均值；$S^2 = \dfrac{1}{n} \sum_{i}^{n} (z_i - \bar{z})^2$，代表样本方差；$z_i$ 和 z_j 分别代表区域 i 和区域 j 的观测值，体现区域属性，

在本章中体现为区域的绿色技术创新效率值；w_{ij} 为空间权重。Moran's I 的取值范围一般为 [-1, 1]，该值大于 0 时表示区域之间存在正相关性，即某一区域的属性值高，其邻近区域的属性值相应也高，并且属性值越高表示相似属性的单元体越多，也就存在越大的同质性；该值小于 0 时表示区域之间呈现负相关性，观测单元之间存在较大差异；该值等于 0 时，表示区域之间相互独立，属性值随机分布，不存在空间相关性。在本章中，Moran's I 采用近似服从标准正态分布的 Z 检验统计量。

Local Moran's I 即局部莫兰指数，也简称为 LISA（Local Indicator of Spatial Association），用来研究某个地理单元与相邻区域之间特定属性值的相关程度，其计算公式如下（Anselin，1995）：

$$\text{Moran's I}_i = \frac{(z_i - \bar{z})}{S^2} \sum_{j=1}^{n} w_{ij}(z_j - \bar{z}) \qquad (12-4)$$

在式（12-4）中局部莫兰指数的符号和全局莫兰指数的相同。相应年份的各个省市都有相对应的局部莫兰指数，局部空间相关性分析也通常结合 Moran's I 散点图和 LISA 聚类图分析。

二　空间相关性分析

本章运用 GeoDa 和 ArcGIS 软件对长江经济带区域 11 个省市 2009~2016 年绿色技术创新效率值进行全局和局部空间相关性测算与分析。

（一）全局空间相关性分析

2009~2016 年长江经济带区域绿色技术创新效率全局空间相关性分析结果如表 12-3 所示。2009 年、2010 年、2015 年全局 Moran's I 为负，说明区域之间呈负相关性，其余年份呈正相关性，可见其关联性在时间跨度上并没有规律。接下来对每年的全局 Moran's I 进行检验，在 5% 的显著性水平下，Z 值范围为（-1.96，1.96）时，表示研究区域之间关联性不明显，即空间相关性较弱；Z 值 ≥1.96 或 Z 值 ≤-1.96 时，表示研究区域具有空间相关性，能够通过检验。所以根据表 12-3 的结果，2009~2015 年长江经济带区域绿色技术创新效率值均未通过显著性检验，只有 2016 年 Z 值大于 1.96，表明 2016 年作为产出年份时，长江经济带区域绿色技术创新效率在空间上具有正相关性。2016 年，关于发展长江经济带的相关文件出台后，长江经济带发展战略成为一大重点，因此长江经济带各省市之间的联系开始密切，并逐渐渗透到创新领域。

表 12-3　2009~2016 年长江经济带区域绿色技术创新效率全局空间相关性分析结果

变量	2009 年	2010 年	2011 年	2012 年	2013 年	2014 年	2015 年	2016 年
全局 Moran's I	-0.0081	-0.0366	0.0483	0.1239	0.1934	0.2270	-0.8560	0.4182**
P 值	0.2580	0.2640	0.1400	0.0930	0.0680	0.0550	0.3590	0.0160
Z 值	0.6282	0.5368	1.0534	1.4600	1.7784	1.9564	0.1197	3.1873

注：** 表示在 5% 的水平下通过显著性检验。

（二）局部空间相关性分析

全局空间相关性指标可以反映特定区域的某项属性值是否相关，但不能体现具体的集聚程度，而局部空间相关性分析可以具体到更小尺度的区域。

Moran's I 散点图经常在局部空间相关性分析中使用，能够体现局部空间属性值的不稳定性与异质性，通过四种不同的空间联系组合直观地展现出来。Moran's I 散点图中的散点代表研究区域，绘制在一个笛卡尔坐标系中，描述的是变量 z_i 与空间滞后值之间的关系，横轴代表变量 z_i，即为相应年份各省市的绿色技术创新效率值；纵轴代表对应的空间滞后值，即为标准化后的区域 i 相邻区域的绿色技术创新效率值的加权平均数。Moran's I 散点图分为四个象限，分别对应四种局部空间关系的组合：第一象限是高-高区域（记为 HH），表示该区域和周围相邻的区域都是高水平区域，相互间的空间差异程度较小，属于热点区，即若干个区域的绿色技术创新效率值都较高；第二象限是低-高区域（记为 LH），表示低水平区域的相邻区域具有较高的绿色技术创新效率值，所以异质性突出，存在明显的空间负相关性；第三象限是低-低区域（记为 LL），表示自身为低水平绿色技术创新区域，相邻区域的属性值也处于低水平阶段，属于盲点区，与热点区一样，区域之间的空间差异程度较小且存在较强的空间正相关性；第四象限是高-低区域（记为 HL），表示高水平区域的相邻区域具有较低的绿色技术创新效率值，区域之间的空间差异程度较大，空间负相关性明显，异质性突出。

借助 GeoDa 软件，绘制出 2009~2016 年长江经济带区域绿色技术创新效率 Moran's I 散点图，如图 12-2 所示。每个圆圈都代表具体的省市，再

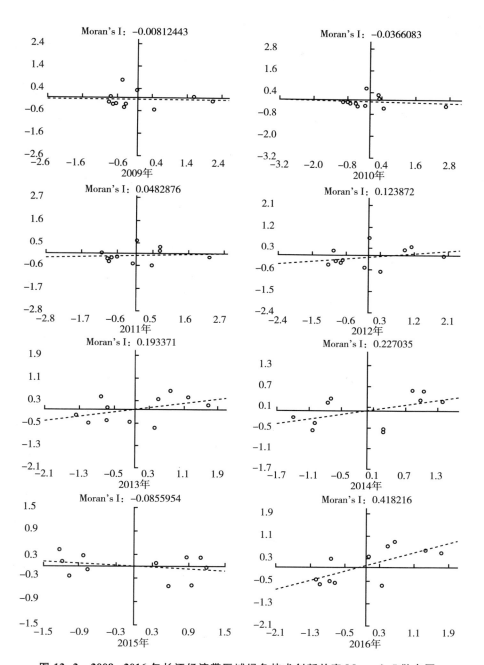

图 12-2 2009~2016 年长江经济带区域绿色技术创新效率 Moran's I 散点图

结合表12-4可以发现，长江下游省市上海、江苏、浙江基本位于第一象限和第四象限，为高-高区域和高-低区域，说明自身是绿色创新水平较高的区域，其中浙江省在研究年份始终稳定在HH，是长江经济带中在绿色创新方面最为稳定的热点区，与相邻的省市存在空间正相关性，尤其与上海和江苏形成高水平集聚区。长江中游省份安徽、江西、湖南、湖北则相对不稳定，其中江西和湖北在LH和LL中转换，是绿色技术创新效率相对较低的区域；安徽和湖南则从低水平区域跨向高水平区域。长江上游省市云南、贵州、四川和重庆表现出的共同点是相邻地区为绿色创新低水平区域，云南、贵州和四川3个省份基本在低-低区域，区域自身和相邻的地区都是绿色技术创新水平较低的区域，在地理位置上，三者恰好是相邻近的省份，在空间关系上存在较强的正相关性，是长江经济带绿色创新的盲点区。

由表12-4和图12-3可知，浙江、江苏、云南、贵州和四川5个省份基本保持稳定，浙江和江苏因为靠近上海的地理位置，接受上海经济辐射，加上自身强大的经济实力基础，吸引人才的同时在绿色创新方面能够投入足够的资金，更早地具有在研发与试验过程中注重环境保护与能源节约的意识，领先于其他相对落后省份，因此基本位于HH，自身和周围地区都是绿色技术创新水平较高的区域，存在明显的空间正相关性。在浙江和江苏绿色技术创新效率上升的过程中，上海从HL进入HH，说明浙江和江苏与上海之间的联系更为紧密。上文也提到云南、贵州和四川3个省份基本稳定在LL，与其自身和周边地区的经济实力基础皆较为薄弱有很大关系，因此重庆作为四川与贵州的相邻城市，基本稳定在LL和HL，表现为相邻地区的绿色创新水平低。由于重庆更早地具有绿色创新开发的理念，并且在2014年成立了中国科学院重庆绿色智能技术研究院，这对重庆的绿色产业研究与试验起到了重大的作用，重庆自身的绿色技术创新水平相比邻近地区取得了更快的进步，空间差距开始拉大，但是周边地区的条件限制了区域之间绿色产业的分工与合作，所以重庆难以进入更高水平的区域，于是不断在LL和HL之间转变，大部分年份重庆位于HL，反映了周边地区绿色技术创新效率难以有实质性的突破。湖南和安徽分别在2012年和2013年从低水平区域进入高水平区域，与之相应地，与湖南相邻的湖北和与安徽相邻的江西分别在2013年和2011年从LL进入LH，异质性开始变明显，也说明了湖南和安徽绿色技术创新水平的进步。

表 12-4　2009~2016 年长江经济带区域绿色技术创新效率 Moran's I 散点图省市分布情况

年份	HH	LH	LL	HL
2009	浙江	安徽、江西、江苏	云南、四川、湖北、湖南、贵州	上海、重庆
2010	浙江、江苏	安徽	云南、四川、湖北、湖南、贵州、江西	上海、重庆
2011	浙江、江苏	安徽、江西	云南、四川、湖北、湖南、贵州	上海、重庆
2012	浙江、江苏	安徽、江西	云南、四川、湖北、贵州、重庆	上海、湖南
2013	浙江、江苏、上海、安徽	江西、湖北	云南、四川、贵州、重庆	湖南
2014	浙江、江苏、上海、安徽	江西、湖北	云南、四川、贵州	重庆、湖南
2015	浙江、上海、安徽	江西、湖北、云南	四川、贵州	重庆、湖南、江苏
2016	浙江、江苏、上海、安徽	江西、湖北	云南、四川、贵州、重庆	湖南

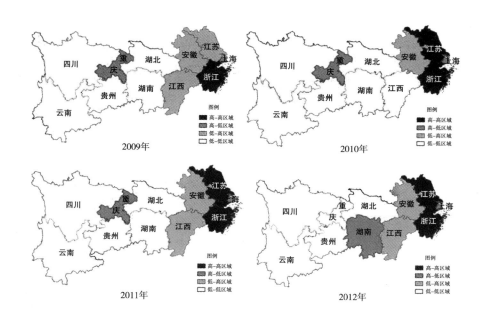

2009年　　　2010年

2011年　　　2012年

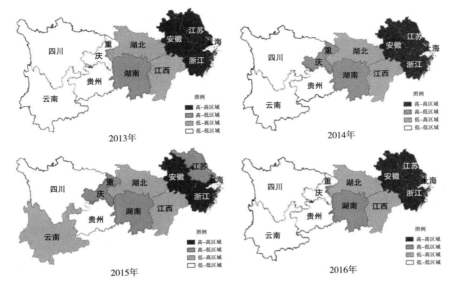

图 12-3　2009～2016 年长江经济带区域绿色技术创新效率空间关系

第五节　本章结论与政策建议

一　结论

本章以国家新一轮改革开放转型实施的新区域——长江经济带 11 个省市为研究区域，构建绿色技术创新效率评价指标体系并对其进行测算，以效率值为基础，进行空间相关性分析，得出了以下两部分的结论。

第一，2009～2016 年，长江经济带各省市总体绿色创新效率具有上升趋势，其中，经济基础相对较好的上海市、浙江省和重庆市的绿色创新效率值在 2009～2012 年有明显的跌落，原因在于初期非期望产出较高，拉低了绿色创新效率值。其余 8 个省份的绿色创新效率整体上是在波动中上升，"十二五"规划中的节能减排与环境保护要求对其有很大影响。在空间维度上，长江经济带内部省市之间的绿色技术创新效率差异较大，绿色创新效率值基本呈现由长江下游向长江上游递减的趋势，与各省市的经济发展水平相吻合，分为上海、江苏、浙江、重庆 4 个经济基础较好且能带动绿色创新发展的省市，安徽、湖南、湖北 3 个经济基础相对薄弱但是绿色创新发展速度较快的省份，贵州、四川、江西、云南 4 个经济基础较弱因此在绿色创新方面难以突破的省份。

第二，在长江经济带的绿色创新空间关系上，存在东部沿海省市热点区强强集聚和内陆省份盲点区弱弱相关的空间格局，热点区为上海、江苏和浙江，盲点区为云南、四川、贵州，区域之间存在较强的空间正相关性。江西和湖北属于自身绿色创新效率较低但周边地区绿色创新效率较高的地区，与周边地区空间关系呈负相关性，具有明显的异质性。长江中游省份如安徽、湖南发展速度最为迅速，但与东部地区相比仍然具有明显的差距。重庆与周边地区相比，具有较好的经济基础，且较早地进行了绿色技术创新研究与试验，绿色创新水平比周围的四川和贵州领先很多，因此区域之间差异较大，空间关系呈负相关性，同时由于周边地区的条件限制，重庆的绿色创新无法进入更高水平的区域。

二　政策建议

长江经济带区域各省市在实现整体绿色创新发展的过程中，首先需要重视目前的集聚格局，尤其是打破弱弱相关地区的僵局，针对长江下游、中游和上游地区的基础条件制定不同的优化绿色创新空间格局战略。

对于东部发达地区，需要借助高新技术人才和资金继续进行自主创新，向发达地区与国家学习更新的技术，并且避免由于人员与资金的冗余而造成的不合理的资源配置。在过去 10 年间，东部沿海省市具有绿色创新溢出效应，表现在安徽省的绿色创新水平被带动提高，所以长江下游省市未来的发展方向和重点是坚持目前可持续发展理念基础上的创新发展和对中部、西部地区创新发展起到逐步推动的作用，加强空间正相关性。

中部地区存在投入研究与试验人员相对不足的情况，目前需要引进高素质人才。武汉、长沙等省会城市已经开始了这项工作，对应届大学生有一系列优惠政策。同时还需要注重引进外资，吸引能耗与污染双低、附加值高的外商企业直接投资，替代原本已经衰弱的、低经济效益的重化工企业。

西部地区目前仍呈现出比较僵化的格局，在绿色创新发展中一直没有取得突破，原因在于区域的基础环境相对落后，在软环境和硬环境上均有待提升。其中，软环境包括国家在人才培养和国内外投资方面的政策以及市场环境；硬环境包括基础设施，如交通网络。西部地区在贯彻"一带一路"倡议的过程中，应发挥政策优势和政府的主导作用，进一步优化西部地区绿色创新发展环境，并在发展过程中始终重视环境效益，才能很好地承接东部与中部地区的创新溢出。

第十三章
环境规制与长江经济带
区域绿色创新发展

本章基于长江经济带区域 109 个城市的面板数据，利用非径向的 SBM 模型和马姆奎斯特-卢恩伯格（Malmqusit-Luenberger，ML）指数对长江经济带区域各城市的绿色全要素生产率（GTFP）及其分解项进行了测算，以衡量区域绿色创新发展水平，并研究其时空演化特征。同时，将碳排放权交易政策视作一次准自然实验，构建双重差分模型（DID），检验碳排放权交易政策的实施对于长江经济带区域各城市绿色全要素生产率的作用效果。研究结果显示：碳排放权交易政策对试点城市的绿色全要素生产率具有显著的负向作用。碳排放权交易政策能够通过外商直接投资间接地作用于绿色全要素生产率，但技术创新和产业结构的中介效应不明显。碳排放权交易政策还促进了城市绿色技术创新水平的提高，"弱波特假说"成立。

第一节　研究背景

20 世纪以来，随着全球工业化、城市化进程的不断推进，全球气候变暖及其带来的一系列环境问题日益受到社会各界的关注和重视。1992 年，世界各国政府首脑签署了《联合国气候变化框架公约》（UNFCCC），这是国际社会第一次基于正式的场合表明了将通过合作的方式来共同控制温室气体排放的决心。补充条款《京都议定书》中规定需要控制的 6 种温室气体中，CO_2 的排放量较大，它是造成温室效应主要的温室气体，因此如何有效控制碳排放已经成为应对全球气候变化的重要问题之一。

自改革开放以来，随着我国经济发展速度不断加快，能源消耗持续增加，随之而来的还有一系列严峻的环境问题，粗放经济模式下的过度碳排放导致的温室效应加剧也是其中之一。传统的经济增长模式带来了严重的环境问题，与我国的低碳经济、绿色发展、可持续发展等理念也不相符合。因此，对生产、生活中的碳排放做出有效、合理的规制是我国一直积极探索的重点领域之一。2011 年 10 月，国家发改委批准北、沪、深、津、渝、鄂、粤开展碳排放权交易的试点工作，拉开了我国碳排放权交易市场建设的帷幕。两年后，这些试点地区的碳排放权交易市场正式进入运行阶段。在该试点工作顺利进行的同时，《中华人民共和国国民经济和社会发展第十三个五年规划纲要》中提出了要"推动建设全国统一的碳排放交易市场"。2021 年 2 月 1 日，《碳排放权交易管理办法（试行）》正式生效，这标志着我国的碳排放权交易体系将从 7 个试点地区迎来基于全国层面的推广和市场建设的新阶段。

长江经济带贯穿了中国东部、中部、西部三大地区，覆盖沪、苏、浙、皖、赣、鄂、湘、川、渝、滇、黔 9 省 2 市，是我国主要区域发展战略之一。长江经济带地区的土地面积仅占全国总面积的 1/5，人口和 GDP 却能达到全国 40% 左右的水平，说明其对我国经济发展的支撑作用巨大。因此，如何处理好长江经济带这一国家重点战略区域的经济蓬勃增长和生态环境保护二者的平衡关系是一个非常值得关注的问题。目前，我国碳排放权交易试点的 7 个地区中有 3 个位于长江经济带，以其作为研究区域，探讨碳排放权交易政策对于该区域城市绿色创新发展的影响，并进一步分析其内在的作用渠道和机理，能在检验碳排放权交易政策试点阶段效果的同时，为探索区域绿色创新发展提供一定的理论依据和实证参考。

第二节　碳排放权交易政策

一　碳排放权产生的理论解释：基于禀赋效应和产权制度的视角

行为经济学基于人的有限理性解释了在传统经济学框架下关于排放行为产生原因的一个悖论，即为什么遵循长期发展获得的收益明明要远大于成本，现实生活中还是存在企业为持有高额利润而过度污染，经济发展竭泽而渔的现象。禀赋效应则为碳排放权的产生提供了合理的逻辑解释。禀赋效应认为社会主体一旦拥有某项财产以后，对它的评价会远比未拥有时高得多，也就是说人们在认知上对于财产的估价与其对于财产的所有权是相关联的。法律作为社会认知的反映，应该根据财产各自的禀赋效应强弱来给予相应程度的保护。此外，由于人们的理念与认知在不断发生变化，财产的禀赋效应也将具有动态演化的特点。以碳排放为例，在全球变暖和温室效应等问题尚未被明确以前，人们对于拥有低碳相关环境产权的禀赋效应较弱，这时候大多数国家采取的是无产权保护规则；随着禀赋效应逐渐增强，社会主体开始逐渐意识到过度的碳排放会带来不可忽视的社会成本，无产权保护规则将会被责任规则所替代，经济主体过度的碳排放行为将以税收等形式被处以一种"事后的惩罚"，但实际上在责任规则下企业的碳排放行为仍然不能被遏制；当人们对于拥有低碳相关环境产权的禀赋效应进一步加强时，财产规则也随之产生，碳排放权交易市场也正是基于此才得以建立。财产规则下的碳排放主体需要支付更高的成本去使用这项产权，从而更有效地控制了碳排放总量（康蓉等，2020）。

二　碳排放权交易的基本原理

这里以一个简单的例子来说明碳排放权交易具体是如何实现的。假设市场上有两家企业甲和乙，甲企业技术较为先进，减排成本较低；乙企业技术则相对落后，减排成本较高。两家企业各自的减排成本分别为 2000 元/吨和 4000 元/吨，它们起初各自获得了政府分配的 100 吨碳排放配额。由于甲企业加强节能管理，其实际只排放了 90 吨碳，而乙企业出于扩大产量等原因导致碳排放超出了配额，排放了 110 吨碳。对于甲企业而言，因减排而剩余下来的 10 吨碳排放配额可以在市场上拿去自由出售，乙企业可以与之进行交易。最终二者共同实现了碳排放总量不超出 200 吨的政策目标。

这个过程还有效降低了企业的履约成本：假设甲和乙两家企业需要各自承担 5 吨碳的减排任务，甲企业的减排总成本为 5×2000＝10000 元，乙企业的减排总成本为 5×4000＝20000 元，社会减排总成本为二者之和 30000 元，碳市场交易使技术管理水平较高的甲企业有进一步减排的激励，假设甲企业实际减排 8 吨碳，其减排成本将增加为 8×2000＝16000 元，其多减排的 3 吨碳排放配额可以出售给乙企业，乙企业的减排成本将下降为 2×4000＝8000 元，最终结果是社会减排总成本下降为 16000＋8000＝24000 元，相比原来下降了 6000 元，这 6000 元作为节省下来的社会减排总成本也通过这个过程实现了在两家企业之间的合理分配（孟早明、葛兴安，2016）。

实际的碳排放权交易还涉及一系列复杂的制度设计、标准规定和机制运作等问题，但从这个简单的例子中可以看出碳排放权交易的本质就是通过鼓励有条件的企业超额减排然后出让节余的碳排放配额给那些减排成本较高的企业，最终使整个社会以更低的成本和更高的效率实现对温室气体排放量的有效控制。

三 我国碳排放权交易政策的沿革

在《中华人民共和国国民经济和社会发展第十二个五年规划纲要》中，我国第一次正式明确提出了要"逐步建立碳排放交易市场"。2011 年 10 月，国家发改委办公厅印发了《关于开展碳排放权交易试点工作的通知》，同意北京市、重庆市、上海市、湖北省、深圳市、广东省、天津市开展碳排放权交易试点工作。两年后，也就是 2013 年，这些地区的碳排放权交易市场正式步入了第一个试点履约周期，标志着我国初步建立了允许纳入企业自主进行二氧化碳排放权交易的二级市场，并通过该市场来实现控制碳排放总量在既定水平的目的。试点省市的地方政府在中央政策的指导下因地制宜地对各地区的碳排放权交易市场进行了相关的制度设计和标准规定，如表 13-1 所示。

2020 年 12 月，我国生态环境部公布和印发了《碳排放权交易管理办法（试行）》和《2019—2020 年全国碳排放权交易配额总量设定与分配实施方案（发电行业）》，标志着基于全国层面的碳排放权交易市场将正式步入第一个运行周期。

表 13-1 我国碳排放权交易的相关政策文件梳理

政策文件	颁布时间	主要内容
《中华人民共和国国民经济和社会发展第十二个五年规划纲要》	2011 年 3 月 16 日	首次正式提出要"逐步建立碳排放交易市场"
《关于开展碳排放权交易试点工作的通知》	2011 年 10 月 29 日	批准北京市、重庆市、上海市、湖北省、深圳市、广东省、天津市率先开展碳排放权交易试点工作

续表

政策文件	颁布时间	主要内容
《关于印发首批 10 个行业企业温室气体排放核算方法与报告指南(试行)的通知》	2013 年 10 月 15 日	包含发电、钢铁、化工、水泥、陶瓷、民航等 10 个行业,为相关企业开展碳排放权交易的具体报告、核算、统计等工作提供参考
《关于印发第二批 4 个行业企业温室气体排放核算方法与报告指南(试行)的通知》	2014 年 12 月 3 日	新增煤炭、独立焦化、石油化工、石油和天然气生产 4 个行业的核算方法与报告指南
《碳排放权交易管理暂行办法》	2014 年 12 月 10 日	从总则、配额管理、交易、核查与配额缴清等多个方面为碳排放权交易市场建设的有关事项提供了基本依据
《碳排放权交易管理条例》	2015 年 8 月 18 日	在《碳排放权交易管理暂行办法》的基础上进行了进一步的修改和完善
《关于印发第三批 10 个行业企业温室气体核算方法与报告指南(试行)的通知》	2015 年 7 月 6 日	新增造纸和纸制品生产、其他有色金属冶炼和压延加工业、电子设备制造、公共建筑运营、陆上交通运输等 10 个行业的核算方法与报告指南
《关于切实做好全国碳排放权交易市场启动重点工作的通知》	2016 年 1 月 11 日	初步明确了全国碳排放权交易覆盖的行业;对纳入企业过去的碳排放进行了核算和报告;培育一批由专业人员组成的第三方核查机构
《中华人民共和国国民经济和社会发展第十三个五年规划纲要》	2016 年 3 月 16 日	提出要"推动建设全国统一的碳排放交易市场,实行重点单位碳排放报告、核查、核证和配额管理制度"
《全国碳排放权交易市场建设方案(发电行业)》	2017 年 12 月 20 日	提出要以发电行业为突破口,逐步推进建立全国碳排放权交易市场的建设,并对基础的制度建设、参与主体、发电行业配额管理等做出了基本规定
《2019—2020 年全国碳排放权交易配额总量设定与分配实施方案(发电行业)》	2020 年 12 月 29 日	根据 2013~2018 年的碳排放量对重点管理单位名单进行了调整;对纳入配额管理的机组类别、具体配额分配方法、配额发放的思路以及清缴相关细则等进行了说明
《碳排放权交易管理办法(试行)》	2020 年 12 月 31 日	对全国温室气体的重点排放单位、分配方式、排放交易、配额清缴等内容做出了说明和规定,具体覆盖的温室气体种类和行业范围有待进一步公开

试点地区碳排放权交易的部分具体细则差异如表 13-2 所示。

表 13-2　试点地区碳排放权交易的部分具体细则差异

试点地区	北京市	重庆市	上海市	湖北省	深圳市	广东省（不包括深圳市）	天津市
开始时间	2013 年 11 月 28 日	2014 年 6 月 19 日	2013 年 11 月 26 日	2014 年 4 月 2 日	2013 年 6 月 18 日	2013 年 12 月 19 日	2013 年 12 月 26 日
管控目标（2010~2015 年）	下降 15%	下降 17%	下降 21%	下降 17%	下降 21%	下降 19.5%	下降 19%
覆盖行业	电力、供热、石化、水泥等制造业；教育、商业、银行等服务业	电力、造纸、有色金属、水泥、钢铁等高耗能行业	钢铁、化工、建材电力等工业行业；酒店、航空等非工业行业金融	电力、化工、建材、冶金、机械设备制造等行业	大型公共建筑、能源生产与供应行业等	电力、水泥、钢铁、石化、造纸、航空、金融商贸、餐宿业等	钢铁、电力、热力、化工、石油、天然气以及民用建筑等领域
交易平台	北京环境交易所	重庆碳排放权交易中心	上海环境能源交易所	湖北碳排放权交易中心	深圳排放权交易所	广州碳排放权交易所	天津排放权交易所
总体分配方式	未明确规定	2015 年以前免费发放	试点期间免费发放	主要是免费发放	混合分配	部分免费、部分有偿	主要是免费发放
配额分配方法	历史法和基准线法	政府总量控制与企业竞争博弈结合	行业基准线法、历史强度法和历史排放法	标杆法、历史强度法和历史法	竞争博弈（工业）与总量控制（建筑）结合	基准线法、历史下降强度法和历史排放法	历史法和基准线法
违约处罚	3~5 倍的市场价罚款	公开通报，最高市场价 3 倍罚款	5~10 倍的市场价罚款	最高 3 倍市场价罚款	3 倍市场价罚款	5 万元罚款	限期整改，有关优惠政策 3 年内不享有

四　我国碳排放权交易政策的相关效应研究

迄今为止，碳排放权交易政策在我国试点已经超过 7 年，国内许多学者就其在实际施行过程中产生的环境、经济效应进行了多角度、多尺度的探讨和分析。

在环境效应方面，刘宇等（2013）以粤、鄂二省为研究对象，发现碳排放权交易试点计划推动了多个行业的碳减排，同时还降低了碳减排的平均成本。Cheng 等（2015）评估了广东省 4 个行业的碳排放权交易绩效，结果显示碳排放权交易政策对于推动减排 CO_2、SO_2 以及 NOx 都有正向的作用。Zhang 等（2016）利用我国 31 个省区市的面板数据分析了碳排放权交易政策的减排效果，结果显示该政策能够降低 19%～24%的碳排放强度。黄志平（2018）基于双重差分法发现碳排放权交易政策确实显著减少了中国的碳排放量。沈洪涛等（2017）基于上市公司的面板数据，从微观的角度探讨了碳排放权交易政策的效果，实证结果表明该政策对于碳减排的有效性，但是他们也指出这一减排效果主要是由于减产而不是减排技术的创新。

在经济效应方面，汤铃等（2014）借助 Multi-Agent 模型，发现碳排放权交易机制对中国的经济增长产生了一定的负面影响。汤维祺等（2016）认为基于历史法的配额分配手段会在一定程度上弱化碳排放权交易制度对于产业结构优化的作用。王倩和高翠云（2018）基于双重差分法，发现碳排放权交易计划并未对试点地区的 GDP 和人均 GDP 造成显著的影响。余萍和刘纪显（2020）基于 31 个省区市 2009～2017 年的面板数据，实证发现碳排放权交易机制带给试点行政区的经济增长效应与该地区的碳市场规模具有正向关系。胡玉凤和丁友强（2020）探讨了碳排放权交易机制对于企业效益以及绿色技术创新效率的影响，结果显示碳排放权市场机制实现了碳减排的既定目标，但是显著抑制了纳入企业的全要素生产率以及绿色全要素生产率。在企业这一微观角度上，除了上述有关碳排放权交易对于企业碳减排和企业绩效影响的实证研究外，还有许多学者关注碳排放权交易与企业创新之间的关系（胡江峰等，2020；胡珺等，2020；刘晔、张训常，2017）。

第三节　理论分析与研究假说提出

碳排放权交易政策本质上是一种市场型环境规制手段，绿色全要素生产率则是评价一个区域绿色经济增长（即绿色创新发展）的重要指标。至于环境规制与全要素生产率（TFP）二者彼此的关系，国外学者很早便有所关注和研究，主要是基于企业等微观经济主体的视角展开。但是传统的全要素生产率忽略了环境污染、资源消耗等在经济发展过程中带来的不利影响，Chambers 等（1996）和 Chung 等（1997）基于方向性距离函数法第一次从方法论上将污染排放视作具有负外部效应的非期望产出引入了生产过程，较好地解决了这一问题（陈诗一，2010）。自此以后，越来越多的学者开始探讨环境规制和绿色全要素生产率（GTFP）之间的关系。

一　相关文献评述

目前，学术界关于环境规制和绿色全要素生产率两者之间关系的研究大致可以分为以下三种不同的观点。一种是以新古典经济学派为代表的"遵循成本效应"：基于静态视角，认为环境规制会给企业带来额外的治理成本，在生产性的投资活动减少的同时，企业的创新、组织管理也会受到负面影响，从而间接造成绿色全要素生产率的损失。Denison（1980）认为环境规制是美国 20 世纪 70 年代的生产率下降的原因之一，Gray 和 Shadbegian（2003）提出严格的环境规制将不利于企业的技术进步和绿色全要素生产率的提升。一种是以 Porter 等为代表的修正学派基于非静态分析框架提出的创新补偿机制，"弱波特假说"认为经过合理设计的环境规制可以有效地促使企业进行技术改革和技术创新，"强波特假说"进一步强调在环境规制促进下通过创新获得的收益甚至可以覆盖因环境规制而产生的治理成本，即环境规制可以提高企业的经营绩效或绿色全要素生产率。Zhang 等（2011）基于 1989~2008 年的面板数据发现严格的环境规制有助于提升中国的绿色全要素生产率。还有一种观点认为环境规制与绿色全要素生产率之间存在一种复杂且综合的关系。随着研究的深入，越来越多的学者认为环境规制和绿色全要素生产率之间的关系可能并不是简单的线性关系且这种关系还存在时间、地理空间等方面的异质性。伍格致和游达明（2019）的研究结果显示命令控制型环境规制手段对我国东部地区和中西部地区的 GTFP 的影响具有明显的差异，在抑制前者的同时却对后者无明显作用效果。张峰和宋晓娜（2019）以我国高端制造业为研究对象，发现市场激励型规制工具对企业绿色全要素生产率的影响表现为"U"形，而公众参与型规制工具则对企业绿色全要素生产率的影响表现为倒"U"形。

二　影响机理分析

环境规制作为外部的潜在约束，将直接影响关联经济主体的生产成本、交易费用、收益和效率，从而引发企业的绿色全要素生产率发生变化（蔡乌赶、周小亮，2017）。具体而言，当政府出台严格的环境规制政策时，一些高排污的企业或将面临大规模的整改甚至关停，企业的绿色全要素生产率受到极大的影响。没有退出市场的企业为了控制污染排放量，必须增加污染治理的相关支出，这部分支出变相增加了企业的生产成本，后续企业无论是接受政府提供的环保补贴还是受人们逐渐觉醒的绿色消费意识的驱动，开始对内部进行绿色管理和绿色改造，去选择更加高效清洁的生产方式，都能直接影响整个企业的绿色全要素生产率。除此之外，环境规制还能通过技术创新、产业结构、外商直接投资等潜在的路径间接地作用于绿色全要素生产率。

（一）技术创新路径

技术创新这一间接作用渠道主要围绕着"波特假说"、"遵循成本效应"和"创新补偿效应"展开。目前主要有以下几种观点：①环境规制将会迫使相关经济主体展开污染治理和环境研发活动，按照"遵循成本效应"，治污和环境 R&D 所产生的额外费用将会给纳入企业的生产性投资和组织管理等经营活动带来相应的"挤出效应"，进而造成企业绿色全要素生产率的损失；②"创新补偿效应"则进一步支持"强波特假说"，该理论倾向于环境规制通过倒逼企业进行技术改进和技术创新所带来的额外收益可以抵消因环境规制而产生的环境服从成本和治污成本，并且这种抵消效应很强，最终表现为企业绿色全要素生产率的不断提升；③环境规制通过技术创新路径对 GTFP 的净影响是不确定的，由于环境规制实施初期企业的技术水平不同，技术水平较高的企业通过技术创新实现降污目标的边际成本要小于因环境规制而产生的额外费用，企业有进行绿色创新的动力，会优化工艺流程、提高资源利用率或是研发新产品，这时"创新补偿效应"发挥主要作用，促进企业的绿色转型，推动绿色全要素生产率上升。对于那些技术水平较低的企业而言，通过绿色技术创新实现降污减排目标的机会成本较高，它们更倾向于通过成本控制来使自己合规，在"遵循成本效应"下企业的绿色全要素生产率可能会下降（李卫兵等，2019）。还有一些研究认为，环境规制行业的不同、规制方式的差异以及地理空间和时间的变化都会使这种影响路径表现出较强的不稳定性。综上，环境规制通过绿色技术创新行为对 GTFP 造成的间接影响难以直接给出，需要通过实证检验得出。

（二）产业结构路径

理想的环境规制能够作为产业结构调整的新动力，帮助期望的经济效应和环境效应二者能够共同实现。当前我国主要是通过中央或地方政府的产业政策来逐步实现产业结构的调整，具有较强的计划经济色彩，缺乏明显的内在激励机制（原毅军、谢荣辉，2014）。环境规制的引入可以激活这种内生力量：一方面，从横向的角度来看，环境规制可以驱使绿色生产要素流向生产效率更高的行业，同时企业间的专业化分工与合作也会进一步加深，各部门之间的联系将更加密切，资源利用率和经济效率也会相应提高；另一方面，从纵向的角度来看，环境规制有利于推动生产资料从粗放的污染密集型、资源密集型的行业转向资本、技术密集型的现代化工业或是清洁的第三产业，逐步实现产业结构的调整和价值链的升级，最终推动绿色全要素生产率的提高，这个过程的实现可能较为漫长。

（三）外商直接投资路径

外商直接投资这一间接作用渠道主要围绕着"污染避难所假说"（Pollution Heaven Hypothesis）和"污染光环假说"（Pollution Halo）展开。环境规制的引入对外商直接投资具有筛选作用，提高了污染密集型外资企业进入市场的门槛，进而对整个区域的绿色全要素生产率产生间接的影响。一方面，按照"污染天堂假说"的观点来看，当母国执行较为严格的环境规制政策时，污染密集型行业有动力将生产经营活动迁移到那些规制相对不严格的地区（朱金鹤、王雅莉，2018），并且一些地方政府为了吸引 FDI 甚至不惜展开"逐底竞争"（Raceto Bottom），这种对环境、自然资源、劳动力争相进行"大甩卖"的行为，进一步加剧了"污染避难所效应"的形成；另一方面，"污染光环假说"认为 FDI 能够通过"示范效应""溢出效应"等帮助东道国实现在绿色技术和管理上的进步，有利于绿色全要素生产率的提升。二者的总效应对绿色经济的发展是促进还是抑制，目前学术界尚未得出统一定论。Kumar 和 Sinha（2014）、Girma 等（2008）认为 FDI 能够通过"示范效应"、"产业关联效应"和"溢出效应"提高东道国企业的资源利用效率和技术清洁程度。Rafindadi 等（2018）、李玲和陶锋（2011）的研究则认为在弱环境规制下的东道国会承接大量的污染密集型 FDI，成为所谓的"污染天堂"。此外，FDI 的流入还会挤占本土企业的利润空间，甚至导致这些企业破产（Aitken and Harrison，1999）。傅京燕等（2018）以中国 31 个省区市为研究对象，发现整体上 FDI 对绿色全要素生产率并无显著影响。

三 研究假说

基于已有理论和实证研究结论，本章提出如下研究假说。

H1：碳排放权交易能够显著影响城市绿色全要素生产率，但具体作用方向不明确。

H2：碳排放权交易能够通过促进城市进行技术创新从而作用于城市绿色全要素生产率，但影响方向不明确。

H3：碳排放权交易能够通过促进城市调整产业结构而正向作用于城市绿色全要素生产率。

H4：碳排放权交易能够通过对外商直接投资的筛选作用而作用于城市绿色全要素生产率，但影响方向不明确。

第四节 研究方法与变量说明

一 主要研究方法

（一）绿色创新发展的测度

传统的全要素生产率测算忽略了环境约束，不能准确地测度绿色创新发展的程度。基于 Chung 等（1997）提出的方向性距离函数，借助更加普遍的非径向 SBM 模型（Slack Based Model），将环境污染等具有负外部性的非期望产出也纳入测算框架，通过计算 Malmquist-Luenberger（ML）生产率指数来测算包含坏产出的 TFP，也就是绿色全要素生产率（GTFP），并以此作为评价长江经济带区域城市绿色经济增长情况的指标,具体的投入和产出指标选择如表 13-3 所示。

表 13-3 投入和产出指标选择

一级指标	二级指标	三级指标
投入	劳动力投入	年末城镇总就业人数
	资本投入	以 2003 年为基期,采用永续盘存法来计算资本存量,具体计算公式为 $k_{i,t} = k_{i,t-1}(1-\delta_t) + i_{i,t}$,其中 $k_{i,t}$ 表示城市 i 在 t 年的资本存量,折旧率 δ 参考单豪杰(2008)的研究结果,选取为 10.96%,$i_{i,t}$ 为用固定资产指数平减后的固定资产投资额
	能源投入	全市用电量
期望产出	经济产出	以 2003 年不变价计算的 GDP
非期望产出	环境污染	工业废水排放量 工业二氧化硫排放量 工业烟尘粉尘排放量 PM2.5

(二)模型设定

双重差分法(DID)将新制度或者政策实施视作外生于整个经济系统的一次准自然实验,是一种用于量化评价政策效果的经典模型。本章将长江经济带区域的碳排放权交易试点地区(重庆市、湖北省、上海市)作为实验组,其他城市作为对照组,同时将碳排放权交易政策看作一项准自然实验,运用 DID 模型识别该政策对于城市绿色全要素生产率的净影响。具体模型设定如下:

$$GTFP_{i,t} = \beta_0 + \beta_1 co_2 trade_{i,t} + \beta_j control_{i,t} + \gamma_i + \lambda_t + \varepsilon_{i,t} \qquad (13-1)$$

在式(13-1)中,i 表示地区(城市),t 表示时间(年份),$GTFP_{i,t}$ 表示城市 i 在 t 年的绿色全要素生产率,是模型的被解释变量。$co_2 trade_{i,t}$ 是核心解释变量,为是不是碳排放权交易政策试点地区与政策开始年份的交互项,β_1 为本研究最关注的待估计参数,表示的是碳排放权交易对绿色全要素生产率的净影响。$control_{i,t}$ 为本研究选取的一系列控制变量,包括经济发展水平、资源禀赋、市场化程度、金融发展、综合环境规制强度。γ_i 和 λ_t 分别表示城市固定效应和年份固定效应,$\varepsilon_{i,t}$ 为随机误差项。

此外，基于提出的假说 H2、假说 H3 以及假说 H4，为了检验碳排放权交易政策是否会通过影响城市的技术创新（*innovation*）、产业结构（*structure*）以及外商直接投资（*fdi*）来间接地影响城市绿色全要素生产率，本章部分参考了佘硕等（2020）的做法，运用逐步回归的方式，设定了如下中介效应模型：

$$GTFP_{i,t} = \kappa_0 + \kappa_1 co_2 trade_{i,t} + \kappa_2 innovation + \kappa_j control_{i,t} + \gamma_i + \lambda_t + \varepsilon_{i,t}$$
$$(13-2)$$

$$innovation_{i,t} = \alpha_0 + \alpha_1 co_2 trade_{i,t} + \alpha_j control_{i,t} + \gamma_i + \lambda_t + \varepsilon_{i,t} \quad (13-3)$$

$$GTFP_{i,t} = \eta_0 + \eta_1 co_2 trade_{i,t} + \eta_2 structure + \eta_j control_{i,t} + \gamma_i + \lambda_t + \varepsilon_{i,t} \, (13-4)$$

$$structure_{i,t} = \varphi_0 + \varphi_1 co_2 trade_{i,t} + \varphi_j control_{i,t} + \gamma_i + \lambda_t + \varepsilon_{i,t} \quad (13-5)$$

$$GTFP_{i,t} = \chi_0 + \chi_1 co_2 trade_{i,t} + \chi_2 fdi + \chi_j control_{i,t} + \gamma_i + \lambda_t + \varepsilon_{i,t} \quad (13-6)$$

$$fdi_{i,t} = \theta_0 + \theta_1 co_2 trade_{i,t} + \theta_j control_{i,t} + \gamma_i + \lambda_t + \varepsilon_{i,t} \quad (13-7)$$

式（13-2）和式（13-3）是为检验技术创新而构造的中介效应模型，式（13-4）和式（13-5）是为检验产业结构而构建的中介效应模型，式（13-6）和式（13-7）是为检验外商直接投资而构建的中介效应模型。以技术创新的中介效应模型为例，只有当系数 κ_2 和 α_1 都显著时，中介效应才成立。

二 变量说明与数据来源

被解释变量选取的是通过 SBM-GML 模型测算的包含非期望产出的长江经济带区域城市的绿色全要素生产率。核心解释变量为该城市是否纳入碳排放权交易政策试点地区的虚拟变量与碳排放权交易市场正式开始运行时间的虚拟变量的交互项。

中介变量中的技术创新以各个城市的发明型与实用型专利申请数之和来表示；产业结构以第三产业和第二产业的产值之比来表示；外商直接投资则选取当年各个城市实际利用外资金额的对数来衡量。

在控制变量的选取上，参考了程晨等（2020）、斯丽娟（2020）的相关研究，选取以下指标作为影响城市绿色经济增长的控制变量：一是经济发展水平，以 2003 年不变价计算的 GDP 除以地区年平均人口得到的人均 GDP 来表示；二是资源禀赋，以采掘业工人数占就业总人数的比例来表示；三是市场化程度，以地方财政一般预算支出与当年 GDP 之比来表示；
四是金融发展，用当年市辖区存贷款占当年名义 GDP 的比例来表示；五是
综合环境规制强度，为了排除不同城市本身环境规制强度的差异，选择以
一般工业固体废弃物的转化率来表示。

除了技术创新的数据来源于 CNRDS 数据库外，本章的其他数据都来
源于《中国统计年鉴》、《中国城市统计年鉴》以及各省市和各个城市的统
计年鉴。表 13-4 为变量描述性统计。

表 13-4 变量描述性统计

变量名称		具体含义	最大值	最小值	均值	标准差
解释变量	碳排放权交易政策	政策开始年份的虚拟变量与碳排放权交易政策试点地区的虚拟变量的交互项	1	0	—	—
被解释变量	城市绿色经济增长	绿色全要素生产率	3.7566	0.0532	1.0833	0.2873
控制变量	经济发展水平	人均 GDP	17.3118	0.4514	3.2309	2.7705
	资源禀赋	采掘业工人数/就业总人数	54.7314	0.0028	3.5527	7.1633
	市场化程度	地方财政一般预算支出/GDP	1.4852	0.0713	0.1949	0.0961
	金融发展	市辖区存贷款/GDP	7.0762	0.3218	0.6594	0.2520
	综合环境规制强度	一般工业固体废弃物的转化率	1	0.0050	0.8412	19.4993
中介变量	技术创新	发明型与实用型专利申请数之和	76451	5	3909.767	8045.46
	产业结构	第三产业产值/第二产业产值	19.2138	0.2723	0.8551	0.6599
	外商直接投资	实际利用外资金额的对数	185.1378	0.0008	10.6256	22.2327

第五节 实证结果

一 长江经济带区域绿色全要素生产率的时空演化格局

借助 SBM-GML 模型和 MaxDEA 软件，本章测得了 2009～2018 年长江
经济带 107 个城市（铜仁、毕节因数据缺失过多而剔除）的绿色全要素生
产率，并对其中 2009 年、2012 年、2015 年、2018 年的数据进行了五分位
数空间图的绘制（见图 13-1）。整体来看，长江经济带区域的 GTFP 存在显

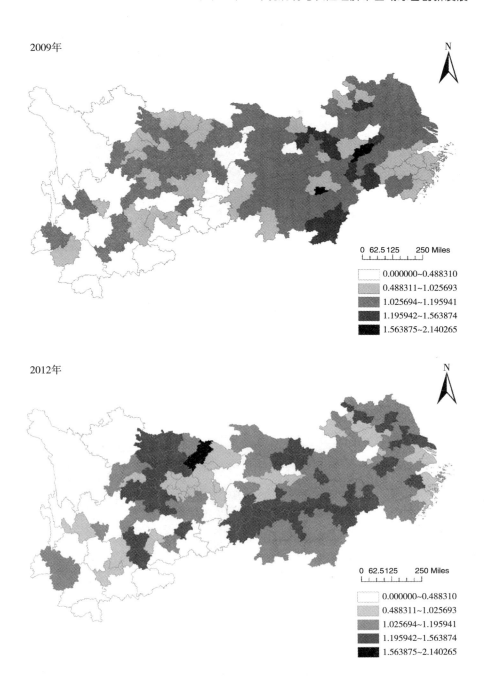

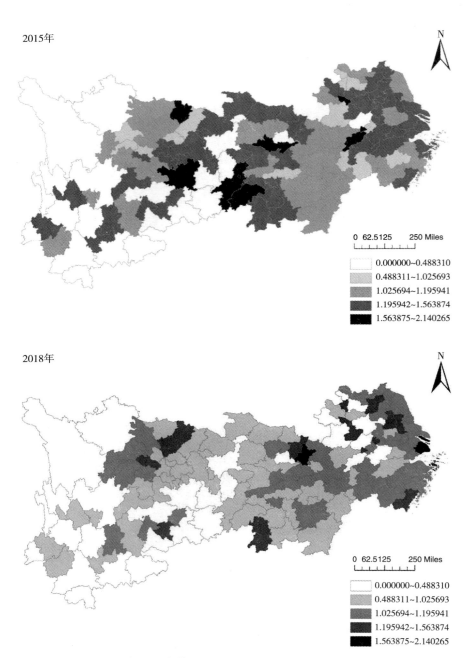

2015年

0 62.5125 250 Miles

0.000000~0.488310
0.488311~1.025693
1.025694~1.195941
1.195942~1.563874
1.563875~2.140265

2018年

0 62.5125 250 Miles

0.000000~0.488310
0.488311~1.025693
1.025694~1.195941
1.195942~1.563874
1.563875~2.140265

图 13-1　长江经济带区域绿色全要素生产率的时空演化格局

著的地区差异且其较高值表现出一定的集聚倾向。考察初期，绿色全要素生产率的高水平值主要集中在江西、湖北、安徽等省份的少数城市，随后，江西、贵州等省份的城市绿色全要素生产率相较初期经历了较大的波动，同时四川、云南、贵州、江苏等省份的少数城市绿色全要素生产率有所提高。到2018年，绿色全要素生产率的中等以上水平值主要集中在长江中下游地区的少部分城市以及重庆和云南、四川等省份的部分城市。总体而言，长江经济带大部分城市的绿色全要素生产率存在不同程度的波动，并没有表现出明显、单一的发展趋势。

如表13-5所示，从2018年长江经济带区域城市马姆奎斯特-卢恩伯格指数及其分解项来看，绿色全要素生产率排名前三的城市为上海市、舟山市和武汉市，主要依赖技术效率指数。绿色全要素生产率排名靠后的城市主要来自安徽省，例如池州市、宿州市、宣城市、阜阳市等，其技术效率指数总体而言都较低，发展低碳经济是十分必要的。从省份的角度来看，绿色全要素生产率排名靠后的为贵州、安徽二省，全省地级市GTFP平均数分别为0.8370和0.9598。排名较为靠前的省市有上海市、浙江省和江苏省，都位于我国东部较为发达的地区。

表13-5 2018年长江经济带区域城市马姆奎斯特-卢恩伯格指数及其分解项

城市	马姆奎斯特-卢恩伯格指数	技术效率指数	技术进步指数	城市	马姆奎斯特-卢恩伯格指数	技术效率指数	技术进步指数
上海市	2.140265	1.976305	1.082963	十堰市	1.018816	0.916933	1.111114
南京市	1.181688	1.079358	1.094807	宜昌市	0.977674	0.902073	1.083808
无锡市	1.124225	1.020208	1.101957	襄阳市	0.998405	0.969932	1.029356
徐州市	1.112534	1.065215	1.044422	鄂州市	1.111360	1.038850	1.069799
常州市	1.106209	1.020427	1.084065	荆门市	1.045768	0.982990	1.063865
苏州市	1.174779	1.095473	1.072394	孝感市	1.324505	1.200697	1.103114
南通市	1.130756	1.035257	1.092247	荆州市	0.990856	0.900626	1.100187
连云港市	1.090833	1.057680	1.031345	黄冈市	1.034042	0.936578	1.104064
淮安市	1.121411	1.023278	1.095901	咸宁市	1.043503	1.024824	1.018227
盐城市	1.100761	1.011335	1.088423	随州市	1.021328	0.824446	1.238806
扬州市	1.268922	1.158583	1.095236	长沙市	1.000000	1.000000	1.000000
镇江市	0.955104	0.876843	1.089254	株洲市	0.930915	0.894122	1.041150

续表

城市	马姆奎斯特-卢恩伯格指数	技术效率指数	技术进步指数	城市	马姆奎斯特-卢恩伯格指数	技术效率指数	技术进步指数
泰州市	1.299881	1.185435	1.096544	湘潭市	1.075470	1.011333	1.063418
宿迁市	1.279937	1.180081	1.084618	衡阳市	0.953870	0.869422	1.097130
杭州市	0.906077	0.814249	1.112776	邵阳市	0.992534	0.894039	1.110168
宁波市	1.049735	0.972088	1.079877	岳阳市	1.039288	0.956036	1.087080
温州市	1.274469	1.162954	1.095889	常德市	0.922911	0.849549	1.086355
嘉兴市	1.195941	1.098198	1.089003	张家界市	1.000000	1.000000	1.000000
湖州市	0.955877	0.884030	1.081273	益阳市	1.141137	1.263030	0.903492
绍兴市	1.135108	1.050582	1.080456	郴州市	0.939976	0.901168	1.043064
金华市	1.099620	1.010594	1.088093	永州市	1.231108	1.142563	1.077497
衢州市	1.080575	0.954584	1.131986	怀化市	0.961614	0.879913	1.092851
舟山市	1.918776	2.367200	0.810568	娄底市	1.014820	0.914219	1.110041
台州市	1.154472	1.063288	1.085756	重庆市	0.929025	1.000000	1.057787
丽水市	1.050507	0.966274	1.087172	成都市	1.100720	0.896821	1.055452
合肥市	1.225668	1.117968	1.096335	自贡市	1.057787	0.910746	1.048696
芜湖市	1.138654	1.120588	1.016122	攀枝花市	0.946552	1.018018	1.057367
蚌埠市	0.974574	0.951862	1.023860	泸州市	0.955095	0.958182	1.100747
淮南市	1.315183	1.119145	1.175167	德阳市	1.076419	0.788489	1.213313
马鞍山市	1.260370	1.209675	1.041908	绵阳市	1.054716	0.940363	1.090742
淮北市	1.271529	1.147930	1.107671	广元市	0.956683	1.259188	0.940246
铜陵市	1.289756	1.313843	0.981667	遂宁市	1.025693	1.005176	1.146749
安庆市	1.012918	0.926562	1.093200	内江市	1.183946	1.109044	1.127642
黄山市	1.093678	1.029915	1.061911	乐山市	1.152684	0.849200	1.100308
滁州市	0.357015	0.331209	1.077915	南充市	1.250604	0.830482	1.051699
阜阳市	0.325078	0.327289	0.993245	眉山市	1.033885	1.140578	1.008563
宿州市	0.208995	0.188026	1.111517	宜宾市	0.934381	0.904039	1.111090
六安市	0.488310	0.438480	1.113641	广安市	0.873417	1.000000	1.563874
亳州市	1.015054	0.924034	1.098503	达州市	1.004468	0.994730	1.039363
池州市	0.094901	0.148150	0.640571	雅安市	1.150344	1.297380	0.877475
宣城市	0.321476	0.361279	0.889826	巴中市	1.286829	1.056405	1.036074
南昌市	1.064223	0.975915	1.090487	资阳市	1.563874	1.054694	1.220096
景德镇市	0.997703	0.901347	1.106903	贵阳市	1.094514	0.075850	0.701677
萍乡市	1.059491	0.935229	1.132868	六盘水市	1.138419	1.308146	1.090431
九江市	1.172611	1.076111	1.089674	遵义市	0.053223	1.000410	1.089356

续表

城市	马姆奎斯特–卢恩伯格指数	技术效率指数	技术进步指数	城市	马姆奎斯特–卢恩伯格指数	技术效率指数	技术进步指数
新余市	0.878423	0.941408	0.933095	安顺市	1.426443	0.852739	1.056105
鹰潭市	0.980899	0.897463	1.092969	昆明市	1.089803	0.852901	1.084906
赣州市	0.927096	0.850017	1.090680	曲靖市	0.925318	0.920524	1.082977
吉安市	1.060871	1.047002	1.013246	玉溪市	0.914178	0.831577	1.087125
宜春市	0.908316	0.835268	1.087456	保山市	0.996906	0.990355	1.115193
抚州市	1.000737	0.910933	1.098585	昭通市	0.900581	0.833442	1.096871
上饶市	1.055581	0.965407	1.093405	丽江市	0.904028	0.902443	0.988124
武汉市	1.866405	1.724348	1.082383	临沧市	0.987548	1.073066	0.974461
黄石市	1.001487	0.896603	1.116979				

二　回归结果

（一）基准回归结果

如表 13-6 所示，从基准回归的结果可以看出，碳排放权交易政策对长江经济带的绿色全要素生产率具有显著的抑制作用。碳排放权交易作为一种市场型环境规制手段，使企业不得不将其纳入生产成本的考虑范围，从而导致了成本的增加和利润的下降，进而造成绿色全要素生产率的损失，符合"遵循成本效应"。控制变量中资源禀赋在 1% 的水平下显著负向影响城市的绿色全要素生产率，这可能是由于资源型城市的产业结构中重工业往往占比较高，生产过程中污染物排放较多，不利于绿色全要素生产率的提高。金融发展在 5% 的水平下显著促进了城市绿色全要素生产率的提高，金融发展有利于地区资金的优化配置，增加资本支持，分散投资风险，有利于绿色全要素生产率的提高。地区的综合环境规制强度在 1% 的水平下对城市绿色全要素生产率产生了微弱的抑制作用，可能是由于治理成本挤占了生产性的投资活动。此外，结果显示市场化程度和经济发展水平并未对长江经济带区域城市的绿色全要素生产率产生显著的影响。从长江经济带不同地区的回归结果来看，碳排放权交易政策对长江中上游地区城市绿色全要素生产率的抑制作用略微强于长江中下游地区。

表 13-6　碳排放权交易政策对城市绿色经济增长的影响

变量	长江经济带 GTFP	长江经济带 GTFP	长江中下游 GTFP	长江中上游 GTFP
碳排放权交易政策	−0.099** (0.000)	−0.122*** (0.041)	−0.135*** (0.040)	−0.136*** (0.047)
经济发展水平		0.0236 (0.000)	0.020 (0.131)	0.096 (0.230)
资源禀赋		−0.017*** (0.052)	−0.011** (0.005)	−0.019** (0.008)
市场化程度		−0.185 (0.296)	−0.960 (0.588)	−0.011 (0.342)
金融发展		0.0005** (0.475)	0.001*** (0.000)	0.001** (0.000)
综合环境规制强度		−0.002*** (0.000)	−0.003*** (0.001)	−0.002** (0.001)
年份固定效应	控制	控制	控制	控制
城市固定效应	控制	控制	控制	控制
常数项	−0.001 (0.018)	−0.223** (0.099)	0.235 (1.332)	−0.684 (2.220)
R²	0.524	0.543	0.603	0.534

注：***、**分别表示在1%、5%的水平下显著；括号内为标准误。

（二）稳健性检验结果

为了进一步保证结果的准确性和稳健性，本部分在基准回归的基础上进一步进行了以下四项稳健性检验：①安慰剂检验，将碳排放权交易政策试点的时间分别提前一年和推后一年，表 13-7 中模型（a）和模型（b）的结果显示，提前一年和推后一年对长江经济带区域城市 GTFP 的影响都不显著，由此可以间接说明 GTFP 的变化是来源于碳排放权交易计划的履行；②引入了滞后一期的绿色全要素生产率，一般而言上一期绿色经济增长较好的城市往往下一期绿色经济增长也会较好，如果忽略该因素，可能会导致模型产生内生性问题，因此将滞后一期的绿色全要素生产率引入模型，结果如模型（c）所示，可以看出碳排放权交易政策的确显著影响了城市的绿色全要素生产率；③替换控制变量，用地区存贷款比作为金融发展的代理变量替换市辖区存贷款/GDP，结果如模型（d）所示，碳排放权交易政策仍然会显著影响城市绿色全要素生产率；④剔除离群值，对被解释变量也就是绿色全要素生产率进行1%的缩尾处理，具体而言就是将低于1%分位数和高于99%分位数的被解释变量分别用这两个分位数进行替代，结果如模型（e）所示，可以看出碳排放权交易政策对长江经济带区域城市GTFP的影响依然显著。

表 13-7　稳健性检验结果

变量	安慰剂检验		滞后一期 被解释变量	替换控制 变量	被解释变量 缩尾
	模型（a）	模型（b）	模型（c）	模型（d）	模型（e）
提前一年	-0.063 (0.045)				
推后一年		-0.025 (0.041)			
碳排放权交易政策			-0.092** (0.042)	-0.127*** (0.041)	-0.122*** (0.037)
滞后一期被解释变量			-0.390 (0.035)		
控制变量	是	是	是	是	是
年份固定效应	控制	控制	控制	控制	控制
城市固定效应	控制	控制	控制	控制	控制
常数项	0.450*** (0.169)	-0.211** (0.099)	1.280*** (0.177)	0.456*** (0.168)	0.417*** (0.038)
R^2	0.535	0.537	0.655	0.541	0.577

注：***、**分别表示在1%、5%的水平下显著；括号内为标准误。

三　中介效应检验

（一）技术创新的中介效应检验

首先检验技术创新的中介效应。表13-8中模型（2）显示碳排放权交易政策在5%的水平下显著促进了城市技术创新，验证了"弱波特假说"，即合理的环境规制可以刺激企业创新。将技术创新和碳排放权交易政策同时引入模型，模型（3）表明技术创新对长江经济带区域城市绿色全要素生产率并没有显著的影响，既不支持"遵循成本效应"也不支持"创新补偿效应"，但是碳排放权交易政策仍然表现出了对绿色全要素生产率的显著抑制作用。综上可以看出，技术创新在碳排放权交易政策和长江经济带区域城市绿色全要素生产率之间的中介效应尚不明显。

表 13-8　技术创新作为中介变量的中介效应模型

变量	模型（1）	模型（2）	模型（3）
	$GTFP$	技术创新	$GTFP$
技术创新			0.036 （0.044）
碳排放权交易政策	-0.122*** （0.041）	0.077** （0.038）	-0.121*** （0.0007）
控制变量	是	是	是
年份固定效应	控制	控制	控制
城市固定效应	控制	控制	控制
常数项	-0.223** （0.099）	10.84896*** （3.533）	0.242** （0.101）
R^2	0.543	0.860	0.543

注：***、**分别表示在1%、5%的水平下显著；括号内为标准误。

（二）产业结构的中介效应检验

其次检验产业结构的中介效应。表 13-9 中模型（4）显示碳排放权交易政策尚未对长江经济带区域城市绿色全要素生产率产生显著的影响，理论上来讲，碳排放权交易作为一种环境规制手段可以促进试点地区的生产资料向经济效益更高的行业流动，最终反映在产业结构的高级化上，目前该政策试点时间还较短，暂未发挥明显的作用。同时由模型（5）可知，产业结构对长江经济带区域城市绿色全要素生产率的影响也并不显著。因此，产业结构的中介效应尚不明显。

表 13-9　产业结构作为中介变量的中介效应模型

变量	模型（1）	模型（4）	模型（5）
	GTFP	产业结构	GTFP
产业结构			0.005 （0.106）
碳排放权 交易政策	−0.122 *** （0.041）	0.027 （0.158）	−0.122 *** （0.041）
控制变量	是	是	是
年份固定效应	控制	控制	控制
城市固定效应	控制	控制	控制
常数项	−0.223 ** （0.099）	0.550 （0.378）	−0.221 ** （0.0987）
R^2	0.543	0.030	0.544

注：***、** 分别表示在 1%、5% 的水平下显著；括号内为标准误。

（三）外商直接投资的中介效应检验

最后检验外商直接投资的中介效应。通过表 13-10 中模型（6）可以看出，碳排放权交易政策在 1% 的水平下显著促进了城市的外商直接投资，这说明碳排放权交易政策并没有因为提高了外商直接投资进入本国的门槛而导致外商直接投资减少，反而是有一定的促进作用，这可能是由于长江经济带区域一些省市在进行外资引入时，行业结构正在逐步由制造业向服务业转变，服务业的外商直接投资数量有所增加，从而带动了外商直接投资规模的整体上升。模型（7）显示外商直接投资对于绿色全要素生产率具有显著的正向作用，这在一定程度上验证了外商直接投资的"污染光环假说"，外商直接投资流入本国以后可以通过"示范效应"、"溢出效应"和"竞争效应"等帮助本国企业提升组织管理和技术水平，从而间接提高绿色全要素生产率。通过简单计算可以得出，碳排放权交易政策通过影响外商直接投资而对长江经济带绿色全要素生产率产生的效应绝对值为 0.011（3.776×0.003），碳排放权交易政策对于绿色全要素生产率影响的总效应值为 0.133（0.011+0.122）。

表 13-10   外商直接投资作为中介变量的中介效应模型

变量	模型（1）	模型（6）	模型（7）
	GTFP	外商直接投资	GTFP
外商直接投资			0.003 *
			（0.02）
碳排放权交易政策	−0.122 ***	3.776 ***	−0.131 ***
	（0.041）	（0.919）	（0.041）
控制变量	是	是	是
年份固定效应	控制	控制	控制
城市固定效应	控制	控制	控制
常数项	−0.223 **	−0.244	−0.307 **
	（0.099）	（2.194）	（0.046）
R^2	0.543	0.163	0.547

注：*** 、** 、* 分别表示在 1%、5%、10% 的水平下显著；括号内为标准误。

第六节   本章结论与政策启示

本章首先阐释了碳排放权交易的理论来源和基本原理，梳理了碳排放权交易与环境效应、经济效应等方面的文献，然后从理论层面剖析了环境规制与绿色全要素生产率的关系，并基于此提出了碳排放权交易政策与城市绿色经济增长之间的关系以及内在作用机理的研究假说。基于 SBM-GML 模型，本章对长江经济带区域城市绿色全要素生产率及其分解项进行了测算，并分析其时空演化格局；以测算得到的 2009~2018 年长江经济带区域城市绿色全要素生产率为被解释变量，采用双重差分模型进行实证分析，进一步检验碳排放权交易政策对长江经济带区域城市绿色全要素生产率的影响。研究结果显示：①碳排放权交易政策显著抑制了长江经济带区域城市绿色全要素生产率的增长，支持了环境规制的"遵循成本效应"；②碳排放权交易政策促进了长江经济带区域城市的技术创新，"弱波特假说"成立；③碳排放权交易政策的间接效应主要是通过外商直接投资这一路径实现，产业结构高级化和技术创新水平提升对长江经济带区域城市的绿色全要素生产率尚未发挥出显著的影响。

在政策启示上，一方面要从人地关系协调的视角出发，依据长江经济带区域各省市的实际情况，吸取碳排放权交易试点实施过程中的经验和教训，进一步完善碳排放权交易的顶层设计，对碳排放总量、配额的分配、核算和清缴以及监察等工作展开更加深入的研究；另一方面要加快推进全国性、多行业碳排放权交易市场建设。试点阶段各个地区的市场彼此分割，买卖双方的选择有限，资源配置效率有待进一步提升，目前我国针对电力行业的全国性的碳排放权交易市场已经步入了第一个履约期，未来应加快将更多的企业纳入碳排放权交易体系的步伐，深化不同地区、不同行业之间的合作与联系。此外，政府应该大力鼓励那些提供节能减排技术服务的环保产业发展，这样一般的生产企业就可以将有限的创新精力投入产品本身的设计、研发、制造等工艺流程上，而将提高能源利用率、减少污染排放等方面的技术改进工作外包给那些环保服务企业，从而帮助生产企业减少因碳排放权交易等环境规制政策带来的额外成本，尽早发挥出企业自身的"创新补偿效应"，最终实现绿色全要素生产率的提升。

第十四章
结论与展望

本章系统总结全书主要研究结论与政策启示，并对未来研究方向进行思考与展望。

第一节　主要结论

本书的主要研究结论包括以下几个方面。

第一，在绿色创新政策工具箱中，除了标准和规制等政策之外，研发补贴与财政税收等研发支持政策是核心的政策工具。政府有必要通过研发补贴或税收减免，纠正这种研发具有的正外部性，以提高社会福利水平。鉴于长期以来对能源与低碳技术研发的投入规模较小，政府应该在加大能源与低碳研发投入的同时，扩大财税政策的优惠范围，以有效支持企业层面的绿色研发活动。在国外案例研究中，政府的绿色研发政策的有效性受到技术背景、制度背景的影响。因此，政府在加强绿色研发投入的同时，应针对不同行业特征及绿色技术类型，采取有区别的研发支持政策，提升政府研发支持政策的绿色创新激励效应。

第二，更加有效地平衡研发支持、环境规制以及对外开放等政策在促进绿色创新方面的作用。在设计绿色创新激励机制时，应该首先对发展阶段、技术水平和制度背景等转型特征进行分析，综合考虑企业在相应政策激励下可能会采取的一些策略或响应行为集合，以及政府可用的政策集合，来设计科学的绿色技术创新诱发的公共政策组合。我国在逐步提升自身的前沿绿色创新能力的同时，应更加注重引进国际前沿的绿色技术创新，致力于追赶型创新研发并提升对绿色技术的吸收能力。由于当前的绿色创新主要是绿色技术引进与适应性研发，而不是新技术研发，在政策组合方面需要有效地平衡研发支持政策、环境规制政策以及对外开放政策。

第三，从绿色创新各投入、产出要素的时空演化特征来看，投入要素和产出要素的空间分布始终高度集中在京津、长三角、珠三角等地区，这些都是经济较为发达的地区，同时也是对绿色创新最为重视的地区。绿色创新活动在区域内部存在多个投入中心和多个产出中心共存的现象，这表明没有在区域上形成"空间塌陷效应"。

第四，从绿色创新绩效的时空演化特征来看，在时序发展上，2003~2019 年，中国城市绿色创新绩效总体呈现"骤降—飞升—波动—平稳"的"$\sqrt{}$"形上升态势。在空间演化上，2003~2019 年，中国城市绿色创新绩效格局整体表现为以东部沿海地区为主导，东部、中部、西部地区呈现"小俱乐部"集聚化连片发展的态势。在此过程中，东部、中部、西部地区的行政中心在绿色创新绩效提升方面先行，从而形成以点带面的扩散发展趋势，并在提升绿色创新绩效的同时，逐步缩小其地区差异，使之趋于平衡。

第五，环境规制能够推动区域间绿色技术创新水平提升，其主要通过"空间溢出效应""产业转移效应""知识扩散效应"三种路径效应综合作用于区域间的绿色技术创新主体，其对绿色创新的激励作用通常存在一定门槛效应。

第六，从中国的经验证据来看，环境规制越严格，在一定程度上越能够有效提升中国城市绿色创新绩效，这为"波特假说"提供了支持。其中，环境规制的"知识扩散效应"虽能带来本地绿色创新绩效提升，却抑制了邻地绿色创新绩效，表明知识输入地由于"搭便车"行为，使本地自主创新被严重替代。与此同时，环境规制的"产业转移效应"能够显著激励区域间整体绿色创新绩效的提升，且对邻地绿色创新的促进作用更为显著，因此，"污染天堂假说"在中国并不完全成立。

第七，长三角区域绿色创新效率整体上由"虹吸效应"转化为"空间溢出效应"，盲目的创新支持可能对绿色创新效率提升有所抑制。因此，应深化长三角地区绿色创新协同发展体系建设，以全局性和系统性的战略思维，制定更为合理的绿色创新区域一体化政策。核心城市在"虹吸"邻地资金、高素质劳动力的同时，也要加大对邻地的"反哺"力度，推动资源双向流动，适时释放绿色创新红利，缩小区域差异。

第八，长三角区域大气污染规制耦合度整体上表现为连片集聚发展特征，呈现出上海市最高、浙江省和江苏省次之、安徽省再次之的格局。在划分区域治理组后，各小组大气污染治理协同度保持在较高水平。地区间对外开放差异、公共交通差异和绿化建设差异对区域大气污染治理协同度有着显著的抑制作用，而经济增长差异和技术创新差异具有显著的积极作用。

本书按照理论——实证——实践的逻辑展开研究，在研究方法上，综合运用环境经济地理学、创新地理学、资源环境经济学和发展经济学等基本理论，注重文献研究、案例调研访谈、空间分析、数理模型分析、空间计量等跨学科研究方法的集成。具体包括以下几个方面。

一　文献研究与案例调研相结合

运用文献分析方法，结合环境经济地理学、创新地理学、资源环境经济学、发展经济学等相关理论，系统梳理绿色创新水平与绩效的测度方法、时空演化和环境规制评价方法的已有研究，总结评述环境规制与绿色创新发展关系的已有文献。结合国内外政策实践，展开代表性环境规制政策的案例比较研究，进而得出经验借鉴与启示。

二　数理模型与实证检验相结合

以"波特假说"、"污染天堂假说"、知识扩散和环境规制的空间溢出等理论为基础，通过构建修正的环境规制与绿色创新激励的两区域理论模型，运用数理模型推演、比较静态分析、算例研究等方法，揭示环境规制对于区域间绿色技术创新影响的内在逻辑。基于中国城市级面板数据，检验环境规制对绿色创新时空演化格局的现实影响，并以长三角和长江经济带为实证案例区域，实证检验环境规制对绿色创新的具体空间作用机理。

三　空间分析与空间计量相结合

将 ArcGIS 空间分析与空间计量方法相结合，借助超效率 SBM-DEA 模型等方法测度绿色创新效率，运用普通面板回归模型、空间滞后模型、空间杜宾模型、双重差分空间杜宾模型等方法，定量揭示环境规制对区域间绿色创新时空演化格局的影响机理。采用探索性空间数据分析方法，清晰地描述和刻画时空规律、空间相关性和空间集聚特征。

相对于已有文献，本书在学术思想、研究视角和研究方法上均实现了一定的学术创新和突破。

在学术思想上，已有文献较少直接考察绿色创新活动在区域尺度下的时空演化特征，关于环境规制对绿色创新时空演化格局的驱动机理研究则更为匮乏。本书构建了在经济地理学视角下，环境规制与中国区域绿色创新时空演化格局的理论与实证框架，从"空间溢出效应""产业转移效应""知识扩散效应"等揭示环境规制对于绿色创新的时空影响机理，同时提供了"波特假说"的中国经验证据。

在研究视角上，环境规制是实现绿色创新的重要手段，合理的环境规制政策能够有效激励企业的绿色创新实践，本书从环境规制这一视角出发，深入探究其对于中国区域绿色创新时空演化特征的驱动机理。同时，相较于已有文献较多关注绿色创新的经济效益，本书所研究的绿色创新概念更为综合地涵盖了创新本身的经济属性、知识溢出属性和环境友好属性。从企业生产过程中投入、产出综合评价的角度，更综合地反映绿色创新活动的过程以及对于资源要素的合理有效使用。

在研究方法上，从定性分析到定量实证与案例调研相结合，融会文献研究、数理分析、空间分析、空间计量等研究方法，实现多学科方法的融合。同时，已有文献着重从国家和省域层面对绿色创新进行探讨，而从城市层面展开研究的文献较为有限。本书依据绿色创新的空间集聚特征，在经济地理学视角下，基于城市尺度，刻画和揭示了中国城市绿色创新的时空演化规律，系统检验环境规制的"空间溢出效应"、"产业转移效应"和"知识扩散效应"对"本地"、"邻地"和中国城市绿色创新绩效的影响。

本书的研究具有一定的学术价值。在学理价值上，本书在区域绿色创新协同发展视野下，刻画和揭示中国区域绿色创新投入-产出-绩效的时空演化过程，系统推演环境规制对区域绿色创新的影响机理，基于中国城市级面板数据，具体检验环境规制对区域绿色创新时空演化格局的现实影响，为环境规制与区域绿色创新发展研究提供了独特的经济地理学视角，对于现有理论体系的延伸与拓展具有重要意义。在应用价值上，结合当前的长三角区域一体化国家战略、长江经济带区域发展战略等，描绘展现绿色创新活动在区域尺度下的时空演化和空间分异特征，结合区域实证案例调研，进一步阐明环境规制对绿色创新具体的空间作用过程，提炼基于区域绿色创新发展的环境规制政策优化路径及长效机制，为在生态文明建设背景下建立更加有效的区域协调发展新机制提供政策依据。

第二节　未来展望

环境规制与区域绿色创新发展的关系错综复杂，本书研究具有重要的理论和现实意义，同时受限于研究时间、空间等因素，仍存在一些不足之处，有待未来进一步深入研究。在笔者看来，未来可从以下三个方面拓展延伸。

第一，进一步针对不同绿色创新微观主体展开更为微观细致的实证研究。本书以城市为空间单元，对区域绿色创新展开研究，然而，绿色创新的主体是企业、高校、科研院所和个人。因此，在未来研究中，可以在绿色创新综合评价体系中进一步考虑各创新主体的属性特征，从而更准确全面地解析环境规制对绿色创新时空演化特征的影响机理。

第二，针对环境规制的不同路径效应，开展典型区域的实地案例调研。同时，选取具有代表性的环境规制政策对典型城市的本地与邻地绿色创新影响，进行案例研究。深入剖析环境规制的"空间溢出效应""产业转移效应""知识扩散效应"三种路径效应对于绿色创新时空演化格局影响的具体流向和作用过程。

第三，进一步地突破现有空间尺度与研究视角。本书对基于中国区域层面的绿色创新时空演化格局进行了深入研究，但受限于数据的可得性，并未在空间上实现"向上拓展"，未来可在空间尺度上进一步拓展至全球范围，从"全球-地方"的视角解析中国在全球绿色创新体系中的地位。

参考文献

安伟. 绿色金融的内涵、机理和实践初探 [J]. 经济经纬, 2008 (5):
　　156-158.

毕克新, 王禹涵, 杨朝均. 创新资源投入对绿色创新系统绿色创新能力的
　　影响——基于制造业 FDI 流入视角的实证研究 [J]. 中国软科学,
　　2014 (3): 153-166.

毕克新, 杨朝均, 黄平. 中国绿色工艺创新绩效的地区差异及影响因素研
　　究 [J]. 中国工业经济, 2013 (10): 57-69.

蔡乌赶, 李青青. 环境规制对企业生态技术创新的双重影响研究 [J]. 科
　　研管理, 2019, 40 (10): 87-95.

蔡乌赶, 周小亮. 中国环境规制对绿色全要素生产率的双重效应 [J]. 经
　　济学家, 2017 (9): 27-35.

曹霞, 于娟. 绿色低碳视角下中国区域创新效率研究 [J]. 中国人口·资
　　源与环境, 2015, 25 (5): 10-19.

曹霞, 张路蓬. 环境规制下企业绿色技术创新的演化博弈分析——基于利
　　益相关者视角 [J]. 系统工程, 2017, 35 (2): 103-108.

曹霞, 张路蓬. 企业绿色技术创新扩散的演化博弈分析 [J]. 中国人口·
　　资源与环境, 2015 (7): 68-76.

陈斌, 李拓. 财政分权和环境规制促进了中国绿色技术创新吗? [J]. 统
　　计研究, 2020, 37 (6): 27-39.

陈海若. 绿色信贷研究综述与展望 [J]. 金融理论与实践, 2010 (8):
　　90-93.

陈玲, 杨文辉. 政府研发补贴会促进企业创新吗? ——来自中国上市公司
　　的实证研究 [J]. 科学学研究, 2016, 34 (3): 433-442.

陈柳钦. 国内外绿色信贷发展动态分析 [J]. 全球科技经济瞭望, 2010,
　　25 (11): 45-56.

陈琼娣，余翔．若干国家绿色专利加速审查的实践及启示［J］．中国科技论坛，2013（2）：147-153.

陈诗一，陈登科．雾霾污染、政府治理与经济高质量发展［J］．经济研究，2018，53（2）：20-34.

陈诗一．中国的绿色工业革命：基于环境全要素生产率视角的解释（1980—2008）［J］．经济研究，2010，45（11）：21-34+58.

陈晓，李美玲，张壮壮．环境规制、政府补助与绿色技术创新——基于中介效应模型的实证研究［J］．工业技术经济，2019，38（9）：18-25.

陈信伟，姚佐文．滞后效应视角下FDI对经济增长影响的实证研究［J］．技术经济，2011，30（4）：96-101.

成琼文，贺显祥，李宝生．绿色技术创新效率及其影响因素——基于我国35个工业行业的实证研究［J］．中南大学学报（社会科学版），2020，26（2）：97-107.

程晨，张毅，陈丹玲．城市集聚对经济发展质量的影响——以长江经济带为例［J］．城市问题，2020（4）：4-13.

程永明．日本的绿色采购及其对中国的启示［J］．日本问题研究，2013，27（2）：45-50.

程钰，任建兰，陈延斌，等．中国环境规制效率空间格局动态演变及其驱动机制［J］．地理研究，2016，35（1）：123-136.

程钰，王晶晶，王亚平，等．中国绿色发展时空演变轨迹与影响机理研究［J］．地理研究，2019，38（11）：2745-2765.

程子彦．建设世界科技强国，上海科创中心怎么做？［J］．中国经济周刊，2016（22）：40-41.

丛晓男．耦合度模型的形式、性质及在地理学中的若干误用［J］．经济地理，2019，39（4）：18-25.

崔建鑫，赵海霞．长江三角洲地区污染密集型产业转移及驱动机理［J］．地理研究，2015，34（3）：504-512.

戴鸿轶，柳卸林．对环境创新研究的一些评论［J］．科学学研究，2009，27（11）：1601-1610.

丹麦卡伦堡——工业共生的生态之城［J］．福建质量技术监督，2017

（4）：59.

单豪杰.中国资本存量K的再估算：1952~2006年［J］.数量经济技术经济研究，2008，25（10）：17-31.

董阳.丹麦卡伦堡生态工业园的启示［J］.世界环境，2015（5）：38-39。

董直庆，王辉.环境规制的"本地—邻地"绿色技术进步效应［J］.中国工业经济，2019（1）：100-118.

段德忠，杜德斌，刘承良.上海和北京城市创新空间结构的时空演化模式［J］.地理学报，2015，70（12）：1911-1925.

樊琦，韩民春.政府R&D补贴对国家及区域自主创新产出影响绩效研究——基于中国28个省域面板数据的实证分析［J］.管理工程学报，2011，25（3）：183-188.

范斐，杜德斌，李恒，等.中国地级以上城市科技资源配置效率的时空格局［J］.地理学报，2013，68（10）：1331-1343.

方创琳，马海涛，王振波，等.中国创新型城市建设的综合评估与空间格局分异［J］.地理学报，2014，69（4）：459-473.

傅京燕，胡瑾，曹翔.不同来源FDI、环境规制与绿色全要素生产率［J］.国际贸易问题，2018（7）：134-148.

傅京燕，章扬帆，乔峰.以政府绿色采购引领绿色供应链的发展［J］.环境保护，2017，45（6）：42-46.

高明，郭峰.城市化对空气质量的影响研究——以京津冀城市群为例［J］.环境经济研究，2018，3（3）：88-105.

高世星，张明娥.英国环境税收的经验与借鉴［J］.国际税收，2011（1）：51-55.

葛尧.教育经费投入对区域技术创新的门槛效应研究［J］.价格理论与实践，2018（3）：155-158.

龚勤林，李源，邹冬寒.技术关联、技术转移对区域技术演化的影响——以成渝地区双城经济圈为例［J］.科技进步与对策，2022，39（7）：33-43.

郭焦锋、白彦锋.资源税改革轨迹与他国镜鉴：引申一个框架［J］.改革，2014（12）：52-61。

郭进.环境规制对绿色技术创新的影响——"波特效应"的中国证据［J］.

财贸经济，2019，40（3）：147-160.

郭蕾，肖有智．碳排放权交易试点的创新激励效应研究［J］．宏观经济研
　　究，2020（11）：147-161.

郭艺，曹贤忠，魏文栋，等．长三角区域一体化对城市碳排放的影响研
　　究［J］．地理研究，2022，41（1）：181-192.

国家统计局．教育和科技-指标解读［EB/OL］．http：//www. stats.
　　gov. cn/tjsj/zbjs/201310/t20131029_ 449419. html.

何枫，陈荣．经济开放度对中国经济效率的影响：基于跨省数据的实证分
　　析［J］．数量经济技术经济研究，2004，21（3）：18-24.

何龙斌．国内污染密集型产业区际转移路径及引申——基于2000—2011年
　　相关工业产品产量面板数据［J］．经济学家，2013（6）：80-88.

何小钢．绿色技术创新的最优规制结构研究——基于研发支持与环境规制
　　的双重互动效应［J］．经济管理，2014（11）：144-153.

何燕．析中国环境执法的现状与完善［J］．中国人口·资源与环境，
　　2010，20（5）：146-150.

贺璇，王冰．京津冀大气污染治理模式演进：构建一种可持续合作机
　　制［J］．东北大学学报（社会科学版），2016，18（1）：56-62.

胡江峰，黄庆华，潘欣欣．碳排放交易制度与企业创新质量：抑制还是促
　　进［J］．中国人口·资源与环境，2020，30（2）：49-59.

胡珺，黄楠，沈洪涛．市场激励型环境规制可以推动企业技术创新
　　吗？——基于中国碳排放权交易机制的自然实验［J］．金融研究，
　　2020（1）：171-189.

胡玉凤，丁友强．碳排放权交易机制能否兼顾企业效益与绿色效率？［J］．
　　中国人口·资源与环境，2020，30（3）：56-64.

胡志高，李光勤，曹建华．环境规制视角下的区域大气污染联合治理——
　　分区方案设计、协同状态评价及影响因素分析［J］．中国工业经济，
　　2019（5）：24-42.

黄金枝，曲文阳．环境规制对城市经济发展的影响——东北老工业基地波
　　特效应再检验［J］．工业技术经济，2019（12）：34-40.

黄磊，吴传清．长江经济带城市工业绿色发展效率及其空间驱动机制研
　　究［J］．中国人口·资源与环境，2019，29（8）：40-49.

黄梦华. 欧盟可再生能源政策研究 ［J］. 中国商界（下半月），2010（8）：1-3.

黄润源、李传轩. 国外环境税法律制度的发展实践及对我国的启示 ［J］. 改革与战略，2008，24（12）：200-203.

黄跃，李琳. 中国城市群绿色发展水平综合测度与时空演化 ［J］. 地理研究，2017，36（7）：1309-1322.

黄志平. 碳排放权交易有利于碳减排吗？——基于双重差分法的研究 ［J］. 干旱区资源与环境，2018，32（9）：32-36.

姜爱华. 政府绿色采购制度的国际比较与借鉴 ［J］. 财贸经济，2007（4）：37-40.

蒋伏心，王竹君，白俊红. 环境规制对技术创新影响的双重效应——基于江苏制造业动态面板数据的实证研究 ［J］. 中国工业经济，2013，304（7）：44-55.

康蓉，冯晨，李楠. 环境规制、排污权交易与经济增长 ［M］. 北京：人民出版社，2020，42-59.

康志勇，汤学良，刘馨. 环境规制、企业创新与中国企业出口研究——基于"波特假说"的再检验 ［J］. 国际贸易问题，2020（2）：125-141.

孔祥利，毛毅. 我国环境规制与经济增长关系的区域差异分析——基于东、中、西部面板数据的实证研究 ［J］. 南京师大学报（社会科学版），2010（1）：56-60+74.

邝嫦娥，文泽宙，彭文斌. 影子经济影响绿色创新效率的门槛效应 ［J］. 经济地理，2019，39（7）：184-193.

蓝庆新. 来自丹麦卡伦堡循环经济工业园的启示 ［J］. 环境经济，2006（4）：60-63.

雷善玉，王焕冉，张淑慧. 环保企业绿色技术创新的动力机制：基于扎根理论的探索研究 ［J］. 管理案例研究与评论，2014（4）：283-296.

雷玉桃，张淑雯，孙菁靖. 环境规制对制造业绿色转型的影响机制及实证研究 ［J］. 科技进步与对策，2020，37（23）：63-70.

李光泗，沈坤荣. 技术引进方式、吸收能力与创新绩效研究 ［J］. 中国科技论坛，2011（11）：15-20.

李广培，全佳敏. 绿色技术创新能力的影响因素与形成研究综述 ［J］. 物流工程与管理，2015，37（11）：251-256.

李华友，杨姝影，李黎．绿色信贷加快德国转入绿色发展轨道［J］．环境保护，2010（7）：67-69.

李家才，陈工．国际经验与中国可再生能源配额制（RPS）设计［J］．太平洋学报，2008（10）：44-51.

李杰中，肖友智，刘燕娜．制浆造纸企业绿色技术创新能力影响因素分析［J］．中国林业经济，2010（5）：18-20.

李瑾，顾庆平．透视美国排污权金融产品：种类、市场与设计［J］．上海金融，2009（10）：64-67.

李玲，陶锋．污染密集型产业的绿色全要素生产率及影响因素——基于SBM方向性距离函数的实证分析［J］．经济学家，2011（12）：32-39.

李牧耘，张伟，胡溪，等．京津冀区域大气污染联防联控机制：历程、特征与路径［J］．城市发展研究，2020，27（4）：97-103.

李倩，陈晓光，郭士祺，等．大气污染协同治理的理论机制与经验证据［J］．经济研究，2022，57（2）：142-157.

李青原，肖泽华．异质性环境规制工具与企业绿色创新激励——来自上市企业绿色专利的证据［J］．经济研究，2020，55（9）：192-208.

李胜兰，初善冰，申晨．地方政府竞争、环境规制与区域生态效率［J］．世界经济，2014，37（4）：88-110.

李思格．英国环境税征管及借鉴［J］．税收征纳，2017（8）：54-55.

李薇薇，郑友德．绿色专利申请快速审查制度的实施效果评价与完善［J］.华中科技大学学报（社会科学版），2014，28（3）：49-56.

李卫兵，陈楠，王滨．排污收费对绿色发展的影响［J］．城市问题，2019（7）：4-16.

李旭．绿色创新相关研究的梳理与展望［J］．研究与发展管理，2015，27（2）：1-11.

李怡娜，叶飞．制度压力、绿色环保创新实践与企业绩效关系：基于新制度主义理论和生态现代化理论视角［J］．科学学研究，2012（12）：1884-1894.

李勇刚，张鹏．产业集聚加剧了中国的环境污染吗——来自中国省级层面的经验证据［J］.华中科技大学学报：社会科学版，2013（5）：103-112.

李智超.政策试点推广的多重逻辑——基于我国智慧城市试点的分析［J］.公共管理学报，2019，16（3）：145-156+175.

廖乾.环境税制度的国际经验及其对我国的启示［J］.财会月刊，2017（9）：71-77.

林伯强，邹楚沅.发展阶段变迁与中国环境政策选择［J］.中国社会科学，2014（5）：81-95+205-206.

林婷.开发区设立与企业污染减排［J］.哈尔滨工业大学学报（社会科学版），2022，24（1）：145-152.

林毅夫，张鹏飞.后发优势、技术引进和落后国家的经济增长［J］.经济学（季刊），2005（4）：53-74.

林勇，张宗益.中国经济转型期技术进步影响因素及其阶段性特征检验［J］.数量经济技术经济研究，2009（7）：73-85.

刘彬.基于绿色采购的制造企业供应商选择与绩效关系实证研究［D］.大连理工大学，2008.

刘畅.美国加州南海岸区域清洁空气激励市场项目概况及进展［J］.环境科学与管理，2011，36（6）：13-15.

刘传明，孙喆，张瑾.中国碳排放权交易试点的碳减排政策效应研究［J］.中国人口·资源与环境，2019，29（11）：49-58.

刘华军，雷名雨.中国雾霾污染区域协同治理困境及其破解思路［J］.中国人口·资源与环境，2018，28（10）：88-95.

刘华军，刘传明.京津冀地区城市间大气污染的非线性传导及其联动网络［J］.中国人口科学，2016，（2）：84-95+128.

刘津汝，曾先峰，曾倩.环境规制与政府创新补贴对企业绿色产品创新的影响［J］.经济与管理研究，2019，40（6）：106-118.

刘瑞.长江经济带可推动错位发展和竞争［J］.经贸实践，2014（5）：6-7.

刘晔，张训常.碳排放交易制度与企业研发创新——基于三重差分模型的实证研究［J］.经济科学，2017（3）：102-114.

刘祎，杨旭，黄茂兴.环境规制与绿色全要素生产率——基于不同技术进步路径的中介效应分析 [J].当代经济管理，2020，42（6）：16-27.

刘宇，蔡松锋，王毅，陈宇峰.分省与区域碳市场的比较分析——基于中国多区域一般均衡模型 TermCo2 [J].财贸经济，2013（11）：117-127.

刘政，罗如意，丁海兵.国外绿色专利快速审查制度及其对我国的启示 [J].科技管理研究，2016，36（21）：173-177.

卢洪友，张奔.长三角城市群的污染异质性研究 [J].中国人口·资源与环境，2020，30（8）：110-117.

陆铭，冯皓.集聚与减排：城市规模差距影响工业污染强度的经验研究 [J].世界经济，2014，37（7）：86-114.

陆旸.从开放宏观的视角看环境污染问题：一个综述 [J].经济研究，2012，47（2）：146-158.

路晓非.政府绿色采购研究 [D].武汉理工大学，2008.

吕拉昌，黄茹，廖倩.创新地理学研究的几个理论问题 [J].地理科学，2016，36（5）：653-661.

罗承先.美国加州的可再生能源配额制及对我国的启示 [J].中外能源，2016，21（12）：19-26.

罗良文，梁圣蓉.中国区域工业企业绿色技术创新效率及因素分解 [J].中国人口·资源与环境，2016，26（9）：149-157.

孟庆国，魏娜，田红红.制度环境、资源禀赋与区域政府间协同——京津冀跨界大气污染区域协同的再审视 [J].中国行政管理，2019，(5)：109-115.

孟卫东，傅博.绿色创新绩效区域集聚效应与空间异质性研究 [J].统计与决策，2017（16）：94-97.

孟早明，葛兴安.中国碳排放权交易实务 [M].北京：化学工业出版社，2016，1-4.

明正东，陈守奎.西方国家的一种新环境政策——自愿性环境协议及其思考 [J].中国环境管理，2001（4）：22-23.

聂爱云，何小钢.企业绿色技术创新发凡：环境规制与政策组合 [J].改革，2012（4）：102-108.

牛欣，陈向东.城市创新跨边界合作与辐射距离探析——基于城市间合作申请专利数据的研究 [J]．地理科学，2013，33（6）：659-667．

欧阳志云，王如松．生态规划的回顾与展望 [J]．自然资源学报，1995（3）：203-215．

潘峰，西宝，王琳．基于演化博弈的地方政府环境规制策略分析 [J]．系统工程理论与实践，2015，35（6）：1393-1404．

彭皓玥．公众权益与跨区域生态规制策略研究——相邻地方政府间的演化博弈行为分析 [J]．科技进步与对策，2016，33（7）：42-47．

彭文斌，文泽宙，邝嫦娥．中国城市绿色创新空间格局及其影响因素 [J]．广东财经大学学报，2019，34（1）：25-37．

齐绍洲，林屾，崔静波．环境权益交易市场能否诱发绿色创新？——基于我国上市公司绿色专利数据的证据 [J]．经济研究，2018，53（12）：129-143．

乔晓楠，张欣．东道国的环境税与低碳技术跨国转让 [J]．经济学（季刊），2012，11（3）：853-872．

秦炳涛，葛力铭．相对环境规制、高污染产业转移与污染集聚 [J]．中国人口·资源与环境，2018，28（12）：52-62．

秦炳涛，葛力铭．中国高污染产业转移与整体环境污染——基于区域间相对环境规制门槛模型的实证 [J]．中国环境科学，2019，39（8）：3572-3584．

秦国伟，沙海江，狄桂英，等．中国绿色技术创新影响因素分析 [J]．生态经济，2017，33（4）：53-57．

秦鹏．政府绿色采购：逻辑起点、微观效应与法律制度 [J]．社会科学，2007（7）：69-76．

饶立新．绿色税收内涵研究 [J]．价格月刊，2003（9）：27-28．

任耀，牛冲槐，牛彤，等．绿色创新效率的理论模型与实证研究 [J]．管理世界，2014（7）：176-177．

桑瑞聪，刘志彪，王亮亮．我国产业转移的动力机制：以长三角和珠三角地区上市公司为例 [J]．财经研究，2013，39（5）：99-111．

邵俊峰．实施绿色技术创新的重大意义 [J]．广西节能，2003（1）：18-20．

邵帅，蔡竹欣，田志华，等．镶着金边的乌云：重大突发公共卫生事件与城市空气质量［J］. 计量经济学报, 2021, 1（4）: 838-866.

邵帅, 齐中英. 基于"资源诅咒"学说的能源输出型城市 R&D 行为研究——理论解释及其实证检验［J］. 财经研究, 2009, 35（1）: 61-73.

佘硕, 王巧, 张阿城. 技术创新、产业结构与城市绿色全要素生产率——基于国家低碳城市试点的影响渠道检验［J］. 经济与管理研究, 2020, 41（8）: 44-61.

沈超. 国外发展生态城市的经验及启示［J］. 广东科技, 2010, 19（21）: 43-47.

沈洪涛, 黄楠, 刘浪. 碳排放权交易的微观效果及机制研究［J］. 厦门大学学报（哲学社会科学版）, 2017（1）: 13-22.

沈坤荣, 金刚, 方娴. 环境规制引起了污染就近转移吗?［J］. 经济研究, 2017, 52（5）: 44-59.

沈坤荣, 金刚. 中国地方政府环境治理的政策效应——基于"河长制"演进的研究［J］. 中国社会科学, 2018（5）: 92-115+206.

沈能, 刘凤朝. 高强度的环境规制真能促进技术创新吗?——基于"波特假说"的再检验［J］. 中国软科学, 2012（4）: 49-59.

生延超. 环境规制的制度创新: 自愿性环境协议［J］. 华东经济管理, 2008（10）: 27-30.

史丹, 李少林. 排污权交易制度与能源利用效率——对地级及以上城市的测度与实证［J］. 中国工业经济, 2020（9）: 5-23.

史丹, 马丽梅. 京津冀协同发展的空间演进历程: 基于环境规制视角［J］. 当代财经, 2017, 389（4）: 3-13.

斯丽娟. 环境规制对绿色技术创新的影响——基于黄河流域城市面板数据的实证分析［J］. 财经问题研究, 2020（7）: 41-49.

宋爽. 环境规制的空间外溢与中国污染产业投资区位转移［J］. 西部论坛, 2019, 29（2）: 113-124.

苏方林. 中国省域 R&D 溢出的空间模式研究［J］. 科学学研究, 2006（5）: 696-701.

隋俊, 毕克新, 杨朝均. 跨国公司技术转移对我国制造业绿色创新系统绿色创新绩效的影响机理研究［J］. 中国软科学, 2015（1）: 118-129.

孙燕铭，谌思邈．长三角区域绿色技术创新效率的时空演化格局及驱动因
　　素［J］．地理研究，2021，40（10）：2743-2759.

孙燕铭，梅潇，谌思邈．长三角城市群绿色技术创新的时空格局及驱动因
　　素研究［J］．江淮论坛，2021（1）：13-22+61.

孙燕铭，孙晓琦．长三角城市群工业绿色全要素生产率的测度及空间分异
　　研究［J］．江淮论坛，2018（6）：60-67.

锁利铭，李雪．从"单一边界"到"多重边界"的区域公共事务治理——
　　基于对长三角大气污染防治合作的观察［J］．中国行政管理，2021
　　（2）：92-100.

汤铃，武佳倩，戴伟，等．碳交易机制对中国经济与环境的影响［J］．系
　　统工程学报，2014，29（5）：701-712.

汤维祺，吴力波，钱浩祺．从"污染天堂"到绿色增长——区域间高耗能
　　产业转移的调控机制研究［J］．经济研究，2016，51（6）：58-70.

陶锋，赵锦瑜，周浩．环境规制实现了绿色技术创新的"增量提质"
　　吗——来自环保目标责任制的证据［J］．中国工业经济，2021（2）：
　　136-154.

滕堂伟，谌丹华，胡森林．黄河流域空气污染的空间格局演化及影响因
　　素［J］．地理科学，2021，41（10）：1852-1861.

涂正革，谌仁俊．排污权交易机制在中国能否实现波特效应？［J］．经济
　　研究，2015，50（7）：160-173.

涂正革，金典，张文怡．高污染工业企业减排："威逼"还是"利
　　诱"？——基于两控区与二氧化硫排放权交易政策的评估［J］．中国
　　地质大学学报（社会科学版），2021，21（3）：90-109.

万秋山．全球政府绿色采购政策发展现状和我国的对策［J］．环境科学动
　　态，2005（3）：23-25.

万勇．创新能力的空间分布及其经济增长效应的实证研究［C］．全国区
　　域经济学学科建设年会、区域合作理论与实践创新暨粤港澳区域经济
　　一体化学术研讨会．2011：36-46.

汪克亮，孟祥瑞，杨宝臣，等．基于环境压力的长江经济带工业生态效率
　　研究［J］．资源科学，2015，37（7）：1491-1501.

王班班，莫琼辉，钱浩祺．地方环境政策创新的扩散模式与实施效果——

基于河长制政策扩散的微观实证 [J] . 中国工业经济, 2020 (8): 99-117.

王班班 . 环境政策与技术创新研究述评 [J] . 经济评论, 2017 (4): 131-148.

王春杨, 张超 . 中国地级区域创新产出的时空模式研究——基于 ESDA 的实证 [J] . 地理科学, 2014, 34 (12): 1438-1444.

王红梅, 谢永乐, 张驰, 等 . 动态空间视域下京津冀及周边地区大气污染的集聚演化特征与协同因素 [J] . 中国人口·资源与环境, 2021, 31 (3): 52-65.

王洪庆 . 外商直接投资如何影响中国工业环境规制 [J] . 中国软科学, 2015 (7): 170-181.

王惠, 王树乔, 苗壮, 等 . 研发投入对绿色创新效率的异质门槛效应——基于中国高技术产业的经验研究 [J] . 科研管理, 2016, 37 (2): 63-71.

王金杰, 盛玉雪 . 社会治理与地方公共研发支出——基于空间倍差法的实证研究 [J] . 南开经济研究, 2020 (1): 199-219.

王岭, 刘相锋, 熊艳 . 中央环保督察与空气污染治理——基于地级城市微观面板数据的实证分析 [J] . 中国工业经济, 2019 (10): 5-22.

王乾坤, 李琼慧, 谢国辉 . 美国加州可再生能源配额制及对我国的启示 [J] . 中外能源, 2012, 17 (9): 25-31.

王倩, 高翠云 . 碳交易体系助力中国避免碳陷阱、促进碳脱钩的效应研究 [J] . 中国人口·资源与环境, 2018, 28 (9): 16-23.

王文普, 陈斌 . 环境政策对绿色技术创新的影响研究——来自省级环境专利的证据 [J] . 经济经纬, 2013 (5): 13-18.

王晓冬 . 排污权交易制度的国际比较与借鉴 [J] . 税务与经济, 2009 (2): 52-56.

王晓祺, 郝双光, 张俊民 . 新《环保法》与企业绿色创新: "倒逼"抑或"挤出"? [J] . 中国人口·资源与环境, 2020, 30 (7): 107-117.

王昕 . 绿色技术创新的政府激励手段 [D] . 大连理工大学, 2006.

王玉娟, 江成涛, 蒋长流 . 新型城镇化与低碳发展能够协调推进吗?——基于 284 个地级及以上城市的实证研究 [J] . 财贸研究, 2021, 32

（9）：32-46.

王昀，孙晓华．政府补贴驱动工业转型升级的作用机理 [J]．中国工业经济，2017（10）：99-117.

王泽宇，程帆．中国海洋环境规制效率时空分异及影响因素 [J]．地理研究，2021，40（10）：2885-2896.

王兆峰，杜瑶瑶．基于 SBM-DEA 模型湖南省碳排放效率时空差异及影响因素分析 [J]．地理科学，2019，39（5）：797-806.

魏圣香，王慧．美国排污权交易机制的得失及其镜鉴 [J]．中国地质大学学报（社会科学版），2013，13（6）：34-39.

吴超，杨树旺，唐鹏程，等．中国重污染行业绿色创新效率提升模式构建 [J]．中国人口·资源与环境，2018，28（5）：40-48.

吴恒煜，胡根华．国外碳排放交易问题研究述评 [J]．资源科学，2013，35（9）：1828-1838.

吴健生，刘浩，彭建，等．中国城市体系等级结构及其空间格局——基于 DMSP/OLS 夜间灯光数据的实证 [J]．地理学报，2014，69（6）：759-770.

吴怡频，陆简．政策试点的结果差异研究——基于 2000 年至 2012 年中央推动型试点的实证分析 [J]．公共管理学报，2018，15（1）：58-70+156.

伍格致，游达明．环境规制对技术创新与绿色全要素生产率的影响机制：基于财政分权的调节作用 [J]．管理工程学报，2019，33（1）：37-50.

夏申，俞海．自愿性环境管理手段的研究进展综述 [J]．环境与可持续发展，2010，35（6）：53-56.

夏英祝，祖书君．绿色壁垒和绿色壁垒效应 [J]．农业经济问题，2004（1）：63-65.

肖黎明，高军峰，韩彬．中国省际绿色创新效率的空间溢出效应——同质性和异质性检验 [J]．工业技术经济，2018，37（4）：30-38.

肖黎明，肖沁霖．国内外绿色创新研究进展与热点——基于 CiteSpace 的可视化分析 [J]．资源开发与市场，2018，34（9）：1212-1220.

肖黎明，张仙鹏．强可持续理念下绿色创新效率与生态福利绩效耦合协调的时空特征［J］.自然资源学报，2019，34（2）：312-324.

肖仁桥，丁娟.我国企业绿色创新效率及其空间溢出效应——基于两阶段价值链视角［J］.山西财经大学学报，2017（12）：45-58.

谢依玲.环境规制、研发补贴与绿色技术创新效率［D］.南京邮电大学，2020.

熊艳.基于省际数据的环境规制与经济增长关系［J］.中国人口·资源与环境，2011（5）：126-131.

徐凤.欧盟国家征收环境税的基本经验及其借鉴［J］.河北法学，2016，34（2）：129-137.

徐佳，崔静波.低碳城市和企业绿色技术创新［J］.中国工业经济，2020（12）：178-196.

徐乐，赵领娣.重点产业政策的新能源技术创新效应研究［J］.资源科学，2019，41（1）：113-131.

徐双庆，刘滨.日本国内碳交易体系研究及启示［J］.清华大学学报（自然科学版），2012，52（8）：1116-1124.

徐维祥，舒季君，唐根年.中国工业化、信息化、城镇化和农业现代化协调发展的时空格局与动态演进［J］.经济学动态，2015，22（1）：76-85.

许庆瑞，王毅.绿色技术创新新探：生命周期观［J］.科学管理研究，1999（1）：3-6.

许文立，刘晨阳.外国绿色财政改革经验及启示［J］.财政科学，2016（3）：62-69.

许晓燕，赵定涛，洪进.绿色技术创新的影响因素分析——基于中国专利的实证研究［J］.中南大学学报（社会科学版），2013，19（2）：29-33.

薛瑛.排污权交易制度实施的国际经验及启示［J］.科技创新导报，2008（9）：94-95.

闫逢柱，苏李，乔娟.产业集聚发展与环境污染关系的考察——来自中国制造业的证据［J］.科学学研究，2011，29（1）：79-83+120.

闫华飞，肖静，冯兵.长江经济带工业绿色技术创新效率的时空分异研究［J］.重庆社会科学，2020（3）：6-17.

严琼芳，碳金融研究述评——兼论环境金融与碳金融的关系，理论月刊．2011，（12），102-105。

杨朝均，呼若青，杨红娟．绿色工艺创新模式选择的影响因素研究——基于 30 个省份工业的实证分析 [J]．生态经济，2018a，34（9）：50-55.

杨朝均，杨文珂，赵梓霖．中国区域绿色创新影响因素研究 [J]．华东经济管理，2018b，32（9）：95-102.

杨发明，许庆瑞，吕燕．绿色技术创新功能源研究 [J]．科研管理，1997（3）：57-62.

杨发庭．绿色技术创新的制度研究 [D]．中共中央党校，2014.

杨洪刚．中国环境政策工具的实施效果与优化选择 [M]．上海：复旦大学出版社，2011.

杨仁发．产业集聚能否改善中国环境污染 [J]．中国人口·资源与环境，2015，25（2）：23-29.

杨宇静．论绿色专利加速审查制度及其对中国的启示 [J]．中国科技论坛，2014（5）：124-129+136.

叶琴，曾刚，戴劢勋，王丰龙．不同环境规制工具对中国节能减排技术创新的影响——基于 285 个地级市面板数据 [J]．中国人口·资源与环境，2018，28（2）：115-122.

易信，刘凤良．金融发展、技术创新与产业结构转型——多部门内生增长理论分析框架 [J]．管理世界，2015（10）：24-39+90.

尤济红，陈喜强．区域一体化合作是否导致污染转移——来自长三角城市群扩容的证据 [J]．中国人口·资源与环境，2019，29（6）：118-129.

游达明，杨金辉．公众参与下政府环境规制与企业生态技术创新行为的演化博弈分析 [J]．科技管理研究，2017，37（12）：1-8.

余东华，胡亚男．环境规制趋紧阻碍中国制造业创新能力提升吗？——基于"波特假说"的再检验 [J]．产业经济研究，2016（2）：11-20.

余萍，刘纪显．碳交易市场规模的绿色和经济增长效应研究 [J]．中国软科学，2020（4）：46-55.

余璎璎．国外绿色专利快速审查制度及其对我国的借鉴 [D]．华中科技大学，2013.

余泳泽，孙鹏博，宣烨．地方政府环境目标约束是否影响了产业转型升
 级？[J]．经济研究，2020，55（8）：57-72.

袁博．基于 SFA 模型的福建创新型企业创新效率分析 [J]．发展研究，
 2016（3）：68-71.

袁凯华，李后建，林章悦．约束性考核促进了官员的减排激励吗 [J]．当
 代经济科学，2014，36（6）：1-10+122.

原毅军，谢荣辉．环境规制的产业结构调整效应研究——基于中国省际面
 板数据的实证检验 [J]．中国工业经济，2014（8）：57-69.

曾刚，胡森林．技术创新对黄河流域城市绿色发展的影响研究 [J]．地理
 科学，2021，41（8）：1314-1323.

张成，陆旸，郭路，于同申．环境规制强度和生产技术进步 [J]．经济研
 究，2011，515（2）：113-124.

张传国，许姣．国外环境税问题研究进展 [J]．审计与经济研究，2012，
 27（3）：105-112.

张峰，任仕佳，殷秀清．高技术产业绿色技术创新效率及其规模质量门槛
 效应 [J]．科技进步与对策，2020，37（7）：59-68.

张峰，史志伟，宋晓娜，闫秀霞．先进制造业绿色技术创新效率及其环境
 规制门槛效应 [J]．科技进步与对策，2019，36（12）：62-70.

张峰，宋晓娜．提高环境规制能促进高端制造业"绿色蜕变"吗——来自
 绿色全要素生产率的证据解释 [J]．科技进步与对策，2019，36
 （21）：53-61.

张钢，张小军．企业绿色创新战略的驱动因素：多案例比较研究 [J]．浙
 江大学学报（人文社会科学版），2014（1）：113-124.

张贵杰．科技期刊文献到技术专利的知识扩散研究 [D]．哈尔滨工业大
 学，2017.

张华．地区间环境规制的策略互动研究——对环境规制非完全执行普遍性
 的解释 [J]．中国工业经济，2016（7）：74-90.

张江雪，朱磊．基于绿色增长的我国各地区工业企业技术创新效率研
 究 [J]．数量经济技术经济研究，2012（2）：113-125.

张娟，耿弘，徐功文，等．环境规制对绿色技术创新的影响研究 [J]．中

国人口·资源与环境，2019，29（1）：168-176.

张嫚．环境规制对企业竞争力的影响［J］．中国人口·资源与环境，2004（4）：128-132.

张攀红，许传华，胡悦，王欣芳．碳金融市场发展的国外实践及启示［J］．湖北经济学院学报，2017，15（3）：45-51.

张平，张鹏鹏，蔡国庆．不同类型环境规制对企业技术创新影响比较研究［J］．中国人口·资源与环境，2016，26（4）：8-13.

张倩，曲世友．环境规制对企业绿色技术创新的影响研究及政策启示［J］．中国科技论坛，2013（7）：11-17.

张少军，刘志彪．全球价值链模式的产业转移——动力、影响与对中国产业升级和区域协调发展的启示［J］．中国工业经济，2009（11）：5-15.

张天悦．环境规制的绿色创新激励研究［D］．中国社会科学院研究生院，2014.

张伟，吴文元．基于环境绩效的长三角都市圈全要素能源效率研究［J］．经济研究，2011（10）：95-109.

张文彬，张理芃，张可云．中国环境规制强度省际竞争形态及其演变——基于两区制空间Durbin固定效应模型的分析［J］．管理世界，2010（12）：34-44.

张小蒂，李风华．技术创新、政府干预与竞争优势［J］．世界经济，2001（7）：44-49.

张彦博，潘培尧，鲁伟，等．中国工业企业环境技术创新的政策效应［J］．中国人口·资源与环境，2015，25（9）：138-144.

张雨，周方舟．重污染产业迁移的区际流向和特征——基于我国医药制造上市公司区位变迁的微观证据［J］．科技和产业，2019，19（10）：1-9+153.

赵红．环境规制对中国产业技术创新的影响［J］．经济管理，2007（21）：57-61.

赵细康．引导绿色创新——技术创新导向的环境政策研究［M］．北京：经济科学出版社，2006.

赵霄伟．环境规制、环境规制竞争与地区工业经济增长——基于空间

Durbin 面板模型的实证研究 [J]. 国际贸易问题, 2014 (7): 82-92.

赵彦云, 林寅, 陈昊. 发达国家建立绿色经济发展测度体系的经验及借鉴 [J]. 经济纵横, 2011, 302 (1): 34-37.

赵玉民, 朱方明, 贺立龙. 环境规制的界定、分类与演进研究 [J]. 中国人口·资源与环境, 2009, 19 (6): 85-90.

郑坚, 丁云龙. 高技术产业技术创新的边际收益特性及效率分析 [J]. 科学学研究, 2008, 26 (5): 1090-1097.

郑书前. 绿色专利审查快速通道制度的国际经验及政策建议 [J]. 环境保护, 2016, 44 (9): 68-70.

周力. 中国绿色创新的空间计量经济分析 [J]. 资源科学, 2010, 32 (5): 932-939.

周亮, 车磊, 周成虎. 中国城市绿色发展效率时空演变特征及影响因素 [J]. 地理学报, 2019, 74 (10): 2027-2044.

周少鹏, 谢旭轩, 任东明, 薛惠锋. 澳大利亚可再生能源配额制及对我国的启示 [J]. 中国能源, 2012, 34 (2): 29-33.

周五七, 聂鸣. 促进低碳技术创新的公共政策实践与启示 [J]. 中国科技论坛, 2011 (7): 18-23.

朱金鹤, 王雅莉. 创新补偿抑或遵循成本? 污染光环抑或污染天堂? ——绿色全要素生产率视角下双假说的门槛效应与空间溢出效应检验 [J]. 科技进步与对策, 2018, 35 (20): 46-54.

朱平芳, 张征宇, 姜国麟. FDI 与环境规制: 基于地方分权视角的实证研究 [J]. 经济研究, 2011, 46 (6): 133-145.

朱庆华, 窦一杰. 基于政府补贴分析的绿色供应链管理博弈模型 [J]. 管理科学学报, 2011, 14 (6): 86-95.

朱向东, 贺灿飞, 李茜, 等. 地方政府竞争、环境规制与中国城市空气污染 [J]. 中国人口·资源与环境, 2018, 28 (6): 103-110.

朱旭峰, 赵慧. 政府间关系视角下的社会政策扩散——以城市低保制度为例 (1993—1999) [J]. 中国社会科学, 2016 (8): 95-116+206.

朱旭峰, 张友浪. 地方政府创新经验推广的难点何在——公共政策创新扩散理论的研究评述 [J]. 人民论坛·学术前沿, 2014 (17): 63-77.

诸大建. 2050: 上海的绿色挑战与绿色创新 [J]. 科学发展, 2015 (10):

32-37.

诸大建. 绿色的创新 ［M］. 上海: 同济大学出版社, 2008.

Acemoglu, D. , Aghion, P. , Bursztyn, L. , and Hemous, D. The Environment and Directed Technical Changes ［J］. American Economic Review, 2012, 102, (1): 131-166.

Aghion, P. , Dechezlepretre, A. , Hemous, D. , et al. Carbon Taxes, Path Dependency and Directed Technical Change: Evidence from the Auto Industry ［J］. Journal of Political Economy, 2016, 124 (1): 1-51.

Aghion, P. , Howitt, P. Endogenous Growth Theory ［M］. MIT Press Books, 2010, 1.

Aghion, P. , Howitt, P. The Economics of Growth. MIT Press, Cambridge, 2009.

Aigner, D. , Lovell, C. A. K. , Schmidt, P. Formulation and Estimation of Stochastic Frontier Production Function Models ［J］. Journal of Econometrics, 1977, 6 (1): 21-37.

Aitken, B. J. , Harrison, A. E. Do Domestic Firms Benefit from Direct Foreign Investment? Evidence from Venezuela ［J］. American Economic Review, 1999, 89 (3): 605-618.

Albrizio, S. , Kozluk, T. , and Zipperer, V. Environmental Policies and Productivity Growth: Evidence Across Industries and Firms ［J］. Journal of Environmental Economics and Management, 2017, 81, 209-226.

Albulescu, C. T. , Tiwari, A. K. , Yoon, S. M. , et al. Fdi, Income, and Environmental Pollution in Latin America: Replication and Extension Using Panel Quantiles Regression Analysis ［J］. Energy Economics, 2019, 84 (10): 104504

Alder, S. , Shao, L. , Zilibotti, F. Economic Reforms and Industrial Policy in a Panel of Chinese Cities ［J］. Journal of Economic Growth, 2016, 21 (4): 305-349.

Alpay, E. , Kerkvliet, B. J. Productivity Growth and Environmental Regulation in Mexican and U.S. Food Manufacturing ［J］. American Journal of Agricultural Economics, 2002, 84 (4): 887-901.

Ambec, S. , Cohen, M. A. , Elgie, S. , et al. The Porter Hypothesis at 20: Can

Environmental Regulation Enhance Innovation and Competitiveness? [J] . Review of Environmental Economics and Policy, 2020.

Ambec, S. , Coria, J. Policy Spillovers in the Regulation of Multiple Pollutants [J]. Journal of Environmental Economics and Management, 2018, 87: 114-134.

Amore, M. D. , Bennedsen, M. Corporate Governance and Green Innovation [J]. Journal of Environmental Economics and Management, 2016, 75 (9): 54-72.

Amundsen, E. S. , Mortensen, J. B. The Danish Green Certificate System: Some Simple Analytical Results [J] . Energy Economics, 2001, 23 (5): 489-509.

Amundsen, E. S. , Nese, G. Integration of Tradable Green Certificate Markets: What Can Be Expected? [J] . Journal of Policy Modeling, 2009, 31 (6): 903-922.

Anger, N. , Oberndorfer, U. Firm Performance and Employment in the Eu Emissions Trading Scheme: An Empirical Assessment for Germany [J] . Energy Policy, 2008, 36 (1), 12-22.

Anselin, L. Local Indicators of Spatial Association-LISA [J] . Geographical Analysis, 1995, 27 (2): 93-115.

Aune, F. , Golombek, R. , Kittelsen, S. , et al. Liberalizing European Energy Markets: An Economic Analysis [M] . Edward Elgar Publishing, 2008.

Aune, F. R. , Dalen, H. M. , Hagem, C. Implementing the Eu Renewable Target Through Green Certificate Markets [J] . Energy Economics, 2012, 34 (4): 992-1000.

Baldwin, R. E. , Okubo, T. Heterogeneous Firms, Agglomeration and Economic Geography: Spatial Selection and Sorting [J] . Journal of Economic Geography, 2006, 6 (3): 323-346.

Baloch, M. , Ozturk, I. , Bekun, F. , et al. Modeling the Dynamic Linkage between Financial Development, Energy Innovation, and Environmental Quality: Does Globalization Matter? [J] . Business Strategy and the Environment, 2021, 30 (1): 176-184.

Balsalobre-Lorente, D. , Gokmenoglu, K. K. , Taspinar, N. , et al. An Approach to the Pollution Haven and Pollution Halo Hypotheses in Mint Countries [J] . Environmental Science and Pollution Research, 2019, 26 (22): 23010-23026.

Bao, Q. , Shao, M. , Yang, D. Environmental Regulation, Local Legislation and Pollution Control in China [J] . Environment and Development Economics, 2021, 26 (4): 321-339.

Barrett, S. Self-Enforcing International Environmental Agreements [J] . Oxford Economic Papers, 1994, 878-894.

Barro, R. J. , Sala-i-Martin, X. Technological Diffusion, Convergence, and Growth [J] . Journal of Economic Growth 2, 1997, 1-26.

Bartel, A. , Ichniowski, C. , Shaw, K. L. How Does Information Technology Really Affect Productivity? Plant-Level Comparisons of Product Innovation, Process Improvement and Worker Skills [J] . The Quarterty Journal of Economics, 2007, 122 (4): 1721-1758.

Battese, G. E. , Corra, G. S. Estimation of a Production Frontier Model: With Application to the Pastoral Zone of Eastern Australia [J] . Australian Journal of Agricultural Economics, 1977, 21 (3): 169-179.

Becker, R. , Henderson, V. Effects of Air Quality Regulations on Polluting Industries [J] . Journal of Political Economy, 2000, 108 (2): 379-421.

Behera, S. R. , Dash, D. P. The Effect of Urbanization, Energy Consumption, and Foreign Direct Investment on the Carbon Dioxide Emission in the SSEA (South and Southeast Asian) Region [J] . Renewable and Sustainable Energy Reviews, 2017, 70: 96-106.

Bergh, J. D. , Savin, I. Impact of Carbon Pricing on Low-Carbon Innovation and Deep Decarbonisation: Controversies and Path Forward [J] . Environmental and Resource Economics, 2021, 80 (4): 705-715.

Berman, E. , Bui, L. T. M. Environmental Regulation and Productivity: Evidence from Oil Refineries [J] . Review of Economics and Statistics, 2001, 83 (3), 498-510.

Bernauer, T. , Engel, S. , Kammerer, D. , et al. Explaining Green Innovation:

Ten Years After Porter's Win-Win Proposition: How to Study the Effects of Regulation on Corporate Environmental Innovation? [J]. Politische Vierteljahresschrift, 2007, 39: 323-341.

Bhringer, C., Hoffmann, T., Rutherford, T. F. Alternative Strategies for Promoting Renewable Energy in EU Electricity Markets [J]. Applied Economics Quarterly, 2007, 58: 9-26.

Blackman, A. Can Voluntary Environmental Regulation Work in Developing Countries? Lessons from Case Studies [J]. Policy Studies Journal, 2008, 36 (1): 119-141.

Böhringer, C., Loeschel, A., Moslener, U., et al. Eu Climate Policy Up to 2020: An Economic Impact Assessment [J]. Energy Economics, 2009, 31: S295-S305.

Böhringer, C., Rosendahl, K. E. Strategic Partitioning of Emission Allowances Under the Eu Emission Trading Scheme [J]. Resource and Energy Economics, 2009, 31 (3): 182-197.

Borenstein, S. The Private and Public Economics of Renewable Electricity Generation [J]. Journal of Economic Perspectives, 2012, 26 (1): 67-92.

Bosquet, B. Environmental Tax Reform: Does it Work? A Survey of the Empirical Evidence [J]. Ecological Economics, 2000, 34 (1): 19-32.

Braun, E., Wield, D. Regulation as a Means for the Social Control of Technology [J]. Technology Analysis & Strategic Management, 1994, 6 (3): 259-272.

Bushnell, J. A Mixed Complementarity Model of Hydrothermal Electricity Competition in the Western United States [J]. Operations Research, 2003, 51 (1): 80-93.

Bye, T. On the Price and Volume Effects from Green Certificates in the Energy Market [R]. Discussion Papers, 2003.

Cai, H. Y., Chen, Y., and Gong, Q. Polluting Thy Neighbor: Unintended Consequences of China's Pollution Reduction Mandatese [J]. Journal of

Environmental Economics and Management, 2016b, 76: 86-104.

Cai, H., Liu, Q. Competition and Corporate Tax Avoidance: Evidence from Chinese Industrial Firms [J]. The Economic Journal, 2009, 119 (537): 764-795.

Cai, X., Che, X., Zhu, B., et al. Will Developing Countries Become Pollution Havens for Developed Countries? An Empirical Investigation in the Belt and Road [J]. Journal of Cleaner Production, 2018, 198: 624-632.

Cai, X., Yi, L., et al. Does Environmental Regulation Drive Away Inbound Foreign Direct Investment? Evidence From a Quasi-Natural Experiment in China [J]. Journal of Development Economics, 2016a, 123: 73-85.

Cai, X., Zhu, B., Zhang, H., et al. Can Direct Environmental Regulation Promote Green Technology Innovation in Heavily Polluting Industries? Evidence from Chinese Listed Companies [J]. Science of the Total Environment, 2020, 746: 140810.

Calel, R., Dechezlepretre, A. Environmental Policy and Directed Technological Change: Evidence from the European Carbon Market [J]. Review of Economics and Statistics, 2016, 98 (1): 173-191.

Carraro, C., Siniscalco, D. Strategies for the International Protection of the Environment [J]. Journal of Public Economics, 1993, 52 (3): 309-328.

Case, A. C., Rosen, H. S., Hines, J. R. Budget Spillovers and Fiscal Policy Interdependence : Evidence from the States [J]. Journal of Public Economics, 1993, 52 (3): 285-307.

Cave, L. A., Blomquist, G. C. Environmental Policy in the European Union: Fostering the Development of Pollution Havens? [J]. Ecological Economics, 2008, 65 (2): 253-261.

Chakraborti, L., Mcconnell, K. E. Does Ambient Water Quality Affect the Stringency of Regulations? Plant-Level Evidence of the Clean Water Act [J]. Land Economics, 2012, 88 (3): 518-535.

Chakraborty, P., Chatterjee, C. Does Environmental Regulation Indirectly

Induce Upstream Innovation? New Evidence from India [J] . Research Policy, 2017, 46 (5): 939–955.

Chambers, R. G. , Chung, Y. and Fare, R. Benefit and Distance Functions [J] . Journal of Economic Theory, 1996, 70: 407–419.

Charnes, A. , Cooper, W. W. , Rhodes, E. Measuring Efficiency of Decision Making Units [J] . European Journal of Operational Research, 1978, 2 (6): 429–444

Chen, C. , Zhu, Y. , Zeng, X. , et al. Analyzing the Carbon Mitigation Potential of Tradable Green Certificates Based on a TGC-FFSRO Model: A Case Study in the Beijing-Tianjin-Hebei Region, China [J] . Science of the Total Environment, 2018a, 630: 469–486.

Chen, J. X. , Zhang, Y. G. , Zheng, S. L. Ecoefficiency, Environmental Regulation Opportunity Costs, and Interregional Industrial Transfers: Evidence from the Yangtze River Economic Belt in China [J] . Journal of Cleaner Production, 2019, 233: 611–625.

Chen, S. , Härdle, W. K. Dynamic Activity Analysis Model-Based Win-Win Development Forecasting Under Environment Regulations in China [J] . Computational Statistics, 2014, 29 (6): 1543–1570.

Chen, W. Y. , Hu, F. , Li, X. , et al. Strategic Interaction in Municipal Governments' Provision of Public Green Spaces: A Dynamic Spatial Panel Data Analysis in Transitional China [J] . Cities, 2017, 71: 1–10.

Chen, W. , Lei, Y. The Impacts of Renewable Energy and Technological Innovation on Environment-Energy-Growth Nexus: New Evidence from a Panel Quantile Regression [J] . Renewable Energy, 2018, 123: 1–14.

Chen, Y. S. , Chang, C. H. , Wu, F. S. Origins of Green Innovations: The Differences between Proactive and Reactive Green Innovations [J] . Management Decision, 2012.

Chen, Y. , Wang, C. , Nie, P. Y. , et al. A Clean Innovation Comparison between Carbon Tax and Cap-And-Trade System [J] . Energy Strategy Reviews, 2020, 29: 100483.

Chen, Y. , Yao, Z. , Zhong, K. Do Environmental Regulations of Carbon

Emission and Air Pollution Foster Green Technology Innovation: Evidence from China's Prefecture-Level Cities [J]. Journal of Cleaner Production, 2022, 350: 131537.

Chen, Z., Kahn, M. E., Liu, Y., et al. The Consequences of Spatially Differentiated Water Pollution Regulation in China [J]. Journal of Environmental Economics and Management, 2018b, 88: 468-485.

Chen, Z., Zhang, X., Chen, F. Do Carbon Emission Trading Schemes Stimulate Green Innovation in Enterprises? Evidence from China [J]. Technological Forecasting and Social Change, 2021, 168: 120744.

Cheng, B., Dai, H., Wang, P., et al., Impacts of Carbon Trading Scheme on Air Pollutant Emissions in Guangdong Province of China [J]. Energy for Sustainable Development, 2015, 27: 174-185.

Cheng, S., Meng, L., Xing, L. Energy Technological Innovation and Carbon Emissions Mitigation: Evidence from China [J]. Kybernetes, 2021a: 982-1008.

Cheng, Y., Sinha, A., Ghosh, V., et al. Carbon Tax and Energy Innovation at Crossroads of Carbon Neutrality: Designing a Sustainable Decarbonization Policy [J]. Journal of Environmental Management, 2021b, 294: 112957.

Cheng, Z., Lian, S., et al. The Emissions Reduction Effect and Technical Progress Effect of Environmental Regulation Policy Tools [J]. Journal of Cleaner Production, 2017, 149: 191-205.

Chintrakam, P. Environmental Regulation and U. S. States Technical Inefficiency [J]. Economics Letters, 2008, 100 (3): 363-365.

Chirinko, R. S., Wilson, D. J. Tax Competition Among U. S. States: Racing to the Bottom or Riding on a Seesaw? [J]. Journal of Public Economics, 2017, 155: 147-163.

Chung, Y. H., Färe, R., Grosskopf, S. Productivity and Undesirable Outputs: A Directional Distance Function Approach [J]. Journal of Environmental Management, 1997, 51 (3): 229-240.

Ciarreta, A., Espinosa, M. P., Pizarro-Irizar, C. Optimal Regulation of Renewable Energy: A Comparison of Feed-In Tariffs and Tradable Green

Certificates in the Spanish Electricity System [J]. Energy Economics, 2017, 67: 387-99.

Cleff, T., Rennings, K. Determinants of Environmental Product and Process Innovation [J]. European Environment, 1999, 9 (5): 191-201.

Cliff, A. D., Ord, J. K. Spatial Autocorrelation London: Pion [J]. Human Geography, 1973, 1: 7-17.

Cole, M. A., Elliott, R. J. R., and Okubo, T. Trade, Environmental Regulations and Industrial Mobility: An Industry-Level Study of Japan [J]. Ecological Economics, 2010, 69 (10), 1995-2002.

Cole, M. A., Elliott, R. J. R., and Shimamoto, K. Industrial Characteristics, Environmental Regulations and Air Pollution: An Analysis of the UK Manufacturing Sector [J]. Journal of Environmental Economics and Management, 2005, 50 (1), 121-143.

Conrad, K., Wastl, D. The Impact of Environmental Regulation on Productivity in German Industries [J]. Empirical Economics, 1995, 20 (4): 615-633.

Copeland, B. R. The Pollution Haven Hypothesis [M] //Handbook on Trade and the Environment, 2008: 60-70.

Copeland, B. R., Taylor, M. S. Trade, Growth, and the Environment [J]. Journal of Economic Literature, 2004, 42 (1): 7-71.

Costantini, V., and Mazzanti, M. On the Green and Innovative Side of Trade Competitiveness? The Impact of Environmental Policies and Innovation on EU Exports [J]. Research Policy, 2012, 41 (1), 132-153.

Crespi, F., Ghisetti, C., Quatraro, F. Environmental and Innovation Policies for the Evolution of Green Technologies: A Survey and a Test [J]. Eurasian Business Review, 2015, 5 (2): 343-370.

Cui, L., Ying, F., Zhu, L., et al. How Will the Emissions Trading Scheme Save Cost for Achieving China's 2020 Carbon Intensity Reduction Target? [J]. Applied Energy, 2014, 136: 1043-1052.

Currier, K. M. A Regulatory Adjustment Process for the Determination of the Optimal Percentage Requirement in an Electricity Market with Tradable

Green Certificates [J] . Energy Policy, 2013, 62: 1053-1057.

Currier, K. M. , Rassouli-Currier, S. A Preliminary Investigation of the Optimal Percentage Requirement in an Electricity Market with Tradable Green Certificates [J] . Theoretical Economics Letters, 2012, 2 (2): 5.

Currier, K. M. , Sun, Y. Market Power and Welfare in Electricity Markets Employing Tradable Green Certificate Systems [J] . International Advances in Economic Research, 2014, 20 (2): 129-138.

Denicolo, V. Pollution-Reducing Innovations under Taxes or Permits [J] . Oxford Economic Papers, 1999, 51 (1): 184-199.

Denis, C. , Mabel, T. , Charles, F. Regulation of Investments in Infrastructure: The Interplay between Strategic Behaviors and Initial Endowments [J] . Journal of Public Economic Theory, 2012, 14 (1): 35-66.

Denison, E. F. Accounting for Slower Economic Growth: The United States in the 1970's. [J] . The Annals of the American Academy of Political and Social Science, 1980, 451 (1) : 208-209.

Dong, B. , Gong, J. , Zhao, X. FDI and Environmental Regulation: Pollution Haven or a Race to the Top? [J] . Journal of Regulatory Economics, 2012, 41 (2): 216-237.

Du, K. , Li, J. Towards a Green World: How Do Green Technology Innovations Affect Total-Factor Carbon Productivity [J] . Energy Policy, 2019, 131: 240-250.

Du, K. , Li, P. , Yan, Z. Do Green Technology Innovations Contribute to Carbon Dioxide Emission Reduction? Empirical Evidence from Patent Data [J]. Technological Forecasting and Social Change, 2019, 146: 297-303.

Du, W. , Li, M. Influence of Environmental Regulation on Promoting the Low-Carbon Transformation of China's Foreign Trade: Based on the Dual Margin of Export Enterprise [J] . Journal of Cleaner Production, 2020, 244: 118687.

Dutz, A. , and Sharma, S. Green Growth, Technology and Innovation [J] . World Bank Policy Research Working Paper, 2012 (5932).

Duvivier, C. , Xiong, H. Transboundary Pollution in China: A Study of Polluting Firms' Location Choices in Hebei Province [J] . Environment and Development Economics, 2013, 18 (4): 459-483.

EIA. Annual Energy Outlook 2015. Energy Information Administration. 2015. Available Online: http://www. eia. gov/forecasts/aeo/ (Accessed on 29 December 2015).

Eskeland, G. S. , Harrison, A. E. Moving to Greener Pastures? Multinationals and the Pollution Haven Hypothesis [J] . Journal of Development Economics , 2003, 70 (1): 1-23.

EU. Decision No. 406/2009/ec of the European Parliament and of the Council. 2009b. Available Online: http://eur-lex. europa. eu/legal-content/EN/TXT/PDF/? uri=CELEX: 32009D0406rid=1 (Accessed on 16 September 2011).

EU. Directive 2009/28/ec of the European Parliament and of the Council. 2009a. Available online: http: //eur - lex. europa. eu/legalcontent/EN/TXT/PDF/? uri=CELEX: 32009L0028rid=2 (Accessed on 15 September 2011).

EU. Renewable Energy: Processing Towards the 2020 Target; Communication from the Commission to the European Parliament and the Council; European Commission: Brussels, Belgium, 2011.

Fare, R. , Grosskopf, S. , et al. Multilateral Productivity Comparisons when Some Outputs Are Undesirable: A Non-Parametric Approach [J] . The Review of Economics and Statistics, 1989, 71: 90-98.

Feng, S. , Sui, B. , Liu, H. , and Li, G. Environmental Decentralization and Innovation in China [J] . Economic Modelling, 2020, 93, 660-674.

Feng, T. T. , Yang, Y. S. , Yang, Y. H. What Will Happen to the Power Supply Structure and CO_2 Emissions Reduction when TGC Meets CET in the Electricity Market in China? [J] . Renewable and Sustainable Energy Reviews, 2018, 92: 121-132.

Ferman, B. Inference in Differences-In-Differences: How Much Should We Trust in Independent Clusters? [R] . MPRA Paper 93746, University Library of Munich, Germany, 2020.

Fethi, S. , Rahuma, A. The Role of Eco-Innovation on CO_2 Emission Reduction in an Extended Version of the Environmental Kuznets Curve: Evidence from the Top 20 Refined Oil Exporting Countries [J] . Environmental Science and Pollution Research, 2019, 26 (29): 30145-30153.

Ford, A. , Vogstad, K. , Flynn, H. Simulating Price Patterns for Tradable Green Certificates to Promote Electricity Generation from Wind [J] . Energy Policy, 2007, 35 (1): 91-111.

Forzyd, G. Technology and the Environment: An Overview [J] . Technological Forecasting and Social Change, 1996, 53 (1): 3-13.

Fussler, C. , James, P. Driving Eco-Innovation: A Breakthrough Discipline for Innovation and Sustainability [M] . Pitman Pub, 1996.

Gabriel, S. A. , Siddiqu, S. A. , Conejo, A. J. , et al. Solving Discretely-Constrained Nash-Cournot Games with an Application to Power Markets [J]. Networks and Spatial Economics, 2013, 13 (3): 307-326.

Ghisetti, C. Demand-Pull and Environmental Innovations: Estimating the Effects of Innovative Public Procurement [J] . Technological Forecasting Social Change, 2017, 125: 178-187.

Girma, S. , Gong, Y. , Görg, H. Foreign Direct Investment, Access to Finance, and Innovation Activity in Chinese Enterprises [J] . The World Bank Economic Review, 2008, 22 (2) : 367-382.

Goodchild, A. , Toy, J. Delivery By Drone: An Evaluation of Unmanned Aerial Vehicle Technology in Reducing CO_2 Emissions in the Delivery Service Industry [J] . Transportation Research Part D: Transport and Environment, 2018, 61: 58-67.

Gorus, M. S. , Aslan, M. Impacts of Economic Indicators on Environmental Degradation: Evidence from Mena Countries [J] . Renewable and Sustainable Energy Reviews, 2019, 103: 259-268.

Gray, W. B. , and Shadbegian, R. J. Plant Vintage, Technology and Environment Regulation [J] . Journal of Environmental Economics and Management, 2003, 46 (3): 384-402.

Greaker, M. , and Hoel, M. Incentives for Environmental R&D [R] . CESifo

Working Paper no. 3468, 2011.

Greenstone, M. The Impacts of Environmental Regulations on Industrial Activity: Evidence from the 1970 and 1977 Clean Air Act Amendments and the Census of Manufactures [J]. Journal of Political Economy, 2002, 110 (6), 1175-1219.

Greenstone, M., List, J. A., Syverson, C. The Effects of Environmental Regulation on the Competitiveness of U. S. Manufacturing [R]. National Bureau of Economic Research, 2012.

Grossman, G. M., Krueger, A. B. Environmental Impacts of a North American Free Trade Agreement [J]. Papers, 1991, 3914.

Gu, W., Zhao, X., Yan, X., et al. Energy Technological Progress, Energy Consumption, and CO_2 Emissions: Empirical Evidence from China [J]. Journal of Cleaner Production, 2019, 236: 117666.

Guo, H., Xu, E., Jacbos, M. Managerial Political Ties and Firm Performance during Institutional Transitions: An Analysis of Mediating Mechanisms [J]. Journal of Business Research, 2014, 67, (2): 116-127.

Guo, P., Wang, T., Li, D., et al. How Energy Technology Innovation Affects Transition of Coal Resource-Based Economy in China [J]. Energy Policy, 2016, 92: 1-6.

Guo, W., Chen, Y. Assessing the Efficiency of China's Environmental Regulation on Carbon Emissions Based on Tapio Decoupling Models and GMM Models [J]. Energy Reports, 2018, 4: 713-723.

Gutierrez, A., Baran, N. Long-Term Transfer of Diffuse Pollution at Catchment Scale: Respective Roles of Soil, and the Unsaturated and Saturated Zones (Brévilles, France) [J]. Journal of Hydrology, 2009, 369 (3-4): 381-391.

Haggett, P., Cliff, A. D., Frey, A. Locational Analysis in Human Geography [M]. London: Edward Arnold, 1977.

Hailu, A., Terrence, S., et al. Non-Parametric Productivity Analysis with Undesirable Outputs: An Application to the Canadian Pulp and Paper Industry [J]. American Journal of Agricultural Economics, 2001, 83

（3）: 605-616.

Haites, E. Carbon Taxes and Greenhouse Gas Emissions Trading Systems: What Have We Learned? [J] . Climate Policy, 2018, 18 (8): 955-966.

Han, Y. Impact of Environmental Regulation Policy on Environmental Regulation Level: A Quasi-Natural Experiment Based on Carbon Emission Trading Pilot [J] . Environmental Science and Pollution Research, 2020, 27 （19）: 23602-23615.

Hancevic, P. I. Environmental Regulation and Productivity: The Case of Electricity Generation Under the CAAA-1990 [J] . Energy Economics, 2016, 60: 131-143.

Hardy, M. , Mccasland, J. It Takes Two: Experimental Evidence on the Determinants of Technology Diffusion [J] . Journal of Development Economics, 2021, 149: 102600.

Hayton, J. C. The Effect of Intellectual Capital on Entrepreneurial Orientation in High-Technology New Ventures [M] . Georgia State University, 2002.

He, J. , Li, J. , Zhao, D. , et al. Does Oil Price Affect Corporate Innovation? Evidence From New Energy Vehicle Enterprises in China [J] . Renewable and Sustainable Energy Reviews , 2022 , 156: 111964.

Helgesen, P. I. , Tomasgard, A. An Equilibrium Market Power Model for Power Markets and Tradable Green Certificates, Including Kirchhoff's Laws and Nash-Cournot Competition [J] . Energy Economics, 2018, 70: 270-288.

Henderson D. J. , Millimet D. L. Pollution Abatement Costs and Foreign Direct Investment Inflows to U. S. States: A Nonparametric Reassessment [J] . The Review of Economics and Statistics, 2007, 89 (1): 178-183.

Hering, L. , Poncet, S. Environmental Policy and Exports: Evidence from Chinese Cities [J] . Journal of Environmental Economics and Management, 2014, 68 (2): 296-318.

Hoel, M. International Environment Conventions: The Case of Uniform Reductions of Emissions [J] . Environmental and Resource Economics, 1992, 2 (2): 141-159.

Hoel, M. , Schneider, K. Incentives to Participate in an International

Environmental Agreement [J]. Environmental and Resource Economics, 1997, 9 (2): 153-170.

Horbach, J., Rammer, C., Rennings, K. Determinants of Eco-Innovations by Type of Environmental Impact—The Role of Regulatory Push/Pull, Technology Push and Market Pull [J]. Ecological Economics, 2012, 78: 112-122.

Hu, J., Pan, X., Huang, Q. Quantity or Quality? The Impacts of Environmental Regulation on Firms' Innovation-Quasi-Natural Experiment Based on China's Carbon Emissions Trading Pilot [J]. Technological Forecasting and Social Change, 2020a, 158: 120122.

Hu, Y., Ren, S., Wang, Y., et al. Can Carbon Emission Trading Scheme Achieve Energy Conservation and Emission Reduction? Evidence from the Industrial Sector in China [J]. Energy Economics, 2020b, 85104590.

Hustveit, M., Frogner, J. S., Fleten, S. E. Tradable Green Certificates for Renewable Support: The Role of Expectations and Uncertainty [J]. Energy, 2017, 141: 1717-1727.

Hwa, B., Sr, F., Gy, A., et al. Does China's Outward Direct Investment Improve Green Total Factor Productivity in the "Belt and Road" Countries? Evidence from Dynamic Threshold Panel Model Analysis [J]. Journal of Environmental Management, 2020, 275: 111295.

International Energy Agency (IEA). CO_2 Emissions from Fuel Combustion [R]. Paris, France, 2009.

Jaffe, A. B., and Palmer, K. Environmental Regulation and Innovation: A Panel Data Study [J]. Review of Economics and Statistics, 1997, 79 (4), 610-619.

Jaffe, A. B., Newell, R., and Stavins, R. N. Technological Change and the Environment [J]. Environmental and Resources Economics, 2002, 22: 41-69.

James P. The Sustainability Circle: A New Tool for Product Development and Design [J]. Journal of Sustainable Product Design, 1997, 2, 52-57.

Javorcik, B. S., Wei, S. J. Pollution Havens and Foreign Direct Investment:

Dirty Secret or Popular Myth? [J]. Contributions in Economic Analysis Policy, 2004, 3 (2).

Jefferson, G. H., Tanaka, S., Yin, W. Environmental Regulation and Industrial Performance: Evidence from Unexpected Externalities in China [J]. Social Science Electronic Publishing, 2013.

Jia, R., Shao, S., Yang, L. High-Speed Rail and CO_2 Emissions in Urban China: A Spatial Difference-In-Differences Approach [J]. Energy Economics, 2021, 99: 105271.

Jiang, T., Ji, P., Shi, Y., et al. Efficiency Assessment of Green Technology Innovation of Renewable Energy Enterprises in China: A Dynamic Data Envelopment Analysis Considering Undesirable Output [J]. Clean Technologies and Environmental Policy, 2021 (3): 1-11.

Jin, G., Shen, K. Environmental Regulation Implementation Interaction and Urban Productivity Growth [J]. Management World, 2018, 12: 43-55.

Jin, Y., Lin, L. China's Provincial Industrial Pollution: The Role of Technical Efficiency, Pollution Levy and Pollution Quantity Control [J]. Environment and Development Economics, 2014, 19 (1), 111-132.

Johnson, S. M. Economics v. Equity: Do Market-Based Environmental Reforms Exacerbate Environmental Injustice? [J]. Washington Lee Law Review, 1999, 56 (Winter).

Johnstone, N., Hascic, I., Popp, D. Renewable Energy Policies and Technological Innovation: Evidence Based on Patent Counts [J]. Environmental and Resource Economics, 2010, 45, (1): 133-155.

Kahn, M. E., Pei, L., Zhao, D. Water Pollution Progress at Borders: The Role of Changes in China's Political Promotion Incentives [J]. American Economic Journal: Economic Policy, 2015, 7 (4): 223-242.

Kai, G., Sun, S., Wang, S., et al. A Secondary-Decomposition-Ensemble Learning Paradigm for Forecasting $PM_{2.5}$ Concentration [J]. Atmospheric Pollution Research, 2018, 9 (6), 989-999.

Kai, T., Kragt, M. E., Hailu, A., et al. Carbon Farming Economics: What Have We Learned? [J]. Journal of Environmental Management, 2016,

172: 49-57.

Kamoun, M., Abdelkafi, I., Ghorbel, A., et al. The Impact of Renewable Energy on Sustainable Growth: Evidence from a Panel of OECD Countries [J]. Journal of the Knowledge Economy, 2019, 10 (1): 221-237.

Kapsalis, V. C., Kyriakopoulos, G. L., Aravossis, K. G. Investigation of Ecosystem Services and Circular Economy Interactions Under an Inter-Organizational Framework [J]. Energies, 2019, 12 (9): 1734.

Karakaya, E., Hidalgo, A., Nuur, C. Diffusion of Eco-Innovations: A Review [J]. Renewable Sustainable Energy Reviews, 2014, 33: 392-399.

Kearsley, A., Riddel, M. A Further Inquiry into the Pollution Haven Hypothesis and the Environmental Kuznets Curve [J]. Ecological Economics, 2010, 69 (4): 905-919.

Keller, D. A. Free Riding in Voluntary Environmental Programs: The Case of the U.S. EPA Wastewise Program [J]. Policy Sciences, 2005, 38 (2-3): 91-106.

Keller, W., Levinson, A. Pollution Abatement Costs and Foreign Direct Investment Inflows to U.S. States [J]. Review of Economics and Statistics, 2002, 84 (4): 691-703.

Kemp, R. Environmental Policy and Technical Change [M]. Cheltenham, UK: Edward Elgar, 1997.

Kemp, R., Arundel, A. Survey Indicators for Environmental Innovation [Z]. IDEA Paper, 1998.

Kemp, R., Pontoglio, S. The Innovation Effects of Environmental Policy Instruments-A Typical Case of the Blind Men and the Elephant? [J]. Ecological Economics, 2011, 72: 28-36.

Khan, A., Hussain, J., Bano, S., et al. The Repercussions of Foreign Direct Investment, Renewable Energy and Health Expenditure on Environmental Decay? An Econometric Analysis of B&RI Countries [J]. Journal of Environmental Planning and Management, 2020, 63: 1965-1986.

Khan, A., Yang, C., Hussain, J., et al. Impact of Technological Innovation, Financial Development and Foreign Direct Investment on Renewable

Energy, Non-Renewable Energy and the Environment in Belt & Road Initiative Countries [J]. Renewable Energy, 2021, 171: 479-491.

Khan, M. M., Zaman, K., Irfan, D., et al. Triangular Relationship Among Energy Consumption, Air Pollution and Water Resources in Pakistan [J]. Journal of Cleaner Production, 2015, 112 (2): 1375-1385.

Khanna, M., Deltas, G., Harrington, D. Adoption of Pollution Prevention Techniques: The Role of Management Systems and Regulatory Pressures [J]. Environmental and Resource Economics, 2009, 44 (1): 85-106.

Khattak, S., Ahmad, M., Khan, Z., et al. Exploring the Impact of Innovation, Renewable Energy Consumption, and Income on CO_2 Emissions: New Evidence from the BRICS Economies [J]. Environmental Science and Pollution Research International, 2020, 27 (12), 13866-13881.

Kheder, S. B., Zugravu, N. Environmental Regulation and French Firms Location Abroad: An Economic Geography Model in an International Comparative Study [J]. Ecological Economics, 2012, 77: 48-61.

Kitzing, L., Mitchell, C., Morthorst P. E. Renewable Energy Policies in Europe: Converging or Diverging? [J]. Energy Policy, 2012, 51: 192-201.

Kneller, R., Manderson, E. Environmental Regulations and Innovation Activity in UK Manufacturing Industries [J]. Resource and Energy Economics, 2012, 34 (2): 211-235.

Kolak, M., Anselin, L. A Spatial Perspective on the Econometrics of Program Evaluation [J]. International Regional Science Review, 2019, 43 (2): 128-153.

Kolstad, C. D. Regulatory Choice with Pollution and Innovation [J]. NBER Working Paper Series, No. 16303, 2010.

Kolstad, C. D., Xing, Y. Do Lax Environmental Regulations Attract Foreign Investment? [J]. University of California at Santa Barbara Economics Working Paper, 2002, 21 (1): 1-22.

Konisky, D. M. Regulatory Competition and Environmental Enforcement: Is there a Race to the Bottom？〔J〕. American Journal of Political Science, 2010, 51 (4): 853-872.

Konisky, D. M., Woods, N. D. Environmental Free Riding in State Water Pollution Enforcement〔J〕. Social Science Electronic Publishing, 2015, 12 (3): 227-251.

Kumar, N. V., Sinha, N. Transition Towards a Green Economy: Role of FDI〔J〕. International Journal of Technology and Globalisation, 2014, 7 (4): 288-306.

Lanoie, P., Jérémy, L., Johnstone, N., et al. Environmental Policy, Innovation and Performance: New Insights on the Porter Hypothesis〔J〕. Journal of Economics & Management Strategy, 2011, 20 (3): 803-842.

Leonard, J. Pollution and the Struggle for the World Product〔M〕. Cambridge University Press, 1998.

Levinson, A., Taylor, M. S. Unmasking the Pollution Haven Effect〔J〕. International Economic Review, 2008, 49 (1): 223-254.

Li, C., Li, X., Song, D., et al. Does a Carbon Emissions Trading Scheme Spur Urban Green Innovation? Evidence from a Quasi-Natural Experiment in China〔J〕. Energy and Environment, 2022, 33 (4): 640-662.

Li, J., Wei, W., Zhen, W., et al. How Green Transition of Energy System Impacts China's Mercury Emissions〔J〕. Earth's Future, 2019, 7 (12): 1407-1416.

Li, W., Jia, Z. The Impact of Emission Trading Scheme and the Ratio of Free Quota: A Dynamic Recursive CGE Model in China〔J〕. Applied Energy, 2016, 174: 1-14.

Li, X., Yang, Y., Xu, X., et al. Air Pollution from Polycyclic Aromatic Hydrocarbons Generated by Human Activities and Their Health Effects in China〔J〕. Journal of Cleaner Production, 2016, 112 (2): 1360-1367.

Liang, S., Zhao, J., He, S., et al. Spatial Econometric Analysis of Carbon Emission Intensity in Chinese Provinces from the Perspective of Innovation-Driven〔J〕. Environmental Science and Pollution Research Volume, 2019, 26: 13878-13895.

Lim, U. The Spatial Distribution of Innovative Activity in U. S. Metropolitan Areas: Evidence from Patent Data [J]. Journal of Regional Analysis and Policy, 2003, 33 (2): 84-126.

Lin, B., Jia, Z. What Will China's Carbon Emission Trading Market Affect with Only Electricity Sector Involvement? A CGE Based Study [J]. Energy Economics, 2019, 78: 301-311.

Lin, H., Zeng, S., Ma, H. Can Political Capital Drive Corporate Green Innovation? Lessons from China [J]. Journal of Cleaner Production, 2014, 64: 63-72.

Liobikiene, G., Streimikiene, D., Chen, X., et al. Evaluation of Bioeconomy in the Context of Strong Sustainability [J]. Sustainable Development, 2019, 27 (5): 955-964.

List, J. A., McHone, W. W., Millimet, D. L. Effects of Air Quality Regulation on the Destination Choice of Relocating Plants [J]. Oxford Economic Papers, 2003, 55 (4): 657-678.

List, J., Mchone, W., Millimet, D. Effects of Environmental Regulation on Foreign and Domestic Plant Births: Is there a Home Field Advantage? [J]. Natural Field Experiments, 2004, 56 (2): 303-326.

Liu, C., Ma, C., Xie, R. Structural, Innovation and Efficiency Effects of Environmental Regulation: Evidence from China's Carbon Emissions Trading Pilot [J]. Environmental and Resource Economics, 2020a, 75: 741-768.

Liu, J., Xie, J. Environmental Regulation, Technological Innovation, and Export Competitiveness: An Empirical Study Based on China's Manufacturing Industry [J]. International Journal of Environmental Research and Public Health, 2020, 17 (4): 1427.

Liu, L., Chen, C., Zhao, Y., Zhao, E. China's Carbon-Emissions Trading: Overview, Challenges and Future [J]. Renewable and Sustainable Energy Reviews, 2015, 49 (9): 254-266.

Liu, M., Shadbegian, R., Zhang, B. Does Environmental Regulation Affect Labor Demand in China? Evidence from the Textile Printing and Dyeing

Industry [J] . Journal of Environmental Economics and Management, 2017, 86 (9): 277-294.

Liu, X., Sun, T., Qiang, F., et al. Dynamic Environmental Regulation Threshold Effect of Technical Progress on China's Environmental Pollution [J] . Journal of Cleaner Production, 2020b, 272 (1): 122780.

Liu, Y., Gao, Y., Hao, Y. Gospel or Disaster? An Empirical Study on the Environmental Influences of Domestic Investment in China [J] . Journal of Cleaner Production, 2019, 218: 930-942.

Liu, Z., Sun, H. Assessing the Impact of Emissions Trading Scheme on Low-Carbon Technological Innovation: Evidence from China [J] . Environmental Impact Assessment Review, 2021, 89: 106589.

Luan, B., Huang, J., Zou, H. Domestic R&D, Technology Acquisition, Technology Assimilation and China's Industrial Carbon Intensity: Evidence from a Dynamic Panel Threshold Model [J] . Science of the Total Environment, 2019, 693: 133436.

Luo, T., et al. The Impact of LAWA on the Family Labour Supply Among Farm Households [J] . European Review of Agricultural Economics, 2018, 45 (5): 857-878.

Luo, Y., Salman, M., Lu, Z. Heterogeneous Impacts of Environmental Regulations and Foreign Direct Investment on Green Innovation Across Different Regions in China [J] . Science of the Total Environment, 2021, 759 (2): 143744.

Ma, J., Hu, Q., Shen, W., et al. Does the Low-Carbon City Pilot Policy Promote Green Technology Innovation? Based on Green Patent Data of Chinese A-Share Listed Companies [J] . International Journal of Environmental Research and Public Health, 2021, 18 (7): 3695.

Manderson, E., Kneller, R. Environmental Regulations, Outward FDI and Heterogeneous Firms: Are Countries Used as Pollution Havens? [J] . Environmental and Resource Economics, 2012, 51 (3): 317-352.

Marin, G. Do Eco-Innovations Harm Productivity Growth Through Crowding Out? Results of an Extended CDM Model for Italy [J] . Research Policy, 2014,

43 (2), 301-317.

Meeusen, W., Broeck, J. V. D. Efficiency Estimation from Cobb-Douglas Production Functions with Composed Error [J]. International Economic Review, 1977, 18 (2): 435-444.

Meran, G., Wittmann, N. Green, Brown, and Now White Certificates: Are Three One Too Many? A Micro-Model of Market Interaction [J]. Environmental and Resource Economics 53, 2012: 507-532.

Mi, Z., Zeng, G., Xin, X., et al. The Extension of the Porter Hypothesis: Can the Role of Environmental Regulation on Economic Development Be Affected by other Dimensional Regulations? [J]. Journal of Cleaner Production, 2018, 203: 933-942.

Milani, S. The Impact of Environmental Policy Stringency on Industrial R&D Conditional on Pollution Intensity and Relocation Costs [J]. Environmental and Resource Economics, 2017, 68 (3): 595-620.

Millimet, D. L., Roy, J. Empirical Tests of the Pollution Haven Hypothesis When Environmental Regulation is Endogenous [J]. Journal of Applied Econometrics, 2016, 31 (4): 652-677.

Mirata, M., Emtairah, T. Industrial Symbiosis Networks and the Contribution to Environmental Innovation: The Case of the Landskrona Industrial Symbiosis Programme [J]. Journal of Cleaner Production, 2005, 13 (10-11): 993-1002.

Moreno, R., Paci, R., Usai, S. Spatial Spillovers and Innovation Activity in European Regions [J]. Environment and Planning, 2005, 37 (6): 1793-1812.

Morthorst, P. The Development of a Green Certificate Market [J]. Energy Policy, 2000, 28: 1085-1094.

Nagl, S. The Effect of Weather Uncertainty on the Financial Risk of Green Electricity Producers under Various Renewable Policies [R]. EWI Working Paper, 2013.

Narassimhan, E., Koester, S., Gallagher, K. S., et al. Carbon Pricing in Practice: A Review of Existing Emissions Trading Systems [J]. Climate

Policy, 2018, 18 (8): 967-991.

Nasierowski, W., Arcelus, F. J. On the Efficiency of National Innovation Systems [J]. Socio-Economic Planning Sciences, 2003, 37 (3): 215-234.

Naso, P., Huang, Y., Swanson, T. The Impact of Environmental Regulation on Chinese Spatial Development [J]. Economics of Transition and Institutional Change, 2020, 28 (1): 161-194.

Nauleau, M. L. Free-Riding in Tax Credits for Home Insulation in France: An Econometric Assessment Using Panel Data [J]. Energy: Resources and Markets, 2014, 46: 78-92.

Nelson, R. R., Phelps, E. S. Investment in Humans, Technological Diffusion, and Economic Growth [J]. Cowles Foundation Discussion Papers, 1966, 56 (1-2): 69-75.

Ngo, F., Melguizo, T. How Can Placement Policy Improve Math Remediation Outcomes? Evidence from Experimentation in Community Colleges [J]. Educational Evaluation and Policy Analysis, 2016, 38 (1): 171-196.

Nielsen, L., Jeppesen, T. Tradable Green Certificates in Selected European Countries-Overview and Assessment [J]. Energy Policy, 2003, 31 (1): 3-14.

NY Green Bank Announces the Closing of 13 Transactions in 2016, Spurring Thousands of Clean Energy Projects: https://greenbank. ny. gov/News-and-Media/In-The-News/2017-01-18-NY-Green-Bank-Announces-Closing-of-13-Transactions-in-2016.

NY Green Bank: https://greenbank. ny. gov/About/About.

NYC Environmental Protection-Envrionmental Education: http://www. nyc. gov/html/dep/html/environmental_ education/index. shtml.

Ollivier, H. North-South Trade and Heterogeneous Damages from Local and Global Pollution [J]. Environmental and Resource Economics, 2016, 65 (2): 337-355.

Orr, L. Incentive for Innovation as a Basis of an Effluent Charge Strategy [J]. American Economic Review, 1976, 56: 441-447.

Ozge, Y. , Bahar, Y. K. , Ulku, Y. Hazardous Waste Management System Design Under Population and Environmental Impact Considerations [J]. Journal of Environmental Management, 2017, 203 (2): 720-731.

Palmer, J. K. Environmental Regulation and Innovation: A Panel Data Study [J]. Review of Economics and Statistics, 1997, 79 (4): 610-619.

Pan, X. , Ai, B. , Li, C. , et al. Dynamic Relationship Among Environmental Regulation, Technological Innovation and Energy Efficiency Based on Large Scale Provincial Panel Data in China [J]. Technological Forecasting and Social Change, 2019, 144: 428-435.

Pang, R. , Zheng, D. , Shi, M. , et al. Pollute First, Control Later? Exploring the Economic Threshold of Effective Environmental Regulation in China's Context [J]. Journal of Environmental Management, 2019, 248 (15): 109275.

Park, C. , Xing, R. , Hanaoka, T. , et al. Impact of Energy Efficient Technologies on Residential CO_2 Emissions: A Comparison of Korea and China [J]. Energy Procedia, 2017, 111 (3): 689-698.

Pelin, D. , Effie, K. Stimulating Different Types of Eco-Innovation in the UK: Government Policies and Firm Motivations [J]. Ecological Economics, 2011, 70: 1546-1557.

Perez, A. P. , Sauma, E. E. , Munoz, F. D. , et al. The Economic Effects of Interregional Trading of Renewable Energy Certificates in the U.S. WECC [J]. Energy Journal, 2016, 37 (4): 267-295.

Peuckert, J. What Shapes the Impact of Environmental Regulation on Competitiveness? Evidence from Executive Opinion Surveys [J]. Environmental Innovation and Societal Transitions, 2014, 10: 77-94.

Phaneuf, D. , Requate, T. A Course in Environmental Economics: Theory, Policy and Practice [M]. New York, NY: Cambridge University Press, 2017.

Popp, D. International Innovation and Diffusion of Air Pollution Control Technologies: The Effects of NOx and SO_2 Regulation in the US, Japan and Germany [J]. Journal of Environmental Economics and Management,

2006, 51 (1): 46-71.

Popp, D. The Role of Technological Change in Green Growth [R]. NBER Working Paper No. 18506, 2012.

Popp, D., Newell, R., Jaffe, A., et al. Energy, the Environment, and Technological Change [J]. Handbook of the Economics of Innovation, 2010: 873-937.

Porter, M. E. Towards a Dynamic Theory of Strategy [J]. Strategic Management Journal, 1991, 12 (S2): 95-117.

Porter, M. E., Van der Linde, C. Toward a New Conception of the Environment Competitiveness Relationship [J]. The Journal of Economic Perspectives, 1995, 9 (4): 97-118.

Qi, G. Y., Shen, L. Y., Zeng, S. X., Jorge, O. J. The Drivers for Contractors' Green Innovation: An Industry Perspective [J]. Journal of Cleaner Production, 2010, 18 (14): 1358-1365.

Qin, X., Sun, Y. Cross-Regional Comparative Study on Environmental-Economic Efficiency and Driving Forces behind Efficiency Improvement in China: A Multistage Perspective [J]. International Journal of Environmental Research & Public Health, 2019, 16 (7): 1160.

Rafindadi, A. A., Muye, I. M., Kaita, R. A. The Effects of FDI and Energy Consumption on Environmental Pollution in Predominantly Resource-Based Economies of the GCC [J]. Sustainable Energy Technologies and Assessments, 2018, 25: 126-137.

Ramanathan, R., He, Q., Black, A., et al. Environmental Regulations, Innovation and Firm Performance: A Revisit of the Porter Hypothesis [J]. Journal of Cleaner Production, 2017, 155: 79-92.

Ramanathan, R., Ramanathan, U., Bentley, Y. The Debate on Flexibility of Environmental Regulations, Innovation Capabilities and Financial Performance-A Novel Use of DEA [J]. Omega, 2018, 75 (C): 131-138.

Ramus, C. A., and Steger, U. The Roles of Supervisory Support Behaviors and Environmental Policy in Employee "Ecoinitiatives" at Leading-Edge European Companies [J]. The Academy of Management Journal, 2000,

43 (4): 605-626.

Rassier, D. G., Earnhart, D. Does the Porter Hypothesis Explain Expected Future Financial Performance? The Effect of Clean Water Regulation on Chemical Manufacturing Firms [J]. Environmental and Resource Economics, 2010, 45: 353-377.

Rassier, D. G., Earnhart, D. The Effect of Clean Water Regulation on Profitability: Testing the Porter Hypothesis [J]. Land Economics, 2010, 86 (2), 329-344.

Recall Program Summary, http://www.aqmd.gov/docs/default - source/ reclaim/reclaim_ program_ summary. pdf? sfvrsn=4.

Rehfeld, K. M., Rennings, K. Integrated Product Policy and Environmental Product Innovations: An Empirical Analysis [J]. Ecological Economics, 2007, 61: 91-100.

Ren, S., Li, X., Yuan, B., et al. The Effects of Three Types of Environmental Regulation on Eco-Efficiency: A Cross-Region Analysis in China [J]. Journal of Cleaner Production, 2018, 173: 245-255.

Rennings, K. Redefining Innovation-Eco-Innovation Research and the Contribution from Ecological Economics [J]. Ecological Economics, 2000, 32 (2): 319-332.

Requate, T. Dynamic Incentives by Environmental Policy Instruments: A Survey [J], Ecological Economics, 2005, 54: 175-195.

Rezza, A. A. FDI and Pollution Havens: Evidence from the Norwegian Manufacturing Sector [J]. Ecological Economics, 2013, 90: 140-149.

Ribeiro, F. D. M., Kruglianskas, I. Principles of Environmental Regulatory Quality: A Synthesis from Literature Review [J]. Journal of Cleaner Production, 2015, 96 (1): 58-76.

Rodrik, D. Green Industrial Policy [J]. Oxford Review of Economic Policy, 2014, 30 (3): 469-491.

Rowlands, I. H. The European Directive on Renewable Electricity: Conflicts and Compromises [J]. Energy Policy, 2005, 33 (8): 965-974.

Rubashkina, Y., Galeotti, M., Verdolini, E. Environmental Regulation and

Competitiveness: Empirical Evidence on the Porter Hypothesis from European Manufacturing Sectors [J]. Energy Policy, 2015, 83: 288-300.

Rubin, D. B. Estimating Causal Effects of Treatments in Randomized and Nonrandomized Studies [J]. Journal of Educational Psychology, 1974, 66 (5): 688-701.

Sandra, S., Jurate, J. Explaining the Interplay of Three Markets: Green Certificates, Carbon Emissions and Electricity [J]. Energy Economics, 2018, 1 (1): 1-13.

Scheel, H. Undesirable Outputs in Efficiency Valuations [J]. European Journal of Operational Research, 2001, 132: 400-410.

Schiederig, T., Tietze, F., Herstatt, C. Green Innovation in Technology and Innovation Management: An Exploratory Literature Review [J]. R&D Management, 2012, 42 (2): 180-192.

Schwartz, G., Clements, B. Government Subsidies [J]. Journal of Economic Surveys, 1999, 13 (2): 119-148.

Seiford, L. M., Zhu, J., et al. Modeling Undesirable Factors in Efficiency Evaluation [J]. European Journal of Operational Research, 2002, 142: 16-20.

Sen, D., Truman, Y. General Licensing Schemes for a Cost-Reducing Innovation [J]. Games and Economic Behavior, 2007, 59 (1): 163-186.

Shao, Q., Wang, X., Zhou, Q., et al. Pollution Haven Hypothesis Revisited: A Comparison of the BRICS and MINT Countries Based on VECM Approach [J]. Journal of Cleaner Production, 2019, 227: 724-738.

Shao, S., Hu, Z., Cao, J., et al. Environmental Regulation and Enterprise Innovation: A Review [J]. Business Strategy and the Environment, 2020, 29 (7): 1465-1478.

Shen, K., Jin, G., Fang, X. Does Environmental Regulation Cause Pollution to Transfer Nearby? [J]. Economic Research Journal, 2017, 5: 44-59.

Shi, B., Feng, C., Qiu, M., et al. Innovation Suppression and Migration Effect:

The Unintentional Consequences of Environmental Regulation [J]. China Economic Review, 2017, 49: 1-23.

Shi, B. B., Feng, C., Qiu, M., and Ekeland, A. Innovation Suppression and Migration Effect: The Unintentional Consequences of Environmental Regulation [J]. China Economic Review, 2017, 49: 1-23.

Smarzynska, B. K., Wei, S. J. Pollution Havens and Foreign Direct Investment: Dirty Secret or Popular Myth? [J]. NBER Working Papers, 2001, 3 (2): 1244.

Soltmann, C., Stucki, T., Woerter, M. The Impact of Environmentally Friendly Innovations on Value Added [J]. Environmental and Resource Economics, 2015, 62 (3): 457-479.

Song, M., Xie, Q., Wang, S., et al. Could Environmental Regulation and R&D Tax Incentives Affect Green Product Innovation? [J]. Journal of Cleaner Production, 2020, 258: 120849.

Stiglitz, J. E., Wallsten, S. J. Public-Private Technology Partnerships — Promises and Pitfalls. In P. Vaillancourt Rosenau (Ed.), Public-Private Policy Partnerships [J]. Cambridge, MA: The MIT Press, 2000: 37-58.

Stoever, J., Weche, J. P. Environmental Regulation and Sustainable Competitiveness: Evaluating the Role of Firm-Level Green Investments in the Context of the Porter Hypothesis [J]. Environmental and Resource Economics, 2018, 70 (2): 429-455.

Sun, C., Zhang, F., Xu, M. Investigation of Pollution Haven Hypothesis for China: An ARDL Approach with Breakpoint Unit Root Tests [J]. Journal of Cleaner Production, 2017, 161 (9): 153-164.

Sun, H., Edziah, B., Kporsu, A., et al. Energy Efficiency: The Role of Technological Innovation and Knowledge Spillover [J]. Technological Forecasting and Social Change, 2021, 167: 120659.

Sun, Y. The Optimal Percentage Requirement and Welfare Comparisons in a Two-Country Electricity Market with a Common Tradable Green Certificate System-Sciencedirect [J]. Economic Modelling, 2016, 55: 322-327.

Sun, Y., Zhang, L. Full Separation or Full Integration? An Investigation of the Optimal Renewables Policy Employing Tradable Green Certificate Systems in Two Countries' Electricity Markets [J]. International Journal of Environmental Research and Public Health, 2019, 16 (24): 4937.

Suseno, Y., et al. National Innovation Performance: The Role of Human Capital and Social Capital [J]. Innovation: The European Journal of Social Science Research, 2020, 33 (3): 296-310.

Taaffe, E. J. The Urban Hierarchy: An Air Passenger Definition [J]. Economic Geography, 1962, 38 (1): 1-14.

Tamas, M. M., Shrestha, S. O. B., Zhou, H. Z. Feed-In Tariff and Tradable Green Certificate in Oligopoly [J]. Energy Policy, 2010, 38 (8): 4040-4047.

Tang, H. L., Liu, J. M., Wu, J. G. The Impact of Command-And-Control Environmental Regulation on Enterprise Total Factor Productivity: A Quasi-Natural Experiment Based on China's "Two Control Zone" Policy [J]. Journal of Cleaner Production, 2020, 254: 120011.

Tang, K., Hailu, A., Kragt, M. E., et al. Marginal Abatement Costs of Greenhouse Gas Emissions: Broadacre Farming in the Great Southern Region of Western Australia [J]. Australian Journal of Agricultural & Resource Economics, 2016, 60 (3): 459-475.

Tang, K., Hailu, A., Kragt, M. E., et al. The Response of Broadacre Mixed Crop-Livestock Farmers to Agricultural Greenhouse Gas Abatement Incentives [J]. Agricultural Systems, 2018, 160: 11-20.

Tang, L., Wu, J., Yu, L., et al. Carbon Emissions Trading Scheme Exploration in China: A Multi-Agent-Based Model [J]. Energy Policy, 2015, 81: 152-169.

Tang, M., Mihardjo, L. W., Haseeb, M., et al. The Dynamics Effect of Green Technology Innovation on Economic Growth and CO_2 Emission in Singapore: New Evidence from Bootstrap ARDL Approach [J]. Environmental Science and Pollution Research Volume, 2021, 28: 4184-4194.

Tian, Z., Tian, Y., Chen, Y., et al. The Economic Consequences of

Environmental Regulation in China: From a Perspective of the Environmental Protection Admonishing Talk Policy [J] . Business Strategy and the Environment, 2020, 29 (4): 1723-1733.

Tinbergen, J. On the Theory of Economic Policy. Second Edition [J] . Ecological Economics, 2005, 54 (2-3): 175-195.

Tobler, W. R. A Computer Movie Simulating Urban Growth in the Detroit Region [J] . Economic Geography, 1970, 46 (2): 234-240.

Tollison, R. D. "Rent Seeking" . In B. C. Mueller (ed.) Perspectives on Public Choice, A Handbook [M] . Cambridge, UK: Cambridge University Press, 1997.

Tombe, T., Winter, J. Environmental Policy and Misallocation: The Productivity Effect of Intensity Standards [J] . Journal of Environmental Economics and Management, 2015, 72 (C): 137-163.

Tone, K. A Slacks-Based Measure of Super-Efficiency in Data Envelopment Analysis [J] . European Journal of Operational Research, 2002, 143 (1): 32-41.

Tsakiris, N., Michael, M. S., Hatzipanayotou, P. Cross-Border Pollution and Integrated Reforms of Trade and Environmental Tax Policies in Large Economies [C]. Working Paper of Department of International and European Economic Studies; Athens University of Economics and Business: Athens, Greece, 2011.

Tseng, K. Learning from the Joneses: Technology Spillover, Innovation Externality, and Stock Returns [J] . Journal of Accounting and Economics, 2022, 73 (2-3): 101478.

Tu, Z., Chen, R. Can the Emission Trading Mechanism Achieve the Porter Effect in China [J] . Economic Research Journal, 2015, 7: 160-173.

Tullock, G. Excess Benefit [J] . Water Resources Research, 1967 (3): 643-644.

Töbelmann, D., Wendler, T. The Impact of Environmental Innovation on Carbon Dioxide Emissions [J] . Journal of Cleaner Production, 2020, 244: 118787.

Ulucak, R. Renewable Energy, Technological Innovation and the Environment:
A Novel Dynamic Auto-Regressive Distributive Lag Simulation [J].
Renewable and Sustainable Energy Reviews, 2021, 150: 111433.

Verdolini, E., Galeotti, M. At Home and Abroad: An Empirical Analysis of
Innovation in Energy-Efficient Technologies [J]. Journal of Environmental
Economics and Management, 2019, 61 (2): 119-134.

Verhaegen, K., Meeus, L., Belmans, R. Towards an International Tradable
Green Certificate System—The Challenging Example of Belgium [J].
Renewable and Sustainable Energy Reviews, 2009, 13 (1): 208-215.

Vespucci, M. T., Allevi, E., Gnudi, A., et al. Cournot Equilibria in
Oligopolistic Electricity Markets [J]. IMA Journal of Management
Mathematics, 2010, 21 (2): 183-193.

Villegas-Palacio, C., Coria, J. On the Interaction between Imperfect
Compliance and Technology Adoption: Taxes Versus Tradable Emissions
Permits [J]. Journal of Regulatory Economics, 2010, 38 (3): 274-291.

Wagner, M. On the Relationship between Environmental Management, Environmental
Innovation and Patenting: Evidence from German Manufacturing Firms [J].
Research Policy, 2007, 36 (10): 1587-1602.

Wan, L., Cai, W., Jiang, Y., et al. Impacts on Quality-Induced Water
Scarcity: Drivers of Nitrogen-Related Water Pollution Transfer under
Globalization from 1995 to 2009 [J]. Environmental Research Letters,
2016, 11 (7): 074017.

Wang, J. C., Jin, Z. D., Yang, M., et al. Does Strict Environmental
Regulation Enhance the Global Value Chains Position of China's Industrial
Sector? [J]. Petroleum Science, 2021a, 18 (6): 1899-1909.

Wang, M., Li, Y., Liao, G. Research on the Impact of Green Technology
Innovation on Energy Total Factor Productivity, Based on Provincial Data of
China [J]. Frontiers in Environmental Science, 2021b, 9: 710931.

Wang, Q., Ren, S., Hou, Y. Atmospheric Environmental Regulation and
Industrial Total Factor Productivity: The Mediating Effect of Capital
Intensity [J]. Environmental Science and Pollution Research, 2020a, 27

（26）：33112-33126.

Wang, W. , Y, Li. , Lu, N. , et al. Does Increasing Carbon Emissions Lead to Accelerated Eco-Innovation? Empirical Evidence from China ［J］. Journal of Cleaner Production, 2020b, 251：119690.

Wang, Y. , Shen, N. Environmental Regulation and Environmental Productivity：The Case of China ［J］. Renewable and Sustainable Energy Reviews, 2016, 62 （C）：758-766.

Wang, Y. , Sun, X. , Guo, X. Environmental Regulation and Green Productivity Growth：Empirical Evidence on the Porter Hypothesis from OECD Industrial Sectors ［J］. Energy Policy, 2019, 132：611-619.

Wang, Y. , Zhang, F. , Zheng, M. , et al. Innovation's Spillover Effect in China：Incorporating the Role of Environmental Regulation ［J］. Environmental Modeling & Assessment, 2021c, 26：695-708.

Wang, Z. , Zhu, Y. Do Energy Technology Innovations Contribute to CO_2 Emissions Abatement? A Spatial Perspective ［J］. Science of the Total Environment, 2020, 726 （6）：138574.

Wedzik, A. , Siewierski, T. , Szypowski, M. Green Certificates Market in Poland—The Sources of Crisis ［J］. Renewable & Sustainable Energy Reviews, 2017, 75：490-503.

Wicki, S. , Hansen, E. G. Green Technology Innovation：Anatomy of Exploration Processes from a Learning Perspective ［J］. Business Strategy and the Environment, 2019, 28 （6）：970-988.

Widerberg, A. Is the Nordic Green Certificate Market Extendable to an European Market? ［J］. A Theoretical Analyses of an Electricity Market with Tradeable Green Certificates and EU-ETS, 2011.

Wittmann, N. Green, Brown, and Now White Certificates：Are Three One Too Many? ［C］ Nachwuchsworkshop "Umwelt-Und Ressourcenökonomie". 2008.

Wong, S. Environmental Requirements, Knowledge Sharing and Green Innovation：Empirical Evidence from the Electronics Industry in China ［J］. Business Strategy and the Environment, 2013, 22, （5）：321-338.

Wu, B. , Fang, H. , Jacoby, G. , et al. Environmental Regulations and Innovation for Sustainability? Moderating Effect of Political Connections [J]. Emerging Markets Review, 2021, 50 (2): 100835.

Wu, H., Guo, H., Zhang, B., et al. Westward Movement of New Polluting Firms in China: Pollution Reduction Mandates and Location Choice [J]. Journal of Comparative Economics, 2017a, 45 (1): 119-138.

Wu, J., Fan, Y., Xia, Y. How Can China Achieve Its Nationally Determined Contribution Targets Combining Emissions Trading Scheme and Renewable Energy Policies? [J]. Energies, 2017b, 10 (8): 1166.

Xing, Y., Kolstad, C. D. Do Lax Environmental Regulations Attract Foreign Investment? [J]. Environmental and Resource Economics, 2002, 21 (1): 1-22.

Xu, L., Fan, M., Yang, L. Heterogeneous Green Innovations and Carbon Emission Performance: Evidence at China's City Level [J]. Energy Economics, 2021, 99: 105269.

Yalabik, B., Fairchild, R. J. Customer, Regulatory, and Competitive Pressure as Drivers of Environmental Innovation [J]. International Journal of Production Economics, 2011, 131 (2): 519-527.

Yan, Y., Zhang, X., Zhang, J., et al. Emissions Trading System (ETS) Implementation and Its Collaborative Governance Effects on Air Pollution: The China Story [J]. Energy Policy, 2020, 138: 111282.

Yang, C., Liu, S. Spatial Correlation Analysis of Low-Carbon Innovation: A Case Study of Manufacturing Patents in China [J]. Journal of Cleaner Production, 2020, 273 (3): 122893.

Yang, F., Cheng, Y., Yao, X. Influencing Factors of Energy Technical Innovation in China: Evidence from Fossil Energy and Renewable Energy [J]. Journal of Cleaner Production, 2019, 232: 57-66.

Yang, J., Guo, H., Liu, B. Environmental Regulation and the Pollution Haven Hypothesis: Do Environmental Regulation Measures Matter? [J]. Journal of Cleaner Production, 2018, 202: 993-1000.

Yang, L., Tang, K., et al. Estimating the Regional Total Factor Efficiency and Pollutants' Marginal Abatement Costs in China: A Parametric Approach [J].

Applied Energy, 2016, 184: 230-240.

Yang, M., Yuan, Y., Sun, C. The Economic Impacts of China's Differential Electricity Pricing Policy: Evidence From Energy-Intensive Firms in Hunan Province [J]. Energy Economics, 2021a, 94: 105088.

Yang, Q., Gao, D., Song, D., et al. Environmental Regulation, Pollution Reduction and Green Innovation: The Case of the Chinese Water Ecological Civilization City Pilot Policy [J]. Economic Systems, 2021b, 45 (4): 100911.

Yang, Q., Song, D. How Does Environmental Regulation Break the Resource Curse: Theoretical and Empirical Study on China [J]. Resources Policy, 2019, 64: 101480.

Yang, Q., Zheng, M., Chang, C. Energy Policy and Green Innovation: A Quantile Investigation into Renewable Energy [J]. Renewable Energy, 2022, 189 (4): 1166-1175.

Yao, S., Yu, X., Yan, S., et al. Heterogeneous Emission Trading Schemes and Green Innovation [J]. Energy Policy, 2021, 155 (490): 112367.

Yi, M., Wang, Y., Sheng, M., et al. Effects of Heterogeneous Technological Progress on Haze Pollution: Evidence from China [J]. Ecological Economics, 2020, 169: 106533.

Yin, J., Gong, L., Wang, S. Large-Scale Assessment of Global Green Innovation Research Trends from 1981 to 2016: A Bibliometric Study [J]. Journal of Cleaner Production, 2018, 197: 827-841.

Yu, J., Zhou, L. A., Zhu, G. Strategic Interaction in Political Competition: Evidence from Spatial Effects Across Chinese Cities [J]. Regional Science and Urban Economics, 2016, 57: 23-37.

Yu, X., Xu, Y., Sun, M., et al. The Green-Innovation-Inducing Effect of a Unit Progressive Carbon Tax [J]. Sustainability, 2021, 13 (21): 11708.

Zafar, S., Zhilin, Q., Malik, H., et al. Spatial Spillover Effects of Technological Innovation on Total Factor Energy Efficiency: Taking Government Environment Regulations into Account for Three Continents [J]. Business Process Management Journal, 2021, 27 (6): 1874-1891.

Zhang, B. , Chen, X. , Guo, H. Does Central Supervision Enhance Local Environmental Enforcement? Quasi-Experimental Evidence From China [J]. Journal of Public Economics, 2018a, 164: 70-90.

Zhang, C. , Liu, H. , Bressers, H. T. A. , et al. Productivity Growth and Environmental Regulations-Accounting for Undesirable Outputs: Analysis of China's Thirty Provincial Regions Using the Malmquist-Luenberger Index [J]. Ecological Economics, 2011, 70 (12): 2369-2379.

Zhang, C. , Wang, Q. W. , Shi, D. , et al. Scenario-Based Potential Effects of Carbon Trading in China: An Integrated Approach [J]. Applied Energy, 2016, 182: 177-190.

Zhang, D. , Pengcheng, D. U. , Chen, Y. Can Designed Financial Systems Drive Out Highly Polluting Firms? An Evaluation of an Experimental Economic Policy [J]. Finance Research Letters, 2019, 31.

Zhang, J. , Kang, L. , Li, H. , et al. The Impact of Environmental Regulations on Urban GI Efficiency: The Case of Xi'an [J]. Sustainable Cities and Society , 2020b, 57: 102-123.

Zhang, J. , Liang, G. , Feng, T. , et al. Green Innovation to Respond to Environmental Regulation: How External Knowledge Adoption and Green Absorptive Capacity Matter? [J]. Business Strategy and the Environment, 2020a, 29 (1), 39-53.

Zhang, K. , Xu, D. , Li, S. , et al. Strategic Interactions in Environmental Regulation Enforcement: Evidence from Chinese Cities [J]. Environmental Science and Pollution Research, 2021, 28 (2): 1992-2006.

Zhang, N. , Deng, J. , Ahmad, F. , et al. Local Government Competition and Regional Green Development in China: The Mediating Role of Environmental Regulation [J]. International Journal of Environmental Research and Public Health, 2020c, 17 (10): 3485.

Zhang, N. , Jiang, X. F. The Effect of Environmental Policy on Chinese Firm's Green Productivity and Shadow Price: A Metafrontier Input Distance Function Approach [J]. Technological Forecasting and Social Change, 2019, 144: 129-136.

Zhang, W. , Li, J. , Li, G. , et al. Emission Reduction Effect and Carbon Market Efficiency of Carbon Emissions Trading Policy In China [J] . Energy, 2020d, 196: 117117.

Zhang, Y. , Peng, Y. , Ma, C. , et al. Can Environmental Innovation Facilitate Carbon Emissions Reduction? Evidence from China [J] . Energy Policy, 2017, 100: 18-28.

Zhang, Y. , Wang, J. , Xue, Y. , et al. Impact of Environmental Regulations on Green Technological Innovative Behavior: An Empirical Study in China [J] . Journal of Cleaner Production, 2018b, 188: 763-773.

Zhang, Y. , Wang, W. How Does China's Carbon Emissions Trading (CET) Policy Affect the Investment of CET-Covered Enterprises? [J] . Energy Economics, 2021, 98: 105224.

Zhang, Y. , Xing, C. , Wang, Y. Does Green Innovation Mitigate Financing Constraints? Evidence from China's Private Enterprises [J] . Journal of Cleaner Production, 2020e, 264 (10): 121698.

Zhao, X. , Jiang, G. , Nie, D. , et al. How to Improve the Market Efficiency of Carbon Trading: A Perspective of China [J] . Renewable and Sustainable Energy Reviews, 2016, 59: 1229-1245.

Zhao, X. , Sun, B. The Influence of Chinese Environmental Regulation on Corporation Innovation and Competitiveness [J] . Journal of Cleaner Production, 2016, 112 (JAN. 20PT. 2): 1528-1536.

Zheng, D. , Shi, M. J. Multiple Environmental Policies and Pollution Haven Hypothesis: Evidence from China's Polluting Industries [J] . Journal of Cleaner Production, 2017, 141: 295-304.

Zheng, S. , Kahn, M. E. , Sun, W. , et al. Incentives for China's Urban Mayors to Mitigate Pollution Externalities: The Role of the Central Government and Public Environmentalism [J] . Regional Science and Urban Economics. 2014, 47: 61-71.

Zhou, B. , Zhang, C. , Song, H. , et al. How Does Emission Trading Reduce China's Carbon Intensity? An Exploration Using a Decomposition and Difference-In-Differences Approach [J] . Science of the Total

Environment, 2019a, 676: 514-523.

Zhou, P., Ang, B. W., Poh, K. L. Slacks-Based Efficiency Measures for Modeling Environmental Performance [J]. Ecological Economics, 2006, 60 (1): 111-118.

Zhou, Q., Zhang, X., Shao, Q., et al. The Non-Linear Effect of Environmental Regulation on Haze Pollution: Empirical Evidence for 277 Chinese Cities During 2002 - 2010 [J]. Journal of Environmental Management, 2019b, 248 (10): 109274.

Zhou, Q., Zhong, S., Shi, T., et al. Environmental Regulation and Haze Pollution: Neighbor-Companion or Neighbor-Beggar? [J]. Energy Policy, 2021, 151 (3): 112183.

Zhou, X., Zhao, X. Does Diversified Environmental Regulation Make FDI Cleaner and More Beneficial to China's Green Growth? [J]. Environmental Science and Pollution Research, 2022, 29 (3): 3487-3497.

Zhou, Y., Zhu, S., He, C. How Do Environmental Regulations Affect Industrial Dynamics? Evidence from China's Pollution-Intensive Industries [J]. Habitat International, 2017, 60: 10-18.

Zhu, J., Fan, Y., Deng, X., Xue, L. Low-Carbon Innovation Induced by Emissions Trading in China [J]. Nature Communications, 2019, 10 (1): 4088.

Zhu, Q., and Sarkis, J. An Inter-Sectoral Comparison of Green Supply Chain Management in China Drivers and Practices [J]. Journal of Cleaner Production, 2006, 14 (5): 472-486.

Zhu, S., He, C., Ying, L. Going Green or Going Away: Environmental Regulation, Economic Geography and Firms' Strategies in China's Pollution-Intensive Industries [J]. Geoforum, 2014, 55 (8): 53-65.

图书在版编目（CIP）数据

环境规制与绿色创新发展：时空格局、驱动机
理与区域协同路径 / 孙燕铭著 . -- 北京：社会科学文
献出版社，2022.12
ISBN 978-7-5228-1074-4

Ⅰ . ①环… Ⅱ . ①孙… Ⅲ . ①环境规划 - 影响 - 无污
染技术 - 技术革新 - 研究 Ⅳ . ①F062.4

中国版本图书馆 CIP 数据核字（2022）第 215759 号

环境规制与绿色创新发展

　　——时空格局、驱动机理与区域协同路径

著　　者 / 孙燕铭

出 版 人 / 王利民
责任编辑 / 高　雁
文稿编辑 / 王红平
责任印制 / 王京美

出　　版 / 社会科学文献出版社·经济与管理分社（010）59367226
　　　　　　地址：北京市北三环中路甲 29 号院华龙大厦　邮编：100029
　　　　　　网址：www. ssap. com. cn
发　　行 / 社会科学文献出版社（010）59367028
印　　装 / 三河市龙林印务有限公司

规　　格 / 开　本：787mm×1092mm　1/16
　　　　　　印　张：23.75　字　数：387 千字
版　　次 / 2022 年 12 月第 1 版　2022 年 12 月第 1 次印刷
书　　号 / ISBN 978-7-5228-1074-4
定　　价 / 148.00 元

读者服务电话：4008918866